GTQ
환상의 콤비 1급 ver.CC
2권 · 일러스트

당신의 합격을 위한 **이렇게 기막힌 적중률!**

차례

2권·일러스트

Part 01

GTQ 일러스트는
이렇게 준비하세요

Chapter 01 시험 소개   2-006
Chapter 02 문제 풀이 TIP   2-008
Chapter 03 자주 질문하는 Q&A   2-012

Part 02 ▶동영상 무료

시험 문항별 기능 익히기

Chapter 01 BI, CI 디자인   2-018
Chapter 02 패키지, 비지니스 디자인   2-034
Chapter 03 광고 디자인   2-071

Part 03 ▶동영상 무료

최신 기출 유형 따라하기

Chapter 01 최신 기출 유형 따라하기   2-098

Part 04 ▶동영상 무료

기출 유형 문제

Chapter 01 기출 유형 문제 01회   2-176
Chapter 02 기출 유형 문제 02회   2-236
Chapter 03 기출 유형 문제 03회   2-296
Chapter 04 기출 유형 문제 04회   2-338
Chapter 05 기출 유형 문제 05회   2-378

이 책의 구성 · 2권 일러스트

1 GTQ 일러스트 시험 소개

GTQ 일러스트 시험의 전반적 소개와 작성요령, 문제 풀이 Tip 등을 제공합니다.

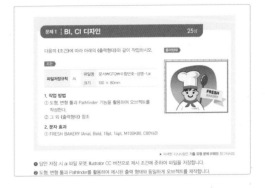

2 시험 문항별 기능 익히기

출제되는 기능별로 Chapter를 구성하여 이해하기 쉽게 설명하였습니다.

※ Adobe CC 버전은 해마다 업데이트 될 수 있고 그에 따른 프로그램의 버전(CC 2021, CC 2022, CC 2023 등)의 메뉴나 용어에서 차이가 있을 수 있습니다.

3 최신 기출 유형 따라하기

최신 기출 유형 문제를 따라하기 식으로 구성하였습니다.

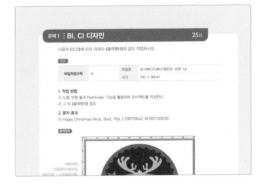

4 기출 유형 문제 5회

기출 유형 문제 5회분을 따라하기 식으로 구성하였습니다.

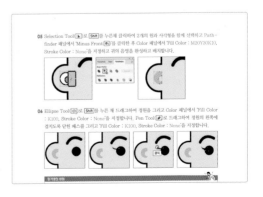

01
PART

GTQ 일러스트는
이렇게 준비하세요

CHAPTER 01 시험 소개
CHAPTER 02 문제 풀이 TIP
CHAPTER 03 자주 질문하는 Q&A

CHAPTER 01 시험 소개

① 수험자 유의사항 및 답안 작성 요령

수 험 자 유 의 사 항

- 수험자는 문제지를 받는 즉시 응시하고자 하는 과목 및 급수가 맞는지 확인한 후 수험번호와 성명을 작성합니다.
- 파일명은 본인의 "수험번호–성명–문제번호"로 공백 없이 정확히 입력하고 답안폴더(내 PC₩문서₩GTQ)에 ai 파일 포맷으로 저장해야 하며, 다른 파일 형식으로 저장하였을 경우 0점 처리됩니다. 답안문서 파일명이 "수험번호–성명–문제번호"와 일치하지 않거나, 답안 파일을 전송하지 않아 미제출로 처리될 경우 불합격 처리됩니다.
- 수험자 정보와 저장한 파일명, 저장 위치가 다를 경우 전송이 되지 않으므로, 주의하시기 바랍니다.
- 답안 작성 중에도 주기적으로 '저장'과 '답안 전송'을 이용하여 감독위원 PC로 답안을 전송하셔야 합니다. (※ 작업한 내용을 저장하지 않고 전송할 경우 이전의 저장내용이 전송되오니 이점 반드시 유념하시기 바랍니다.)
- 답안문서는 지정된 경로 외의 다른 보조기억장치에 저장하는 행위, 지정된 시험 시간 외에 작성된 파일을 활용한 행위, 기타 통신수단(이메일, 메신저, 네트워크 등)을 이용하여 타인에게 전달 또는 외부 반출하는 행위는 부정으로 간주되어 자격기본법 제32조에 의거 본 시험 및 국가공인 자격시험을 2년간 응시할 수 없습니다.
- 시험 중 부주의 또는 고의로 시스템을 파손한 경우와 〈수험자 유의사항〉에 기재된 방법대로 이행하지 않아 생기는 불이익은 수험자의 책임임을 알려 드립니다.
- 시험을 완료한 수험자는 최종적으로 저장한 답안파일이 전송되었는지 확인한 후 감독위원의 지시에 따라 문제지를 제출하고 퇴실합니다.

❶ 답안 파일 저장 시 반드시 '수험번호–성명–문제번호' 형식으로 파일 포맷은 ai, 버전은 Illustrator CC를 지정하여 저장해야 하며 '내 PC₩문서₩GTQ' 폴더에 저장해야 합니다. 예를 들어 '수험번호 : G123456789, 성명 : 홍길동, 문제 번호 : 3번 문제'라면 'G123456789–홍길동–3.ai' 파일로 저장하여 제출하면 됩니다.

❷ 작업 진행 중 있을 수 있는 시스템 오류를 대비하여 새 도큐먼트를 만든 후 파일명(수험번호–성명–문제번호)을 지정하여 저장한 후 작업을 진행하며 수시로 Ctrl + S 를 눌러 저장합니다.

❸ 모든 작업이 마무리된 후 완성한 정답 파일을 다시 한 번 꼼꼼히 점검 후 전송합니다.

답 안 작 성 요 령

- **온라인 답안 작성 절차**

  수험자 등록 ⇒ 시험 시작 ⇒ 답안파일 저장 ⇒ 답안 전송 ⇒ 시험 종료
- 배점은 총 100점으로 이루어지며, 점수는 각 문제별로 차등 배분됩니다.
- 조건에서 주어진 단위는 'mm(밀리미터)'입니다. 눈금자는 작성하지 않으며, 그 외는 출력형태(레이아웃, 색상, 문자, 규격 등)와 같게 작업하십시오.
- 문제 조건에 서체의 지정이 없을 경우 한글은 굴림이나 돋움, 영문은 Arial로 작업하십시오.
- (단, 그 외 제시되지 않은 문자 속성을 기본값으로 작성하지 않은 경우는 감점 처리됩니다.)
- 문제 조건에 크기와 색상, 두께의 지정이 없을 경우 《출력형태》를 참고하여 작업해 주시기 바랍니다.
- Color Mode(색상 모드)는 별도의 처리조건이 없을 경우에는 CMYK로 작업하십시오.
- 조건에서 제시한 기능을 임의로 합치거나 각 기능에 대한 속성을 해지할 경우 해당 요소는 0점 처리됩니다.

한 국 생 산 성 본 부

❶ 새 도큐먼트 설정 시 [New Document] 대화상자에서 'Units : Millimenters'로 설정하고 작품 규격에 맞게 'Width'와 'Height'를 설정합니다. 'Advanced'를 클릭하여 추가 옵션을 펼친 후 'Color Mode : CMYK'를 설정한 후 작업을 진행합니다. 각 문제를 작성할 때마다 Color Mode는 꼭 확인하여 새 도큐먼트를 엽니다.

❷ 문제지의 주어진 지시사항에 서체에 대한 조건이 주어지며 보통 기본 속성 값(스타일, 장평, 자간 등)을 이용하여 문자를 작성합니다. 응시자가 임의의 속성 값을 변경하여 입력하면 감점처리 되므로 특별히 문제지 지시문 사항에 주어지지 않은 경우를 제외하고는 기본 속성 값을 이용해 문자를 작성합니다.

문제 풀이 TIP

문제 1 ┊ BI, CI 디자인　　　　　25점

다음의 《조건》에 따라 아래의 《출력형태》와 같이 작업하시오.

출력형태

조건

파일저장규칙	AI	파일명	문서\GTQ\수험번호-성명-1.ai
		크기	100 × 80mm

1. 작업 방법

① 도형, 변형 툴과 Pathfinder 기능을 활용하여 오브젝트를 작성한다.

② 그 외 《출력형태》 참조

2. 문자 효과

① FRESH BAKERY (Arial, Bold, 18pt, 14pt, M100K80, C80Y60)

★ 자세한 지시사항은 **기출 유형 문제 01회**를 참고하세요.

❶ 답안 저장 시 ai 파일 포맷, Illustrator CC 버전으로 제시 조건에 준하여 파일을 저장합니다.

❷ 도형, 변형 툴과 Pathfinder를 활용하여 제시된 출력 형태와 동일하게 오브젝트를 제작합니다.

❸ Pathfinder를 활용한 오브젝트는 윤곽선 보기와 미리보기가 동일하도록 합치거나 삭제하여 오브젝트를 정리합니다.

❹ 안내선 등을 활용하여 출력 형태와 맞는 크기와 위치를 지정하여 배치합니다.

❺ 제시된 조건과 동일한 CMYK 색상을 적용합니다.

❻ 그라데이션의 색상 및 방향은 출력 형태와 동일하게 적용합니다.

❼ 선의 색상과 두께는 제시된 조건과 동일하게 적용합니다.

❽ 문자는 제시된 글꼴을 사용하고 자간, 행간, 장평 등 문자 속성을 기본값으로 작성합니다.

❾ 작업 완료 후 레이아웃을 맞추기 위해 Scale Tool로 임의로 크기를 조절할 경우, 반드시 'Scale Strokes & Effects : 체크 해제'하고 조절을 해야 문자의 크기나 선의 두께가 변경되지 않습니다.

❿ 제시된 조건 외에 블렌드나 이펙트 등을 사용하여 오브젝트를 생성한 경우는 반드시 속성을 확장합니다.

⓫ 답안 전송 전 최종적으로 저장할 때 작업 중 생성된 불필요한 오브젝트는 삭제하고 눈금자와 안내선 가리기를 합니다.

문제 2 ┆ 패키지, 비즈니스 디자인   35점

다음의 《조건》에 따라 아래의 《출력형태》와 같이 작업하시오.

출력형태

조건

파일저장규칙	AI	파일명	문서₩GTQ₩수험번호-성명-2.ai
		크기	160 × 120mm

1. 작업 방법
① 태그는 Pattern을 활용하여 작성한다. (패턴 등록 : 자몽)
② 컵의 홀더는 Clipping Mask를 적용한다.
③ Brush는 《출력형태》를 참고하여 작성한다.
④ Effect는 《출력형태》를 참고하여 작성한다.
⑤ 그 외 《출력형태》 참고

2. 문자 효과
① NEW CAFE (Times New Roman, Regular, 13pt, 10pt, C60M70Y80K30)
② Homemade (Arial, Regular, 11pt, 8pt, C60M70Y80)

★ 자세한 지시사항은 **기출 유형 문제 05회**를 참고하세요.

❶ 답안 저장 시 ai 파일 포맷, Illustrator CC 버전으로 제시 조건에 준하여 파일을 저장합니다.

❷ 안내선 등을 활용하여 출력 형태와 맞는 크기와 위치를 지정하여 배치합니다.

❸ 제시된 조건과 동일한 CMYK 색상을 적용합니다.

❹ 그라데이션의 색상 및 방향은 출력 형태와 동일하게 적용합니다.

❺ 선의 색상과 두께는 제시된 조건과 동일하게 적용합니다.

❻ 문자는 제시된 글꼴을 사용하고 자간, 행간, 장평 등 문자 속성을 기본값으로 작성합니다.

❼ 작업 완료 후 레이아웃을 맞추기 위해 Scale Tool로 임의로 크기를 조절할 경우, 반드시 'Scale Strokes & Effects : 체크 해제'하고 조절을 해야 문자의 크기나 선의 두께가 변경되지 않습니다.

❽ 제시된 조건 외에 블렌드나 이펙트 등을 사용하여 오브젝트를 생성한 경우는 반드시 속성을 확장합니다.

❾ 브러쉬와 이펙트는 출력 형태와 동일하게 적용하며 적용한 후 속성을 확장하지 않습니다.

❿ Pattern은 제시된 이름, 색상, 크기, 회전 방향, 간격 등 출력 형태와 동일하게 적용합니다.

⓫ 오브젝트의 불투명도는 Transparency 패널에서 Opacity의 %를 지정하여 적용합니다.

⓬ Clipping Mask가 적용된 오브젝트는 정확한 적용 범위와 적용 후 선의 속성을 출력 형태와 동일하게 지정합니다.

⓭ 답안 전송 전 최종적으로 저장할 때 작업 중 생성된 불필요한 오브젝트는 삭제하고 눈금자와 안내선 가리기를 합니다.

다음의 《조건》에 따라 아래의 《출력형태》와 같이 작업하시오.

조건

파일저장규칙	AI	파일명	문서₩GTQ₩수험번호-성명-3.ai
		크기	210 × 297mm

1. 작업 방법

① 《참고도안》을 직접 제작한 후 Symbol로 활용한다. (심볼 등록 : 오리)
② 'Bath Time', 'Let's Enjoy a bath with Rubber Duck' 문자에 Envelope Distort를 적용한다.
③ Brush는 《출력형태》를 참고하여 작성한다.
④ Effect는 《출력형태》를 참고하여 작성한다.
⑤ Clipping Mask를 이용하여 디자인을 정리한다.
⑥ 그 외 《출력형태》 참조

2. 문자 효과

① HAPPY (Times New Roman, Bold, 49pt, C30M100)
② Bath Time (Times New Roman, Regular, 70pt, C0M0Y0K0)
③ Let's Enjoy a bath with Rubber Duck (Arial, Regular, 21pt, 50M90)

참고도안

출력형태

★ 자세한 지시사항은 **기출 유형 문제 02회**를 참고하세요.

❶ 답안 저장 시 ai 파일 포맷, Illustrator CC 버전으로 제시 조건에 준하여 파일을 저장합니다.

❷ 도형, 변형 툴과 Pathfinder를 활용하여 제시된 출력 형태와 동일하게 오브젝트를 제작합니다.

❸ Pathfinder를 활용한 오브젝트는 윤곽선 보기와 미리보기가 동일하도록 합치거나 삭제하여 오브젝트를 정리합니다.

❹ 안내선 등을 활용하여 출력 형태와 맞는 크기와 위치를 지정하여 배치합니다.

❺ 제시된 조건과 동일한 CMYK 색상을 적용합니다.

❻ 그라데이션의 색상 및 방향은 출력 형태와 동일하게 적용합니다.

❼ 선의 색상과 두께는 제시된 조건과 동일하게 적용합니다.

❽ 문자는 제시된 글꼴을 사용하고 자간, 행간, 장평 등 문자 속성을 기본값으로 작성합니다.

❾ 작업 완료 후 레이아웃을 맞추기 위해 Scale Tool로 임의로 크기를 조절할 경우, 반드시 'Scale Strokes & Effects : 체크 해제'하고 조절을 해야 문자의 크기나 선의 두께가 변경되지 않습니다.

❿ 제시된 조건 외에 블렌드나 이펙트 등을 사용하여 오브젝트를 생성한 경우는 반드시 속성을 확장합니다.

⓫ 브러쉬와 이펙트는 출력 형태와 동일하게 지정하며 적용한 후 Expand 등으로 속성을 확장하지 않습니다.

⓬ 오브젝트의 불투명도는 Transparency 패널에서 Opacity의 %를 지정하여 적용합니다.

⓭ Clipping Mask를 작업의 최종 단계에 적용하여 제시된 크기인 210 x 297mm에 맞게 사각형을 그리고 불필요한 오브젝트 등 디자인을 정리합니다.

⓮ 심볼 오브젝트는 제시된 《참고도안》과 동일하게 제작하며 문제에서 제시된 이름으로 등록하고 적용된 심볼의 개수, 크기, 위치, 불투명도, 회전, 색상 효과는 출력 형태와 최대한 동일하게 지정합니다.

⓯ Brush는 제시된 브러쉬를 라이브러리에서 정확하게 불러와 사용하며 출력 형태와 동일하도록 시작 방향과 속성을 지정하며 특히 Scatter 브러쉬는 속성상 여러 번 적용하여 출력 형태와 최대한 동일하게 지정합니다.

⓰ Blend는 제시된 패스의 색상, 두께, 불투명도, 단계 등을 정확하게 적용하여 출력 형태와 동일한 레이아웃으로 배치하되 그 속성은 확장하지 않습니다.

⓱ Mesh가 적용된 사각형의 크기는 문제지에 제시된 크기에 맞게 정확하게 배치하며 제시된 색상과 위치를 출력 형태와 동일하게 적용합니다.

⓲ 문자에 적용된 Envelope Distort 기능은 출력 형태와 동일하게 대화상자에서 옵션을 지정하고 반드시 Clipping Mask를 적용하기 전에 적용합니다.

⓳ 답안 전송 전 최종적으로 저장할 때 작업 중 생성된 불필요한 오브젝트는 삭제하고 눈금자와 안내선 가리기를 합니다.

CHAPTER 03 자주 질문하는 Q&A

Q 온라인 답안 작성 절차는 어떻게 되나요?

수험자 등록 → 시험 시작 → 수시로 답안 저장 및 전송 → 최종 답안 전송 → 시험 종료

Q 새 도큐먼트의 색상 모드와 작업 단위의 설정은 무엇으로 하나요?

별도의 처리조건이 없을 경우 답안 파일의 색상 모드는 CMYK로 설정하고 작업조건에서 주어진 단위는 'Millimeters'를 지정합니다.

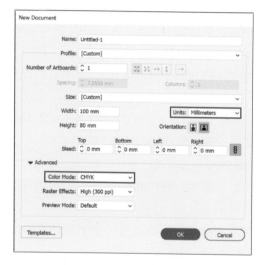

Q 작업 중 일부 패널이 사라져서 안 보이면 어떻게 하나요?

[Window]–[Workspace]–[Essentials Classic]을 클릭하거나 작업 도큐먼트 오른쪽 상단의 '작업 영역 전환기'에서 'Reset Essentials Classic'을 클릭하면 모든 패널이 초기 값으로 정렬되어 패널이 모두 나타납니다.

합격생의 비법

[Window]–[Workspace]–[Essentials Classic]을 클릭하면 Tool 패널의 모든 도구를 기본값으로 볼 수 있고 이전 버전에서처럼 패널이 오른쪽에 정렬됩니다. 작업 도큐먼트의 오른쪽 상단 '작업 영역 전환기'에서 'Reset Essentials Classic'을 클릭하면 초기화가 가능합니다.

Q 작업 중인 도큐먼트의 색상 모드와 파일의 규격은 어떻게 변경하나요?

– 색상 모드의 변경 : [File]–[Document Color Mode]에서 변경할 수 있습니다.

– 파일의 규격의 변경 : Artboard Tool( )을 선택하고 작업 도큐먼트 상단의 Control 패널에서 'W, H'의 수치를 변경하거나 Tool 패널의 Artboard Tool( )을 더블 클릭하여 대화상자에서 'Width'와 'Height'를 변경할 수 있습니다.

Q 답안 파일을 저장 경로인 답안폴더(내 PC₩문서₩GTQ)에 지정하지 않고 도큐먼트를 닫았을 때 어떻게 찾나요?

[File]–[Open Recent Files]를 선택하면 최근에 작업한 파일의 이름을 확인할 수 있습니다. 클릭하여 파일을 열고 [File]–[Save As]로 저장 위치를 답안 폴더로 지정하고 저장합니다.

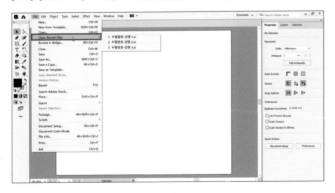

Q 문제지에 제시된 브러쉬 이름이 Brushes 패널에 없는데 직접 그려야 하나요?

일러스트레이터가 실행될 때는 기본적인 브러쉬만 Brushes 패널에 표시되며 그 외에 제시된 브러쉬는 Brushes 패널 하단의 'Brush Libraries Menu(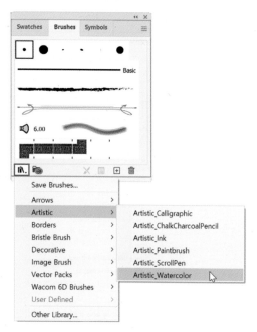)'를 클릭한 후 추가로 불러오거나 [Window]–[Brush Libraries] 메뉴를 클릭하여 불러올 수 있습니다.

Q Color 패널 또는 Gradient 패널에서 편집 중 Color Stop을 더블 클릭하여 색상을 지정하는데 흑백으로 (패널) 나오면 어떻게 CMYK로 설정하나요?

색상이 RGB나 'K'만 있는 Grayscale일 때는 Color 패널 오른쪽 상단의 팝업 버튼을 눌러 표시되는 메뉴에서 CMYK를 지정합니다.

 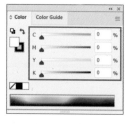

Q 패턴을 만들어 적용하면 답안의 패턴과 크기 및 각도와 위치가 다르게 나오는데 어떻게 맞춰 주나요?

– 패턴의 크기 조절 : Scale Tool(⬚)을 더블 클릭하고 Options 항목의 'Transform Objects : 체크 해제, Transform Patterns : 체크'를 지정하고 배율을 입력하면 오브젝트의 크기는 그대로 유지되며 패턴의 크기만 확대 및 축소할 수 있습니다.

– 패턴의 각도 조절 : Rotate Tool(↻)을 더블 클릭하고 Options 항목의 'Transform Objects : 체크 해제, Transform Patterns : 체크'를 지정하고 각도를 입력하면 오브젝트의 각도는 그대로 유지되며 패턴만 회전할 수 있습니다.

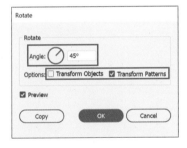

– 패턴의 위치 조절 : [Object]–[Transform]–[Move] 대화상자에서 Options 항목의 'Transform Objects : 체크 해제, Transform Patterns : 체크'를 지정하고 'Horizontal'과 'Vertical'에 수치를 입력하여 패턴의 위치를 이동할 수 있습니다.

02
PART

시험 문항별
기능 익히기

CHAPTER 01 BI, CI 디자인
CHAPTER 02 패키지, 비즈니스 디자인
CHAPTER 03 광고 디자인

CHAPTER 01

BI, CI 디자인

주요 기능	메뉴	단축키	출제빈도
Selection Tool	▶, ▷, ▷	V, A	★★★★★
Pen Tool	✎	P	★★★★★
Gradient Tool	▮	G	★★★★★
Shape Tool	/, ◉, ▦, ▢, ◻, ◯, ◻, ☆	M, L	★★★★★
Type Tool	T, ✎	T	★★★★★
Transform Tool	↻, ▷◁, ▣, ✎	R, O, S	★★★★★
Outline Stroke	[Object]–[Path]–[Outline Stroke]		★★★
Offset Path	[Object]–[Path]–[Offset Path]		★★★★
Transform Again	[Object]–[Transform]–[Transform Again]	Ctrl + D	★★★★
Pathfinder Panel	[Window]–[Pathfinder]	Shift + Ctrl + F9	★★★★★
Color Panel	[Window]–[Color]	F6	★★★★★
Stroke Panel	[Window]–[Stroke]	Ctrl + F10	★★★★
Character Panel	[Window]–[Type]–[Character]	Ctrl + T	★★★★★
Paragraph Panel	[Window]–[Type]–[Paragraph]	Alt + Ctrl + T	★★
Gradient Panel	[Window]–[Gradient]	Ctrl + F9	★★★★★
Align Panel	[Window]–[Align]	Shift + F7	★★★★

01 선택 도구로 오브젝트 모양 변경하여 캐릭터 만들기

▲ 완성이미지

01 원형 그리고 강아지 얼굴 모양으로 변형하기

① [File]-[New]([Ctrl]+[N])를 선택하여 새 도큐먼트를 만듭니다. Ellipse Tool(●)로 작업 도큐먼트를 클릭하고 'Width : 26mm, Height : 18mm'를 입력하여 그리고 Tool 패널 하단에서 'Fill Color : 임의 색상, Stroke Color : 임의 색상'을 지정합니다.

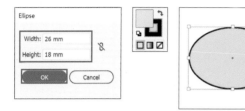

② Direct Selection Tool(▷)로 타원의 왼쪽 상단의 선분을 드래그하여 선택한 후 [Alt]를 누른 채 방향점을 왼쪽 위로 드래그하여 패스를 변형합니다. 계속해서 [Alt]를 누른 채 오른쪽 방향점을 위로 드래그하여 조절합니다.

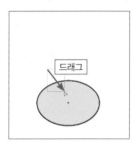  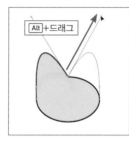 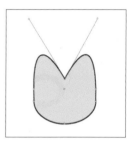

02 그라디언트 적용하기

① Gradient 패널에서 'Type : Radial Gradient'를 적용하고 Gradient Slider의 왼쪽 'Color Stop'을 더블 클릭하여 C0M0Y0K0을, 오른쪽 'Color Stop'을 더블 클릭하여 M20Y30을 지정한 후 Tool 패널 하단에서 'Stroke Color : None'을 지정합니다.

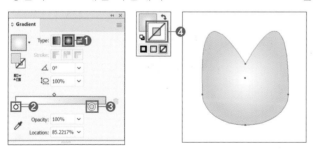

03 타원 그리고 패스 변형하여 눈, 코, 입, 귀 모양 만들기

① Ellipse Tool(◉)로 작업 도큐먼트를 클릭하고 'Width : 4mm, Height : 3mm'를 입력하여 그리고 Color 패널에서 'Fill Color : None, Stroke Color : K100'을 지정합니다. Stroke 패널에서 'Weight : 1.8pt, Cap : Round Cap'을 적용합니다.

② Direct Selection Tool(▷)로 타원 하단의 고정점을 클릭하고 Delete 를 눌러 삭제한 후, [Object]-[Path]-[Outline Stroke]를 선택하여 선을 면으로 확장합니다.

③ Ellipse Tool(◉)로 Shift 를 누르면서 드래그하여 정원을 그리고 Direct Selection Tool (▷)로 상단의 고정점을 클릭하고 아래로 드래그한 후 이동하여 패스를 변형합니다. 계속해서 하단 고정점도 아래로 이동하여 코 모양을 만든 후 Color 패널에서 'Fill Color : K100, Stroke Color : None'을 지정합니다.

  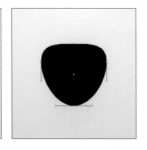

합격생의 비법

키보드의 화살표 ↓를 여러 번 눌러 이동할 수도 있습니다. Shift 와 같이 누르면 약 10배수로 이동할 수 있습니다.

④ [View]-[Rulers]-[Show Rulers]([Ctrl]+[R])를 선택하여 눈금자를 표시합니다. 왼쪽 눈금자
에서 도큐먼트로 마우스를 드래그하여 얼굴 모양의 세로 중앙에 안내선을 표시합니다.

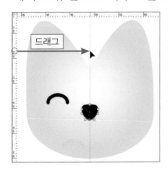
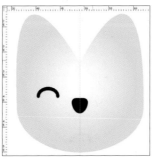

⑤ Ellipse Tool([◯])로 드래그하여 크기가 다른 2개의 타원을 그리고 Color 패널에서 'Fill
Color : M50, C0M0Y0K0, Stroke Color : None'을 각각 지정합니다. Selection Tool
([▶])로 [Shift]를 누른 채 2개의 타원을 함께 선택하고 [Object]-[Arrange]-[Send Back-
ward]([Ctrl]+[[])를 선택하고 코 모양 뒤로 보내기를 합니다.

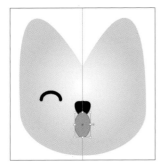
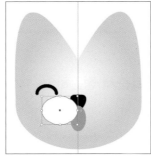
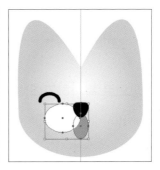

⑥ Selection Tool([▶])로 흰색 타원을 선택한 후 [Edit]-[Copy]([Ctrl]+[C])로 복사하고
[Edit]-[Paste in Front]([Ctrl]+[F])를 선택하여 앞에 붙여 넣기를 합니다.

⑥ Color 패널에서 'Fill Color : None, Stroke Color : K60'을 지정합니다. Stroke 패널에서
'Weight : 1pt, Cap : Round Cap'을 적용한 후, Direct Selection Tool([▷])로 타원 상단
의 고정점을 선택하고 [Delete]를 눌러 삭제합니다.

⑧ Ellipse Tool(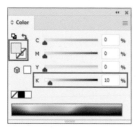)로 드래그하여 타원을 그리고 Color 패널에서 'Fill Color : K10, Stroke Color : None'을 지정한 후 Direct Selection Tool(⬆)로 타원 하단의 고정점을 선택하고 Delete 를 눌러 삭제합니다. Selection Tool(▶)로 조절점 밖을 반시계 방향으로 드래그하여 회전하고 배치합니다.

04 반사 대칭으로 복사하고 오브젝트 순서 정돈하기

① [View]−[Outline](Ctrl + Y)을 선택하여 '윤곽선 보기'를 한 후, Selection Tool(▶)로 드래그하여 3개의 오브젝트를 함께 선택하고 Reflect Tool(▷◁)로 Alt 를 누르면서 수직 안내선을 클릭하여 'Axis : Vertical'을 지정하고 [Copy]를 눌러 복사합니다.

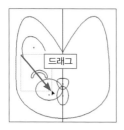
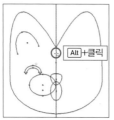

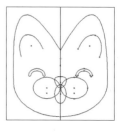

② [View]-[GPU Preview]([Ctrl]+[Y])을 선택하여 'GPU 미리보기'를 한 후, Selection Tool ([▶])로 코 모양 오브젝트를 선택하고 [Object]-[Arrange]-[Bring to Front]([Shift]+[Ctrl]+[]])를 선택하여 맨 앞으로 가져오기를 합니다.

③ Ellipse Tool([⬭])로 작업 도큐먼트를 클릭한 후 'Width : 33mm, Height : 20mm'를 입력하여 그리고 Color 패널에서 'Fill Color : M30Y40, Stroke Color : None'을 지정합니다.

 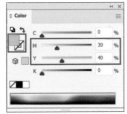 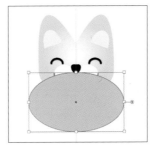

④ Direct Selection Tool([▷])로 [Shift]를 누르면서 상단과 하단의 고정점을 클릭하여 함께 선택하고 위로 이동하여 패스를 변형합니다. [Object]-[Arrange]-[Send to Back]([Shift]+[Ctrl]+[[])을 선택하여 맨 뒤로 보내기를 합니다.

⑤ Direct Selection Tool([▷])로 왼쪽 하단의 선분을 드래그하여 선택한 후 [Alt]를 누른 채 방향점을 왼쪽 아래로 드래그하여 패스를 변형합니다. 계속해서 [Alt]를 누른 채 오른쪽 방향점을 아래로 드래그하여 대칭적으로 조절합니다.

⑥ Ellipse Tool(◉)로 드래그하여 타원을 그리고 Color 패널에서 'Fill Color : M30Y40K20, Stroke Color : None'을 지정합니다. Selection Tool(▶)로 2개의 오브젝트를 함께 선택하고 [Object]-[Arrange]-[Send to Back]([Shift]+[Ctrl]+[[])을 선택하여 맨 뒤로 보내기를 합니다.

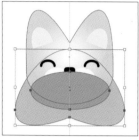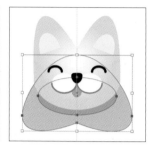

⑦ Ellipse Tool(◉)로 작업 도큐먼트를 클릭한 후 'Width : 58mm, Height : 60mm'를 입력하여 그리고 Color 패널에서 'Fill Color : C50Y20, Stroke Color : None'을 지정합니다. Direct Selection Tool(▷)로 [Shift]를 누르면서 상단과 하단의 고정점을 클릭하여 함께 선택하고 [Object]-[Transform]-[Move]를 선택하여 'Horizontal : 0mm, Vertical : −6 mm'를 입력하고 [OK]를 눌러 위로 이동하여 패스를 변형합니다.

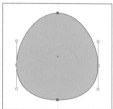

⑧ Selection Tool(▶)로 오브젝트를 선택한 후 [Object]-[Arrange]-[Send to Back]([Shift]+[Ctrl]+[[])을 선택하고 맨 뒤로 보내기를 합니다. Rotate Tool(↻)을 더블 클릭하여 'Angle : 90°'를 지정하고 [OK]를 눌러 회전하고 레이아웃에 맞게 배치합니다.

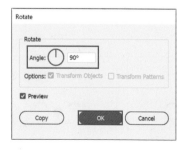

05 문자 입력하기

① Type Tool(T)로 작업 도큐먼트를 클릭한 후 Character 패널에서 'Set the font family : Arial, Set the font style : Bold, Set the font size : 15pt'를 설정합니다. Color 패널에서 'Fill Color : C60M80Y30, Stroke Color : None'을 지정한 후 PUPPY를 입력합니다.

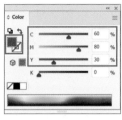

② Selection Tool(▶)로 'PUPPY' 문자를 선택하고 [Edit]-[Copy](Ctrl+C)로 복사한 후 Color 패널에서 'Stroke Color : C0M0Y0K0'을 지정합니다. Stroke 패널에서 'Weight : 4pt'을 적용한 후, [Edit]-[Paste in Front](Ctrl+F)를 선택하여 앞에 붙여 넣기를 합니다.

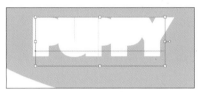

02 Shape와 패스파인더 활용하여 캐릭터 만들기

▲ 완성 이미지

01 구름과 원형 배경 만들고 그라디언트 적용하기

① [File]-[New]를 선택하여 새 도큐먼트를 만듭니다. [View]-[Rulers]-[Show Rulers]([Ctrl]+
[R])를 선택하여 눈금자를 표시하고 왼쪽과 위쪽 눈금자에서 도큐먼트로 마우스를 드래그하여
안내선을 표시합니다.

② Ellipse Tool(◯)로 [Alt]를 누르면서 안내선의 교차 지점에 클릭한 후 'Width : 105mm,
Height : 105mm'를 입력하여 그리고 Color 패널에서 'Fill Color : None, Stroke Color :
C70M10'을 지정하고 Stroke 패널에서 'Weight : 1.5pt, Dashed Line : 체크, dash : 4pt'
를 지정합니다.

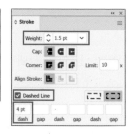
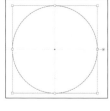

③ Scale Tool(⊞)을 더블 클릭하여 'Uniform : 95%'를 지정하고 [Copy]를 눌러 축소 복사한
후 Color 패널에서 'Fill Color : 임의 색상, Stroke Color : 임의 색상'을 지정합니다.

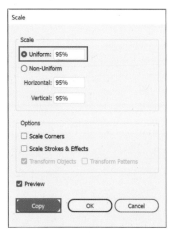
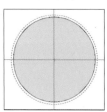

④ Ellipse Tool(◯)로 드래그하여 크기가 다른 8개의 원을 서로 겹치도록 그린 후, Selection
Tool(▶)로 [Shift]를 누르면서 축소된 정원과 함께 선택한 후 Pathfinder 패널에서 'Divide
(◫)'를 클릭하여 면을 분할합니다.

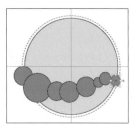
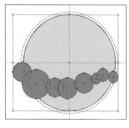

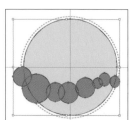

⑤ Selection Tool(▶)로 분할된 오브젝트를 더블 클릭하여 Isolation Mode로 전환하고 불필요한 오브젝트를 선택하여 Delete 를 눌러 삭제합니다. 아래쪽 오브젝트를 모두 선택하고 Pathfinder 패널에서 'Unite(▣)'를 클릭하여 합치고 Color 패널에서 'Fill Color : C20, Stroke Color : None'을 지정합니다.

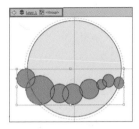 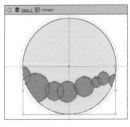  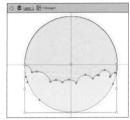

⑥ Selection Tool(▶)로 상단 오브젝트를 선택한 후 Gradient 패널에서 'Type : Radial Gradient'를 적용하고 Gradient Slider의 왼쪽 'Color Stop'을 더블 클릭하여 C80M30K30을, 오른쪽 'Color Stop'을 더블 클릭하여 C40Y10을 적용한 후 Tool 패널 하단에서 'Stroke Color : None'을 지정하고 도큐먼트의 빈 곳을 더블 클릭하여 정상 모드로 전환합니다.

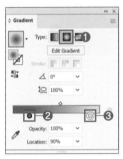 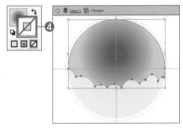

02 삐에로 캐릭터 얼굴 만들기

① Ellipse Tool(◯)로 Alt 를 누르면서 세로 안내선에 클릭하여 'Width : 40mm, Height : 40mm'를 입력하여 그리고 Color 패널에서 'Fill Color : M20Y30, Stroke Color : None'을 지정합니다.

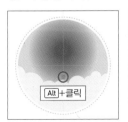 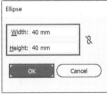 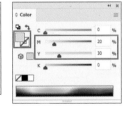 

② Ellipse Tool(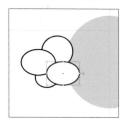)로 크기가 다른 4개의 타원을 겹치도록 그리고, Selection Tool(▶)로 함께 선택한 후, Pathfinder 패널에서 'Unite(▣)'를 클릭하여 합치고 Color 패널에서 'Fill Color : M50Y100, Stroke Color : None'을 지정한 후 [Object]-[Arrange]-[Send Backward](Ctrl+[ )를 선택하여 뒤로 보내기를 합니다.

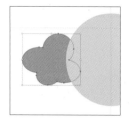

③ Ellipse Tool(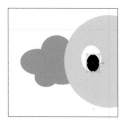)로 크기가 다른 2개의 타원을 겹치도록 그리고 Color 패널에서 'Fill Color : C0M0Y0K0, K100, Stroke Color : None'을 각각 지정합니다. Arc Tool(╭)로 하단에서 상단으로 드래그하여 호를 그리고 'Fill Color : None, Stroke Color : K100'을 지정한 후 Stroke 패널에서 'Weight : 3pt, Cap : Round Cap'을 지정합니다.

④ Selection Tool(▶)로 Shift 를 누르면서 클릭하여 4개의 오브젝트를 함께 선택하고, Reflect Tool(▷◁)로 Alt 를 누르면서 수직 안내선을 클릭하여 'Axis : Vertical'을 지정하고 [Copy]를 눌러 복사합니다. Selection Tool(▶)로 오른쪽 오브젝트를 선택하고 Ctrl+[를 여러 번 눌러 얼굴 모양의 뒤로 보내기를 합니다.

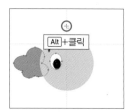

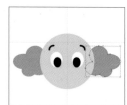

⑤ [Edit]−[Copy]([Ctrl]+[C])로 복사를 하고 [Edit]−[Paste]([Ctrl]+[V])로 붙여 넣기를 하고, Scale Tool()을 더블 클릭하여 'Uniform : 50%'로 지정하고 축소한 후 Rotate Tool()을 더블 클릭하여 'Angle : −90°'로 지정하여 상단 중앙에 배치합니다.

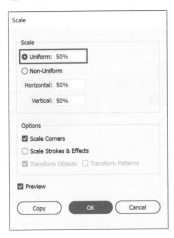

⑥ Ellipse Tool()로 [Alt]를 누르면서 세로 안내선에 클릭하여 'Width : 35mm, Height : 17mm'를 입력합니다.

⑦ Direct Selection Tool()로 하단의 고정점을 클릭하여 선택하고 [Object]−[Transform]−[Move]를 선택한 후 'Horizontal : 0mm, Vertical : 6mm'를 입력하여 패스를 변형합니다.

⑧ Direct Selection Tool()로 상단의 고정점을 클릭한 후 [Object]-[Transform]-
[Move]를 선택하고 'Horizontal : 0mm, Vertical : 4mm'로 입력하여 패스를 변형합니다.
계속해서 [Alt]를 누른 채 왼쪽 방향점을 상단으로 드래그하여 패스를 변형하고 오른쪽 방향점
도 상단으로 드래그하여 조절한 후 Color 패널에서 'Fill Color : M90Y90, Stroke Color :
None'을 지정합니다.

⑨ [Object]-[Path]-[Offset Path]를 선택한 후 'Offset : -2.5mm'를 지정하여 축소된 복
사본을 만든 후 Color 패널에서 'Fill Color : M60Y50, Stroke Color : None'을 지정합니
다. 계속해서 [Offset Path]를 반복하여 지정하고 'Fill Color : M30Y30, Stroke Color :
None'을 지정한 후 상단으로 약간 이동하여 배치합니다.

⑩ Ellipse Tool(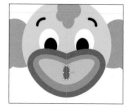)로 [Alt]를 누르면서 세로 안내선에 드래그하여 타원을 그리고 Color 패널에
서 'Fill Color : M90Y90, Stroke Color : None'을 지정합니다. 계속해서 [Alt]와 [Shift]를
누르면서 드래그하여 크기가 다른 2개의 정원을 그리고 'Fill Color : M100Y100K30,
C0M0Y0K0, Stroke Color : None'을 각각 지정하여 배치합니다.

🔳 모자 모양 만들기

① Pen Tool(✏️)로 모자 모양의 닫힌 패스를 그리고 Color 패널에서 'Fill Color : M80Y90, Stroke Color : None'을 지정합니다.

  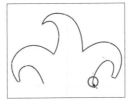 

② Pen Tool(✏️)로 드래그하여 열린 곡선 패스를 모자 모양과 겹치도록 그립니다. Ctrl 을 누른 채 도큐먼트의 빈 곳을 클릭하여 열린 패스를 완료합니다. 계속해서 열린 패스를 그리고 Color 패널에서 'Fill Color : None, Stroke Color : 임의 색상'을 지정합니다.

합격생의 비법

Pathfinder 패널의 'Divide(🔲)'로 면을 분할하기 위해 열린 패스는 모자 모양 밖으로 충분히 여유 있게 그려줍니다.

③ Selection Tool(▶️)로 모자 모양과 열린 패스를 함께 선택한 후 Pathfinder 패널에서 'Divide(🔲)'를 클릭하여 면을 분할하고 Color 패널에서 'Stroke Color : 임의 색상'을 지정합니다.

④ Selection Tool(▶️)로 분할된 오브젝트를 더블 클릭하여 Isolation Mode로 전환한 후 불필요한 선이 있는 오브젝트를 각각 선택하고 Pathfinder 패널에서 'Unite(🔲)'를 클릭하여 합칩니다.

⑤ Selection Tool(▶)로 Shift 를 누르면서 12개의 오브젝트를 함께 선택하고 Color 패널에서 'Fill Color : C30M80Y80K40'을 지정합니다. [Select]-[All](Ctrl + A)로 모두 선택하고 'Stroke Color : None'을 지정한 후 Esc 를 눌러 정상 모드로 전환합니다. Ellipse Tool(⬤)로 Shift 를 누르면서 드래그하여 크기가 다른 3개의 정원을 그리고 'Fill Color : Y100, Stroke Color : None'을 지정합니다.

04 나비 넥타이 모양 만들기

① Rounded Rectangle Tool(▢)로 Alt 를 누르면서 세로 안내선에 클릭한 후 'Width : 34mm, Height : 15mm, Corner Radius : 2mm'를 입력하여 그리고 Color 패널에서 'Fill Color : 임의 색상, Stroke Color : None'을 지정합니다. [Object]-[Path]-[Add Anchor Points]를 선택하고 각각의 선분 중앙에 고정점을 균일하게 추가합니다.

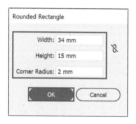 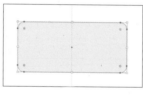 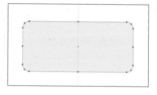

② Direct Selection Tool(▷)로 드래그하여 둥근 사각형 가로 중앙의 2개의 고정점을 선택하고, Scale Tool(▣)을 더블 클릭한 후 'Uniform : 30%'를 지정하여 패스를 축소합니다.

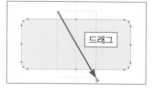 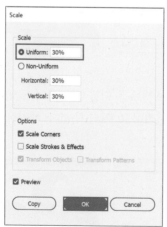 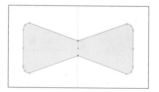

③ Direct Selection Tool()로 드래그하여 둥근 사각형 세로 중앙의 2개의 고정점을 선택하고, Scale Tool()로 그림과 같이 안쪽으로 드래그하여 패스를 축소한 후 Color 패널에서 'Fill Color : C60M90, Stroke Color : None'을 지정합니다.

 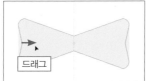 

④ Ellipse Tool()로 크기가 다른 7개의 원을 겹치도록 그리고 Color 패널에서 'Fill Color : K100, Stroke Color : None'을 지정합니다.

⑤ Selection Tool()로 리본 모양과 함께 선택하고 Pathfinder 패널에서 'Divide ()'를 클릭한 후 더블 클릭하여 Isolation Mode로 전환하고 불필요한 오브젝트를 선택하고 Delete를 눌러 삭제합니다.

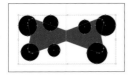  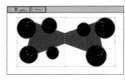 

⑥ Ellipse Tool()로 크기가 다른 2개의 원을 겹치도록 그리고 Color 패널에서 'Fill Color : K100, Stroke Color : None'을 지정합니다. Rounded Rectangle Tool()로 드래그하여 둥근 사각형을 가운데 그리고 'Fill Color : K100, Stroke Color : None'을 지정하고 Esc를 눌러 정상 모드로 전환합니다.

패키지, 비즈니스 디자인

주요 기능	메뉴	단축키	출제빈도
Selection Tool	▶, ◹, ▷	V, A	★★★★★
Pen Tool	✎	P	★★★★★
Gradient Tool	▥	G	★★★★★
Shape Tool	╱, ⌒, ◉, ▦, ▢, ▢, ▢, ◉, ☆, ✎	M, L	★★★★★
Type Tool	T, ⤵	T	★★★★★
Transform Tool	↻, ▷◁, ▣, ☞	R, O, S	★★★★★
Outline Stroke	[Object]–[Path]–[Outline Stroke]		★★★
Offset Path	[Object]–[Path]–[Offset Path]		★★★★★
Expand Appearance	[Object]–[Expand Appearance]		★★
Pattern	[Object]–[Pattern]–[Make]		★★★★★
Clipping Mask	[Object]–[Clipping Mask]–[Make]	Ctrl + 7	★★★★★
Create Outlines	[Type]–[Create Outlines]	Shift + Ctrl + O	★
Effect	[Effect]–[Illustrator Effects]–[Stylize]–[Drop Shadow]		★★★★★
Color Panel	[Window]–[Color]	F6	★★★★★
Pathfinder Panel	[Window]–[Pathfinder]	Shift + Ctrl + F9	★★★★★
Stroke Panel	[Window]–[Stroke]	Ctrl + F10	★★★★★
Character Panel	[Window]–[Type]–[Character]	Ctrl + T	★★★★★
Paragraph Panel	[Window]–[Type]–[Paragraph]	Alt + Ctrl + T	★★★
Gradient Panel	[Window]–[Gradient]	Ctrl + F9	★★★★★
Align Panel	[Window]–[Align]	Shift + F7	★★★
Brushes Panel	[Window]–[Brushes]	F5	★★★★★
Transparency Panel	[Window]–[Transparency]	Shift + Ctrl + F10	★★★★★

01 패턴이 적용된 패키지 만들기

▲ 완성이미지

01 도넛 모양 만들기

① [File]─[New](Ctrl + N)를 선택하여 새 도큐먼트를 만듭니다. Ellipse Tool(◯)로 작업 도 큐먼트를 클릭한 후 'Width : 35mm, Height : 35mm'를 입력하여 그리고 Color 패널에서 'Fill Color : M30Y60, Stroke Color : None'을 지정합니다. Scale Tool(▣)을 더블 클릭 하여 'Uniform : 80%'를 지정하고 [Copy]를 눌러 축소 복사한 후 'Fill Color : M80Y10, Stroke Color : None'을 지정합니다.

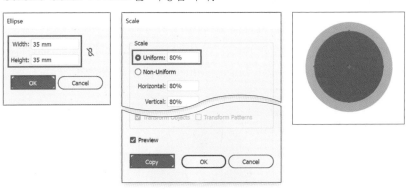

② [Effect]─[Illustrator Effects]─[Distort & Transform]─[Zig Zag]를 선택한 후 'Size : 1mm, Absolute : 체크, Ridges per segment : 5, Points : Smooth'를 지정하고 [Object]─[Expand Appearance]를 선택하여 오브젝트의 속성을 확장합니다.

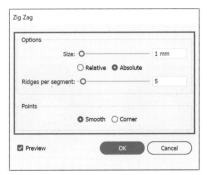

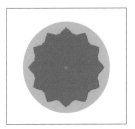

③ Ellipse Tool(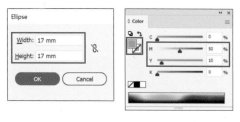)로 작업 도큐먼트를 클릭한 후 'Width : 17mm, Height : 17mm'를 입력
하여 그리고 Color 패널에서 'Fill Color : M50Y10, Stroke Color : None'을 지정합니다.

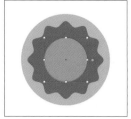

④ Scale Tool()을 더블 클릭하여 'Uniform : 60%'를 지정하고 [Copy]를 눌러 축소 복사한
후 Color 패널에서 'Fill Color : 임의 색상, Stroke Color : 임의 색상'을 지정합니다.

⑤ Rounded Rectangle Tool()로 드래그하여 그림과 같이 겹치도록 그리고 Color 패널에서
'Fill Color : C60M90, Stroke Color : None'을 지정합니다. [Select]−[All]([Ctrl]+[A])로
모두 선택하고 Align 패널에서 'Horizontal Align Center()'를 클릭하여 가로 가운데 정
렬을 지정합니다.

⑥ Selection Tool()로 둥근 사각형을 선택하고 Rotate Tool()로 [Alt]를 누른 채 정원의
중심점을 클릭한 후 'Angle : 40°'를 지정하고 [Copy]를 눌러 복사하고 [Ctrl]+[D]를 7번 눌러
반복하여 회전 복사합니다.

⑦ Selection Tool(▶)로 9개의 둥근 사각형을 선택하고 [Object]-[Transform]-[Trans-form Each]를 선택하여 'Angle : 45°'를 지정한 후 [OK]를 눌러 오브젝트를 각각 회전합니다. Selection Tool(▶)로 3개의 둥근 사각형을 함께 선택하고 Color 패널에서 'Fill Color : C60, Stroke Color : None'을 지정한 후 나머지 3개의 둥근 사각형을 선택하고 'Fill Color : Y100, Stroke Color : None'을 지정합니다.

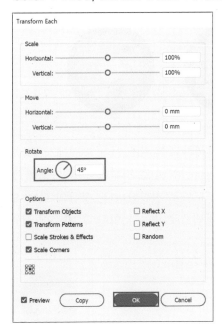

⑧ Selection Tool(▶)로 도넛 오브젝트를 선택하고 [Object]-[Transform]-[Move]를 선택한 후 'Horizontal : 0mm, Vertical : 40mm'를 입력하고 [Copy]를 눌러 아래로 이동하여 복사합니다.

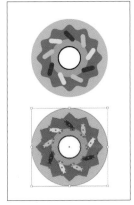

⑨ Selection Tool(▶)로 하단 도넛 오브젝트의 Color 패널에서 'Fill Color : M50Y10, Stroke Color : None'인 정원을 선택하고 Delete 를 눌러 삭제합니다. 뒤쪽부터 순서대로 오 브젝트를 선택하여 'Fill Color : C50M50Y90K50, C50Y100, Stroke Color : None'을 각 각 지정합니다. 계속해서 너머지 오브젝트도 3개씩 함께 선택하고 'Fill Color : C50M70Y80K70, M80Y10, C0M0Y0K0, Stroke Color : None'을 각각 지정합니다.

⑩ Selection Tool(▶)로 뒤쪽 3개의 오브젝트를 함께 선택하고 Pathfinder 패널에서 'Divide (▣)'를 클릭하여 면을 분할한 후 더블 클릭하여 Isolation Mode로 전환합니다. 가운데 정원 을 선택하고 Delete 를 눌러 삭제하고 Esc 를 눌러 정상 모드로 전환합니다. 상단의 도넛 오브 젝트도 뒤쪽 4개의 오브젝트를 함께 선택하고 동일한 방법으로 면을 분할한 후 가운데 정원을 삭제합니다.

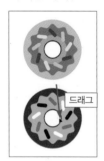

02 패턴 등록하기

① Selection Tool(▶)로 도넛 오브젝트를 각각 선택하여 [Object]-[Group](Ctrl + G)으로 그룹을 지정합니다. Rectangle Tool(▣)로 작업 도큐먼트에 클릭하여 'Width : 40mm, Height : 80mm'를 입력하여 그리고 Color 패널에서 'Fill Color : None, Stroke Color : None'을 지정하고 [Object]-[Arrange]-[Send to Back](Shift + Ctrl + [ )을 선택하고 맨 뒤로 보내기를 합니다.

② [Select]−[All]($\boxed{Ctrl}$+$\boxed{A}$)로 오브젝트를 모두 선택하고 Align 패널에서 'Horizontal Align Center($\boxed{}$)'를 클릭하여 가로 가운데 정렬을 지정합니다.

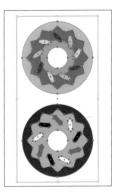

③ [Object]−[Pattern]−[Make]로 'Name : 도넛, Tile Type : Grid'를 지정하고 패턴으로 등록하여 Swatches 패널에 저장합니다. 도큐먼트 상단의 'Done'을 클릭하여 패턴 편집 모드에서 정상 모드로 전환합니다.

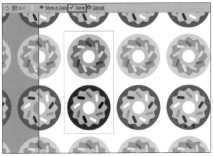
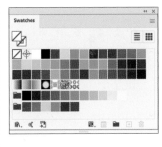

합격생의 비법

• 패턴 편집 모드에서 정상 모드로 전환은 도큐먼트 왼쪽 상단의 화살표를 클릭하거나 $\boxed{Esc}$를 눌러도 됩니다.
• Swathes 패널에 저장된 '도넛' 패턴을 더블 클릭하여 등록된 패턴을 편집할 수 있습니다.

03 패키지 모양 만들기

① Rectangle Tool($\boxed{}$)로 작업 도큐먼트에 클릭하여 'Width : 48mm, Height : 50mm'를 입력하여 그리고 Color 패널에서 'Fill Color : 임의 색상, Stroke Color : 임의 색상'을 지정합니다. 계속해서 직사각형을 상단에 겹치도록 그리고 Selection Tool($\boxed{}$)로 $\boxed{Alt}$를 누르면서 오른쪽으로 드래그하여 복사합니다.

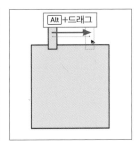

② Direct Selection Tool(🔺)로 Shift를 누르면서 왼쪽과 오른쪽 상단의 2개의 고정점을 클릭하여 선택하고 그림과 같이 아래쪽으로 이동하여 패스를 변형합니다.

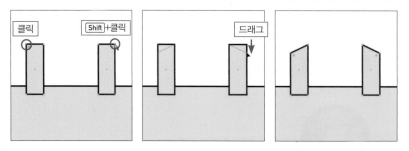

③ Rectangle Tool(▢)로 2개의 오브젝트 사이에 드래그하여 직사각형을 그리고 Selection Tool(▶)로 3개의 오브젝트를 함께 선택하고 Align 패널에서 'Vertical Align Top(▜)'를 클릭하여 상단에 정렬을 지정합니다.

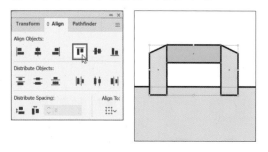

④ Selection Tool(▶)로 4개의 오브젝트를 함께 선택하고 Color 패널에서 'Fill Color : C30M50Y70K20, Stroke Color : None'을 지정합니다. [Object]-[Transform]-[Move]를 선택하고 'Horizontal : -14mm, Vertical : 6mm'를 입력하고 [Copy]를 눌러 왼쪽 아래로 이동하여 복사하고 'Fill Color : C10M20Y50, Stroke Color : None'을 지정합니다. 손잡이 모양 중간의 오브젝트를 선택하고 'Fill Color : C20M40Y60K10, Stroke Color : None'을 지정합니다.

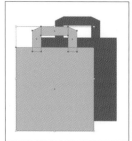

⑤ Selection Tool(▶)로 패키지 모양의 오브젝트를 함께 선택하고 Shear Tool(🖅)을 더블 클릭하여 'Shear Angle : 200°, Axis : Vertical'을 지정하고 [OK]를 눌러 기울이기를 적용 합니다.

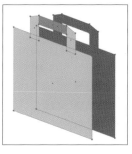

⑥ Direct Selection Tool(▷)로 그림과 같이 3개의 고정점을 각각 이동하여 패키지 모양을 변 경합니다.

⑦ Pen Tool(✎)로 클릭하여 3개의 닫힌 패스를 그림과 같이 오른쪽에 그리고 Color 패널에서 'Fill Color : C20M40Y60K20, C20M40Y50, C30M50Y70K30, Stroke Color : None'을 각각 지정합니다. 계속해서 왼쪽 상단에 클릭하여 그리고 'Fill Color : C30M50Y70K20, Stroke Color : None'을 지정하고 [Object]-[Arrange]-[Send to Back]([Shift]+[Ctrl]+[[])을 선택 하고 맨 뒤로 보내기를 합니다.

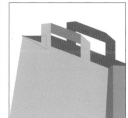

04 패턴 적용하고 투명도 적용하기

① Selection Tool(▶)로 패키지 모양의 왼쪽 오브젝트를 선택하고 [Edit]−[Copy]([Ctrl]+[C])로 복사를 하고 [Edit]−[Paste in Front]([Ctrl]+[F])로 복사한 오브젝트 앞에 붙여 넣기를 하고 Swathes 패널에서 '도넛' 패턴을 클릭하여 Fill Color에 패턴을 적용합니다.

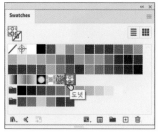
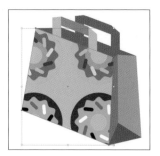

② Scale Tool(🔲)을 더블 클릭하고 'Uniform : 35%, Transform Objects : 체크 해제, Transform Patterns : 체크'를 지정하여 패턴의 크기를 축소합니다. [Object]−[Arrange]−[Bring to Front]([Shift]+[Ctrl]+[]])로 맨 앞으로 가져오기를 합니다.

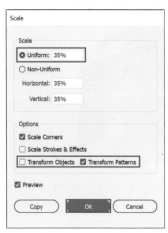

③ Shear Tool(🔽)을 더블 클릭하여 'Shear Angle : 200°, Axis : Vertical, Transform Objects : 체크 해제, Transform Patterns : 체크'를 지정하고 패턴의 기울이기를 적용한 후, Transparency 패널에서 'Opacity : 70%'를 지정하여 패턴의 불투명도를 조절합니다.

05 태그 만들고 문자 입력하기

① Rounded Rectangle Tool(▣)로 작업 도큐먼트를 클릭한 후 'Width : 28mm, Height :
14mm, Corner Radius : 2mm'를 입력하여 그리고 Color 패널에서 'Fill Color : 임의 색
상, Stroke Color : 임의 색상'을 지정합니다. [Object]-[Path]-[Offset Path]를 선택한 후
'Offset : −1.5mm'를 지정하여 축소된 복사본을 만든 후 'Fill Color : None, Stroke Color
: M80Y90'을 지정하고 Stroke 패널에서 'Weight : 1pt, Dashed Line : 체크, dash : 3pt'
를 입력하여 점선을 지정합니다.

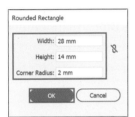   

② Ellipse Tool(⬤)로 Shift 를 누르면서 드래그하여 임의 색상의 정원을 그리고 Selection
Tool(▶)로 3개의 오브젝트를 함께 선택하고 Align 패널에서 'Vertical Align Center(▦)'
를 클릭하여 세로 가운데 정렬을 지정합니다.

 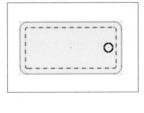

③ Selection Tool(▶)로 큰 둥근 사각형과 정원을 함께 선택하고 Pathfinder 패널에서 'Mi-
nus Front(▣)'를 클릭한 후 [Object]-[Arrange]-[Send Backward](Ctrl + [ )를 선택하
고 뒤로 보내기를 합니다.

 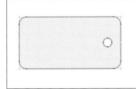 

④ Type Tool(T)로 작업 도큐먼트를 클릭한 후 Character 패널에서 'Set the font family : Arial, Set the font style : Bold, Set the font size : 10pt'를 설정하고 Color 패널에서 'Fill Color : K100, Stroke Color : None'을 지정한 후 DOUGHNUT을 입력합니다.

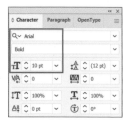 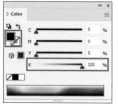 

06 브러쉬 및 이펙트 적용하기

① Line Segment Tool(/)로 Shift 를 누르면서 오른쪽에서 왼쪽으로 드래그하여 수평선을 그리고 Color 패널에서 'Fill Color : None, Stroke Color : M80Y90'을 지정하고 Stroke 패널에서 'Weight : 1pt'를 지정합니다. Brushes 패널 하단의 'Brush Libraries Menu(IN.)'를 클릭한 후 [Decorative]-[Elegant Curl & Floral Brush Set]를 선택하여 추가 브러쉬 패널을 불러온 후 'Floral Stem 4'를 선택합니다.

 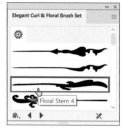 

② Selection Tool(▶)로 큰 둥근 사각형을 선택하고 Color 패널에서 'Fill Color : C0M0Y0K0, Stroke Color : None'을 지정한 후 태그 모양을 모두 선택하고 [Object]-[Group](Ctrl+G)으로 그룹을 지정한 후 [Effect]-[Illustrator Effects]-[Stylize]-[Drop Shadow]를 선택하고 'Opacity : 75%, X Offset : 1mm, Y Offset : 1mm, Blur : 1mm'를 지정하여 그림자 효과를 적용합니다.

 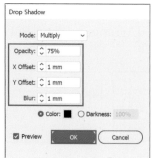 

③ Rotate Tool(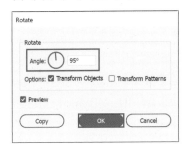)을 더블 클릭하여 'Angle : 95°'를 지정하고 [OK]를 눌러 회전하고 레이아웃에 맞게 배치합니다.

④ Pen Tool(🖊)로 클릭하여 열린 패스를 그림과 같이 그리고 Color 패널에서 'Fill Color : None, Stroke Color : K100'을 지정하고 Stroke 패널에서 'Weight : 1pt'를 지정합니다. Brushes 패널 하단의 'Brush Libraries Menu(🔖)'를 클릭한 후 [Artistic]-[Artistic_ChalkCharcoalPencil]을 선택하여 추가 브러쉬 패널에서 'Charcoal – Pencil'을 선택하여 적용합니다.

02 패턴 브러쉬가 적용된 인형 만들기

▲ 완성이미지

01 패스파인더를 활용한 인형 오브젝트 만들기

① [File]-[New]([Ctrl]+[N])를 선택하고 새 도큐먼트를 만들고 [View]-[Rulers]-[Show Rulers]([Ctrl]+[R])로 눈금자 보기를 한 후 세로 안내선을 표시합니다.

② Ellipse Tool(◉)로 작업 도큐먼트를 클릭한 후 'Width : 35mm, Height : 30mm'를 입력하여 그리고 Color 패널에서 'Fill Color : 임의 색상, Stroke Color : 임의 색상'을 지정합니다. 계속해서 클릭하여 'Width : 54mm, Height : 45mm'와 'Width : 33mm, Height : 13mm'를 각각 입력하여 그리고 그림과 같이 겹치도록 배치합니다.

   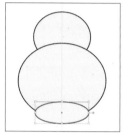

③ [Select]-[All]([Ctrl]+[A])로 모두 선택하고 Align 패널에서 'Horizontal Align Center(▮)'를 클릭하여 가로 가운데 정렬을 지정합니다.

 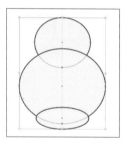

④ Pathfinder 패널에서 'Unite(▮)'를 클릭하여 합친 후 [Effect]-[Illustrator Effects]-[Stylize]-[Round Corners]를 선택하고 'Radius : 3mm'를 지정하여 모서리를 둥글게 만들고 [Object]-[Expand Appearance]를 선택하여 오브젝트의 속성을 확장합니다.

 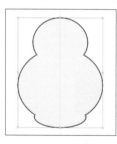  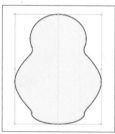

⑤ Ellipse Tool(◉)로 드래그하여 상단과 겹치도록 타원을 그리고 Color 패널에서 'Fill Color : None, Stroke Color : 임의 색상'을 지정합니다. Direct Selection Tool(▷)로 상단의 고정점을 클릭하여 선택하고 [Delete]를 눌러 삭제한 후 열린 패스로 만든 후 Selection Tool(▶)로 [Alt]를 누른 채 하단으로 드래그하여 복사하여 배치합니다.

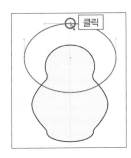 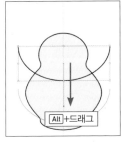 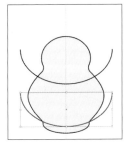

⑥ [Select]−[All](Ctrl + A)로 모두 선택하고 Align 패널에서 'Horizontal Align Center(▣)'
를 클릭하여 가로 가운데 정렬을 지정하고 Pathfinder 패널에서 'Divide(▣)'를 클릭하여 면
을 분할합니다.

 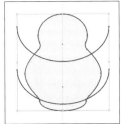  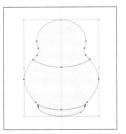

⑦ Selection Tool(▶)로 분할된 오브젝트를 더블 클릭하여 Isolation Mode로 전환하고 위쪽
오브젝트부터 순서대로 선택하고 Color 패널에서 'Fill Color : Y70, M50, M100Y20,
Stroke Color : None'을 각각 지정한 후 Esc 를 눌러 정상 모드로 전환합니다.

 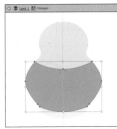 

② 얼굴 모양 만들고 대칭하여 복사하기

① Ellipse Tool(◉)로 Alt 를 누른 채 수직의 안내선에 클릭하여 'Width : 24mm, Height :
22mm'를 입력하여 그리고 Color 패널에서 'Fill Color : C0M0Y0K0, Stroke Color :
None'을 지정합니다.

 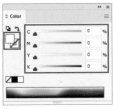 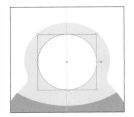

② Ellipse Tool(⬭)로 드래그하여 타원을 그리고 Color 패널에서 'Fill Color : None, Stroke Color : 임의 색상'을 지정합니다. Selection Tool(▶)로 조절점 밖을 시계방향으로 드래그하여 회전한 후 [Alt]를 누른 채 드래그하여 복사하고 그림과 같이 회전하여 배치합니다.

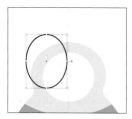

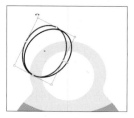

③ Selection Tool(▶)로 드래그하여 2개의 타원을 함께 선택하고 Reflect Tool(◗◖)로 [Alt]를 누르면서 수직 안내선을 클릭하여 'Axis : Vertical'을 지정하고 [Copy]를 눌러 복사한 후 회전과 위치를 조절하여 배치합니다.

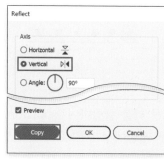

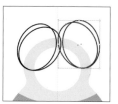

④ Selection Tool(▶)로 [Shift]를 누른 채 클릭하여 5개의 오브젝트를 함께 선택하고 Pathfinder 패널에서 'Divide(⬚)'를 클릭하여 면을 분할합니다.

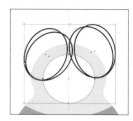

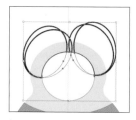

⑤ Selection Tool(▶)로 분할된 오브젝트를 더블 클릭하여 Isolation Mode로 전환하고 불필요한 오브젝트를 선택하고 [Delete]를 눌러 삭제합니다. 오브젝트를 순서대로 선택하고 Color 패널에서 'Fill Color : M40Y80, M60Y100, Stroke Color : None'을 각각 지정한 후 [Esc]를 눌러 정상 모드로 전환합니다.

⑥ Pen Tool(✐)로 눈썹 모양의 패스를 그리고 Color 패널에서 'Fill Color : K100, Stroke Color : None'을 지정합니다. Ellipse Tool(◯)로 Shift 를 누른 채 드래그하여 크기가 다른 5개의 정원을 그리고 'Fill Color : C100M30, K100, C0M0Y0K0, Stroke Color : None'을 각각 지정합니다. 계속해서 타원을 그리고 'Fill Color : K80, Stroke Color : None'을 지정합니다.

⑦ Ellipse Tool(◯)로 Shift 를 누른 채 드래그하여 볼의 위치에 정원을 그리고 Gradient 패널에서 'Type : Radial Gradient'를 적용하고 Gradient Slider의 왼쪽 'Color Stop'을 더블 클릭하여 M30Y20을, 오른쪽 'Color Stop'을 더블 클릭하여 C0M0Y0K0을 적용한 후 Tool 패널 하단에서 'Stroke Color : None'을 지정합니다.

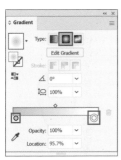 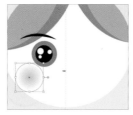

⑧ Selection Tool(▶)로 대칭 복사할 오브젝트를 함께 선택하고 Reflect Tool(◁▷)로 Alt 를 누르면서 수직 안내선을 클릭하여 'Axis : Vertical'을 지정하고 [Copy]를 눌러 복사한 후 배치합니다.

⑨ Pen Tool()로 윗입술 모양의 열린 패스를 그리고 Color 패널에서 'Fill Color : None, Stroke Color : M80Y70'을 지정하고 Stroke 패널에서 'Weight : 2pt, Cap : Round Cap' 을 적용합니다. 계속해서 아랫입술 모양의 열린 패스를 그리고 'Fill Color : M80Y70, Stroke Color : None'을 지정합니다.

03 꽃 모양 만들기

① Ellipse Tool()로 작업 도큐먼트에 클릭하여 'Width : 8mm, Height : 8mm'를 입력하여 그리고 Color 패널에서 'Fill Color : 임의 색상, Stroke Color : 임의 색상'을 지정합니다. Direct Selection Tool()로 하단의 고정점을 클릭하여 선택하고 아래쪽으로 이동하여 패스를 변형합니다.

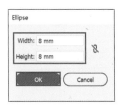

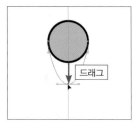
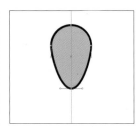

② Scale Tool()을 세로 안내선쪽으로 드래그하여 하단 패스를 축소합니다.

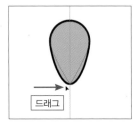

③ Rotate Tool()을 클릭하고 Alt 를 누른 채 하단 고정점에 클릭합니다. [Rotate] 대화상자에서 'Angle : 72°'로 지정한 후 [Copy]를 눌러 복사하고, Ctrl + D 를 3번 눌러 반복 복사합니다.

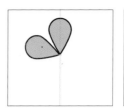

④ Selection Tool(▶)로 꽃 모양을 모두 선택하고 [Object]−[Group](Ctrl+G)으로 그룹을 지정합니다. [Object]−[Transform]−[Transform Each]를 선택하여 'Horizontal : 60%, Vertical : 60%, Angle : 45˚'를 지정하고 [Copy]를 눌러 크기와 회전을 동시에 조절하며 복사하고 Ctrl+D를 눌러 반복하여 복사합니다.

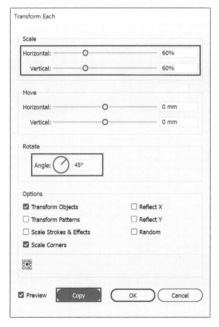
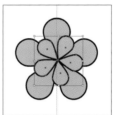

⑤ 작은 크기의 꽃 모양에 Color 패널에서 'Fill Color : Y100, Stroke Color : None'을 지정한 후 Selection Tool(▶)로 중간 크기의 꽃 모양을 더블 클릭하여 Isolation Mode로 전환하고 모두 선택합니다. Gradient 패널에서 'Type : Radial Gradient'를 적용하고 Gradient Slider의 왼쪽 'Color Stop'을 더블 클릭하여 M90Y80을, 오른쪽 'Color Stop'을 더블 클릭하여 Y80을 지정하여 적용한 후 Tool 패널 하단에서 'Stroke Color : None'을 지정합니다.

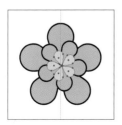
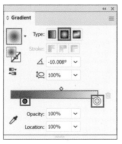

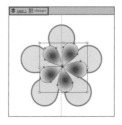

⑥ Gradient Tool(■)로 꽃 모양의 중심에서 바깥쪽으로 드래그하여 그라디언트를 조절합니다. Esc 를 눌러 정상 모드로 전환하고 큰 꽃 모양을 선택하고 Color 패널에서 'Fill Color : C0M0Y0K0, Stroke Color : None'을 지정하고 배치합니다.

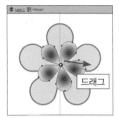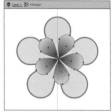

⑦ Selection Tool(▶)로 3개의 꽃 모양을 함께 선택하고 Scale Tool(圖)을 더블 클릭하여 'Uniform : 60%'를 지정하고 [Copy]를 눌러 축소 복사한 후 Selection Tool(▶)로 조절점 밖을 반시계 방향으로 드래그하여 회전하고 오른쪽에 배치합니다.

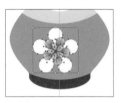

⑧ Selection Tool(▶)로 Alt 를 누른 채 왼쪽으로 드래그하여 복사하고 조절점을 드래그하여 크기를 축소한 후 회전하여 배치합니다.

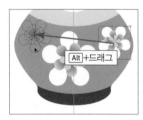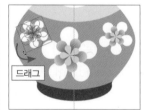

⑨ Selection Tool(▶)로 2개의 꽃 모양을 선택하고 Transparency 패널에서 'Opacity : 70%'를 지정하여 불투명도를 조절합니다.

⓸ 패턴 브러쉬 등록 및 적용하기

① Ellipse Tool(◉)로 작업 도큐먼트를 클릭한 후 'Width : 5mm, Height : 5mm'를 입력하여 그리고 Color 패널에서 'Fill Color : None, Stroke Color : K100'을 지정하고 Stroke 패널에서 'Weight : 1pt'를 지정합니다.

② Scale Tool(▣)을 더블 클릭하여 'Uniform : 80%'를 지정하고 [Copy]를 눌러 축소 복사한 후 Stroke 패널에서 'Weight : 0.5pt'를 지정합니다.

③ Direct Selection Tool(▷)로 드래그하여 상단 2개의 고정점을 선택하고 Delete를 눌러 삭제합니다.

④ Selection Tool(▶)로 2개의 오브젝트를 선택하고 Brushes 패널 하단의 'New Brush(⊞)'
를 클릭하여 'Pattern Brush'를 선택하고 [OK]를 클릭한 후 [Pattern Brush Options] 대
화상자에서 'Name : 문양, Colorization Method : Tints'를 지정하여 패턴 브러쉬로 등록
한 후 Delete 를 눌러 삭제합니다.

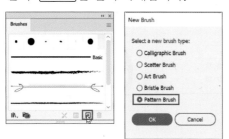
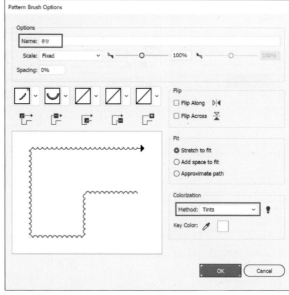

⑤ Pen Tool(✎)로 드래그하여 열린 곡선 패스를 그림과 같이 그리고 Brushes 패널에서 '문양'
브러쉬를 클릭한 후 Color 패널에서 'Fill Color : None, Stroke Color : M100Y100K20'을
지정하고 Stroke 패널에서 'Weight : 1pt'를 지정합니다.

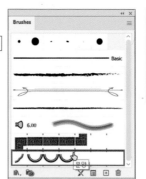

⑥ Ellipse Tool(◉)로 작업 도큐먼트를 클릭한 후 'Width : 4.5mm, Height : 4.5mm'를 입
력하여 그리고 Color 패널에서 'Fill Color : K100, Stroke Color : None'을 지정합니다.
계속해서 클릭하여 'Width : 1mm, Height : 1mm'를 입력하여 그리고 'Fill Color :
C0M0Y0K0, Stroke Color : None'을 지정하고 상단에 겹치도록 배치합니다.

⑦ Selection Tool(▶)로 2개의 오브젝트를 선택하고 Brushes 패널 하단의 'New Brush(⊞)'
를 클릭하여 'Pattern Brush'를 선택하고 [OK]를 클릭한 후 [Pattern Brush Options] 대
화상자에서 'Name : 원형, Colorization Method : Tints'를 지정하여 패턴 브러쉬로 등록
한 후 Delete 를 눌러 삭제합니다.

⑧ Ellipse Tool(◯)로 작업 도큐먼트를 클릭한 후 'Width : 25mm, Height : 23mm'를 입력
하여 그리고 Color 패널에서 'Fill Color : None, Stroke Color : 임의 색상'을 지정합니다.
[Object]-[Path]-[Add Anchor Points]를 선택하고 각각의 선분 중앙에 고정점을 균일하게
추가하고 Direct Selection Tool(▷)로 하단 고정점을 선택하고 Delete 를 눌러 삭제합니다.

⑨ Brushes 패널에서 '원형' 브러쉬를 클릭한 후 Color 패널에서 'Fill Color : None, Stroke
Color : M80Y20'을 지정하고 Stroke 패널에서 'Weight : 0.5pt'를 지정합니다.

05 크기 변형과 색상 편집하기

① Ctrl + A 로 모두 선택하고 Scale Tool(⧈)을 더블 클릭하여 'Uniform : 70%, Sacle
Strokes & Effects : 체크'를 지정하고 [Copy]를 눌러 축소 복사한 후 하단 2개의 오브젝트
를 선택하고 Color 패널에서 'Fill Color : C70, C100M100Y20K20, Stroke Color :
None'을 각각 지정합니다.

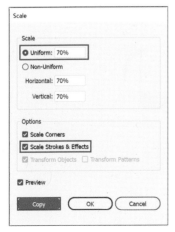 

03 클리핑 마스크가 적용된 기타 모양 만들기

▲ 완성이미지

01 음표 모양 만들기

① [File]−[New](Ctrl+N)를 선택하고 새 도큐먼트를 만들고 Ellipse Tool(⬭)로 작업 도큐먼트를 클릭한 후 'Width : 6mm, Height : 4mm'를 입력하여 그리고 Color 패널에서 'Fill Color : M50Y10, Stroke Color : None'을 지정합니다. Line Segment Tool(╱)로 Shift 를 누른 채 작업 도큐먼트에 드래그하여 수직선을 그리고 'Fill Color : None, Stroke Color : M50Y10'을 지정하고 Stroke 패널에서 'Weight : 2pt, Cap : Round Cap'을 지정합니다.

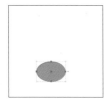
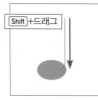
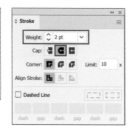

② Arc Tool(╭)로 그림과 같이 하단에서 상단으로 드래그하여 호를 그리고 배치한 후 Color 패널에서 'Fill Color : None, Stroke Color : M50Y10'을 지정하고 Stroke 패널에서 'Weight : 2pt, Cap : Round Cap'을 지정합니다. Selection Tool(▶)로 왼쪽 2개의 오브젝트를 선택하고 Ctrl+C로 복사를 하고 Ctrl+A로 모두 선택한 후 [Object]−[Path]−[Outline Stroke]로 선을 면으로 확장합니다.

③ Pathfinder 패널에서 'Unite(■)'를 클릭하여 합치고 Selection Tool(▶)로 조절점을 반시계 방향으로 드래그하여 회전하여 배치합니다.

④ 앞서 복사한 오브젝트를 Ctrl+V로 붙여 넣기를 하고 Selection Tool(▶)로 Alt와 Shift를 누른 채 오른쪽으로 드래그하여 복사합니다. Line Segment Tool(/)로 Shift를 누른 채 상단에 드래그하여 2개의 수평선을 그리고 Color 패널에서 'Fill Color : None, Stroke Color : M50Y10'을 지정하고 Stroke 패널에서 'Weight : 2pt'를 지정합니다.

 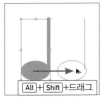 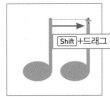 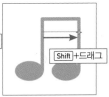

⑤ Selection Tool(▶)로 6개의 오브젝트를 함께 선택하고 [Object]-[Path]-[Outline Stroke]로 선을 면으로 확장한 후 Pathfinder 패널에서 'Unite(■)'를 클릭하여 합치고 Shear Tool(☞)을 더블 클릭하여 'Shear Angle : 20°, Axis : Horizontal'을 지정하고 [OK]를 눌러 기울이기를 적용합니다.

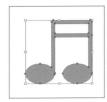 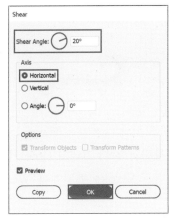 

02 펜 툴로 오브젝트 만들기

① Ellipse Tool(◉)로 작업 도큐먼트를 클릭한 후 'Width : 9mm, Height : 9mm'를 입력하여 그리고 Color 패널에서 'Fill Color : 임의 색상, Stroke Color : 임의 색상'을 지정합니다.

② Pen Tool()로 열린 곡선 패스를 그림과 같이 정원과 겹치도록 그리고 Color 패널에서 'Fill Color : None, Stroke Color : C30'을 지정하고 Stroke 패널에서 'Weight : 12pt'를 적용한 후 [Object]-[Path]-[Outline Stroke]로 선을 면으로 확장합니다.

  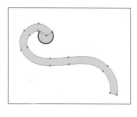

③ Direct Selection Tool()로 하단 고정점과 방향점을 조절하여 패스를 변형합니다. Selection Tool()로 2개의 오브젝트를 선택하고 Pathfinder 패널에서 'Unite()'를 클릭하여 합칩니다.

  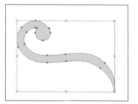

④ Pen Tool()로 열린 곡선 패스를 그리고 Color 패널에서 'Fill Color : None, Stroke Color : C100Y50'을 지정하고 Stroke 패널에서 'Weight : 12pt'를 적용한 후 [Object]-[Path]-[Outline Stroke]로 선을 면으로 확장합니다. Shift+Ctrl+[로 맨 뒤로 보내기를 하고 Direct Selection Tool()로 하단 패스를 변형합니다.

⑤ Pen Tool()로 2개의 열린 곡선 패스를 그림과 같이 그리고 Color 패널에서 'Fill Color : None, Stroke Color : 임의 색상'을 지정하고 Stroke 패널에서 'Weight : 11pt'를 적용합니다.

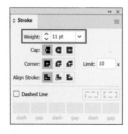  

⑥ Selection Tool(▲)로 2개의 열린 패스를 선택하고 [Object]-[Path]-[Outline Stroke]로 선을 면으로 확장합니다. Direct Selection Tool(▷)로 하단 4개의 고정점을 드래그하여 선택하고 [Object]-[Path]-[Average]를 선택하고 'Axis : Both'를 지정하여 한 점에 정렬합니다.

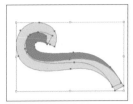   

⑦ Ellipse Tool(◯)로 드래그하여 임의 색상의 원을 그림과 같이 그리고 Selection Tool(▲)로 2개의 오브젝트를 선택하고 Pathfinder 패널에서 'Unite(■)'를 클릭하여 합칩니다.

⑧ Selection Tool(▲)로 2개의 오브젝트를 선택하고 Scale Tool(⊡)을 더블 클릭하여 'Uniform : 75%'를 지정하고 [Copy]를 눌러 축소 복사한 후 Selection Tool(▲)로 조절점을 반시계 방향으로 드래그하여 회전하여 배치합니다. 오브젝트를 뒤에서부터 순서대로 선택하고 Color 패널에서 'Fill Color : M60Y10, M20Y30, C50M10Y90, Y70, Stroke Color : None'을 각각 지정합니다.

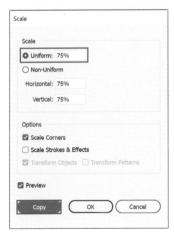 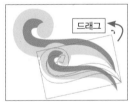 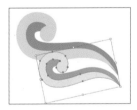

⑨ Selection Tool(▶)로 'Fill Color : Y70, Stroke Color : None'인 오브젝트를 선택하고 Reflect Tool(▷◁)을 더블 클릭하여 'Axis : Horizontal'을 지정하고 [Copy]를 눌러 복사한 후 Scale Tool(🔲)을 더블 클릭하여 'Uniform : 80%'를 지정하고 Color 패널에서 'Fill Color : C50Y10, Stroke Color : None'을 지정합니다. Selection Tool(▶)로 조절점을 드래그하여 회전하고 Shift+Ctrl+[로 맨 뒤로 보내기를 합니다.

03 별 입체 모양 만들기

① Star Tool(☆)로 작업 도큐먼트에 드래그하여 별을 그리고 Color 패널에서 'Fill Color : M20Y30, Stroke Color : None'을 지정한 후 Pen Tool(✏)로 3개의 닫힌 패스를 그림과 같이 그리고 'Fill Color : M70Y80, M40Y100, Stroke Color : None'을 각각 지정합니다. Selection Tool(▶)로 3개의 오브젝트를 선택하고 Shift+Ctrl+[로 맨 뒤로 보내기를 합니다.

② Selection Tool(▶)로 4개의 오브젝트를 선택하고 Reflect Tool(◁)을 더블 클릭하여 'Axis : Vertical'을 지정하고 [Copy]를 눌러 복사하고 Scale Tool(⊡)을 더블 클릭하여 'Uniform : 130%'를 지정하고 Selection Tool(▶)로 조절점을 드래그하여 회전한 후 Color 패널에서 'Fill Color : M20Y20, M40Y20, C30M70, Stroke Color : None'을 각각 지정합니다.

04 기타 바디 모양 만들기

① Ellipse Tool(◯)로 작업 도큐먼트를 클릭한 후 'Width : 37mm, Height : 32mm'를 입력하여 그리고 Color 패널에서 'Fill Color : None, Stroke Color : 임의 색상'을 지정합니다. Rounded Rectangle Tool(▢)로 작업 도큐먼트를 클릭한 후 'Width : 27mm, Height : 30mm, Corner Radius : 12mm'를 입력하여 그리고 겹치도록 배치합니다.

② Selection Tool(▶)로 2개의 오브젝트를 선택한 후 Align 패널에서 'Horizontal Align Center(▣)'를 클릭하여 가로 가운데 정렬을 지정하고 Pathfinder 패널에서 'Unite(▣)'를 클릭하여 합칩니다.

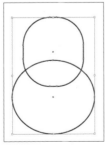

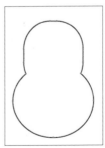

③ [View]-[Rulers]-[Show Rulers](Ctrl+R)로 눈금자 보기를 한 후 세로 안내선을 표시합니다. Ellipse Tool(◯)로 드래그하여 타원을 그리고 Selection Tool(▶)로 조절점을 드래그하여 회전한 후 그림과 같이 배치합니다. Reflect Tool(◁)로 Alt를 누른 채 세로 안내선에 클릭하여 'Axis : Vertical'을 지정하고 [Copy]를 눌러 복사합니다. Rounded Rectangle Tool(▢)로 드래그하여 그리고 상단에 겹치도록 배치합니다.

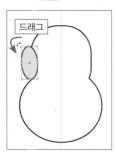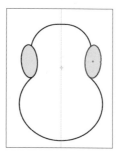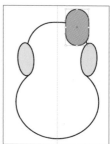

④ Selection Tool(▶)로 4개의 오브젝트를 선택한 후 Pathfinder 패널에서 'Minus Front(◻)'를 클릭합니다. Direct Selection Tool(▷)로 상단의 고정점을 드래그하여 선택하고 아래로 이동합니다.

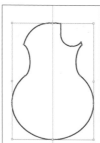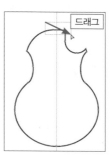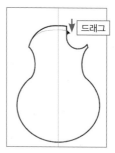

⑤ Direct Selection Tool(▷)로 그림과 같이 방향점을 드래그하여 패스를 곡선으로 변형합니다.

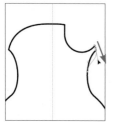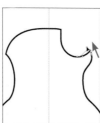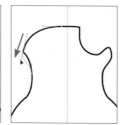

⑥ Gradient 패널에서 'Type : Linear Gradient, Angle : 0°'를 적용하고 Gradient Slider 의 왼쪽 'Color Stop'을 더블 클릭하여 C50M50Y60K20을, 가운데 빈 곳을 클릭하여 'Color Stop'을 추가하고 C0M0Y0K0을, 오른쪽 'Color Stop'을 더블 클릭하여 C50M50Y60K20 을 지정하여 적용한 후 Tool 패널 하단에서 'Stroke Color : None'을 지정합니다.

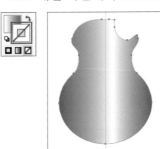

⑦ [Object]−[Path]−[Offset Path]를 선택한 후 'Offset : −1.5mm'를 지정하여 축소된 복사 본을 만든 후, Gradient 패널에서 'Type : Linear Gradient, Angle : 0°'를 적용하고 Gra- dient Slider의 왼쪽 'Color Stop'을 더블 클릭하여 M100Y100K20을, 오른쪽 'Color Stop' 을 더블 클릭하여 M100Y100K80을 지정하여 적용한 후 Tool 패널 하단에서 'Stroke Color : None'을 지정합니다.

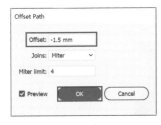

⑧ Rounded Rectangle Tool(▢)로 Alt 를 누른 채 세로 안내선에 드래그하여 그리고 Color 패널에서 'Fill Color : None, Stroke Color : C20M30Y40'을 지정하고, Stroke 패널에서 'Weight : 1pt'를 적용합니다. 계속해서 동일한 방법으로 크기가 작은 둥근 사각형을 그리고 'Fill Color : K100, Stroke Color : None'을 지정합니다.

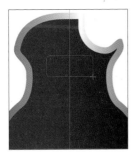

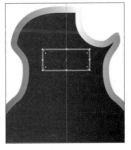

⑨ Selection Tool(▶)로 2개의 오브젝트를 선택한 후 Alt와 Shift를 누른 채 아래쪽으로 드래그하여 복사하여 배치합니다.

⑩ Rounded Rectangle Tool(▢)로 Alt를 누른 채 세로 안내선에 드래그하여 그리고 Selection Tool(▶)로 Alt와 Shift를 누른 채 위쪽으로 드래그하여 복사하여 배치한 후 Color 패널에서 'Fill Color : K100, K10, Stroke Color : None'을 각각 지정합니다. 계속해서 Rounded Rectangle Tool(▢)로 크기가 다른 둥근 사각형을 하단에 그리고 동일한 방법으로 복사하고 색상을 변경하여 배치합니다.

⑪ Ellipse Tool(⬭)로 Shift를 누른 채 드래그하여 정원을 그리고 Color 패널에서 'Fill Color : K100, Stroke Color : None'을 지정합니다. 계속해서 크기가 큰 정원을 그리고 'Fill Color : None, Stroke Color : C20M30Y50'을 지정하고 Stroke 패널에서 'Weight : 1pt'를 적용한 후 [Object]-[Path]-[Outline Stroke]를 선택하여 선을 면으로 확장합니다.

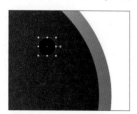

⑫ Selection Tool()로 2개의 오브젝트를 선택하고 Alt 를 누른 채 아래쪽으로 드래그하여 복사하여 배치합니다. Scale Tool(⊞)을 더블 클릭하여 'Uniform : 60%'를 지정하고 [Copy]를 눌러 축소 복사한 후 배치합니다.

05 기타 헤드와 넥 모양 만들기

① Pen Tool(✎)로 닫힌 패스를 그림과 같이 그리고 [Effect]-[Illustrator Effects]-[Styl-ize]-[Round Corners]를 선택하고 'Radius : 0.7mm'를 지정하여 모서리를 둥글게 만들고 [Object]-[Expand Appearance]를 선택하여 오브젝트의 속성을 확장합니다. Eyedropper Tool(✐)로 하단 기타 모양의 안쪽 오브젝트를 클릭하여 동일한 그라디언트를 적용합니다.

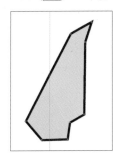
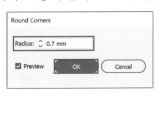
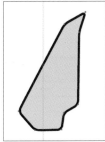

② Ellipse Tool(◯)로 드래그하여 Color 패널에서 'Fill Color : C20M30Y60, Stroke Color : None'을 지정합니다. Direct Selection Tool(▷)로 그림과 같이 드래그하여 선택하고 왼쪽으로 이동하여 변형합니다.

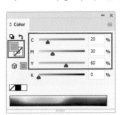
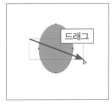
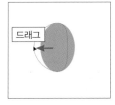

③ Rectangle Tool()로 드래그하여 동일한 색상의 사각형을 겹치도록 그리고 Selection Tool(▶)로 2개의 오브젝트를 선택하고 Align 패널에서 'Vertical Align Center(▦)'를 클릭한 후 Pathfinder 패널에서 'Unite(▣)'를 클릭하여 합칩니다.

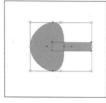

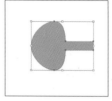

④ Ellipse Tool(◯)로 Shift 를 누른 채 드래그하여 정원을 그리고 Color 패널에서 'Fill Color : C20M30Y60, Stroke Color : None'을 지정합니다. Selection Tool(▶)로 2개의 오브젝트를 선택하고 Align 패널에서 'Vertical Align Top(▦)'을 클릭하여 상단에 정렬을 지정하고 [Object]-[Group](Ctrl+G)으로 그룹을 지정합니다.

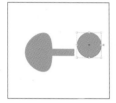
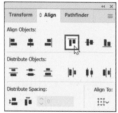
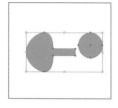

⑤ Selection Tool(▶)로 Alt 를 누른 채 왼쪽 하단으로 드래그하여 복사한 후 2개의 그룹 오브젝트를 선택하고 [Object]-[Blend]-[Make]를 적용하고 [Object]-[Blend]-[Blend Options]의 대화상자에서 'Specified Steps : 3'을 적용한 후 [Object]-[Blend]-[Expand]로 확장합니다.

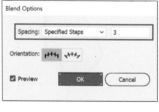
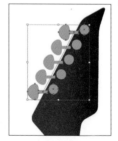
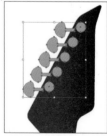

⑥ [Object]-[Ungroup](Shift+Ctrl+G)을 2번 연속 지정한 후 Selection Tool(▶)로 Shift 를 누른 채 왼쪽 5개의 오브젝트를 함께 선택하고 [Object]-[Arrange]-[Send to Back] (Shift+Ctrl+[)을 선택하고 맨 뒤로 보내기를 합니다.

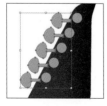
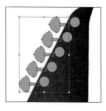

합격생의 비법

Blend가 적용된 오브젝트는 그룹으로 지정되므로 Ungroup을 연속 2번 지정해야 Selection Tool(▶)로 왼쪽 오브젝트를 별도로 선택하고 정돈을 할 수 있습니다.

⑦ Rectangle Tool()로 드래그하여 헤드와 기타 바디 사이에 사각형을 그리고 Color 패널에서 'Fill Color : K100, Stroke Color : None'을 지정하고 Selection Tool(▶)로 더블 클릭하여 Isolation Mode로 전환합니다. Direct Selection Tool(▷)로 그림과 같이 드래그하여 2개의 고정점을 선택한 후 Scale Tool(🔲)로 바깥쪽으로 드래그하여 하단 패스를 확대하고 Esc를 눌러 정상 모드로 전환합니다.

⑧ Pen Tool(🖊)로 닫힌 패스를 그림과 같이 그리고 Color 패널에서 'Fill Color : C0M0Y0K0, Stroke Color : None'을 지정합니다. Selection Tool(▶)로 Alt를 누른 채 하단으로 드래그하여 복사하고 바운딩 박스의 조절점을 드래그하여 높이만 축소합니다.

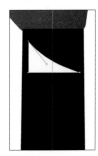
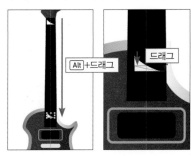

⑨ Selection Tool(▶)로 2개의 오브젝트를 선택하고 [Object]-[Blend]-[Make]를 적용하고 [Object]-[Blend]-[Blend Options]의 대화상자에서 'Specified Steps : 8'을 적용한 후 [Object]-[Blend]-[Expand]로 확장합니다.

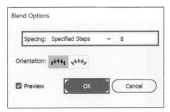

⑩ Selection Tool()로 더블 클릭하여 Isolation Mode로 전환하고 그림과 같이 오브젝트의 위치를 이동하여 조절한 후 Esc를 눌러 정상 모드로 전환합니다.

⑪ Line Segment Tool(✏)로 드래그하여 2개의 길이가 다른 선을 그리고 Color 패널에서 'Fill Color : None, Stroke Color : K50'을 지정하고 Stroke 패널에서 'Weight : 1pt, Cap : Round Cap'을 지정합니다. Selection Tool(▶)로 2개의 선을 함께 선택하고 [Object]-[Blend]-[Make]를 적용하고 [Object]-[Blend]-[Blend Options]의 대화상자에서 'Specified Steps : 3'을 적용한 후 [Object]-[Blend]-[Expand]로 확장합니다.

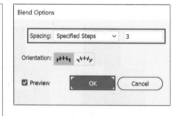

⑫ Selection Tool(▶)로 더블 클릭하여 Isolation Mode로 전환하고 Direct Selection Tool (▷)로 그림과 같이 드래그하여 5개의 고정점을 선택한 후 [Object]-[Path]-[Average] (Alt+Ctrl+J)를 선택하고 'Axis : Horizontal'을 지정하여 수평의 위치에 정렬하고 Esc를 눌러 정상 모드로 전환합니다. Selection Tool(▶)로 헤드 부분의 4개의 원을 선택하고 Shift+Ctrl+]를 눌러 맨 앞으로 가져오기를 합니다.

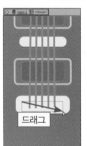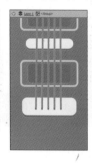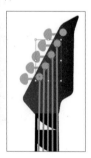

06 문자 입력하고 회전하기

① Type Tool(T)로 작업 도큐먼트를 클릭한 후 Character 패널에서 'Set the font family : Times New Roman, Set the font style : Bold Italic, Set the font size : 8pt'를 설정하고 Color 패널에서 'Fill Color : C0M0Y0K0, Stroke Color : None'을 지정한 후 Electric Guitar를 입력합니다.

② Rotate Tool(↻)을 더블 클릭하여 'Angle : −90°'를 지정하고 회전하여 배치합니다.

07 클리핑 마스크 및 그림자 효과 적용하기

① Selection Tool(▶)로 별과 곡선 모양 오브젝트를 함께 선택하고 Ctrl + G로 그룹을 지정하고 Ctrl + C로 복사하고 Ctrl + V로 붙여 넣기를 한 후 Scale Tool(⊡)을 더블 클릭하여 'Uniform : 50%'를 지정합니다.

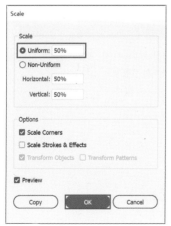

② Selection Tool(▶)로 기타 바디의 안쪽 오브젝트를 선택하고 Ctrl+C로 복사하고 Ctrl+
F로 복사한 오브젝트 앞에 붙여 넣기를 한 후 Shift+Ctrl+]를 눌러 맨 앞으로 가져오기를
합니다. 별과 곡선 모양 오브젝트와 함께 선택하고 [Object]-[Clipping Mask]-[Make]
(Ctrl+7)로 클리핑 마스크를 적용하여 디자인을 정리합니다.

③ Selection Tool(▶)로 더블 클릭하여 Isolation Mode로 전환하고 별과 곡선 모양 오브젝트
를 선택하고 Rotate Tool(↻)을 더블 클릭하여 'Angle : -15°'를 지정하여 회전한 후
Transparency 패널에서 'Opacity : 70%'를 지정하여 불투명도를 조절하고 Esc를 눌러 정
상 모드로 전환합니다.

④ Selection Tool(▶)로 기타 모양을 모두 선택하고 Ctrl+G를 눌러 그룹으로 설정합니다.
[Effect]-[Illustrator Effects]-[Stylize]-[Drop Shadow]를 선택하고 'Opacity : 75%,
X Offset : 2mm, Y Offset : 2mm, Blur : 1mm'를 지정하여 그림자 효과를 적용합니다.

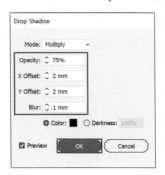 

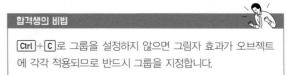

합격생의 비법

Ctrl+C로 그룹을 설정하지 않으면 그림자 효과가 오브젝트
에 각각 적용되므로 반드시 그룹을 지정합니다.

광고 디자인

주요 기능	메뉴	단축키	출제빈도
Selection Tool	▶, ▷, ▷	V, A	★★★★★
Pen Tool	✒	P	★★★★★
Gradient Tool	▤	G	★★★★★
Shape Tool	╱, ⌒, ◎, ▦, ▢, ▣, ◉, ◯, ☆, ✎	M, L	★★★★★
Type Tool	T, ⤳	T	★★★★★
Transform Tool	↺, ▷I, ⬚, ✄	R, O, S	★★★★★
Mesh Tool	▦	U	★★★★★
Blend	▧, [Object]-[Blend]-[Make]	Alt + Ctrl + B	★★★★★
Symbol Sprayer Tool	⬚, ⬚, ⬚, ⬚, ⬚, ⬚, ⬚	Shift + S	★★★★★
Outline Stroke	[Object]-[Path]-[Outline Stroke]		★★★
Offset Path	[Object]-[Path]-[Offset Path]		★★★★★
Envelope Distort	[Object]-[Envelope Distort]-[Make with Warp]		★★★★★
Clipping Mask	[Object]-[Clipping Mask]-[Make]	Ctrl + 7	★★★★★
Expand Appearance	[Object]-[Expand Appearance]		★★
Create Outlines	[Type]-[Create Outlines]	Shift + Ctrl + O	★★
Effect	[Effect]-[Illustrator Effects]		★★★★★
Pathfinder Panel	[Window]-[Pathfinder]	Shift + Ctrl + F9	★★★★★
Color Panel	[Window]-[Color]	F6	★★★★★
Stroke Panel	[Window]-[Stroke]	Ctrl + F10	★★★★
Character Panel	[Window]-[Type]-[Character]	Ctrl + T	★★★★★
Paragraph Panel	[Window]-[Type]-[Paragraph]	Alt + Ctrl + T	★★
Gradient Panel	[Window]-[Gradient]	Ctrl + F9	★★★★
Align Panel	[Window]-[Align]	Shift + F7	★★★
Brushes Panel	[Window]-[Brushes]	F5	★★★★★
Transparency Panel	[Window]-[Transparency]	Shift + Ctrl + F10	★★★★★

01 무당벌레 심볼 만들기

▲ 완성이미지

01 메쉬로 배경 만들기

① [File]-[New]([Ctrl]+[N])를 선택하고 'Width : 200mm, Height : 200mm, Units : Milli-meters, Color Mode : CMYK'를 설정하여 새 도큐먼트를 만듭니다. Rectangle Tool(▣)로 작업 도큐먼트 왼쪽 상단의 원점(0,0)을 클릭한 후 'Width : 200mm, Height : 200mm'를 입력하여 그리고 Color 패널에서 'Fill Color : C10M10Y20, Stroke Color : None'을 지정합니다.

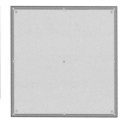

합격생의 비법

도큐먼트 왼쪽 상단의 원점(0,0)을 클릭한 후 입력하면 제시된 도큐먼트 크기와 동일한 사각형을 정렬하여 그릴 수 있습니다.

② Mesh Tool(▦)로 사각형의 왼쪽 상단과 오른쪽 하단에 각각 클릭합니다. Mesh Tool(▦)로 오른쪽 상단 교차점을 클릭하여 Color 패널에서 'Fill Color : M60Y80, Stroke Color : None'을, 왼쪽 하단 교차점을 클릭하여 'Fill Color : C40M70Y100K60, Stroke Color : None'을 지정합니다.

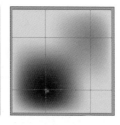

02 브러쉬 적용하고 그림자 효과 적용하기

① Brushes 패널 하단의 'Brush Libraries Menu(📖)'를 클릭한 후 [Decorative]—[Elegant Curl & Floral Brush Set]를 선택하여 추가 브러쉬 패널을 불러온 후 'Floral Brush 12'를 선택합니다.

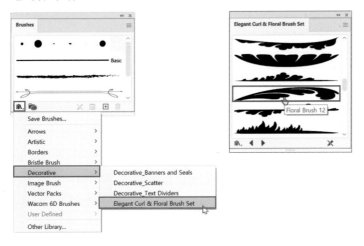

② Paintbrush Tool(🖌)로 Color 패널에서 'Fill Color : None, Stroke Color : C10Y100'을 지정한 후 Stroke 패널에서 'Weight : 1pt'를 지정하여 왼쪽에서 오른쪽으로 드래그하여 칠합니다.

③ 계속해서 그림과 같이 그리고 Color 패널에서 'Fill Color : None, Stroke Color : C50Y100'을 지정하고, Stroke 패널에서 'Weight : 2pt'를 지정합니다.

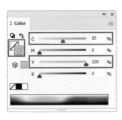  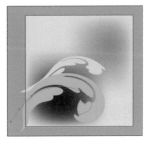

④ [Effect]-[Illustrator Effects]-[Stylize]-[Drop Shadow]를 선택하고 'Opacity : 75%, X Offset : 2mm, Y Offset : 2mm, Blur : 2mm'를 지정하여 그림자 효과를 적용합니다.

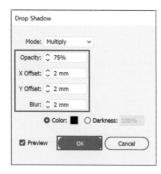 

⑤ Ellipse Tool(◯)로 작업 도큐먼트를 클릭한 후 'Width : 70mm, Height : 70mm'를 입력하여 그립니다. Brushes 패널 하단의 'Brush Libraries Menu(▥.)'를 클릭한 후 [Decorative]-[Decorative_Scatter]를 선택하여 추가 브러쉬 패널을 불러온 후 '4pt. Star'를 선택하고 Color 패널에서 'Fill Color : None, Stroke Color : 임의 색상'을 지정하고 Stroke 패널에서 'Weight : 1pt'를 지정합니다.

 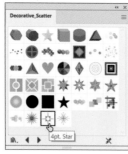 

⑥ Selection Tool(▶)로 Alt 를 누른 채 오른쪽 위로 드래그하여 정원을 복사하고, Stroke 패널에서 'Weight : 0.5pt'를 지정합니다.

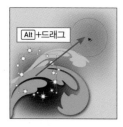  

❸ 무당벌레 오브젝트 만들기

① Ellipse Tool(◯)로 작업 도큐먼트를 클릭한 후 'Width : 43mm, Height : 43mm'를 입력하여 그리고 Color 패널에서 'Fill Color : K100, Stroke Color : None'을 지정합니다. Scale Tool(▦)을 더블 클릭하여 'Uniform : 95%'를 지정하고 [Copy]를 눌러 축소 복사한 후 'Fill Color : 임의 색상, Stroke Color : 임의 색상'을 지정합니다.

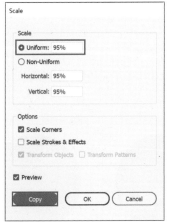

② Rectangle Tool(■)로 작업 도큐먼트를 클릭한 후 'Width : 4mm, Height : 45mm'를 입력하여 그리고 Color 패널에서 'Fill Color : 임의 색상, Stroke Color : 임의 색상'을 지정합니다. Selection Tool(▶)로 2개의 원과 함께 선택하고 Align 패널에서 'Horizontal Align Center(▣)'를 클릭하여 가로 가운데 정렬을 지정합니다.

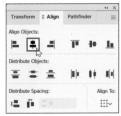
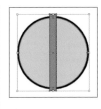

③ Direct Selection Tool(▷)로 사각형 상단을 드래그하여 선택한 후 [Object]-[Path]-[Average]를 선택하고 'Axis : Both'를 지정하여 한 점에 정렬합니다.

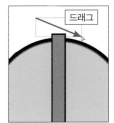

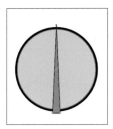

④ Selection Tool(▶)로 작은 정원과 함께 선택하고 Pathfinder 패널에서 'Divide(▣)'를 클릭하여 면을 분할한 후 더블 클릭하여 Isolation Mode로 전환하고 중앙의 불필요한 오브젝트를 선택하여 Delete 를 눌러 삭제합니다.

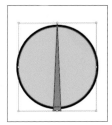

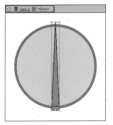

⑤ [Select]−[All]($\boxed{\text{Ctrl}}$+$\boxed{\text{A}}$)로 모두 선택하고 Gradient 패널에서 'Type : Radial Gradient'를 적용하고 Gradient Slider의 왼쪽 'Color Stop'을 더블 클릭하여 M20Y20을, 오른쪽 'Color Stop'을 더블 클릭하여 M100Y100을 지정하여 적용한 후 Tool 패널 하단에서 'Stroke Color : None'을 지정하고 Gradient Tool()로 그림과 같이 드래그하여 그라디언트를 조절합니다.

 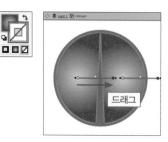 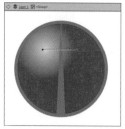

⑥ Scale Tool(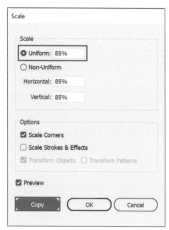)을 더블 클릭하여 'Uniform : 85%'를 지정하고 [Copy]를 눌러 축소 복사합니다. [Object]−[Transform]−[Move]를 선택하고 'Horizontal : 0mm, Vertical : 10mm'를 입력하고 [OK]를 눌러 아래로 이동합니다.

⑦ Selection Tool()로 조절점 밖을 시계방향으로 회전한 후 Color 패널에서 'Fill Color : C40M70Y100K50, Stroke Color : None'을 지정합니다. Transparency 패널에서 'Opacity : 60%'를 지정하여 불투명도를 조절하고 [Object]−[Arrange]−[Send Backward]($\boxed{\text{Ctrl}}$+$\boxed{\text{[}}$)를 선택하고 뒤로 보내기를 합니다.

  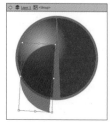 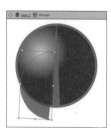

⑧ Reflect Tool()로 **Alt**를 누르면서 정원의 상단 고정점을 클릭하여 'Axis : Vertical'을 지정하고 [Copy]를 눌러 복사하여 배치하고 **Esc**를 눌러 정상 모드로 전환합니다.

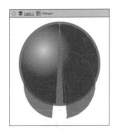

⑨ Ellipse Tool()로 **Shift**를 누른 채 드래그하여 크기가 다른 8개의 정원을 그리고 Color 패널에서 'Fill Color : K100, Stroke Color : None'을 지정합니다. 계속해서 드래그하여 크기가 다른 2개의 원을 겹치도록 그리고 'Fill Color : None, Stroke Color : 임의 색상'을 지정합니다.

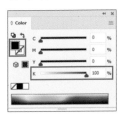

⑩ Selection Tool()로 2개의 원을 함께 선택하고 Align 패널에서 'Horizontal Align Center()'를 클릭한 후 Pathfinder 패널에서 'Intersect()'를 클릭하여 겹친 부분만 남긴 후 Color 패널에서 'Fill Color : K100, Stroke Color : None'을 지정합니다.

⑪ Ellipse Tool()로 크기가 다른 4개의 원을 그리고 Color 패널에서 'Fill Color : K100, C0M0Y0K0, Stroke Color : None'을 각각 지정합니다.

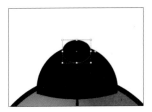

⑫ Arc Tool(◜)로 그림과 같이 상단에서 하단으로 드래그하여 호를 그리고 배치한 후 Color 패널에서 'Fill Color : None, Stroke Color : K100'을 지정하고 Stroke 패널에서 'Weight : 2pt'를 지정합니다. Selection Tool(▶)로 4개의 오브젝트를 함께 선택하고 Reflect Tool(◪)로 Alt 를 누른 채 중앙을 클릭하여 'Axis : Vertical'을 지정하고 [Copy]를 눌러 복사합니다.

 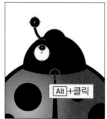 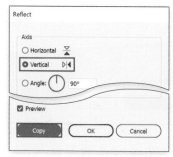 

⑬ Selection Tool(▶)로 무당벌레 오브젝트를 선택하고 [Object]-[Group](Ctrl + G)으로 그룹을 지정한 후 Rotate Tool(↻)을 더블 클릭하여 'Angle : -90°'를 지정하고 회전하고 레이아웃에 맞게 배치합니다. [Edit]-[Copy](Ctrl + C)로 복사를 하고 [Effect]-[Apply Drop Shadow](Shift + Ctrl + E)를 선택하고 앞서 지정한 그림자 효과를 적용합니다.

04 심볼 등록 및 적용하기

① [Edit]-[Paste](Ctrl + V)로 복사한 무당벌레 오브젝트를 붙여 넣기를 하고 Scale Tool(▦)을 더블 클릭하여 'Uniform : 50%'를 지정한 후 Selection Tool(▶)로 더블 클릭하여 Isolation Mode로 전환하고 그라디언트가 적용된 2개의 오브젝트를 선택하고 Gradient 패널에서 오른쪽 'Color Stop'을 더블 클릭하여 M50Y100을 지정한 후 Esc 를 눌러 정상 모드로 전환합니다.

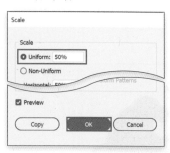  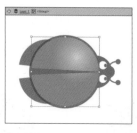

② Selection Tool(▶)로 무당벌레 오브젝트를 선택하고 Symbols 패널 하단의 'New Symbol(⊞)'을 클릭하고 'Name : 무당벌레, Export Type : Graphic'을 지정하여 심볼로 등록한 후 Delete 를 눌러 삭제합니다.

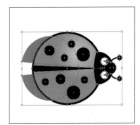

③ Symbols 패널에서 등록된 '무당벌레' 심볼을 선택하고 Symbol Sprayer Tool(🔳)로 작업 도큐먼트를 클릭한 후 뿌려 줍니다.

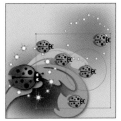

④ Symbol Sizer Tool(🔳)로 클릭하여 일부 심볼의 크기를 확대하고 Alt 를 누르고 클릭하여 일부 크기를 축소합니다. Symbol Shifter Tool(🔳)로 심볼의 위치를 이동시킨 후 Symbol Spinner Tool(◉)로 일부를 회전하여 배치합니다.

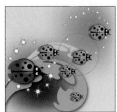

⑤ Symbol Screener Tool(🔳)로 일부를 클릭하여 투명하게 하고 Symbol Stainer Tool(🔳)로 Swatches 패널에서 제시된 출력형태와 유사한 색상을 Fill Color로 선택한 후 일부에 클릭하여 색조의 변화를 적용합니다.

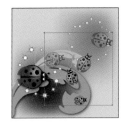
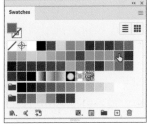

05 문자 입력 및 왜곡하기

① Type Tool(T)로 작업 도큐먼트를 클릭한 후 Character 패널에서 'Set the font family : Arial, Set the font style : Bold, Set the font size : 40pt'를 설정하고 Color 패널에서 'Fill Color : C0M0Y0K0, Stroke Color : C10M100Y90K10'을 지정하고 Stroke 패널에서 'Weight : 8pt'를 지정한 후 LADY BUG을 입력합니다. Selection Tool(▶)로 문자를 선택하고 Ctrl+C로 복사를 하고 Ctrl+F로 복사한 오브젝트 앞에 붙여 넣기를 하고 'Fill Color : C0M0Y0K0, Stroke Color : None'을 지정합니다.

② Polygon Tool(◉)로 작업 도큐먼트를 클릭한 후 'Radius : 30mm, Sides : 6mm'를 입력하여 그리고 Color 패널에서 'Fill Color : 임의 색상, Stroke Color : 임의 색상'을 지정합니다. Scale Tool(▦)을 더블 클릭하여 'Horizontal : 150%, Vertical : 80%'를 지정합니다.

③ Selection Tool(▶)로 'LADY BUG' 문자와 함께 선택하고 [Object]-[Envelope Distort]-[Make with Top Object]를 선택하여 왜곡시킵니다. [Effect]-[Illustrator Effects]-[Stylize]-[Drop Shadow]를 선택하고 'Opacity : 75%, X Offset : 2mm, Y Offset : 2mm, Blur : 1mm'를 지정하여 그림자 효과를 적용합니다.

 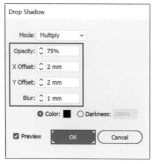 

06 클리핑 마스크 적용하기

① Rectangle Tool(▢)로 작업 도큐먼트 왼쪽 상단의 원점(0,0)을 클릭하여 'Width : 200mm, Height : 200mm'을 입력하여 그리고 Color 패널에서 'Fill Color : 임의 색상, Stroke Color : None'을 지정합니다.

② [Select]-[All](Ctrl+A)로 오브젝트를 모두 선택하고 [Object]-[Clipping Mask]-[Make](Ctrl+7)로 클리핑 마스크를 적용하여 디자인을 정리합니다.

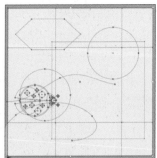

▲ 완성이미지

① 메쉬와 블렌드 효과

① [File]-[New]([Ctrl]+[N])를 선택하고 'Width : 210mm, Height : 297mm, Units : Milli-meters, Color Mode : CMYK'를 설정하여 새 도큐먼트를 만듭니다. Rectangle Tool(■)로 작업 도큐먼트 왼쪽 상단의 원점(0,0)을 클릭한 후 'Width : 210mm, Height : 297mm'를 입력하여 그리고 Color 패널에서 'Fill Color : C40Y30, Stroke Color : None'을 지정합니다.

② Mesh Tool(■)로 사각형의 왼쪽 상단과 오른쪽 하단에 각각 클릭합니다. 오른쪽 상단과 왼쪽 하단 교차점에는 Color 패널에서 'Fill Color : C20, Stroke Color : None'을 지정합니다. 왼쪽 2개의 교차점을 그림과 같이 드래그하여 각각 변형합니다.

③ Pen Tool()로 작업 도큐먼트를 완전히 벗어나는 2개의 곡선을 그리고 아래쪽 곡선은 Color 패널에서 'Fill Color : None, Stroke Color : C60M10Y30'을 지정한 후 Stroke 패널에서 'Weight : 3pt'를 적용합니다. 위쪽 곡선은 'Fill Color : None, Stroke Color : C0M0Y0K0'을 지정한 후 Stroke 패널에서 'Weight : 1pt'를 적용합니다.

④ Selection Tool(▶)로 2개의 곡선을 선택한 후 [Object]-[Blend]-[Make]를 적용하고 [Object]-[Blend]-[Blend Options]로 'Specified Steps : 15'를 적용합니다.

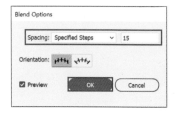

❷ 건물 오브젝트 만들고 브러쉬 적용하기

① Rectangle Tool(□)로 작업 도큐먼트를 클릭한 후 'Width : 137mm, Height : 38mm'를 입력하여 그리고 Color 패널에서 'Fill Color : 임의 색상, Stroke Color : 임의 색상'을 지정합니다. 계속해서 크기가 다른 사각형을 그림과 같이 상단에 겹치도록 그려서 배치합니다.

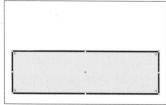
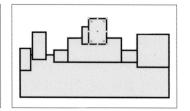

② Selection Tool(▶)로 사각형을 모두 선택하고 Pathfinder 패널에서 'Unite(■)'를 클릭하여 합칩니다.

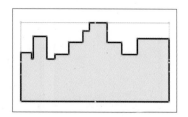

③ Rectangle Tool(▣)로 드래그하여 사각형을 그리고 Selection Tool(▶)로 Alt 와 Shift 를 눌러 이동하여 복사한 후 [Object]-[Transform]-[Transform Again](Ctrl + D)을 적용하여 반복 복사합니다. 계속해서 크기가 다른 사각형을 각각 그리고 동일한 방식으로 나머지 창문 모양을 완성합니다.

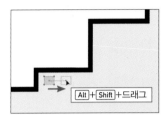
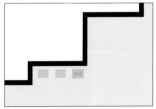

④ Selection Tool(▶)로 건물 모양과 사각형을 모두 선택하고 Pathfinder 패널에서 'Exclude(▣)'를 클릭하여 겹친 부분을 뚫어 투명하게 만듭니다.

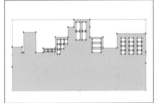

⑤ Gradient 패널에서 'Type : Linear Gradient, Angle : -90°'를 적용하고 Gradient Slider의 왼쪽 'Color Stop'을 더블 클릭하여 C80M20Y30을, 오른쪽 'Color Stop'을 더블 클릭하여 C0M0Y0K0'을 지정하여 적용한 후 Tool 패널 하단에서 'Stroke Color : None'을 지정한 후 도큐먼트 하단에 배치합니다.

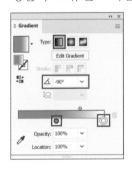

⑥ Reflect Tool(▷◁)을 더블 클릭하여 'Axis : Vertical'을 지정하고 [Copy]를 눌러 복사한 후 Scale Tool(▣)을 더블 클릭하여 'Uniform : 80%'를 지정하고 배치합니다.

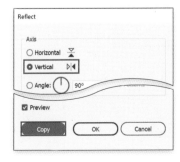
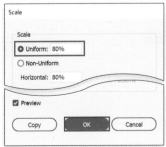

⑦ Line Segment Tool(✏️)로 Shift 를 누르면서 드래그하여 도큐먼트의 너비보다 긴 수평선을 하단에 그리고 Color 패널에서 'Fill Color : None, Stroke Color : C20K40'을 지정합니다.

⑧ Brushes 패널 하단의 'Brush Libraries Menu(📖)'를 클릭한 후 [Decorative]−[Elegant Curl & Floral Brush Set]를 선택하여 추가 브러쉬 패널을 불러온 후 'City'를 선택하여 적용하고 Stroke 패널에서 'Weight : 0.75pt'를 지정합니다.

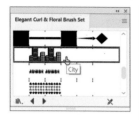  

⑨ Ellipse Tool(⬭)로 작업 도큐먼트를 클릭한 후 'Width : 121mm, Height : 121mm'를 입력하여 그리고 Color 패널에서 'Fill Color : C0M0Y0K0, Stroke Color : None'을 지정하고 Transparency 패널에서 'Opacity : 50%'를 지정하여 불투명도를 조절합니다.

03 자동차 오브젝트 만들고 이펙트 적용하기

① Rounded Rectangle Tool(⬜)로 작업 도큐먼트에 클릭한 후 'Width : 97mm, Height : 16mm, Corner Radius : 3mm'를 입력하여 그리고 Color 패널에서 'Fill Color : 임의 색상, Stroke Color : 임의 색상'을 지정합니다. 계속해서 클릭하여 'Width : 94mm, Height : 35mm, Corner Radius : 20mm'를 입력하여 그리고 겹치도록 배치합니다.

  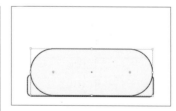

② Ellipse Tool()로 작업 도큐먼트를 클릭한 후 'Width : 55mm, Height : 55mm'를 입력하여 그리고 Color 패널에서 'Fill Color : 임의 색상, Stroke Color : 임의 색상'을 지정합니다. Scale Tool()을 더블 클릭하여 'Uniform : 80%'를 지정하고 [Copy]를 눌러 축소 복사합니다.

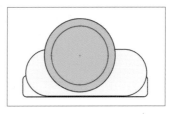

③ Selection Tool()로 4개의 오브젝트를 함께 선택하고 Pathfinder 패널에서 'Divide(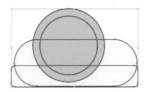)'를 클릭하여 면을 분할합니다.

④ Selection Tool(▶)로 오브젝트를 더블 클릭하여 Isolation Mode로 전환하고 상단의 작은 반원 오브젝트를 선택하고 [Select]-[Inverse]로 선택을 반전한 후 Pathfinder 패널에서 'Unite(■)'를 클릭하여 합칩니다.

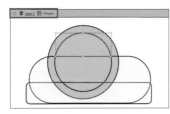 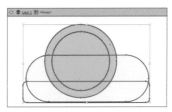 

⑤ Delete Anchor Point Tool(✎)로 그림과 같이 고정점에 클릭하여 삭제하고 패스를 변형한 후 Color 패널에서 'Fill Color : C20Y100, Stroke Color : None'을 지정합니다.

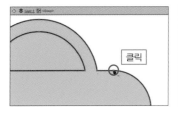 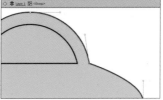 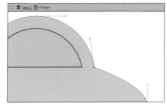

⑥ Rounded Rectangle Tool()로 드래그하여 자동차 모양의 좌우에 둥근 사각형을 각각 그리고 Color 패널에서 'Fill Color : None, Stroke Color : 임의 색상'을 지정합니다. Selection Tool(▶)로 조절점을 각각 그림과 같이 드래그하여 회전하여 배치합니다.

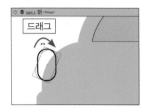
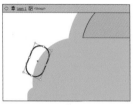
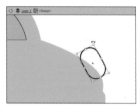

⑦ Group Selection Tool(▷)로 반원 오브젝트를 제외한 나머지 3개의 오브젝트를 함께 선택하고 Pathfinder 패널에서 'Divide(▣)'를 클릭하여 면을 분할합니다. 불필요한 오브젝트를 선택하고 Delete 를 눌러 삭제한 후 2개의 오브젝트를 함께 선택하고 Color 패널에서 'Fill Color : M50Y100, Stroke Color : None'을 지정합니다.

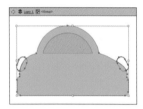

⑧ Ellipse Tool(⬤)로 Shift 를 누른 채 드래그하여 임의 색상의 정원을 겹치도록 그리고 Alt 를 누른 채 드래그하여 복사한 후 나란히 배치합니다. 3개의 오브젝트를 함께 선택하고 Pathfinder 패널에서 'Minus Front(▣)'를 클릭합니다.

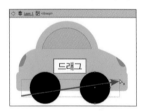

⑨ Group Selection Tool(▷)로 반원 오브젝트를 선택하고 Gradient 패널에서 'Type : Linear Gradient, Angle : −90°'를 적용한 후 Gradient Slider의 왼쪽 'Color Stop'을 더블 클릭하여 C0M0Y0K0을, 오른쪽 'Color Stop'을 더블 클릭하여 K60을 지정하여 적용한 후 Tool 패널 하단에서 'Stroke Color : None'을 지정합니다.

⑩ Ellipse Tool(◉)로 Shift를 누른 채 드래그하여 큰 정원을 그린 후 Alt와 Shift를 누른 채 정원의 중심점에서부터 드래그하여 크기가 다른 3개의 정원을 겹치도록 그리고 Color 패널에서 'Fill Color : K100, C0M0Y0K0, K50, C0M0Y0K0, Stroke Color : None'을 각각 순서대로 지정합니다.

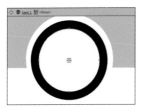 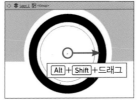 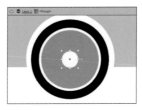

⑪ Polygon Tool(◉)로 작업 도큐먼트를 클릭한 후 'Radius : 3mm, Sides : 3'을 입력하여 그리고 Color 패널에서 'Fill Color : K100, Stroke Color : None'을 지정합니다. Scale Tool(▣)을 더블 클릭하여 'Horizontal : 50%, Vertical : 100%'를 지정하고 정원의 하단에 배치합니다.

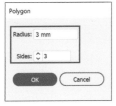 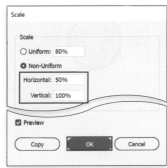 

⑫ Selection Tool(▶)로 5개의 오브젝트를 함께 선택하고 Align 패널에서 'Horizontal Align Center(▤)'를 클릭하여 가로 가운데 정렬을 지정합니다.

 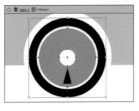

⑬ Selection Tool(▶)로 삼각형을 선택하고 Rotate Tool(↻)로 정원의 중심점에 Alt를 누른 채 클릭하여 'Angle : 45°'를 지정하고 [Copy]를 눌러 회전 복사한 후 [Object]-[Transform]-[Transform Again](Ctrl+D)을 6번 적용하여 반복 복사합니다.

⑭ Ellipse Tool(◯)로 Shift 를 누른 채 드래그하여 정원을 그리고 Color 패널에서 'Fill Color : None, Stroke Color : Y40'을 지정합니다. Scissors Tool(✂)로 그림과 같이 원의 좌우 선분에 2번 클릭하여 패스를 자른 후 Delete 를 2번 눌러 하단의 열린 패스를 삭제합니다.

⑮ Selection Tool(▶)로 상단의 열린 패스를 선택하고 Stroke 패널에서 'Weight : 7pt, Cap : Round Cap'을 지정한 후 [Object]-[Path]-[Outline Stroke]를 선택하고 선을 면으로 확장합니다.

⑯ Selection Tool(▶)로 바퀴 오브젝트와 함께 선택하고 Alt + Shift 를 누른 채 오른쪽으로 드래그하여 복사하고 배치합니다.

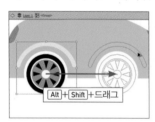 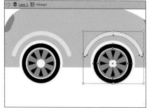

⑰ Ellipse Tool(◯)과 Pen Tool(✏)로 그림과 같이 그리고 Color 패널에서 'Fill Color : C70Y100, C0M0Y0K0, Stroke Color : None'을 각각 지정한 후 Esc 를 눌러 정상 모드로 전환합니다.

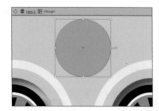  

⑱ Selection Tool(▶)로 그룹으로 지정된 자동차 오브젝트를 선택하고 [Effect]-[Illustrator Effects]-[Stylize]-[Drop Shadow]를 선택하고 'Opacity : 75%, X Offset : 2mm, Y Offset : 2mm, Blur : 1mm'를 지정하여 그림자 효과를 적용합니다.

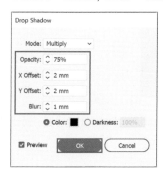

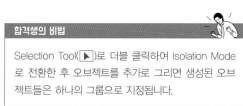
합격생의 비법

Selection Tool(▶)로 더블 클릭하여 Isolation Mode 로 전환한 후 오브젝트를 추가로 그리면 생성된 오브 젝트들은 하나의 그룹으로 지정됩니다.

04 심볼 오브젝트 만들기

① Pen Tool(✎)로 닫힌 패스를 그리고 Color 패널에서 'Fill Color : C40Y80, Stroke Color : None'을 지정합니다. 계속해서 그림과 같이 4개의 열린 곡선 패스를 그리고 'Fill Color : None, Stroke Color : 임의 색상'을 지정합니다.

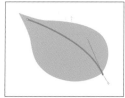

합격생의 비법

Pen Tool(✎)로 열린 패스를 그리고 Selection Tool(▶)로 도큐먼트의 빈 곳을 클릭하면 열린 패스를 완료할 수 있습 니다.

② Selection Tool(▶)로 4개의 열린 곡선 패스를 선택하고 Stroke 패널에서 'Weight : 7pt, Cap : Round Cap'을 지정한 후 [Object]-[Path]-[Outline Stroke]를 선택하고 선을 면으 로 확장합니다.

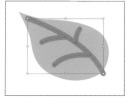
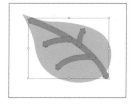

③ Delete Anchor Point Tool(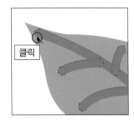)로 그림과 같이 2개의 고정점에 각각 클릭하여 고정점을 삭제하고 패스를 변형합니다.

④ Selection Tool(▶)로 나뭇잎 오브젝트와 함께 선택하고 Pathfinder 패널에서 'Minus Front(⬛)'를 클릭합니다.

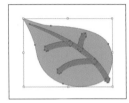

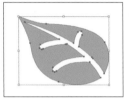

⑤ Reflect Tool(▷◁)을 더블 클릭하여 'Axis : Vertical'을 지정하고 [Copy]를 눌러 복사한 후 Scale Tool(⬛)을 더블 클릭하여 'Uniform : 120%'를 지정하고 Color 패널에서 'Fill Color : C70Y80, Stroke Color : None'을 지정한 후 배치합니다.

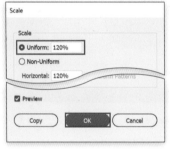

⑥ Scale Tool(⬛)을 더블 클릭하여 'Uniform : 50%'를 지정하고 [Copy]를 눌러 복사한 후 Rotate Tool(↻)을 더블 클릭하여 'Angle : 25°'를 지정하여 회전합니다. Color 패널에서 'Fill Color : C90M20Y80, Stroke Color : None'을 지정하고 [Object]-[Arrange]-[Send Backward](Ctrl+[)를 선택하고 뒤로 보내기를 합니다.

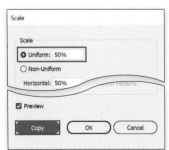

⑦ Ellipse Tool()로 **Shift**를 누른 채 드래그하여 크기가 다른 2개의 정원을 겹치도록 그리고 Color 패널에서 'Fill Color : C70, Stroke Color : None'을 지정합니다. 하단의 정원을 선택하고 Transparency 패널에서 'Opacity : 50%'를 지정하여 불투명도를 조절합니다. 계속해서 작은 정원을 상단에 그리고 'Fill Color : C30, Stroke Color : None'을 지정합니다.

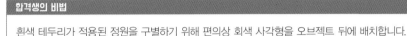

합격생의 비법

흰색 테두리가 적용된 정원을 구별하기 위해 편의상 회색 사각형을 오브젝트 뒤에 배치합니다.

⑧ Ellipse Tool()로 **Shift**를 누른 채 드래그하여 크기가 다른 2개의 정원을 그리고 Color 패널에서 'Fill Color : None, Stroke Color : C0M0Y0K0'을 지정한 후 Stroke 패널에서 'Weight : 1pt'를 지정합니다.

⑤ 심볼 등록 및 적용, 편집하기

① Selection Tool(▶)로 심볼로 등록할 오브젝트를 모두 선택하고 Symbols 패널 하단의 'New Symbol(⊞)'을 클릭하고 'Name : 나뭇잎, Export Type : Graphic'을 지정하여 심볼로 등록한 후 회색 사각형과 함께 선택하고 **Delete**를 눌러 삭제합니다.

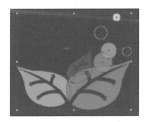

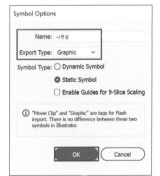

② Symbols 패널에서 등록된 '나뭇잎' 심볼을 선택하고 Symbol Sprayer Tool()로 작업 도큐먼트를 클릭한 후 뿌려 줍니다.

③ Symbol Sizer Tool(⬤)로 Alt 를 누르고 클릭하여 일부 심볼의 크기를 축소하고 Symbol Shifter Tool(⬤)로 심볼의 위치를 이동시킨 후 Symbol Spinner Tool(⬤)로 일부를 회전하여 배치합니다.

④ Symbol Screener Tool(⬤)로 일부를 클릭하여 투명하게 하고 Symbol Stainer Tool(⬤)로 Swatches 패널에서 제시된 출력형태와 유사한 색상을 Fill Color로 선택한 후 일부에 클릭하여 색조의 변화를 적용합니다.

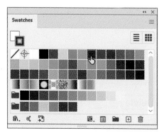

06 입체 화살표 오브젝트 만들기

① Pen Tool(✐)로 클릭하여 열린 패스를 그리고 Color 패널에서 'Fill Color : None, Stroke Color : 임의 색상'을 지정하고 Stroke 패널에서 'Weight : 41pt, Cap : Butt Cap'을 지정한 후 [Object]-[Path]-[Outline Stroke]를 선택하고 선을 면으로 확장합니다.

② Pen Tool(✐)로 그림과 같이 삼각형을 그리고 면으로 확장된 오브젝트와 함께 선택하고 Pathfinder 패널에서 'Unite(◼)'를 클릭하여 합칩니다.

③ [Effect]-[Illustrator Effects]-[3D]-[Extrude & Bevel]을 선택하고 'Specify rotation around the X axis : -18°, Specify rotation around the Y axis : -26°, Specify rotation around the Z axis : 8°, Perspective : 0°, Extrude Depth : 50pt'를 입력하여 입체 모양을 만들고, [Object]-[Expand Appearance]를 선택하여 오브젝트의 속성을 확장합니다.

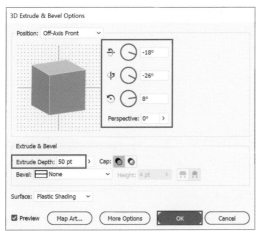  

④ Selection Tool(▶)로 오브젝트를 연속해서 2번 더블 클릭하여 Isolation Mode로 전환하고 앞쪽 오브젝트를 선택하고 Color 패널에서 'Fill Color : M30Y80, Stroke Color : None'을 지정합니다. [Select]−[Inverse]로 선택을 반전한 후 Gradient 패널에서 'Type : Linear Gradient, Angle : −3°'를 적용하고 Gradient Slider의 왼쪽 'Color Stop'을 더블 클릭하여 M30Y80을, 오른쪽 'Color Stop'을 더블 클릭하여 M80Y80K50을 지정하여 적용한 후 Tool 패널 하단에서 'Stroke Color : None'을 지정하고 Esc 를 눌러 정상 모드로 전환합니다.

07 문자 입력 및 왜곡하기

① Type Tool(T)로 작업 도큐먼트를 클릭한 후 Character 패널에서 'Set the font family : 돋움, Set the font size : 48pt'를 설정하고 Color 패널에서 'Fill Color : K100, Stroke Color : None'을 지정하고 친환경자동차를 입력합니다.

② Selection Tool(▶)로 친환경자동차 문자를 선택하고 [Object]−[Envelope Distort]− [Make with Warp]를 선택한 후 'Style : Arc Upper, Horizotal : 체크, Bend : 30%'를 지정하여 글자를 왜곡시킵니다.

③ Type Tool(T)로 작업 도큐먼트를 클릭한 후 Character 패널에서 'Set the font family : 궁서, Set the font size : 21pt'를 설정하고 Color 패널에서 'Fill Color : C100M100, Stroke Color : None'을 지정하고 환경을 생각하는 마음! 을 입력합니다. Selection Tool(▶)로 문자를 선택하고 [Object]−[Envelope Distort]−[Make with Warp]를 선택한 후 'Style : Flag, Bend : 50%, Horizotal : 체크, Horizontal : −30%'를 지정하여 글자를 왜곡시킵니다.

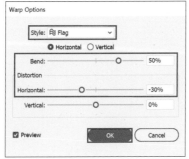

④ Selection Tool(▶)로 친환경자동차 문자를 선택하고 [Effect]-[Illustrator Effects]-[Stylize]-[Drop Shadow]를 선택하고 'Opacity : 75%, X Offset : 1mm, Y Offset : 2mm, Blur : 1mm'를 지정하여 그림자 효과를 적용합니다.

⑤ Selection Tool(▶)로 Alt 를 누른 채 자동차 오브젝트 하단의 정원을 선택하고 위쪽으로 드래그하여 복사한 후 Ctrl+] 를 여러 번 적용하여 2개의 문자 오브젝트 뒤로 배치합니다.

08 클리핑 마스크로 디자인 정리하기

① Rectangle Tool(■)로 작업 도큐먼트 왼쪽 상단의 원점(0,0)을 클릭한 후 'Width : 210 mm, Height : 297mm'를 입력하여 그리고 Color 패널에서 'Fill Color : 임의 색상, Stroke Color : None'을 지정합니다. [Select]-[All](Ctrl+A)로 오브젝트를 모두 선택하고 [Object]-[Clipping Mask]-[Make](Ctrl+7)로 클리핑 마스크를 적용하여 디자인을 정리합니다.

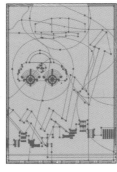

03
PART

최신 기출 유형
따라하기

CHAPTER 01 최신 기출 유형 따라하기

급수	문제유형	시험시간	수험번호	성명
1급	A	90분		

수 험 자 유 의 사 항

- 수험자는 문제지를 받는 즉시 응시하고자 하는 과목 및 급수가 맞는지 확인한 후 수험번호와 성명을 작성합니다.
- 파일명은 본인의 "수험번호–성명–문제번호"로 공백 없이 정확히 입력하고 답안폴더(내 PC₩문서₩GTQ)에 ai 파일 포맷으로 저장해야 하며, 다른 파일 형식으로 저장하였을 경우 0점 처리됩니다. 답안문서 파일명이 "수험번호–성명–문제번호"와 일치하지 않거나, 답안 파일을 전송하지 않아 미제출로 처리될 경우 불합격 처리됩니다.
- 수험자 정보와 저장한 파일명, 저장 위치가 다를 경우 전송이 되지 않으므로, 주의하시기 바랍니다.
- 답안 작성 중에도 주기적으로 '저장'과 '답안 전송'을 이용하여 감독위원 PC로 답안을 전송하셔야 합니다. (※ 작업한 내용을 저장하지 않고 전송할 경우 이전의 저장내용이 전송되오니 이점 반드시 유념하시기 바랍니다.)
- 답안문서는 지정된 경로 외의 다른 보조기억장치에 저장하는 행위, 지정된 시험 시간 외에 작성된 파일을 활용한 행위, 기타 통신수단(이메일, 메신저, 네트워크 등)을 이용하여 타인에게 전달 또는 외부 반출하는 행위는 부정으로 간주되어 자격기본법 제32조에 의거 본 시험 및 국가공인 자격시험을 2년간 응시할 수 없습니다.
- 시험 중 부주의 또는 고의로 시스템을 파손한 경우와 〈수험자 유의사항〉에 기재된 방법대로 이행하지 않아 생기는 불이익은 수험자의 책임임을 알려 드립니다.
- 시험을 완료한 수험자는 최종적으로 저장한 답안파일이 전송되었는지 확인한 후 감독위원의 지시에 따라 문제지를 제출하고 퇴실합니다.

답 안 작 성 요 령

- 온라인 답안 작성 절차
  수험자 등록 ⇒ 시험 시작 ⇒ 답안파일 저장 ⇒ 답안 전송 ⇒ 시험 종료
- 배점은 총 100점으로 이루어지며, 점수는 각 문제별로 차등 배분됩니다.
- 각 문제는 제시된 조건에 맞게 답안을 작성하셔야 하며, 조건을 지키지 못했을 경우에는 0점 또는 감점 처리됩니다.
- 조건에서 주어진 단위는 'mm(밀리미터)'입니다. 눈금자는 작성하지 않으며, 그 외는 출력형태(레이아웃, 색상, 문자, 규격 등)와 같게 작업하십시오.
- 문제 조건에 서체의 지정이 없을 경우 한글은 굴림이나 돋움, 영문은 Arial로 작업하십시오. (단, 그 외 제시되지 않은 문자 속성을 기본값으로 작성하지 않은 경우는 감점 처리됩니다.)
- 문제 조건에 크기와 색상, 두께의 지정이 없을 경우 《출력형태》를 참고하여 작업해 주시기 바랍니다.
- Color Mode(색상 모드)는 별도의 처리조건이 없을 경우에는 CMYK로 작업하십시오.
- 조건에서 제시한 기능을 임의로 합치거나 각 기능에 대한 속성을 해지할 경우 해당 요소는 0점 처리됩니다.

한 국 생 산 성 본 부

다음의 《조건》에 따라 아래의 《출력형태》와 같이 작업하시오.

조건

파일저장규칙	AI	파일명	문서₩GTQ₩수험번호─성명─1.ai
		크기	100 × 80mm

1. 작업 방법
① 도형, 변형 툴과 Pathfinder 기능을 활용하여 오브젝트를 작성한다.
② 그 외 《출력형태》 참조

2. 문자 효과
① Happy Christmas (Arial, Bold, 19pt, C100Y70K40, M100Y100K20)

출력형태

M80Y80,
C30M70Y90K40,
M10Y30 → C20M50Y80,
M10Y60, C20M40Y60,
M10Y10K20,
C0M0Y0K0, K100,
M20Y80,
M20Y80K20,
(선/획) M80Y80, 1pt

다음의 《조건》에 따라 아래의 《출력형태》와 같이 작업하시오.

조건

파일저장규칙	AI	파일명	문서₩GTQ₩수험번호-성명-2.ai
		크기	160 × 120mm

1. 작업 방법

① 패키지는 Pattern을 활용하여 작성한다. (패턴 등록 : 포인세티아)
② 선물 상자에는 Clipping Mask를 적용한다.
③ Brush는 《출력형태》를 참고하여 작성한다.
④ Effect는 《출력형태》를 참고하여 작성한다.
⑤ 그 외 《출력형태》 참조

2. 문자 효과

① Special gift (Times New Roman, Bold, 11pt, C30M50Y70K10)
② LUCKY BOX (Arial, Bold, 12pt, 20pt, C0M0Y0I0)

출력형태

C10M90Y90K20 → M100Y80,
M10Y100,
C80M20Y90K20,
(선/획) M100Y100K40, 1pt,
C90M30Y80K40, 1pt

M40Y70K20,
C20M60Y70K70,
C20M10Y20

C70M60K20,
C80M80 → C80M80K70,
C60M30,
M10Y100, Opacity 70%,
[Effects] Drop Shadow

[Brush] Charcoal – Pencil,
M50Y100K20, 1pt

Opacity 60%

M20Y50K10,
C10M60Y100K10,
C10M70Y100K40,
M50Y60,
M60Y80K30,
C20M60Y70K30,
(선/획)
C20M60Y70K70, 2pt

[Pattern]

C30M20K20,
(선/획)
C100M100Y20K20, 2pt

문제 3 : 광고 디자인   40점

다음의 《조건》에 따라 아래의 《출력형태》와 같이 작업하시오.

조건

파일저장규칙	AI	파일명	문서\GTQ\수험번호-성명-3.ai
		크기	210 × 297mm

1. 작업 방법
① 《참고도안》을 직접 제작한 후 Symbol로 활용한다. (심볼 등록 : 장식)
② 'WINTER', 'HAVE A HAPPY DAY' 문자에 Envelope Distort를 적용한다.
③ Brush는 《출력형태》를 참고하여 작성한다.
④ Effect는 《출력형태》를 참고하여 작성한다.
⑤ Clipping Mask를 이용하여 디자인을 정리한다.
⑥ 그 외 《출력형태》 참조

2. 문자 효과
① WHITE (Arial, Bold, 48pt, C60)
② WINTER (Arial, Bold, 75pt, C0M0Y0K0)
③ HAVE A HAPPY DAY (Times New Romanl, Regular, 20pt, M70K60)

참고도안

C0M0Y0K0,
M100Y100,
M100Y100 →
M100Y100K70,
M30Y80,
M20Y20,
C40M60Y90K40

출력형태

210 × 130mm
[Mesh] C30K20,
C50M20K40

[Brush]
4pt, Star, 1pt

[Blend] 단계 : 15,
(선/획)
C70M10Y10, 3pt
→ C0M0Y0K0, 1pt

[Symbol]

C40M10, C60M30Y10,
C10, K10

Y100, M20Y100

M80Y80 → M100Y100K20,
C30Y10K30 → C10,
C10, C0M0Y0K0, M90Y80,
M50Y100, K100, C90M10Y70K20,
C100M10Y70, Y10K10, C50Y70,
(선/획) K100, 2pt

[Effects]
Drop Shadow

작업과정	새 도큐먼트 만들기 및 파일 저장하기 ➡ 배경 오브젝트 만들기 ➡ 사슴 오브젝트 만들기 ➡ 눈 단면 오브젝트 만들고 변형하기 ➡ 리본 오브젝트 만들기 ➡ 문자 입력하기 ➡ 저장 및 답안 전송하기
완성이미지	Part03₩수험번호–성명–1.ai

01 새 도큐먼트 만들기 및 파일 저장하기

01 [File]–[New]($Ctrl$+N)를 선택한 후 'Width : 100mm, Height : 80mm, Units : Mil-limeters, Color Mode : CMYK'를 설정하여 새 도큐먼트를 만들고, [View]–[Rulers]–[Show Rulers]($Ctrl$+R)를 선택하여 눈금자를 표시합니다.

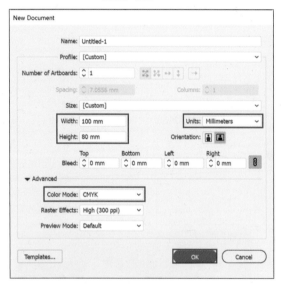

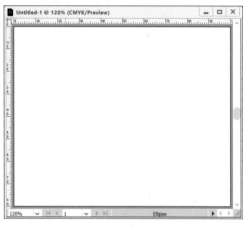

합격생의 비법

• Advanced를 클릭하여 확장하면 CMYK 컬러 모드를 확인 및 설정할 수 있습니다.
• [File]–[New]를 설정하는 화면이 아래와 같다면, [Edit]–[Preferences]–[General]의 Options에서 'Use legacy "File New" Interface'를 체크하여 설정을 변경할 수 있습니다.

02 작품의 규격 왼쪽 상단에 원점(0,0)을 확인하고 왼쪽과 상단 눈금자 위에서 마우스로 각각 드래그하여 제시된 출력형태와 레이아웃 구성이 동일하게 안내선을 표시합니다.

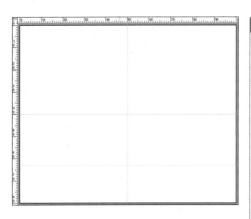

합격생의 비법

- 안내선의 위치는 제시된 오브젝트 중앙 위치에 드래그하여 전체적인 레이아웃에 맞게 적절하게 표시합니다.
- 작업 도큐먼트의 상단과 왼쪽에 보이는 눈금자 위를 더블 클릭해서 안내선을 표시할 수도 있습니다.
- 안내선의 편집은 [View]–[Guides]–[Unlock Guides]([Alt]+[Ctrl]+[;])를 선택하고 잠금을 해제한 후 Selection Tool([▶]) 또는 Direct Selection Tool([▷])로 선택하여 이동, 삭제가 가능합니다. 편집 후 반드시 [View]–[Guides]–[Lock Guides]([Alt]+[Ctrl]+[;])를 선택하고 잠금을 해야 안내선이 고정되어 편집되지 않습니다.

03 작업 도큐먼트를 저장하기 위해 [File]–[Save]([Ctrl]+[S])를 선택하고 '저장 위치 : 내 PC₩문서₩GTQ, 파일 형식 : Adobe Illustrator(*AI), 파일 이름 : 수험번호–성명–문제번호'를 입력하고 [저장]을 클릭한 후 [Illustrator Options] 대화상자에서 'Version : Illustrator 2020'으로 설정하고 [OK]를 클릭합니다.

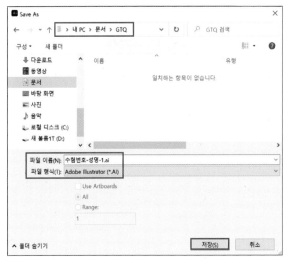

합격생의 비법

- [Illustrator Options]의 'Version'은 작업 중인 컴퓨터에 설치된 Adobe Illustrator CC의 버전에 따라 다르게 표시됩니다.
- 작업 중에 발생할 수 있는 에러나 시스템 오류에 대비하여 [Ctrl]+[S]를 수시로 눌러 저장합니다.

02 배경 오브젝트 만들기

01 Ellipse Tool(◯)로 Alt 를 누르면서 안내선의 중앙 교차지점을 클릭한 후 'Width : 74mm, Height : 74mm'를 입력하여 그리고 Color 패널에서 'Fill Color : M80Y80, Stroke Color : None'을 지정합니다.

  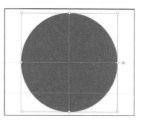

합격생의 비법

Alt 를 누르면서 클릭하면 클릭 지점에 오브젝트의 중심점이 배치되며 대화상자에서 정확한 수치를 입력하여 그릴 수 있습니다.

02 Scale Tool(◲)을 더블 클릭하여 'Uniform : 90%'를 지정하고 [Copy]를 눌러 축소 복사한 후 Color 패널에서 'Fill Color : C30M70Y90K40, Stroke Color : None'을 지정합니다.

 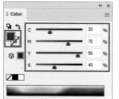 

03 [Effect]-[Illustrator Effects]-[Distort & Transform]-[Zig Zag]를 선택하고 'Size : 1mm, Absolute : 체크, Ridges per segment : 15, Smooth : 체크'를 지정하여 왜곡한 후 [Object]-[Expand Appearance]를 선택하여 오브젝트의 모양을 확장합니다.

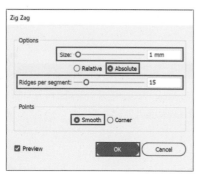 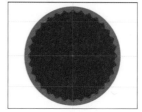 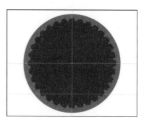

합격생의 비법

패널에서 이펙트 적용하기

[Properties] 패널에서 [Appearance] 항목의 🔣를 눌러 [Illustrator Effects]–[Distort & Transform]–[Zig Zag]를 바로 적용할 수 있습니다.

03 사슴 오브젝트 만들기

01 Pen Tool(✒️)로 수직 안내선 왼쪽에 사슴 오브젝트의 왼쪽 얼굴 모양을 닫힌 패스로 그린 후 Color 패널에서 'Fill Color : None, Stroke Color : 임의 색상'을 지정합니다.

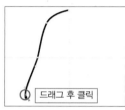

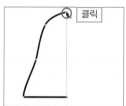

합격생의 비법

Pen Tool(✒️)로 패스 그리기

• 드래그하면 곡선을 그릴 수 있으며, 곡선의 고정점을 클릭하면 한쪽 핸들을 삭제할 수 있습니다.
• Shift 를 누른 채 클릭하면 수직선, 수평선을 그릴 수 있습니다.
• 패스를 연결하여 그린 후, 처음에 클릭한 고정점에 클릭하여 닫힌 패스를 그릴 수 있습니다.

02 Selection Tool(▶)로 완성된 닫힌 패스를 선택하고 Reflect Tool(◁▷)로 Alt 를 누르면서 수직의 안내선을 클릭한 후 'Axis : Vertical'을 지정하고 [Copy]를 눌러 복사합니다.

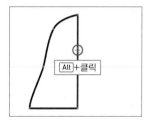

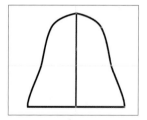

03 Pen Tool(✐)로 얼굴 모양 패스의 상단 중앙에 닫힌 패스를 겹치도록 그린 후 Color 패널에서 'Fill Color : None, Stroke Color : 임의 색상'을 지정합니다.

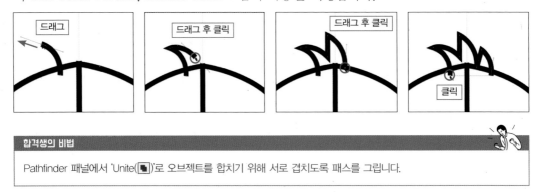

04 Selection Tool(▶)로 드래그하여 3개의 닫힌 패스를 함께 선택하고 Pathfinder 패널에서 'Unite(■)'를 클릭합니다.

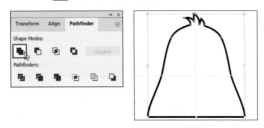

05 Gradient 패널에서 'Type : Linear Gradient, Angle : −90°'를 적용하고 Gradient Slider의 왼쪽 'Color Stop'을 더블 클릭하여 M10Y30을, 오른쪽 'Color Stop'을 더블 클릭하여 C20M50Y80을 적용한 후 Tool 패널 하단에서 'Stroke Color : None'을 지정합니다.

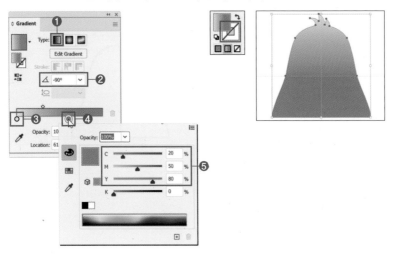

06 Ellipse Tool()로 작업 도큐먼트를 클릭한 후 'Width : 12mm, Height : 8mm'를 입력하여 그리고 Color 패널에서 'Fill Color : 임의 색상, Stroke Color : 임의 색상'을 지정합니다. Direct Selection Tool()로 타원의 상단 고정점을 선택하고 Delete 를 눌러 삭제합니다.

07 Direct Selection Tool(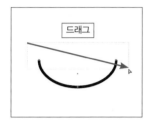)로 드래그하여 열린 패스의 상단 2개의 고정점을 선택하고 [Object]-[Path]-[Join](Ctrl + J)을 선택하여 연결합니다.

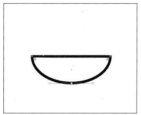

합격생의 비법

패널에서 [Join] 적용하기

열린 패스가 선택된 상태에서 [Properties] 패널의 [Quick Actions] 항목에서 [Join]을 클릭하여 적용할 수도 있습니다.

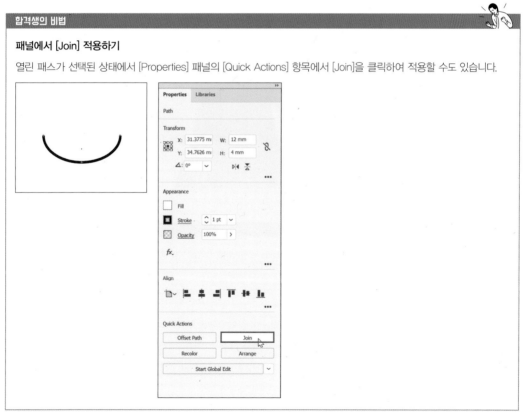

08 Direct Selection Tool(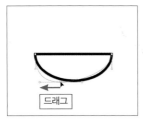)로 클릭하여 하단의 고정점을 선택하고 왼쪽으로 이동하여 패스를 변형한 후 Color 패널에서 'Fill Color : C20M40Y60, Stroke Color : None'을 지정합니다. [Object]-[Path]-[Offset Path]를 선택한 후 'Offset : −1.3mm'를 지정하여 축소된 복사본을 만든 후 'Fill Color : M10Y60, Stroke Color : None'을 지정하고 귀 모양을 완성합니다.

09 Selection Tool()로 2개의 귀 모양 패스를 함께 선택하고 Rotate Tool(↺)을 더블 클릭한 후 'Angle : 10°'를 지정하고 [OK]를 눌러 회전합니다. [Object]-[Arrange]-[Send Backward](Shift+[)을 선택하고 얼굴 모양 뒤로 보내기를 합니다.

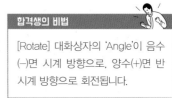

10 Pen Tool(✎)로 사슴 뿔 모양의 닫힌 패스를 그린 후 Color 패널에서 'Fill Color : M10Y10K20, Stroke Color : None'을 지정합니다. Selection Tool(▶)로 뿔 모양 패스를 선택하고 [Object]-[Arrange]-[Send Backward](Shift+[)를 선택하고 얼굴 모양 뒤로 보내기를 합니다.

11 Ellipse Tool(◉)로 작업 도큐먼트를 클릭하여 대화상자에서 'Width : 14mm, Height : 13mm'를 입력하여 그리고 Color 패널에서 'Fill Color : M10Y60, Stroke Color : None'을 지정하고 왼쪽 하단에 배치합니다.

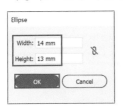
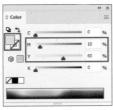
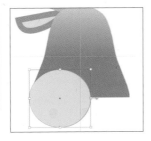

12 Ellipse Tool(◉)로 Shift 를 누른 채 드래그하여 크기가 다른 2개의 정원을 그리고 Color 패널에서 'Fill Color : C0M0Y0K0, K100, Stroke Color : None'을 각각 지정하여 눈 모양을 완성합니다.

13 Selection Tool(▶)로 6개의 오브젝트를 함께 선택한 후 Reflect Tool(◁)로 Alt 를 누르면서 수직 안내선을 클릭한 후 'Axis : Vertical'을 지정하고 [Copy]를 눌러 복사합니다. Selection Tool(▶)로 복사된 오른쪽 뿔과 귀 모양 오브젝트를 함께 선택하고 [Object]–[Arrange]–[Send Backward](Shift + [ )를 선택하고 얼굴 모양 뒤로 보내기를 합니다.

14 Ellipse Tool(⬭)을 클릭한 후 'Width : 11mm, Height : 9mm'를 입력하여 그리고 Color 패널에서 'Fill Color : K100, Stroke Color : None'을 지정합니다. Direct Selection Tool(▷)로 상단과 하단의 고정점을 각각 선택하고 아래쪽으로 이동하여 패스를 변형합니다.

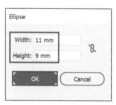  

15 Ellipse Tool(⬭)로 드래그하여 타원 모양을 그리고 Color 패널에서 'Fill Color : C0M0Y0K0, Stroke Color : None'을 지정합니다. Direct Selection Tool(▷)로 왼쪽과 오른쪽의 고정점을 각각 선택하고 왼쪽으로 이동하여 패스를 변형합니다. Selection Tool(▶)로 선택하고 바운딩 박스의 모서리 바깥쪽을 드래그하여 시계 방향으로 회전하여 배치합니다.

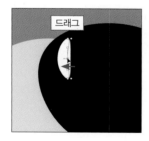 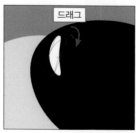 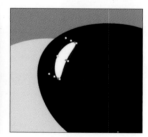

16 Ellipse Tool()로 드래그하여 크기가 다른 2개의 원 모양을 겹치도록 그리고 Color 패널에서 'Fill Color : M10Y60, M80Y80, Stroke Color : None'을 각각 지정합니다. Selection Tool(▶)로 2개의 원 모양을 함께 선택하고 [Object]-[Arrange]-[Send to Back]([Shift]+[Ctrl]+[[])을 선택하고 맨 뒤로 보내기를 합니다.

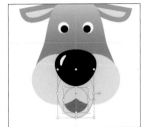

17 Ellipse Tool(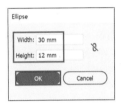)로 [Alt]를 누른 채 수직 안내선 하단을 클릭한 후 'Width : 30mm, Height : 12mm'를 입력하여 그리고 Color 패널에서 'Fill Color : C20M40Y60, Stroke Color : None'을 지정합니다. Direct Selection Tool(▷)로 상단의 고정점을 클릭하여 선택하고 위쪽으로 이동하여 패스를 변형합니다.

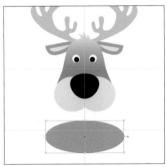

18 Pen Tool(✒)로 닫힌 패스를 그린 후 Color 패널에서 'Fill Color : C0M0Y0K0, Stroke Color : None'을 지정합니다. Selection Tool(▶)로 드래그하여 하단 2개의 오브젝트를 함께 선택한 후 [Object]-[Arrange]-[Send to Back]([Shift]+[Ctrl]+[[])을 선택하고 맨 뒤로 보내기를 합니다.

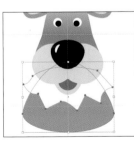

합격생의 비법

키보드의 방향키로 오브젝트 및 고정점 이동하기

• 키보드의 방향키를 눌러 상하좌우로 반듯하게 이동이 가능합니다.
• [Shift]를 누른 채 키보드의 방향키를 누르면 10배수 이동이 가능합니다.

04 눈 단면 오브젝트 만들고 변형하기

01 Polygon Tool()로 작업 도큐먼트를 클릭한 후 'Radius : 3mm, Sides : 6'을 지정하여 그리고 Color 패널에서 'Fill Color : C0M0Y0K0, Stroke Color : None'을 지정합니다. Ellipse Tool(◉)로 Shift를 누른 채 드래그하여 육각형 상단에 동일한 색상의 정원을 그립니다.

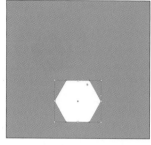
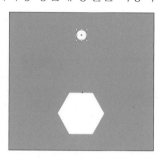

> **합격생의 비법**
>
> Polygon Tool(◉)로 작업 도큐먼트에 클릭하면 클릭 지점이 다각형의 중심점이 되며 [대화 상자]에서 수치를 입력할 수 있습니다.

02 Line Segment Tool(✏)로 Shift를 누른 채 드래그하여 정원과 육각형을 연결하는 수직선을 그리고 Color 패널에서 'Fill Color : None, Stroke Color : C0M0Y0K0'을 지정하고 Stroke 패널에서 'Weight : 1pt'를 지정합니다.

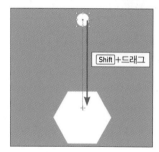

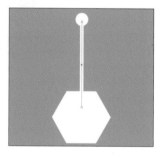

03 Selection Tool(▶)로 3개의 패스를 함께 선택하고 Align 패널에서 'Horizontal Align Center(▣)'를 클릭하여 가로 가운데 정렬을 지정합니다.

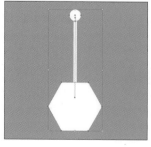

> **합격생의 비법**
>
> 작업 중 Ctrl을 누르고 있으면 Selection Tool(▶)로 전환되어 선택을 빠르게 할 수 있습니다.

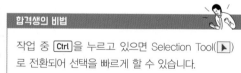

04 Line Segment Tool(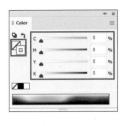)로 드래그하여 길이가 다른 2개의 사선을 그리고 Color 패널에서 'Fill Color : None, Stroke Color : C0M0Y0K0'을 지정한 후 Stroke 패널에서 'Weight : 1pt'를 지정합니다.

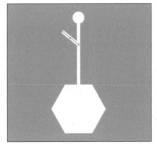
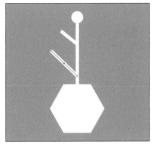

05 Selection Tool()로 2개의 사선을 함께 선택한 후 [Object]-[Blend]-[Make]를 적용하고 [Object]-[Blend]-[Blend Options]를 선택하여 'Specified Steps : 1'을 적용합니다. [Object]-[Blend]-[Expand]를 적용하여 블렌드 오브젝트를 확장합니다.

06 Reflect Tool()로 Alt 를 누르면서 수직선에 클릭한 후 'Axis : Vertical'을 지정하고 [Copy]를 눌러 복사합니다. Selection Tool()로 드래그하여 선 속성의 오브젝트를 모두 선택하고 [Object]-[Path]-[Outline Stroke]를 선택한 후 선을 면으로 확장합니다.

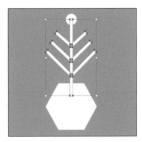

07 Selection Tool(▶)로 정원과 면으로 확장된 오브젝트를 함께 선택합니다. Rotate Tool(⟳) 로 Alt 를 누른 채 육각형의 중심점에 클릭한 후 'Angle : 60°'를 지정하고 [Copy]를 눌러 회 전하여 복사합니다. [Object]-[Transform]-[Transform Again](Ctrl+D)을 4번 선택하 고 반복하여 회전 복사합니다.

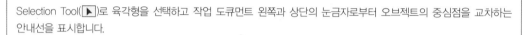

합격생의 비법

Selection Tool(▶)로 육각형을 선택하고 작업 도큐먼트 왼쪽과 상단의 눈금자로부터 오브젝트의 중심점을 교차하는 안내선을 표시합니다.

08 Selection Tool(▶)로 눈 단면 오브젝트를 모두 선택하고 Pathfinder 패널에서 'Unite(■)' 를 클릭하여 합칩니다.

 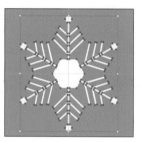

09 Ellipse Tool(◯)로 Alt 와 Shift 를 동시에 누른 채 안내선의 교차지점으로부터 바깥쪽으로 드래그하여 정원을 그립니다. Selection Tool(▶)로 눈 단면 오브젝트와 함께 선택하고 Pathfinder 패널에서 'Exclude(◘)'를 클릭합니다.

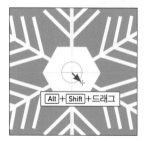  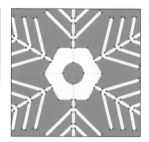

합격생의 비법

원 또는 사각형을 그릴 때 Alt 와 Shift 를 동시에 누르면 중앙에서부터 정원, 정사각형을 그릴 수 있습니다.

10 Scale Tool(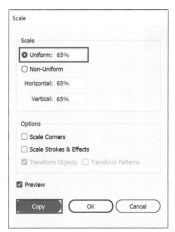)을 더블 클릭하여 'Uniform : 65%'를 지정하고 [Copy]를 눌러 축소 복사합니다. 계속해서 Rotate Tool()을 더블 클릭하여 'Angle : 45°'를 지정하고 [OK]를 클릭하고 이동하여 배치합니다.

합격생의 비법

45° 단위로 회전하기

Rotate Tool(⟳) 또는 Selection Tool(▶)로 바운딩 박스의 조절점 밖을 Shift를 누른 채 드래그하면 45° 단위로 회전할 수 있습니다.

05 리본 오브젝트 만들기

01 Rectangle Tool(▢)로 Alt를 누른 채 세로 안내선에 클릭한 후 'Width : 61mm, Height : 11mm'를 입력하여 그리고 Color 패널에서 'Fill Color : M20Y80, Stroke Color : None'을 지정합니다. 계속해서 작업 도큐먼트를 클릭한 후 'Width : 21mm, Height : 11mm'를 입력하여 그리고 'Fill Color : M20Y80K20, Stroke Color : None'을 지정한 후 Ctrl + [를 눌러 뒤로 보내기를 합니다.

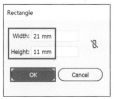

02 Add Anchor Point Tool(✒)로 작은 사각형의 왼쪽 선분 중앙에 클릭하여 고정점을 추가하고 키보드의 →를 여러 번 눌러 패스를 변형합니다.

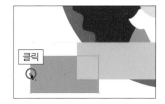
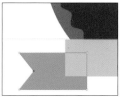

03 Pen Tool()로 클릭하여 2개의 오브젝트와 겹치도록 닫힌 패스를 그린 후 Color 패널에서 'Fill Color : C30M70Y90K40, Stroke Color : None'을 지정하고 Ctrl + [ ]를 눌러 뒤로 보내기를 합니다.

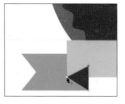
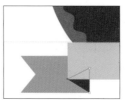

04 Line Segment Tool(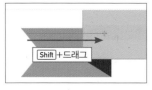)로 Shift 를 누른 채 드래그하여 왼쪽 오브젝트와 겹치도록 상단에 수평선을 그리고 Color 패널에서 'Fill Color : None, Stroke Color : M80Y80'을 지정합니다. Stroke 패널에서 'Weight : 1pt, Cap : Butt Cap, Dashed Line : 체크, dash : 3pt'를 지정합니다.

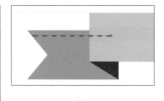

05 Selection Tool(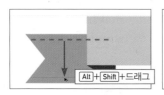)로 수평선을 선택하고 Alt 와 Shift 를 동시에 누른 채 아래쪽으로 드래그하여 복사합니다. 왼쪽 3개의 오브젝트를 함께 선택하고 [Object]-[Arrange]-[Send to Back](Shift + Ctrl + [ ])을 선택하고 맨 뒤로 보내기를 합니다.

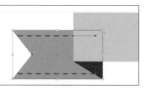

합격생의 비법

Selection Tool(▶)로 Alt 와 Shift 를 동시에 누른 채 드래그하면 반듯하게 이동하여 복사할 수 있습니다.

06 Reflect Tool()로 Alt 를 누르면서 수직의 안내선에 클릭하여 'Axis : Vertical'을 지정하고 [Copy]를 눌러 복사합니다.

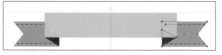

07 Line Segment Tool(✐)로 큰 사각형의 왼쪽 상단에 클릭한 후 'Length : 61mm, Angle : 0°'를 입력하여 수평선을 그리고 Color 패널에서 'Fill Color : None, Stroke Color : M80Y80'을 지정합니다. Stroke 패널에서 'Weight : 1pt, Cap : Butt Cap, Dashed Line : 체크, dash : 3pt'를 지정합니다.

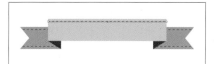

08 Selection Tool(▶)로 수평선을 선택하고 Alt 와 Shift 를 동시에 누른 채 아래쪽으로 드래그하여 복사합니다.

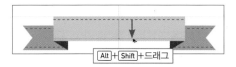

06 문자 입력하기

01 Type Tool(T)로 작업 도큐먼트를 클릭한 후 Character 패널에서 'Set the font family : Arial, Set the font style : Bold, Set the font size : 19pt'로 설정하고 Color 패널에서 'Fill Color : C100Y70K40, Stroke Color : None'을 지정한 후 Happy Christmas를 입력합니다.

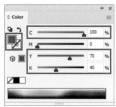
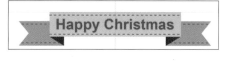

02 Type Tool(T)로 'Christmas' 문자를 더블 클릭하여 선택한 후 Color 패널에서 'Fill Color : M100Y100K20, Stroke Color : None'을 지정합니다.

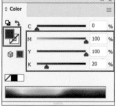
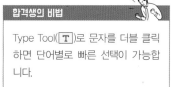

03 [View]–[Outline]([Ctrl]+[Y])을 선택하고 Selection Tool([▶])로 드래그하여 사슴 오브젝트의 맨 아래쪽 오브젝트를 제외한 나머지를 모두 선택하고 [Object]–[Arrange]–[Bring to Front]([Shift]+[Ctrl]+[]])로 맨 앞으로 가져오기를 합니다. [View]–[GPU Preview]([Ctrl]+[Y])를 선택하고 'GPU 미리보기'로 전환합니다.

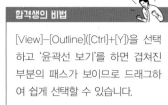

합격생의 비법

[View]–[Outline]([Ctrl]+[Y])을 선택하고 '윤곽선 보기'를 하면 겹쳐진 부분의 패스가 보이므로 드래그하여 쉽게 선택할 수 있습니다.

⑦ 저장 및 답안 전송하기

01 [View]–[Guides]–[Hide Guides]([Ctrl]+[;])를 선택하여 안내선을 숨기고 [View]–[Fit Artboard in Window]([Ctrl]+[0])를 선택하여 현재 창에 맞추기를 합니다.

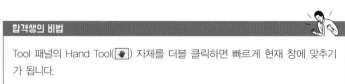

합격생의 비법

Tool 패널의 Hand Tool([✋]) 자체를 더블 클릭하면 빠르게 현재 창에 맞추기가 됩니다.

02 [File]–[Save As]를 선택하고 '저장 위치 : 내 PC₩문서₩GTQ, 파일 형식 : Adobe Illustrator(*AI), 파일 이름 : 수험번호–성명–문제번호.ai'를 확인하고 [저장]을 클릭한 후 [Illustrator Options] 대화상자에서 'Version : Illustrator 2020'으로 설정하고 [OK]를 클릭합니다.

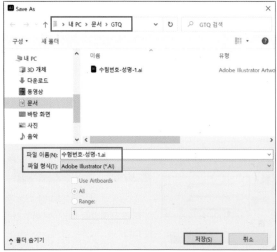 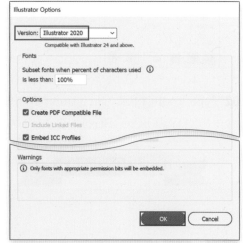

03 답안 저장이 완료가 되면 [File]–[Close](Ctrl+W)를 선택하여 파일을 닫고 수험 프로그램에서 [답안 전송]을 클릭하여 감독관 컴퓨터로 전송합니다.

문제 02 **패키지, 비즈니스 디자인**

작업과정	새 도큐먼트 만들기 및 파일 저장하기 ➡ 포인세티아 만들고 그라디언트 적용하기 ➡ 브러쉬 적용하기 ➡ 패턴 등록하기 ➡ 종 오브젝트 만들기 ➡ 선물 상자 오브젝트 만들기 ➡ 불투명도와 클리핑 마스크 적용하기 ➡ 문자 입력하기 ➡ 패키지 오브젝트 만들고 그라디언트 적용하기 ➡ 패턴 적용 및 변형하기 ➡ 이펙트 적용하기 ➡ 문자 입력하기 ➡ 저장 및 답안 전송하기
완성이미지	Part03₩수험번호–성명–2.ai

01 새 도큐먼트 만들기 및 파일 저장하기

01 [File]–[New](Ctrl+N)를 선택하고 'Width : 160mm, Height : 120mm, Units : Millimeters, Color Mode : CMYK'를 설정하여 새 도큐먼트를 만들고 [View]–[Rulers]–[Show Rulers](Ctrl+R)를 선택하여 눈금자를 표시합니다.

02 작품의 규격 왼쪽 상단에 원점(0,0)을 확인하고 왼쪽과 상단 눈금자 위에서 마우스로 각각 드래그하여 제시된 출력형태와 레이아웃 구성이 동일하게 안내선을 표시합니다.

03 작업 도큐먼트를 저장하기 위해 [File]–[Save](Ctrl+S)를 선택하고 대화상자에서 '저장 위치 : 내 PC₩문서₩GTQ, 파일 형식 : Adobe Illustrator(*.AI), 파일 이름 : 수험번호–성명–문제번호'를 입력하고 [저장]을 클릭한 후 [Illustrator Options] 대화상자에서 'Version : Illustrator 2020'으로 설정하고 [OK]를 클릭합니다.

02 포인세티아 만들고 그라디언트 적용하기

01 Ellipse Tool(⬤)로 Alt 를 누른채 수직 안내선에 클릭한 후 'Width : 7mm, Height : 19mm'를 입력하여 그리고 Tool 패널 하단에서 'Fill Color : 임의 색상, Stroke Color : 임의 색상'을 지정합니다.

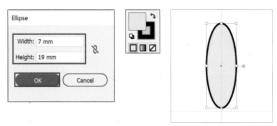

02 Anchor Point Tool(⬆)로 타원의 상단과 하단 고정점에 각각 클릭하여 패스를 뾰족하게 변형합니다.

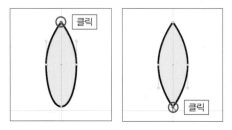

03 Direct Selection Tool(▷)로 왼쪽 고정점을 선택한 후 핸들의 방향점을 드래그하여 패스를 변형합니다. 계속해서 오른쪽의 고정점을 선택한 후 핸들의 방향점을 드래그하여 패스를 변형하고 상단으로 이동합니다.

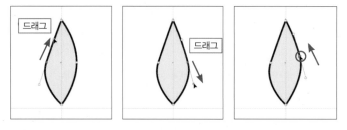

04 Gradient 패널에서 'Type : Linear Gradient, Angle : 90°'를 적용하고 Gradient Slider의 왼쪽 'Color Stop'을 더블 클릭하여 C10M90Y90K20을, 오른쪽 'Color Stop'을 더블 클릭하여 M100Y80을 적용한 후 'Location : 80%'를 지정하고 Tool 패널 하단에서 'Stroke Color : None'을 지정합니다.

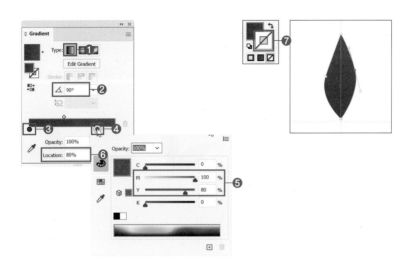

05 Pen Tool()로 드래그하여 열린 곡선 패스를 그리고 Color 패널에서 'Fill Color : None, Stroke Color : M100Y100K40'을 지정하고 Stroke 패널에서 'Weight : 1pt, Cap : Round Cap'을 지정합니다. 계속해서 동일한 속성의 2개의 열린 패스를 앞서 그린 열린 패스의 위와 아래쪽에 그립니다.

합격생의 비법

연속해서 여러 개의 열린 패스 그리기

• 열린 패스란 시작점과 끝점이 만나지 않는 패스를 말합니다.
• Pen Tool(✏)로 패스를 그리는 도중 **Ctrl** 을 누르면서 도큐먼트의 빈 곳을 클릭하면 가장 최근에 사용한 선택 도구로 빠르게 전환되어 현재 그리는 패스의 선택을 해제할 수 있습니다.
• 마우스 포인터가 ✏ 모양일 때 새로운 패스를 그릴 수 있습니다.

06 Selection Tool(▶)로 2개의 열린 패스를 함께 선택한 후 [Object]-[Blend]-[Make]를 적용하고 [Object]-[Blend]-[Blend Options] 대화상자에서 'Specified Steps : 1'을 적용합니다. [Object]-[Blend]-[Expand]를 적용하고 오브젝트를 확장합니다.

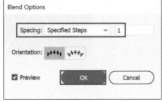

07 [Select]–[All]([Ctrl]+[A])로 모두 선택하고 [Object]–[Group]([Ctrl]+[G])을 선택하여 그룹을 지정합니다. Rotate Tool([🔄])로 [Alt]를 누른 채 안내선의 교차지점을 클릭하여 'Angle : 61°'를 지정하고 [Copy]를 눌러 회전하여 복사한 후 [Object]–[Transform]–[Transform Again]([Ctrl]+[D])을 4번 적용하여 회전 복사합니다.

08 Ellipse Tool([⬭])로 [Alt]를 누른채 수직 안내선에 클릭한 후 'Width : 1mm, Height : 5mm'를 입력하여 그리고 Color 패널에서 'Fill Color : M10Y100, Stroke Color : None'을 지정합니다.

합격생의 비법

중심에서부터 오브젝트 그리기

- [Alt]를 누른 채 클릭하여 대화상자에서 수치를 입력하여 그릴 수 있습니다.
- [Alt]를 누른 채 드래그하여 중앙에서부터 그릴 수 있습니다.
- [Alt]+[Shift]를 동시에 누른 채 드래그하면 중앙에서부터 정원을 그릴 수 있습니다.

09 Rotate Tool([🔄])로 [Alt]를 누른 채 안내선의 교차지점을 클릭하여 'Angle : 36°'를 지정하고 [Copy]를 눌러 회전하여 복사한 후 [Object]–[Transform]–[Transform Again]([Ctrl]+[D])을 8번 적용하여 회전 복사합니다.

10 [Select]-[Same]-[Fill & Stroke]로 10개의 타원을 모두 선택하고 Pathfinder 패널에서 'Unite()'를 클릭하여 합칩니다.

 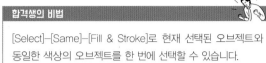
11 [Select]-[All]([Ctrl]+[A])로 모두 선택하고 Rotate Tool(⟳)을 더블 클릭하여 'Angle : -20°'를 지정한 후 [OK]를 눌러 회전합니다.

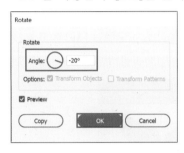

 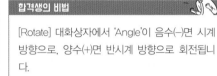
12 Selection Tool(▶)로 오른쪽 상단의 그라디언트가 적용된 그룹 오브젝트를 선택하고 Scale Tool(⊡)로 [Alt]를 누른 채 하단 고정점을 클릭한 후 'Uniform : 170%, Scale Strokes & Effects : 체크 해제'를 지정하여 [Copy]를 눌러 확대 복사합니다. [Object]-[Arrange]-[Send to Back]([Shift]+[Ctrl]+[[])을 선택하고 맨 뒤로 보내기를 합니다.

13 Selection Tool(▶)로 오브젝트 더블 클릭하여 Isolation Mode로 전환한 후 그라디언트가 적용된 오브젝트를 선택하고 Color 패널에서 'Fill Color : C80M20Y90K20, Stroke Color : None'을 지정합니다. [Select]-[Inverse]로 선택을 반전하고 'Fill Color : None, Stroke Color : C90M30Y80K40'을 지정한 후 도큐먼트의 빈 곳을 더블 클릭하여 정상 모드로 전환합니다.

14 Selection Tool(▶)로 잎 모양 오브젝트를 선택하고 Rotate Tool(⟲)로 Alt를 누른 채 하단 고정점을 클릭하여 'Angle : -28°'를 지정하고 [OK]를 눌러 회전합니다.

 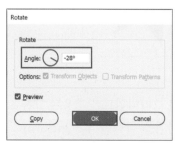 

합격생의 비법

Alt를 누른 채 클릭한 지점이 회전의 중심축이 됩니다.

15 계속해서 Rotate Tool(⟲)로 Alt를 누른 채 하단 고정점을 클릭하여 'Angle : -110°'를 지정하고 [Copy]를 눌러 회전하여 복사합니다. Scale Tool(⊡)로 Alt를 누른 채 상단 고정점을 클릭하여 'Uniform : 85%, Scale Strokes & Effects : 체크 해제'를 지정하고 [OK]를 눌러 축소합니다.

 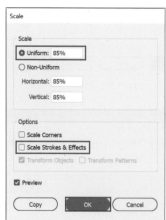 

16 Scale Tool()을 더블 클릭하여 'Uniform : 130%, Scale Strokes & Effects : 체크 해제'
를 지정하고 [Copy]를 눌러 확대 복사한 후 Rotate Tool(↻)을 더블 클릭하여 대화상자에서
'Angle : −105°'를 지정하고 [OK]를 눌러 회전하여 왼쪽에 배치합니다.

17 Selection Tool(▶)로 3개의 잎 모양 그룹 오브젝트를 제외한 나머지 오브젝트를 선택하고
Rotate Tool(↻)을 더블 클릭하여 'Angle : 30°'를 지정하고 [Copy]를 눌러 회전 복사합니
다. Scale Tool(⊡)을 더블 클릭하여 'Uniform : 60%, Scale Strokes & Effects : 체크'를
지정하고 [OK]를 눌러 축소 배치합니다. [Select]−[Deselect](**Shift**+**Ctrl**+**A**)로 오브젝트
의 선택을 해제합니다.

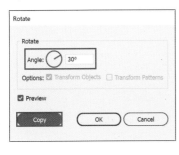

합격생의 비법

오브젝트의 선택 해제하기

Selection Tool(▶)로 작업 도큐먼트의 빈 공간을 클릭하여 선택을 해제할 수도 있습니다.

⑱ 브러쉬 적용하기

01 Brushes 패널 하단의 'Brush Libraries Menu()'를 클릭하고 [Artistic]-[Artistic_ChalkCharcoalPencil]을 선택하여 추가 브러쉬 패널을 불러온 후 'Charcoal - Pencil'을 선택합니다.

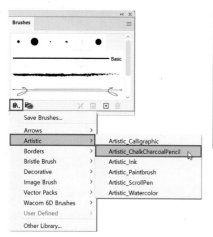

합격생의 비법

추가 브러쉬 패널의 팝업 메뉴에서 'List View'를 클릭하여 '목록 보기'를 하면 브러쉬 이름으로 'Charcoal - Pencil'을 빠르게 찾아 선택할 수 있습니다.

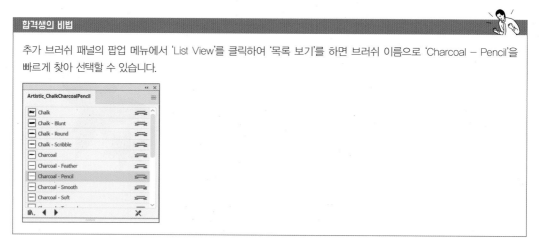

---

02 Pen Tool()로 드래그하여 열린 곡선 패스를 오른쪽에 그리고 Brushes 패널에서 추가된 'Charcoal - Pencil'을 클릭하여 적용합니다. Color 패널에서 'Fill Color : None, Stroke Color : M50Y100K20'을 지정하고 Stroke 패널에서 'Weight : 1pt'를 지정한 후 [Object]-[Arrange]-[Send Backward](Ctrl+[)를 여러 번 적용하여 포인세티아 꽃잎 모양의 뒤로 보내기를 합니다.

04 패턴 등록하기

01 Selection Tool(▶)로 축소 배치된 포인세티아 오브젝트를 선택하고 [Object]-[Pattern]-[Make]를 선택하고 [Pattern Options] 대화상자에서 'Name : 포인세티아, Tile Type : Brick by Column, Brick Offset : 1/2'을 지정하고 패턴으로 등록합니다.

02 Esc 를 눌러 패턴의 편집 모드를 완료하고 정상 모드로 전환합니다.

> **합격생의 비법**
>
> **패턴의 편집 모드 완료하기**
> • 작업 도큐먼트 왼쪽 상단의 'Exit Pattern Editing Mode(⇦)'를 클릭합니다.
> • 작업 도큐먼트 왼쪽 상단의 '√ Done'을 클릭합니다.

> **합격생의 비법**
>
> **등록된 패턴의 옵션 편집하기**
> Swatches 패널에 등록된 '포인세티아' 패턴을 더블 클릭하면 패턴의 편집 모드로 전환되어 옵션을 편집할 수 있습니다.

05 종 오브젝트 만들기

01 Ellipse Tool(◯)로 작업 도큐먼트를 클릭한 후 'Width : 5mm, Height : 5mm'를 입력하여 그리고 Color 패널에서 'Fill Color : None, Stroke Color : M40Y70K20'을 지정한 후 Stroke 패널에서 'Weight : 4pt'를 지정합니다. [Object]-[Path]-[Outline Stroke]를 선택하여 선을 면으로 확장합니다.

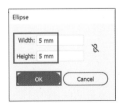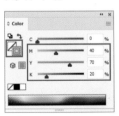

02 Ellipse Tool(◉)로 작업 도큐먼트를 클릭한 후 'Width : 16mm, Height : 23mm'를 입력하여 그리고 Color 패널에서 'Fill Color : None, Stroke Color : 임의 색상'을 지정합니다. 계속해서 작업 도큐먼트를 클릭한 후 'Width : 22mm, Height : 12mm'를 입력하여 그리고 'Fill Color : None, Stroke Color : 임의 색상'을 지정하고 하단에 겹치도록 배치합니다.

 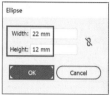 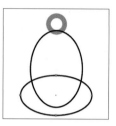

03 Selection Tool(▶)로 드래그하여 3개의 원을 함께 선택하고 Align 패널에서 'Horizontal Align Center(ᒪᒧ)'를 클릭하여 가로 가운데 정렬을 지정합니다. Pathfinder 패널에서 'Unite(◧)'를 클릭하여 합칩니다.

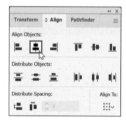  

04 Rectangle Tool(▭)로 드래그하여 합쳐진 오브젝트 하단에 겹치도록 그리고 Color 패널에서 'Fill Color : 임의 색상, Stroke Color : 임의 색상'을 지정합니다. Selection Tool(▶)로 드래그하여 2개의 오브젝트를 함께 선택하고 Pathfinder 패널에서 'Minus Front(◧)'를 클릭한 후 'Fill Color : M40Y70K20, Stroke Color : None'을 지정합니다.

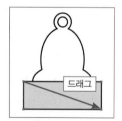  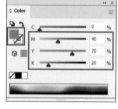 

05 Direct Selection Tool(▷)로 드래그하여 2개의 고정점을 선택하고 모서리 바깥쪽의 둥근 점(◉)을 바깥쪽으로 드래그하여 모서리를 둥글게 변형합니다.

06 Ellipse Tool()로 작업 도큐먼트를 클릭한 후 'Width : 4.5mm, Height : 4.5mm'를 입력하여 그리고 하단 중앙에 겹치도록 배치한 후 Color 패널에서 'Fill Color : M40Y70K20, Stroke Color : None'을 지정합니다.

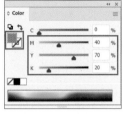

07 Selection Tool()로 드래그하여 상단 오브젝트와 함께 선택하고 Align 패널에서 'Horizontal Align Center()'를 클릭하여 가로 가운데 정렬을 지정한 후 Pathfinder 패널에서 'Unite()'를 클릭하여 합칩니다.

08 [Object]-[Path]-[Offset Path]를 선택한 후 'Offset : 1mm'를 지정하여 확대된 복사본을 만든 후 Color 패널에서 'Fill Color : C20M10Y20, Stroke Color : None'을 지정합니다.

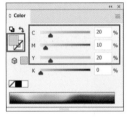
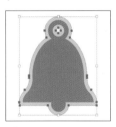

09 Line Segment Tool()로 **Shift**를 누른 채 드래그하여 수평선을 그리고 Color 패널에서 'Fill Color : None, Stroke Color : 임의 색상'을 지정한 후 오브젝트의 하단과 겹치도록 배치합니다. Selection Tool()로 **Shift**를 누른 채 클릭하여 안쪽 오브젝트를 함께 선택하고 Pathfinder 패널에서 'Divide()'를 클릭하여 면을 분할합니다.

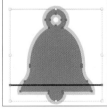

10 Selection Tool(▶)로 오브젝트를 더블 클릭하여 Isolation Mode로 전환합니다. 하단 오브젝트를 선택하고 Color 패널에서 'Fill Color : C20M60Y70K70, Stroke Color : None'을 지정합니다.

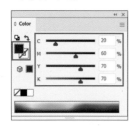 

11 Ellipse Tool(◯)로 Shift를 누른 채 드래그하여 정원을 그리고 Color 패널에서 'Fill Color : C20M60Y70K70, Stroke Color : None'을 지정합니다. Selection Tool(▶)로 Alt를 누른 채 드래그하여 4개의 정원을 복사하여 배치하고 Esc를 눌러 정상 모드로 전환합니다.

12 Selection Tool(▶)로 드래그하여 종 모양 오브젝트를 모두 선택하고 [Object]-[Group](Ctrl+G)으로 그룹을 지정합니다. Rotate Tool(↻)을 더블 클릭하여 'Angle : -10°'를 지정하고 [OK]를 눌러 회전하고 배치합니다.

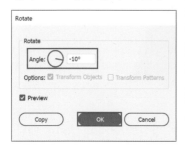 

06 선물 상자 오브젝트 만들기

01 Ellipse Tool(◯)로 Alt를 누른 채 작업 도큐먼트의 왼쪽 하단 안내선의 교차지점을 클릭한 후 'Width : 40mm, Height : 40mm'를 입력하여 그리고 Color 패널에서 'Fill Color : None, Stroke Color : 임의 색상'을 지정합니다.

 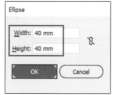 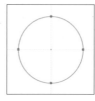

02 [Object]-[Transform]-[Move]를 선택한 후 'Horizontal : 29mm, Vertical : 0mm'를 입력하고 [Copy]를 눌러 오른쪽으로 이동하여 복사합니다.

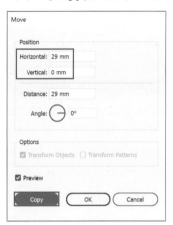

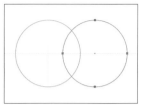

합격생의 비법

Tool 패널의 Selection Tool(▶) 또는 Direct Selection Tool(▷) 자체를 더블 클릭하여 [Move] 대화상자를 빠르게 지정할 수도 있습니다.

03 Rectangle Tool(▭)로 Alt 를 누른 채 세로 안내선에 클릭하여 'Width : 41mm, Height : 41mm'를 입력하여 그리고 Color 패널에서 'Fill Color : None, Stroke Color : 임의 색상'을 지정합니다. Rotate Tool(↻)을 더블 클릭하여 'Angle : 45°'를 지정하고 [OK]를 눌러 회전하고 배치합니다.

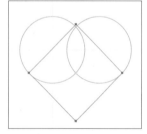

04 Direct Selection Tool(▷)로 마름모의 상단 고정점을 클릭하여 선택하고 키보드의 ↓를 여러 번 눌러 원형의 안쪽으로 이동하여 변형합니다.

05 Selection Tool(▶)로 드래그하여 3개의 오브젝트를 함께 선택하고 Pathfinder 패널에서 'Unite(◼)'를 클릭한 후 Color 패널에서 'Fill Color : 임의 색상, Stroke Color : None'을 지정합니다.

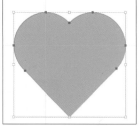

합격생의 비법

Tool 패널 하단의 Swap Fill and Stroke(↴)를 클릭하면 오브젝트의 면과 선 색상이 빠르게 서로 교체됩니다.

06 [Effect]-[Illustrator Effects]-[3D]-[Rotate]를 선택하고 [3D Rotate Options] 대화상자에서 'Specify rotation around the X axis : 58°, Specify rotation around the Y axis : −11°, Specify rotation around the Z axis : 11°, Perspective : 0°'를 입력하여 3차원으로 회전하여 하트 오브젝트를 변형합니다.

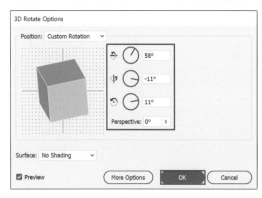

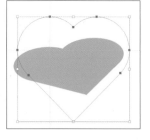

합격생의 비법

• [Effect]-[Illustrator Effects]-[3D]-[Rotate] 대화상자에서 입체 큐브를 드래그하면 오브젝트의 X, Y, Z축으로 회전의 정도를 조절하여 3차원으로 회전된 오브젝트를 쉽게 구현할 수 있습니다.
• [Effect]를 적용하기 전과 후에는 Ctrl + S 를 눌러 반드시 저장을 합니다. 연산 과정에서 발생할 수 있는 시스템 다운에 대비하기 위함입니다.

07 [Object]-[Expand Appearance]를 선택하여 오브젝트의 속성을 확장한 후 Group Selection Tool(▷)로 드래그하고 Color 패널에서 'Fill Color : None, Stroke Color : None'인 외곽의 사각형을 선택한 후 Delete 를 눌러 삭제합니다.

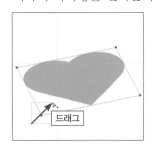

08 Selection Tool(▶)로 변형된 하트 오브젝트를 선택하고 Color 패널에서 'Stroke Color :
임의 색상'을 지정합니다. [Object]−[Transform]−[Move]를 선택한 후 'Horizontal : 0mm,
Vertical : −13mm'를 입력하고 [Copy]를 눌러 위쪽으로 이동하여 복사합니다. 계속해서
[Object]−[Transform]−[Move]를 선택한 후 'Horizontal : 0mm, Vertical : −8mm'를
입력하고 [Copy]를 눌러 위쪽으로 이동하여 복사합니다.

09 Line Segment Tool(╱)로 Shift 를 누른 채 드래그하여 3개의 수직선을 3개의 하트와 겹치도
록 각각 그리고 Color 패널에서 'Fill Color : None, Stroke Color : 임의 색상'을 지정합니다.

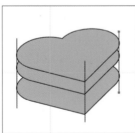

10 Selection Tool(▶)로 드래그하여 6개의 오브젝트를 함께 선택하고 Pathfinder 패널에서
'Divide(▣)'를 클릭하여 면을 분할한 후 Color 패널에서 'Fill Color : 임의 색상, Stroke
Color : 임의 색상'을 지정합니다.

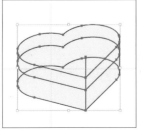

11 Selection Tool(▶)로 오브젝트를 더블 클릭하여 Isolation Mode로 전환합니다. Selection Tool(▶)로 Shift 를 누른 채 클릭하여 상단 면들을 선택하고 Pathfinder 패널에서 'Unite(▣)'를 클릭한 후 Color 패널에서 'Fill Color : M20Y50K10, Stroke Color : None'을 지정합니다.

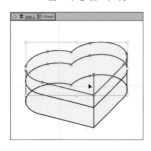 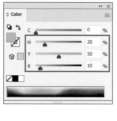 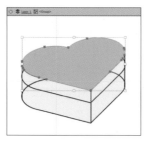

12 Selection Tool(▶)로 나머지 면들을 Shift 를 누른 채 클릭하여 각각 선택하고 Pathfinder 패널에서 'Unite(▣)'를 클릭한 후 Color 패널에서 'Fill Color : C10M60Y100K10, C10M70Y100K40, M50Y60, M60Y80K30, Stroke Color : None'을 순서대로 각각 지정합니다.

13 Pen Tool(✐)로 드래그하여 선물 상자 뚜껑 하단에 열린 곡선 패스를 그리고 Color 패널에서 'Fill Color : None, Stroke Color : C20M60Y70K70'을 지정합니다. Stroke 패널에서 'Weight : 2pt, Cap : Round Cap, Dashed Line : 체크, dash : 4pt'를 지정하고 Esc 를 눌러 정상 모드로 전환하고 《출력형태》를 참조하여 레이아웃에 맞게 배치합니다.

07 불투명도와 클리핑 마스크 적용하기

01 Selection Tool(▶)로 작업 도큐먼트 상단의 종 모양 오브젝트를 선택하고 [Edit]-[Copy](Ctrl + C)로 복사하고 [Edit]-[Paste](Ctrl + V)로 붙여넣기를 합니다.

02 Scale Tool(⊞)을 더블 클릭하여 'Uniform : 110%'를 지정하고 [OK]를 눌러 확대합니다. Rotate Tool(↻)을 더블 클릭하여 'Angle : −20°'를 지정하고 [OK]를 눌러 회전하고 선물 상자 오브젝트의 상단과 겹치도록 배치합니다.

  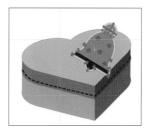

03 Scale Tool(⊞)을 더블 클릭하여 'Uniform : 65%'를 지정하고 [Copy]를 눌러 축소 복사합니다. Rotate Tool(↻)을 더블 클릭하여 'Angle : 60°'를 지정하고 [OK]를 눌러 회전하고 배치합니다. Reflect Tool(◁)을 더블 클릭하여 'Angle : 52°'를 지정하고 [Copy]를 눌러 복사한 후 이동하여 배치합니다.

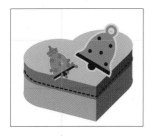  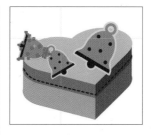

04 Selection Tool(▶)로 선물 상자 오브젝트를 더블 클릭하여 Isolation Mode로 전환합니다. 선물 상자의 상단 오브젝트를 선택하고 [Edit]−[Copy]([Ctrl]+[C])로 복사한 후 [Esc]를 눌러 정상 모드로 전환합니다. [Edit]−[Paste in Front]([Ctrl]+[F])로 복사한 오브젝트 앞에 붙여 넣기를 합니다.

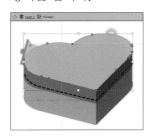 

05 Selection Tool(▶)로 Shift를 누른 채 3개의 종 모양 오브젝트와 선물 상자의 상단 오브젝트를 함께 선택한 후 [Object]-[Clipping Mask]-[Make](Ctrl+7)를 선택하고 클리핑 마스크를 설정합니다.

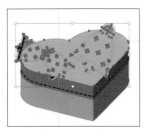 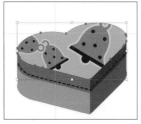

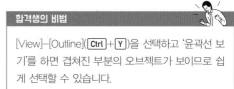
06 Transparency 패널에서 'Opacity : 60%'를 지정하여 클리핑 마스크가 적용된 오브젝트의 불투명도를 조절합니다.

 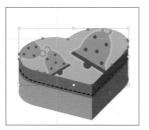

07 Selection Tool(▶)로 드래그하여 작업 도큐먼트 상단의 작은 포인세티아 오브젝트를 선택한 후 [Edit]-[Copy](Ctrl+C)로 복사하고 [Edit]-[Paste](Ctrl+V)로 붙여넣기를 합니다. Pathfinder 패널에서 'Unite(▣)'를 클릭한 후 Color 패널에서 'Fill Color : C20M60Y70K30, Stroke Color : None'을 지정합니다.

  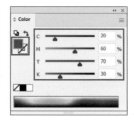 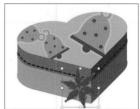

08 Scale Tool(🔲)을 더블 클릭하여 'Uniform : 40%'를 지정하고 [OK]를 눌러 확대합니다. Rotate Tool(🔄)을 더블 클릭하여 'Angle : 45°'를 지정하고 [OK]를 눌러 회전하고 선물 상자 오브젝트의 왼쪽 하단과 겹치도록 배치합니다.

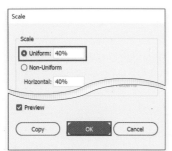  

08 문자 입력하기

01 Type Tool(T)로 작업 도큐먼트를 클릭한 후 Character 패널에서 'Set the font family : Times New Roman, Set the font style : Bold, Set the font size : 11pt'를 설정하고 Paragraph 패널에서 'Align right(≡)'를 선택하여 문장을 오른쪽에 배치합니다. Color 패널에서 'Fill Color : C30M50Y70K10, Stroke Color : None'을 지정한 후 Special gift를 입력합니다.

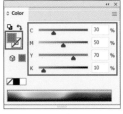
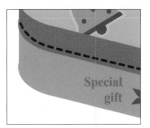

02 Shear Tool(🖾)로 더블 클릭하여 'Shear Angle : −167°, Angle : −100°'을 지정하고 [OK]를 눌러 기울이기를 적용하여 배치합니다. Character 패널에서 'Set the font size : 11pt, Horizontal Scale : 100%'를 다시 설정합니다.

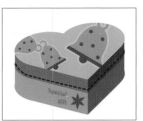

합격생의 비법

문제지의 '답안 작성요령' 중 문제 조건에서 제시되지 않은 문자 속성을 기본값으로 설정해야 감점 처리가 되지 않으므로 변형 후 다시 설정을 확인합니다.

09 패키지 오브젝트 만들고 그라디언트 적용하기

01 Rectangle Tool(□)로 작업 도큐먼트를 클릭하여 대화상자에서 'Width : 53mm, Height : 48mm'를 입력하여 그리고 Color 패널에서 'Fill Color : 임의 색상, Stroke Color : 임의 색상'을 지정합니다.

02 Shear Tool(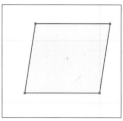)로 더블 클릭하여 대화상자에서 'Shear Angle : 9°, Axis : Horizontal'을 지정하고 [OK]를 눌러 기울이기를 적용합니다.

03 Rectangle Tool(■)로 작업 도큐먼트를 클릭한 후 'Width : 53mm, Height : 32mm'를 입력하여 그리고 Color 패널에서 'Fill Color : 임의 색상, Stroke Color : 임의 색상'을 지정합니다. Ellipse Tool(●)로 작업 도큐먼트를 클릭한 후 'Width : 27mm, Height : 16mm'를 입력하여 그리고 'Fill Color : 임의 색상, Stroke Color : 임의 색상'을 지정하고 겹치도록 배치합니다.

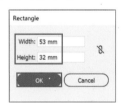  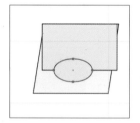

04 Selection Tool(▶)로 사각형과 타원을 함께 선택하고 Pathfinder 패널에서 'Unite(■)'를 클릭합니다. Color 패널에서 'Fill Color : C70M60K20, Stroke Color : None'을 지정합니다.

 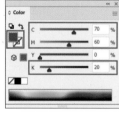 

05 Direct Selection Tool(▷)로 Shift 를 누른 채 클릭하여 하단 2개의 고정점을 선택하고 모서리 안쪽의 둥근 점(◎)을 안쪽으로 드래그하여 모서리를 둥글게 변형합니다.

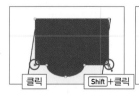  

06 Selection Tool(▶)로 오브젝트를 선택하고 Shear Tool(🗗) 더블 클릭하여 'Shear Angle : 12°, Axis : Horizontal'을 지정 [OK]를 눌러 기울이기를 적용하고 배치합니다.

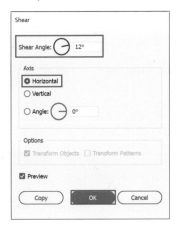

07 Direct Selection Tool(▷)로 드래그하여 왼쪽 상단의 고정점을 클릭하여 선택하고 모서리 안쪽의 둥근 점(◎)을 안쪽으로 드래그하여 모서리를 둥글게 변형합니다.

08 Selection Tool(▶)로 오브젝트를 더블 클릭하여 Isolation Mode로 전환합니다. Direct Selection Tool(▷)로 드래그하여 왼쪽 하단 4개의 고정점을 선택하고 [Object]-[Transform]-[Move]를 선택한 후 'Horizontal : 1mm, Vertical : -2mm'를 입력하고 [OK]를 눌러 이동합니다. Esc를 눌러 정상 모드로 전환합니다.

합격생의 비법

Isolation Mode로 전환하면 선택한 오브젝트만을 격리하여 편집하므로 선택 및 편집이 편리합니다.

09 Rectangle Tool(▣)로 사각형의 왼쪽 하단 고정점에 클릭한 후 'Width : 53mm, Height : 43mm'를 입력하여 그리고 Color 패널에서 'Fill Color : 임의 색상, Stroke Color : 임의 색상'을 지정합니다.

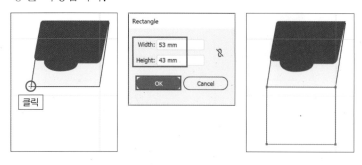

10 Direct Selection Tool(▷)로 드래그하여 오른쪽 3개의 고정점을 선택하고 [Object]-[Transform]-[Move]를 선택한 후 'Horizontal : 0mm, Vertical : 7mm'를 입력하고 [OK]를 눌러 아래쪽으로 이동하여 패스를 변형합니다. Direct Selection Tool(▷)로 오른쪽 하단의 고정점을 선택하고 키보드의 ↓를 여러 번 눌러 이동하여 변형합니다.

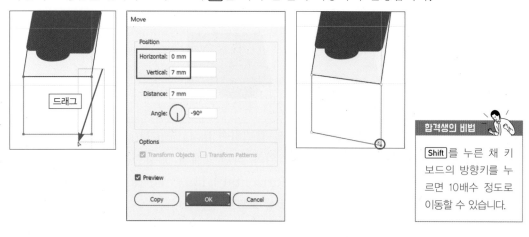

합격생의 비법

Shift를 누른 채 키보드의 방향키를 누르면 10배수 정도로 이동할 수 있습니다.

11 Rectangle Tool(▣)로 하단 오브젝트의 오른쪽에 드래그하여 높이가 동일한 직사각형을 그리고 Color 패널에서 'Fill Color : 임의 색상, Stroke Color : 임의 색상'을 지정합니다. Shear Tool(🔷)로 Alt를 누른 채 직사각형의 왼쪽 상단 고정점에 클릭한 후 'Shear Angle : -25°, Axis : Vertical'을 지정하고 [OK]를 눌러 기울이기를 적용합니다.

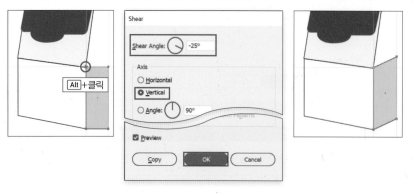

12 Pen Tool(✐)로 클릭하여 삼각형 모양의 닫힌 패스를 그리고 Color 패널에서 'Fill Color : None, Stroke Color : 임의 색상'을 지정합니다. 계속해서 클릭하여 삼각형과 겹치도록 사선을 그리고 'Fill Color : None, Stroke Color : 임의 색상'을 지정합니다.

합격생의 비법

'Divide(◨)'를 확실하게 적용하기 위해 사선을 충분히 겹치도록 그립니다.

13 Selection Tool(▶)로 삼각형과 사선을 함께 선택하고 Pathfinder 패널에서 'Divide(◨)'를 클릭하여 면을 분할합니다. [Object]-[Ungroup](Shift + Ctrl + G)으로 그룹을 해제합니다.

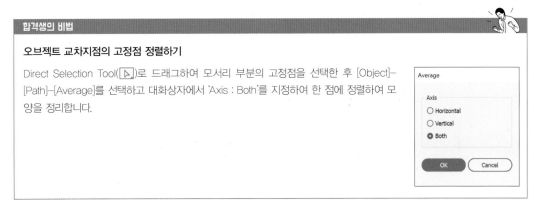

합격생의 비법

오브젝트 교차지점의 고정점 정렬하기

Direct Selection Tool(▷)로 드래그하여 모서리 부분의 고정점을 선택한 후 [Object]-[Path]-[Average]를 선택하고 대화상자에서 'Axis : Both'를 지정하여 한 점에 정렬하여 모양을 정리합니다.

14 Selection Tool(▶)로 드래그하여 그라디언트를 적용할 오브젝트를 모두 선택합니다. Gradient 패널에서 'Type : Linear Gradient'를 적용하고 Gradient Slider의 왼쪽 'Color Stop'을 더블 클릭하여 C80M80을 적용한 후 'Location : 20%'를 지정합니다. 오른쪽 'Color Stop'을 더블 클릭하여 C80M80K70을 적용한 후 'Location : 80%'를 지정하고 Color 패널에서 'Stroke Color : None'을 지정합니다.

15 Selection Tool(▶)로 드래그하여 왼쪽 상단과 하단의 오브젝트를 함께 선택하고 Gradient 패널에서 'Type : Linear Gradient, Angle : 135°'를 적용합니다.

16 Selection Tool(▶)로 오른쪽 하단 오브젝트를 선택한 후 Gradient 패널에서 'Type : Linear Gradient, Angle : 150°'를 적용하고 왼쪽 'Color Stop'의 'Location : 0%'를, 오른쪽 'Color Stop'의 'Location : 80%'로 지정합니다.

17 Selection Tool(▶)로 오른쪽 중앙의 오브젝트를 선택한 후 Gradient 패널에서 'Type : Linear Gradient, Angle : 90°'를 적용하고 왼쪽 'Color Stop'의 'Location : 20%'를, 오른쪽 'Color Stop'의 'Location : 80%'로 지정합니다. 오른쪽 상단 오브젝트를 선택한 후 Gradient 패널에서 'Type : Linear Gradient, Angle : 90°'를 적용하고 왼쪽 'Color Stop'의 'Location : 0%'를, 오른쪽 'Color Stop'의 'Location : 80%'로 지정합니다.

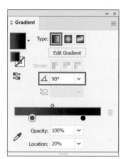 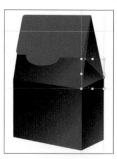  

18 Selection Tool(▶)로 선물 상자에 배치된 포인세티아 오브젝트를 선택하고 [Edit]-[Copy] (Ctrl+C)로 복사하고 [Edit]-[Paste](Ctrl+V)로 붙여넣기를 합니다. Color 패널에서 'Fill Color : C60M30, Stroke Color : None'을 지정합니다.

19 Rotate Tool()을 더블 클릭하여 'Angle : 20°'를 지정하고 [OK]를 눌러 회전하고 패키지 오브젝트의 상단에 배치합니다. Scale Tool(🔲)을 더블 클릭하여 'Uniform : 220%'를 지정하고 [OK]를 눌러 확대합니다.

20 Scale Tool(🔲)을 더블 클릭하여 대화상자에서 'Uniform : 60%'를 지정하고 [Copy]를 눌러 축소 복사합니다. [Object]-[Transform]-[Transform Again]([Ctrl]+[D])으로 반복하여 축소 복사한 후 Selection Tool(▶)로 《출력형태》에 맞게 이동하여 배치합니다.

21 Star Tool(⭐)로 작업 도큐먼트를 클릭한 후 'Radius 1 : 10mm, Radius 2 : 5mm, Points : 5'를 입력하여 그리고 Color 패널에서 'Fill Color : M10Y100, Stroke Color : None'을 지정합니다. Direct Selection Tool(▷)로 모서리 안쪽의 둥근 점(◎)을 안쪽으로 드래그하여 모서리를 둥글게 변형합니다. Transparency 패널에서 'Opacity : 70%'를 지정하여 오브젝트의 불투명도를 조절합니다.

⑩ 패턴 적용 및 변형하기

01 Selection Tool(▶)로 드래그하여 그라디언트가 적용된 왼쪽 상단과 하단의 오브젝트를 함께 선택하고 [Edit]-[Copy](Ctrl+C)로 복사합니다. [Edit]-[Paste in Front](Ctrl+F)로 복사한 오브젝트 앞에 붙여 넣기를 합니다.

02 Pathfinder 패널에서 'Unite(◧)'를 클릭하여 합친 후 Swatches 패널에서 등록된 포인세티아 패턴을 클릭하여 Fill Color에 적용합니다.

합격생의 비법

패턴으로 정의한 원래 오브젝트의 위치에 따라 적용된 패턴의 위치는 다를 수 있습니다. [Object]-[Transform]-[Move]를 선택하고 [Move] 대화상자에서 'Transform Objects : 체크 해제, Transform Patterns : 체크, Preview : 체크'를 지정하고 Horizontal과 Vertical의 수치를 조절하여 위치를 맞춰 줍니다.

03 Scale Tool(⊞)을 더블 클릭하고 'Uniform : 70%, Transform Objects : 체크 해제, Transform Patterns : 체크'를 지정하여 패턴의 크기만을 축소합니다. Selection Tool(▶)로 Shift를 누른 채 클릭하여 상단 5개의 오브젝트를 함께 선택하고 [Object]-[Arrange]-[Bring to Front](Shift+Ctrl+])로 맨 앞으로 가져오기를 합니다.

합격생의 비법

오브젝트에 적용된 패턴의 크기만을 조절할 때는 반드시 'Transform Objects : 체크 해제, Transform Patterns : 체크'를 지정해야 합니다

04 Selection Tool(▶)로 클릭하여 오른쪽 하단의 오브젝트를 선택하고 Ctrl+C로 복사하고 Ctrl+F로 복사한 오브젝트 앞에 붙여 넣기를 합니다. Swatches 패널에서 등록된 포인세티아 패턴을 클릭하여 Fill Color에 적용합니다.

05 Scale Tool(⊡)을 더블 클릭하고 'Uniform : 30%, Transform Objects : 체크 해제, Transform Patterns : 체크'를 지정하여 패턴의 크기만을 축소합니다.

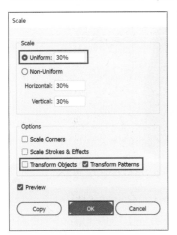 

⑪ 이펙트 적용하기

01 Selection Tool(▶)로 클릭하여 상단의 오브젝트를 선택한 후 [Effect]–[Illustrator Effects]–[Stylize]–[Drop Shadow]를 선택하고 'Opacity : 75%, X Offset : 1mm, Y Offset : 1mm, Blur : 1mm'를 지정하여 그림자 효과를 적용합니다.

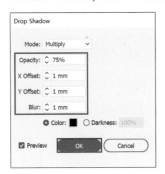 

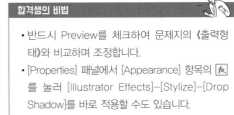

합격생의 비법

• 반드시 Preview를 체크하여 문제지의 《출력형태》와 비교하며 조정합니다.
• [Properties] 패널에서 [Appearance] 항목의 fx.를 눌러 [Illustrator Effects]–[Stylize]–[Drop Shadow]를 바로 적용할 수도 있습니다.

02 Selection Tool(▶)로 클릭하여 오른쪽 하단의 패턴이 적용된 오브젝트를 선택하고 [Object]–[Lock]–[Selection](Ctrl+2)으로 잠금을 지정합니다. Selection Tool(▶)로 드래그하여 그라디언트가 적용된 오른쪽 3개의 오브젝트를 함께 선택하고 Ctrl+G로 그룹을 지정합니다. [Effect]–[Apply Drop Shadow](Shift+Ctrl+E)로 앞서 지정한 동일한 그림 자 효과를 적용하고 [Object]–[Arrange]–[Send to Back](Shift+Ctrl+[)을 선택하여 맨 뒤로 보내기를 합니다.

합격생의 비법

- 앞서 적용한 동일 속성의 이펙트를 적용할 때는 [Effect]–[Apply Drop Shadow](Shift+Ctrl+E)를 선택하면 시간을 단축할 수 있습니다.
- Ctrl+G로 그룹 지정을 하지 않고 [Drop Shadow] 이펙트를 적용하면 《출력형태》와 다른 결과가 나오므로 반드시 그룹을 지정합니다.
- 겹쳐진 오브젝트 중 선택에서 제외하기 위해서 [Object]–[Lock]–[Selection](Ctrl+2)으로 잠금을 지정합니다. 작업 이 완료되면 [Object]–[Unlock All](Alt+Ctrl+2)로 잠금을 해제합니다.

🔢 문자 입력하기

01 Ellipse Tool(⬭)로 작업 도큐먼트를 클릭한 후 'Width : 35mm, Height : 19mm'를 입력 하여 그리고 Color 패널에서 'Fill Color : 임의 색상, Stroke Color : 임의 색상'을 지정하고 합니다. Rounded Rectangle Tool(⬜)로 작업 도큐먼트를 클릭한 후 'Width : 22mm, Height : 22mm, Corner Radius : 2.5mm'를 입력하여 그리고 'Fill Color : 임의 색상, Stroke Color : 임의 색상'을 지정합니다.

 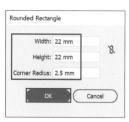 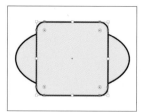

02 Selection Tool(▶)로 드래그하여 2개의 오브젝트를 함께 선택하고 Align 패널에서 'Hori-zontal Align Center(≡)'와 'Vertical Align Center(≣)'를 각각 클릭하여 가운데 정렬을 지정합니다. Pathfinder 패널에서 'Unite(◧)'를 클릭하여 합친 후 Color 패널에서 'Fill Color : C30M20K20, Stroke Color : None'을 지정합니다.

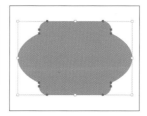

03 [Object]−[Path]−[Offset Path]를 선택하여 'Offset : −1.3mm'을 지정하고 [OK]를 눌러 안쪽으로 패스를 이동하여 만듭니다. Color 패널에서 'Fill Color : None, Stroke Color : C100M100Y20K20'을 지정한 후 Stroke 패널에서 'Weight : 2pt, Dashed Line : 체크, dash : 4pt'를 지정합니다.

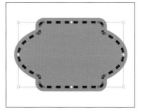

04 Type Tool(T)로 작업 도큐먼트를 클릭한 후 Character 패널에서 'Set the font family : Arial, Set the font style : Bold, Set the font size : 12pt'를 설정하고 Paragraph 패널에서 'Align center(≡)'를 선택하여 문장을 중앙에 배치합니다. Color 패널에서 'Fill Color : C0M0Y0K0, Stroke Color : None'을 지정한 후 LUCKY를 입력합니다.

05 Selection Tool(▶)로 클릭하여 LUCKY 문자를 선택하고 Alt 를 누른 채 하단으로 드래그하여 복사합니다. Type Tool(T)로 더블 클릭하여 문자를 선택한 후 Character 패널에서 'Set the font style : Bold, Set the font size : 20pt'를 설정하고 BOX를 입력합니다.

06 Selection Tool(▶)로 드래그하여 문자와 2개의 오브젝트를 함께 선택하고 Shear Tool(☞)
로 더블 클릭하여 'Shear Angle : 8°, Axis : Vertical'을 지정한 후 [OK]를 눌러 기울이기를
적용하여 배치합니다. Character 패널에서 'Horizontal Scale : 100%'를 다시 설정합니다.

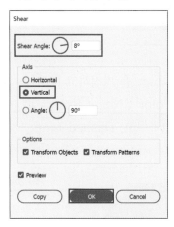  

⑬ 저장 및 답안 전송하기

01 [View]-[Guides]-[Hide Guides]([Ctrl]+[;])를 선택하여 안내선을 숨기고 [View]-[Fit
Artboard in Window]([Ctrl]+[0])을 선택하여 현재 창에 맞추기를 합니다.

02 [File]-[Save As]를 선택하고 '저장 위치 : 내 PC₩문서₩GTQ, 파일 형식 : Adobe
Illustrator(*AI), 파일 이름 : 수험번호-성명-문제번호.ai'를 확인하고 [저장]을 클릭한 후
[Illustrator Options] 대화상자에서 'Version : Illustrator 2020'으로 설정하고 [OK]를 클
릭합니다.

02 답안 저장이 완료가 되면 [File]-[Close]([Ctrl]+[W])를 선택하여 파일을 닫고 수험 프로그램에
서 [답안 전송]을 클릭하여 감독관 컴퓨터로 전송합니다.

작업과정	새 도큐먼트 만들기 및 파일 저장하기 ➡ 메시 및 배경 오브젝트 만들기 ➡ 블렌드 효과와 구름 모양 만들기 ➡ 심볼 오브젝트 만들고 등록하기 ➡ 심볼 적용 및 편집하기 ➡ 스노우 볼 오브젝트 만들기 ➡ 눈사람과 나무 오브젝트 만들기 ➡ 리본 오브젝트 만들기 ➡ 그룹 지정하고 이펙트 적용하기 ➡ 별 오브젝트 만들기 ➡ 브러쉬 적용하기 ➡ 문자 입력 및 왜곡하기 ➡ 클리핑 마스크로 디자인 정리하기 ➡ 저장 및 답안 전송하기
완성이미지	Part03₩수험번호–성명–3.ai

01 새 도큐먼트 만들기 및 파일 저장하기

01 [File]-[New]([Ctrl]+[N])를 선택하고 'Width : 210mm, Height : 297mm, Units : Millimeters, Color Mode : CMYK'를 설정하여 새 도큐먼트를 만들고 [View]-[Rulers]-[Show Rulers]([Ctrl]+[R])를 선택하여 눈금자를 표시합니다.

02 작품의 규격 왼쪽 상단에 원점(0,0)을 확인하고 왼쪽과 상단 눈금자 위에서 마우스로 각각 드래그하여 제시된 출력형태와 레이아웃 구성이 동일하게 안내선을 표시합니다.

03 작업 도큐먼트를 저장하기 위해 [File]-[Save]([Ctrl]+[S])를 선택하고 '저장 위치 : 내 PC₩문서₩GTQ, 파일 형식 : Adobe Illustrator(*AI), 파일 이름 : 수험번호–성명–문제번호'를 입력하고 [저장]을 클릭한 후 [Illustrator Options] 대화상자에서 'Version : Illustrator 2020'으로 설정하고 [OK]를 클릭합니다.

02 메시 및 배경 오브젝트 만들기

01 Rectangle Tool(🔲)로 작업 도큐먼트 왼쪽 상단의 원점(0,0)을 클릭한 후 'Width : 210mm, Height : 130mm'을 입력하여 그리고 Color 패널에서 'Fill Color : C30K20, Stroke Color : None'을 지정합니다.

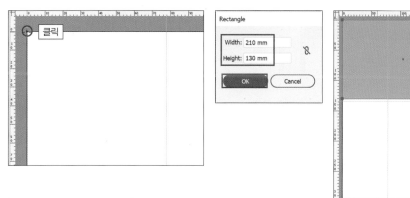

02 Mesh Tool(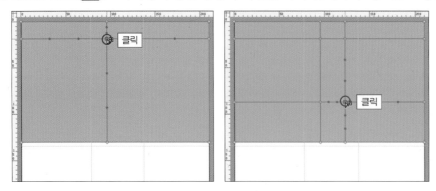)로 사각형의 상단 중앙과 하단을 각각 클릭하여 새로운 고정점을 생성합니다.

03 Direct Selection Tool(▷)로 드래그하여 사각형의 오른쪽 하단 6개의 고정점을 선택하고 Color 패널에서 'Fill Color : C50M20K40, Stroke Color : None'을 적용합니다.

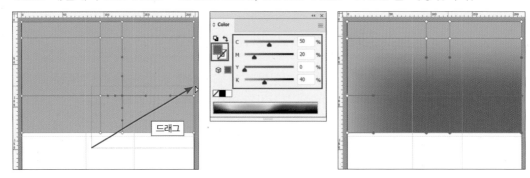

04 Direct Selection Tool(▷)로 Shift 를 누른 채 중앙 2개의 고정점을 선택하고 위쪽으로 이동합니다. 계속해서 상단 2개의 고정점을 선택하고 위쪽으로 이동하여 패스를 변형합니다.

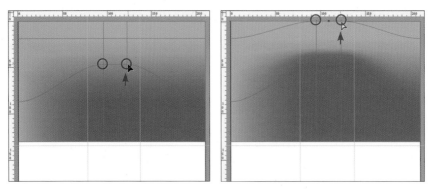

합격생의 비법

- Shift 를 누른 채 클릭하면 2개의 고정점을 함께 선택할 수 있습니다.
- 드래그하여 이동할 때 Shift 를 누르면 반듯하게 이동이 가능합니다. 또는 키보드의 방향키를 누릅니다.

05 Direct Selection Tool(▷)로 왼쪽 상단 고정점의 핸들을 위쪽으로 드래그하여 변형합니다. 계속해서 오른쪽 상단 고정점의 핸들을 드래그하여 대칭적으로 변형합니다. 동일한 방법으로 하단 좌우 고정점의 핸들을 각각 드래그하여 대칭적으로 변형합니다.

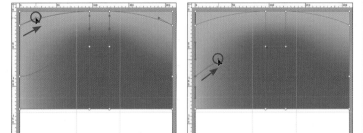
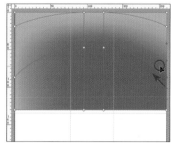

06 Pen Tool(✒)로 3개의 배경 오브젝트를 닫힌 패스로 순서대로 그리고 Color 패널에서 'Fill Color : C40M10, C60M30Y10, C10, Stroke Color : None'을 각각 지정합니다.

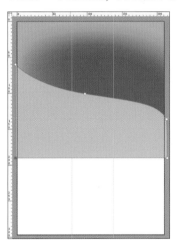
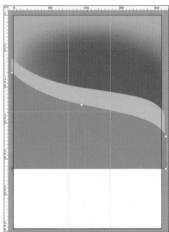
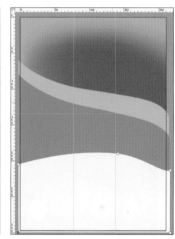

❸ 블렌드 효과와 구름 모양 만들기

01 Pen Tool(✒)로 작업 도큐먼트를 완전히 벗어나는 2개의 곡선을 그리고 오른쪽 곡선은 Color 패널에서 'Fill Color : None, Stroke Color : C70M10Y10'을 지정한 후 Stroke 패널에서 'Weight : 3pt'를 적용합니다. 왼쪽 곡선은 'Fill Color : None, Stroke Color : C0M0Y0K0'을 지정한 후 Stroke 패널에서 'Weight : 1pt'를 적용합니다.

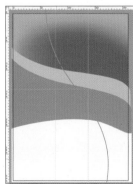

02 Selection Tool(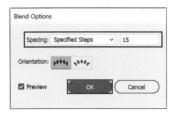)로 2개의 열린 곡선 패스를 함께 선택한 후 [Object]−[Blend]−[Make]를 적용하고 [Object]−[Blend]−[Blend Options] 대화상자에서 'Specified Steps : 15'를 적용합니다.

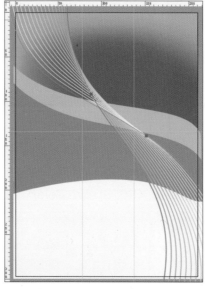

03 Ellipse Tool()로 드래그하여 임의 색상의 크기가 다른 4개의 원을 겹치도록 그립니다. Rectangle Tool()로 드래그하여 4개의 원 하단과 서로 겹치도록 사각형을 그립니다.

04 Selection Tool()로 5개의 오브젝트를 함께 선택한 후 Pathfinder 패널에서 'Unite()'를 클릭하여 합치고 Color 패널에서 'Fill Color : K10, Stroke Color : None'을 지정합니다.

05 Reflect Tool()을 더블 클릭하여 'Axis : Vertical'을 지정하고 [Copy]를 눌러 복사합니다. Scale Tool()을 더블 클릭하여 'Uniform : 120%'를 지정하고 [OK]를 눌러 확대한 후 오른쪽 위로 이동하여 배치합니다.

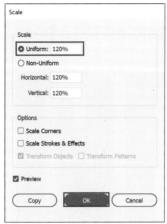
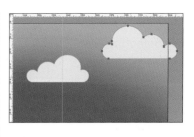

06 Selection Tool(▶)로 원본 구름 오브젝트를 선택한 후 Scale Tool(⊡)을 더블 클릭하여 'Uniform : 250%'를 지정하고 [Copy]를 눌러 확대 복사합니다. 왼쪽 아래로 이동하여 배치한 후 [Object]–[Arrange]–[Send Backward]([Ctrl]+[[])를 여러 번 선택하고 배경 오브젝트와 블렌드 오브젝트의 뒤쪽으로 배치합니다.

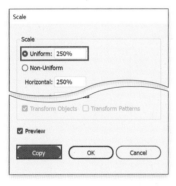
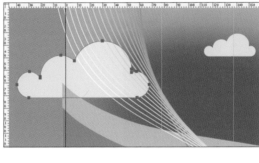

04 심볼 오브젝트 만들고 등록하기

01 Rounded Rectangle Tool(▢)로 작업 도큐먼트를 클릭한 후 'Width : 20mm, Height : 88mm, Corner Radius : 10mm'를 입력하여 그리고 Color 패널에서 'Fill Color : None, Stroke Color : C0M0Y0K0'을 지정한 후 Stroke 패널에서 'Weight : 21pt, Cap : Round Cap'을 적용합니다.

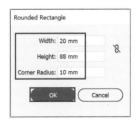

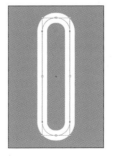

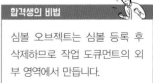

합격생의 비법

심볼 오브젝트는 심볼 등록 후 삭제하므로 작업 도큐먼트의 외부 영역에서 만듭니다.

02 Add Anchor Point Tool(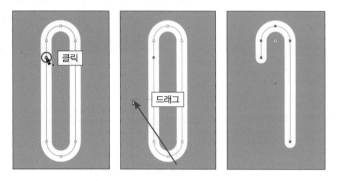)로 왼쪽 선분 상단에 클릭하여 고정점을 추가합니다. Direct Selection Tool( )로 드래그하여 왼쪽 하단 2개의 고정점을 함께 선택하고 Delete 를 눌러 삭제하고 열린 패스를 만듭니다.

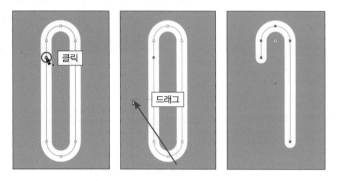

03 [Object]-[Path]-[Outline Stroke]를 선택하여 선을 면으로 확장합니다. Line Segment Tool( )로 드래그하여 지팡이 오브젝트 위에 9개의 선을 겹치도록 그리고 Color 패널에서 'Fill Color : None, Stroke Color : 임의 색상'을 지정합니다.

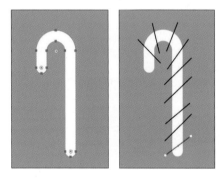

04 Selection Tool( )로 드래그하여 지팡이 오브젝트와 9개의 선을 함께 선택하고 Path-finder 패널에서 'Divide( )'를 클릭하여 면을 분할합니다.

05 Selection Tool(▶)로 분할된 오브젝트를 더블 클릭하여 Isolation Mode로 전환합니다. Shift 를 누른 채 클릭하여 5개의 오브젝트를 함께 선택하고 Color 패널에서 'Fill Color : M100Y100, Stroke Color : None'을 지정한 후 Esc 를 눌러 정상 모드로 전환합니다.

합격생의 비법

Isolation Mode란 Pathfinder 적용 후 개별 오브젝트를 편집할 때 Group 상태를 해제하지 않고 부분적으로 선택, 편집할 수 있는 격리 모드입니다. 개별 오브젝트의 편집이 끝나면 도큐먼트의 빈 곳을 더블 클릭하거나 Esc 를 눌러 정상 모드로 전환합니다.

06 Selection Tool(▶)로 지팡이 오브젝트를 선택한 후 Rotate Tool(↻)을 더블 클릭하여 'Angle : 15°'를 지정하고 [OK]를 눌러 회전합니다.

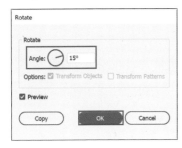 

07 Ellipse Tool(⬤)로 작업 도큐먼트를 클릭한 후 'Width : 32mm, Height : 32mm'를 입력하여 정원을 그리고 Tool 패널 하단에서 'Fill Color : 임의 색상, Stroke Color : None'을 지정합니다.

 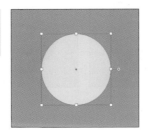

08 Gradient 패널에서 'Type : Radial Gradient'를 적용하고 Gradient Slider의 왼쪽 'Color Stop'을 더블 클릭하여 M100Y100을, 오른쪽 'Color Stop'을 더블 클릭하여 M100Y100K70을 적용한 후 'Color Stop'의 위치를 안쪽으로 이동하고 Color 패널에서 'Stroke Color : None'을 지정합니다.

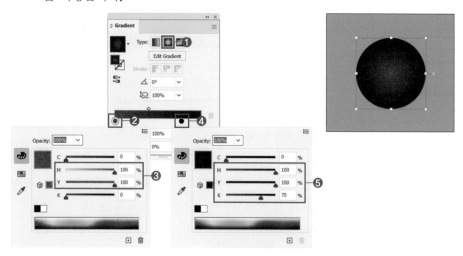

09 Star Tool(⭐)로 Shift 를 누른 채 작업 도큐먼트에 드래그하여 크기가 다른 7개의 별 오브젝트를 반듯하게 그리고 Color 패널에서 'Fill Color : M30Y80, Stroke Color : None'을 지정합니다.

10 Pen Tool(✒)로 열린 곡선 패스를 그리고 Color 패널에서 'Fill Color : None, Stroke Color : M20Y20'을 지정한 후 Stroke 패널에서 'Weight : 6pt, Cap : Round Cap'을 적용합니다. [Object]-[Path]-[Outline Stroke]를 선택하여 선을 면으로 확장합니다.

11 Rounded Rectangle Tool(▢)로 작업 도큐먼트를 클릭한 후 'Width : 8mm, Height : 9mm, Corner Radius : 2mm'를 입력하여 그리고 Color 패널에서 'Fill Color : M30Y80, Stroke Color : None'을 지정합니다. [Object]-[Arrange]-[Send to Back](Shift + Ctrl + [ )을 선택하고 맨 뒤로 보내기를 합니다.

12 Pen Tool(✎)로 닫힌 곡선 패스를 둥근 사각형의 상단에 그리고 Color 패널에서 'Fill Color : None, Stroke Color : C40M60Y90K40'을 지정한 후 Stroke 패널에서 'Weight : 1pt'을 적용합니다.

  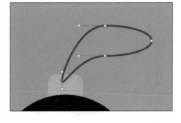

13 Width Tool(🖉)로 오른쪽 곡선 패스 상에 드래그하여 선의 폭을 넓게 조절합니다.

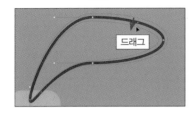 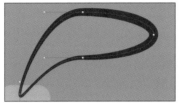

14 [Object]-[Expand Appearance]를 선택하여 오브젝트의 모양을 확장합니다. 상단의 오브젝트를 선택한 후 [Object]-[Arrange]-[Send to Back]([Shift]+[Ctrl]+[[])을 선택하고 맨 뒤로 보내기를 합니다.

15 Selection Tool(▶)로 지팡이와 볼 오브젝트를 함께 선택한 후 Symbols 패널 하단의 'New Symbol(⊞)'을 클릭하고 [Symbols Options] 대화상자에서 'Name : 장식, Export Type : Graphic'을 지정하여 심볼로 등록한 후 선택된 오브젝트는 [Delete]를 눌러 삭제합니다.

  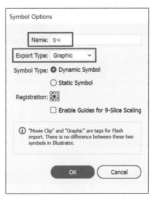

05 심볼 적용 및 편집하기

01 Symbols 패널에서 등록된 '장식' 심볼을 선택하고 Symbol Sprayer Tool()로 작업 도큐먼트에 클릭하여 심볼을 뿌려 줍니다.

합격생의 비법

- 작업 시간을 단축하기 위해 제시된 개수만큼 Symbol Sprayer Tool(아이콘)로 클릭하여 배치하고 편집합니다.
- 불필요하게 뿌려진 심볼은 Alt 를 누른 채 클릭하면 삭제할 수 있습니다.

02 Symbol Sizer Tool(아이콘)로 Alt 를 누르고 클릭하여 일부 심볼의 크기를 축소하고 Symbol Shifter Tool(아이콘)로 심볼의 위치를 이동시킨 후 Symbol Spinner Tool(아이콘)로 일부를 회전하여 배치합니다.

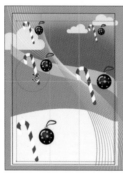

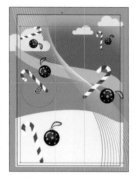

03 Symbol Screener Tool(아이콘)로 일부를 클릭하여 투명하게 하고 Symbol Stainer Tool(아이콘)로 Swatches 패널에서 제시된 출력형태와 유사한 색상을 Fill Color로 선택한 후 심볼 일부에 클릭하여 색조의 변화를 적용합니다.

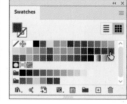

합격생의 비법

Symbol Stainer Tool(아이콘)로 색조의 변화를 적용할 때는 정확한 색상의 제시가 없으므로 문제지의 《출력형태》와 가장 유사한 색상을 Swatches 패널에서 'Fill Color'로 지정하여 적용하면 됩니다.

06 스노우 볼 오브젝트 만들기

01 Ellipse Tool(◉)로 작업 도큐먼트를 클릭한 후 'Width : 121mm, Height : 121mm'를 입력하여 그리고 Color 패널에서 'Fill Color : None, Stroke Color : 임의 색상'을 지정합니다. Scale Tool(▤)을 더블 클릭하여 'Horizontal : 95%, Vertical : 52%'를 지정하고 [Copy]를 눌러 복사합니다.

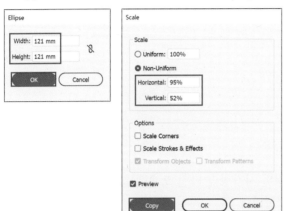
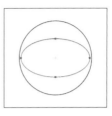

02 [Object]-[Transform]-[Move]를 선택한 후 'Horizontal : 0mm, Vertical : 57mm'를 입력하고 [OK]를 눌러 아래쪽으로 이동합니다.

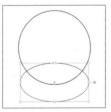

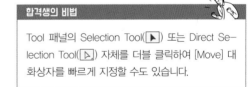

합격생의 비법

Tool 패널의 Selection Tool(▶) 또는 Direct Selection Tool(▷) 자체를 더블 클릭하여 [Move] 대화상자를 빠르게 지정할 수도 있습니다.

03 Rectangle Tool(▭)로 작업 도큐먼트를 클릭한 후 'Width : 80mm, Height : 70mm'를 입력하여 그리고 Color 패널에서 'Fill Color : None, Stroke Color : 임의 색상'을 지정한 후 2개의 원과 겹치도록 하단에 배치합니다. Direct Selection Tool(▷)로 드래그하여 사각형 아래쪽 2개의 고정점을 선택합니다.

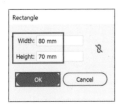

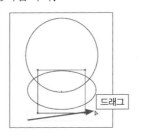

드래그

04 Scale Tool(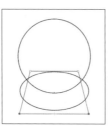)을 더블 클릭하여 'Uniform : 145%'를 지정하고 [OK]를 눌러 하단 패스를
확대합니다.

05 Selection Tool(▶)로 드래그하여 변형된 사각형과 타원 오브젝트를 함께 선택하고 Path-
finder 패널에서 'Intersect(▣)'를 클릭합니다.

06 Direct Selection Tool(▷)로 선택된 오브젝트 모서리 안쪽의 둥근 점(◉)을 안쪽으로 드래
그하여 모서리를 둥글게 변형합니다.

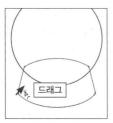 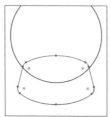

합격생의 비법

오브젝트의 모서리를 둥글게 만드는 방법

• [Effect]-[Illustrator Effects]-[Stylize]-[Round Corners]로 'Radius'를 입력하여 적용할 수 있습니다.
• [Properties] 패널에서 [Appearance] 항목의 **fx.**를 눌러 [Illustrator Effects]-[Stylize]-[Round Corners]를 바로 적용
할 수 있습니다.
• 오브젝트 모서리 안쪽의 둥근 점(◉)을 더블 클릭하여 대화상자에서 다양한 모서리 모양과 둥근 정도를 설정할 수
있습니다.

07 Gradient 패널에서 'Type : Linear Gradient, Angle : 0°'를 적용하고 Gradient Slider의 왼쪽 'Color Stop'을 더블 클릭하여 M80Y80을, 오른쪽 'Color Stop'을 더블 클릭하여 M100Y100K20을 적용한 후 Color 패널에서 'Stroke Color : None'을 지정합니다. [Object]−[Arrange]−[Send to Back](Shift + Ctrl + [ )을 선택하고 맨 뒤로 보내기를 합니다.

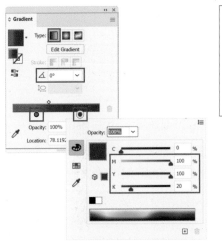

08 Selection Toon(▶)로 정원을 선택한 후 Scale Tool(⊞)로 정원의 상단 고정점에 Alt 를 누른 채 클릭하여 'Uniform : 95%'를 지정하고 [Copy]를 눌러 고정점을 축으로 하여 축소 복사합니다.

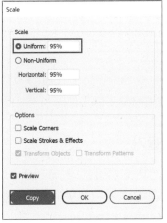

09 Selection Tool(▶)로 작은 정원을 더블 클릭하여 Isolation Mode로 전환합니다. Ellipse Tool(◯)로 작업 도큐먼트를 클릭한 후 'Width : 158mm, Height : 60mm'를 입력하여 그리고 Tool 패널 하단에서 'Fill Color : None, Stroke Color : 임의 색상'을 지정합니다.

10 [Select]−[All]([Ctrl]+[A])로 2개의 원을 함께 선택하고 Pathfinder 패널에서 'Divide()'를 클릭하여 면을 분할합니다. Selection Tool(▶)로 불필요한 하단 오브젝트를 선택하고 [Delete]를 눌러 삭제합니다.

11 Selection Tool(▶)로 하단 오브젝트를 선택하고 Color 패널에서 'Fill Color : Y10K10, Stroke Color : None'을 지정합니다. 상단 오브젝트를 선택하고 Gradient 패널에서 'Type : Linear Gradient, Angle : 90°'를 적용한 후 Gradient Slider의 왼쪽 'Color Stop'을 더블 클릭하여 C30Y10K30을, 오른쪽 'Color Stop'을 더블 클릭하여 C10을 적용한 후 Tool 패널 하단에서 'Stroke Color : None'을 지정합니다.

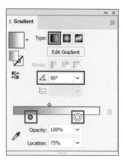

12 [Esc]를 눌러 정상 모드로 전환한 후 Selection Tool(▶)로 큰 정원을 선택한 후 Color 패널에서 'Fill Color : C10, Stroke Color : None'을 지정합니다.

07 눈사람과 나무 오브젝트 만들기

01 Ellipse Tool(◉)로 작업 도큐먼트를 클릭한 후 'Width : 30mm, Height : 30mm'를 입력하여 그리고 Color 패널에서 'Fill Color : C0M0Y0K0, Stroke Color : None'을 지정합니다. 계속해서 작업 도큐먼트를 클릭한 후 'Width : 43mm, Height : 43mm'를 입력하여 그리고 작은 정원의 아래쪽에 겹치도록 배치합니다.

02 Selection Tool(▶)로 2개의 정원을 함께 선택한 후 Align 패널에서 'Horizontal Align Center(▥)'를 클릭하여 가로 가운데 정렬을 지정합니다.

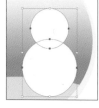

03 Rounded Rectangle Tool(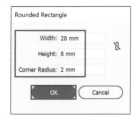)로 작업 도큐먼트를 클릭한 후 'Width : 28mm, Height : 8mm, Corner Radius : 2mm'를 입력하여 그리고 Color 패널에서 'Fill Color : M90Y80, Stroke Color : None'을 지정합니다. [Object]-[Envelope Distort]-[Make with Warp]를 선택한 후 'Style : Arc, Horizontal : 체크, Bend : −25%'를 지정하여 왜곡시킨 후 [Object]-[Envelope Distort]-[Expand]를 선택하고 확장합니다.

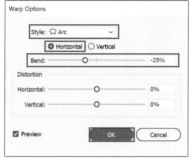

04 Rounded Rectangle Tool()로 작업 도큐먼트에 드래그하여 둥근 사각형을 그리고 Selection Tool(▶)로 바운딩 박스의 모서리 밖을 드래그하여 반시계 방향으로 회전합니다.

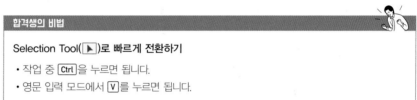

합격생의 비법

Selection Tool(▶)로 빠르게 전환하기

• 작업 중 Ctrl 을 누르면 됩니다.
• 영문 입력 모드에서 V 를 누르면 됩니다.

05 Pen Tool(✎)로 3개의 닫힌 패스를 순서대로 그리고 Color 패널에서 'Fill Color : M90Y80, M50Y100, Stroke Color : None'을 각각 지정하고 모자와 코 모양을 완성합니다.

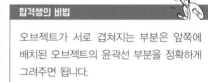

합격생의 비법

오브젝트가 서로 겹쳐지는 부분은 앞쪽에 배치된 오브젝트의 윤곽선 부분을 정확하게 그려주면 됩니다.

06 Pen Tool(✎)로 입 모양의 열린 곡선 패스를 그리고 Color 패널에서 'Fill Color : None, Stroke Color : K100'을 지정하고 Stroke 패널에서 'Weight : 2pt'를 적용합니다.

07 Ellipse Tool(◉)로 Shift를 누른 채 드래그하여 정원을 그리고 Color 패널에서 'Fill Color : K100, Stroke Color : None'을 지정합니다. Selection Tool(▶)로 Alt를 누른 채 드래그하여 눈 모양을 복사하여 완성합니다. 계속해서 Shift를 누른 채 드래그하여 정원을 그리고 'Fill Color : M90Y80, Stroke Color : None'을 지정합니다. 같은 방법으로 2개의 정원을 복사하여 배치합니다.

08 Ellipse Tool(◉)로 Shift를 누른 채 드래그하여 크기가 다른 10개의 정원을 그리고 Color 패널에서 'Fill Color : C0M0Y0K0, Stroke Color : None'을 지정하여 배치합니다.

09 Polygon Tool(◉)로 작업 도큐먼트를 클릭한 후 'Radius : 10mm, Sides : 3'을 입력하여 정삼각형을 그리고 Color 패널에서 'C90M10Y70K20, Stroke Color : None'을 지정합니다.

10 Scale Tool(⊞)을 더블 클릭하여 'Horizontal : 100%, Vertical : 55%'를 지정하고 [OK]를 눌러 변형합니다. 계속해서 더블 클릭하여 'Uniform : 35%'를 지정하고 [Copy]를 눌러 복사한 후 위쪽으로 수직 이동하여 배치합니다.

11 Selection Tool(▶)로 2개의 삼각형을 선택한 후 [Object]-[Blend]-[Make]를 적용하고 [Object]-[Blend]-[Blend Options]의 대화상자에서 'Specified Steps : 2'를 적용합니다. [Object]-[Blend]-[Expand]를 적용하고 오브젝트를 확장한 후 나무 모양을 더블 클릭하여 Isolation Mode로 전환합니다. 상단의 작은 삼각형을 선택하고 아래쪽으로 수직 이동한 후 Esc 를 눌러 정상 모드로 전환합니다.

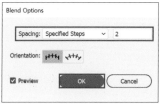  

12 Selection Tool(▶)로 나무 모양을 선택하고 Pathfinder 패널에서 'Unite(■)'를 클릭하여 합칩니다.

13 Scale Tool(▣)을 더블 클릭하여 'Uniform : 220%'를 지정하고 [Copy]를 눌러 확대하여 복사합니다. Color 패널에서 'Fill Color : C100M10Y70, Stroke Color : None'을 지정하고 이동하여 배치합니다.

08 리본 오브젝트 만들기

01 Rounded Rectangle Tool(■)로 작업 도큐먼트를 클릭한 후 'Width : 32mm, Height : 25mm, Corner Radius : 4mm'를 입력하여 그리고 Color 패널에서 'Fill Color : C100M10Y70, Stroke Color : None'을 지정합니다.

02 Direct Selection Tool(▷)로 드래그하여 오른쪽 4개의 고정점을 선택한 후 Scale Tool(▣)을 더블 클릭하여 'Uniform : 40%'를 지정하고 [OK]를 눌러 축소합니다.

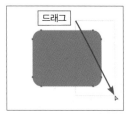

03 Pen Tool(✎)로 리본 모양의 닫힌 패스를 그리고 Color 패널에서 'Fill Color : C90M10Y70 K20, Stroke Color : None'을 지정합니다. 계속해서 2개의 열린 곡선 패스를 충분히 겹치도록 그리고 'Fill Color : None, Stroke Color : C50Y70'을 지정하고 Stroke 패널에서 'Weight : 2pt'를 적용합니다. Selection Tool(▶)로 2개의 열린 패스를 함께 선택하고 [Object]-[Path]-[Outline Stroke]를 선택하여 선을 면으로 확장합니다.

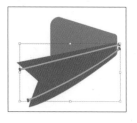

04 Selection Tool(▶)로 3개의 오브젝트를 함께 선택하고 Pathfinder 패널에서 'Divide(▣)'를 클릭한 후 오브젝트를 더블 클릭하여 Isolation Mode로 전환합니다. 불필요한 4개의 오브젝트를 선택하고 Delete 를 눌러 삭제합니다. Esc 를 눌러 정상 모드로 전환한 후 [Object]-[Arrange]-[Send to Back](Shift + Ctrl + [ )을 선택하고 맨 뒤로 보내기를 합니다.

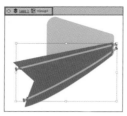
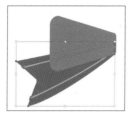

05 Pen Tool(✐)로 상단 리본 모양 위에 2개의 열린 곡선 패스를 충분히 겹치도록 그리고 Color 패널에서 'Fill Color : None, Stroke Color : C50Y70'을 지정하고 Stroke 패널에서 'Weight : 2pt'를 적용합니다.

06 Selection Tool(▶)로 2개의 열린 패스를 함께 선택하고 [Object]-[Path]-[Outline Stroke]를 선택하여 선을 면으로 확장한 후 3개의 오브젝트를 함께 선택하고 Pathfinder 패널에서 'Divide(▣)'를 클릭한 후 오브젝트를 더블 클릭하여 Isolation Mode로 전환합니다. 불필요한 4개의 오브젝트를 선택하고 Delete를 눌러 삭제한 후 Esc를 눌러 정상 모드로 전환하고 리본 모양을 완성합니다.

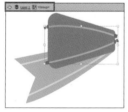
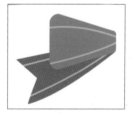

07 Rounded Rectangle Tool(▢)로 작업 도큐먼트를 클릭한 후 'Width : 7mm, Height : 13mm, Corner Radius : 4mm'를 입력하여 그리고 Color 패널에서 'Fill Color : C50Y70, Stroke Color : None'을 지정합니다.

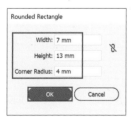
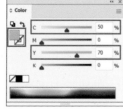
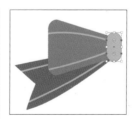

08 Selection Tool(▶)로 왼쪽 2개의 그룹 오브젝트를 함께 선택한 후 Reflect Tool(◁|)로 Alt 를 누르고 둥근 사각형의 중심점을 클릭하여 'Axis : Vertical'을 지정하고 [Copy]를 눌러 복사합니다.

 합격생의 비법

Pathfinder를 적용한 오브젝트는 그룹 오브젝트로 설정됩니다.

합격생의 비법

오브젝트의 중심점 보기

- [View]–[Outline](Ctrl + Y)을 선택하고 '윤곽선 보기'를 하면 오브젝트의 중심점을 볼 수 있습니다.
- [View]–[Smart Guides](Ctrl + U)을 선택하면 오브젝트에 마우스를 올려 중심점을 볼 수 있습니다.

09 Selection Tool(▶)로 드래그하여 리본 오브젝트를 모두 선택하고 Rotate Tool(⟳)을 더블 클릭하여 'Angle : -3°'를 지정한 후 [OK]를 눌러 회전하고 스노우 볼 오브젝트 하단에 겹치 도록 배치합니다.

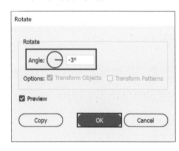

09 그룹 지정하고 이펙트 적용하기

01 Selection Tool(▶)로 스노우 볼과 눈사람, 리본 오브젝트를 모두 선택하고 [Object]– [Group](Ctrl + G)을 선택하여 그룹으로 지정합니다. [Effect]–[Illustrator Effects]– [Stylize]–[Drop Shadow]를 선택한 후 'Opacity : 75%, X Offset : 2mm, Y Offset : 2mm, Blur : 2mm'를 지정하여 그림자 효과를 적용합니다.

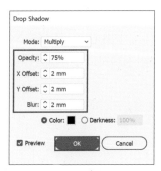

⑩ 별 오브젝트 만들기

01 Star Tool(⭐)로 작업 도큐먼트를 클릭한 후 'Radius 1 : 24mm, Radius 2 : 12mm, Points : 5'를 입력하여 그리고 Color 패널에서 'Fill Color : Y100, Stroke Color : 임의 색상'을 지정합니다. Line Segment Tool(✏)로 Shift 를 누른 채 드래그하여 별 모양을 통과하도록 길이가 긴 수직선을 그리고 'Fill Color : None, Stroke Color : 임의 색상'을 지정합니다.

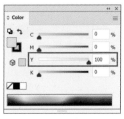

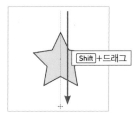

02 Rotate Tool(🔄)을 더블 클릭하여 'Angle : 36°'를 지정하고 [Copy]를 눌러 회전하여 복사합니다. [Object]–[Transform]–[Transform Again](Ctrl + D)을 3번 선택하여 동일한 각도로 반복 복사합니다.

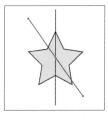

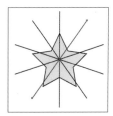

03 Selection Tool(▶)로 5개의 선을 함께 선택하고 위쪽으로 이동하여 선들의 교차 지점과 별의 중앙을 맞춰서 배치합니다. 별과 함께 선택하고 Pathfinder 패널에서 'Divide(▣)'를 클릭합니다.

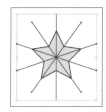

04 Selection Tool(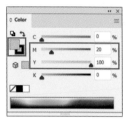)로 별 오브젝트를 더블 클릭하여 Isolation Mode로 전환하고 `Shift`를 누른 채 클릭하여 5개의 오브젝트를 함께 선택하고 Color 패널에서 'Fill Color : M20Y100' 을 지정합니다. `Esc`를 눌러 정상 모드로 전환한 후 별 오브젝트를 선택하고 'Stroke Color : None'을 지정합니다.

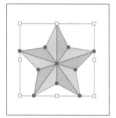

05 Rotate Tool()을 더블 클릭하여 'Angle : 30°'를 지정하고 [OK]를 눌러 회전하여 배치합니다. [Select]-[Deselect](`Shift`+`Ctrl`+`A`)로 선택을 해제합니다.

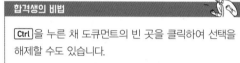
합격생의 비법
`Ctrl`을 누른 채 도큐먼트의 빈 곳을 클릭하여 선택을 해제할 수도 있습니다.

⑪ 브러쉬 적용하기

01 Brushes 패널 하단의 'Brush Libraries Menu()'를 클릭하고 [Decorative]-[Decorative_Scatter]를 선택하여 추가 브러쉬 패널을 불러온 후 '4pt. Star'를 선택합니다.

02 Paintbrush Tool()를 선택하고 Color 패널에서 'Fill Color : None, Stroke Color : 임의 색상'을 지정한 후 Stroke 패널에서 'Weight : 1pt'를 지정합니다. 그림과 같이 작업 도큐먼트 영역을 충분히 벗어나도록 곡선 모양으로 드래그하여 칠합니다.

합격생의 비법
[Decorative_Scatter]의 브러쉬는 등록된 모양대로 흩뿌려지는 브러쉬이므로 'Stroke Color : 임의 색상'을 지정합니다.

⑫ 문자 입력 및 왜곡하기

01 Type Tool(T)로 작업 도큐먼트를 클릭한 후 Character 패널에서 'Set the font family : Arial, Set the font style : Bold, Set the font size : 48pt'를 설정하고 Color 패널에서 'Fill Color : C60, Stroke Color : None'을 지정한 후 WHITE를 입력합니다.

 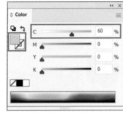 

02 Type Tool(T)로 작업 도큐먼트를 클릭한 후 Character 패널에서 'Set the font family : Arial, Set the font style : Bold, Set the font size : 75pt'를 설정하고 Color 패널에서 'Fill Color : C0M0Y0K0, Stroke Color : None'을 지정한 후 WINTER를 입력합니다.

03 Selection Tool(▶)로 'WINTER' 문자를 선택하고 [Object]-[Envelope Distort]-[Make with Warp]를 선택한 후 'Style : Arc, Horizontal : 체크, Bend : 30%'를 지정하여 문자를 왜곡시킵니다.

04 Type Tool(T)로 작업 도큐먼트를 클릭한 후 Character 패널에서 'Set the font family : Times New Roman, Set the font style : Regular, Set the font size : 20pt'를 설정하고 Color 패널에서 'Fill Color : M70K60, Stroke Color : None'을 지정한 후 HAVE A HAPPY DAY를 입력합니다.

05 Selection Tool(▶)로 'HAVE A HAPPY DAY' 문자를 선택하고 [Object]–[Envelope Distort]–[Make with Warp]를 선택한 후 'Style : Flag, Horizontal : 체크, Bend : 100%'을 지정하여 문자를 왜곡시킵니다.

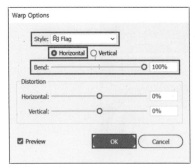 

⑬ 클리핑 마스크로 디자인 정리하기

01 Rectangle Tool(▢)로 작업 도큐먼트 왼쪽 상단의 원점(0,0)을 클릭한 후 'Width : 210mm, Height : 297mm'를 입력하여 그리고 Color 패널에서 'Fill Color : 임의 색상, Stroke Color : None'을 지정합니다.

 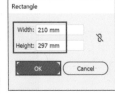 

02 [Select]-[All]([Ctrl]+[A])로 오브젝트를 모두 선택하고 [Object]-[Clipping Mask]-[Make] ([Ctrl]+[7])로 클리핑 마스크를 적용하여 디자인을 정리합니다.

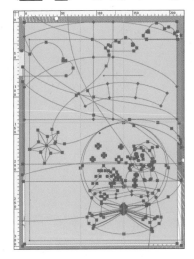 

⑭ 저장 및 답안 전송하기

01 [View]-[Guides]-[Hide Guides]([Ctrl]+[;])를 선택하여 안내선을 숨기고 [View]-[Fit Artboard in Window]([Ctrl]+[0])를 선택하여 현재 창에 맞추기를 합니다.

02 [File]-[Save As]를 선택하고 '저장 위치 : 내 PC₩문서₩GTQ, 파일 형식 : Adobe Illustrator(*AI), 파일 이름 : 수험번호-성명-문제번호.ai'를 확인하고 [저장]을 클릭한 후 [Illustrator Options] 대화상자에서 'Version : Illustrator 2020'으로 설정하고 [OK]를 클릭합니다.

03 답안 저장이 완료가 되면 [File]-[Exit]([Ctrl]+[Q])를 선택하여 일러스트레이터 프로그램을 종료하고 수험 프로그램에서 [답안 전송]을 클릭하여 감독관 컴퓨터로 전송합니다.

04
PART

기출 유형 문제

CHAPTER 01 기출 유형 문제 01회
CHAPTER 02 기출 유형 문제 02회
CHAPTER 03 기출 유형 문제 03회
CHAPTER 04 기출 유형 문제 04회
CHAPTER 05 기출 유형 문제 05회

기출 유형 문제 01회

급수	문제유형	시험시간	수험번호	성명
1급	A	90분	G123456789	

수 험 자 유 의 사 항

- 수험자는 문제지를 받는 즉시 응시하고자 하는 과목 및 급수가 맞는지 확인한 후 수험번호와 성명을 작성합니다.
- 파일명은 본인의 "수험번호—성명—문제번호"로 공백 없이 정확히 입력하고 답안폴더(내 PC₩문서₩GTQ)에 ai 파일 포맷으로 저장해야 하며, 다른 파일 형식으로 저장하였을 경우 0점 처리됩니다. 답안문서 파일명이 "수험번호—성명—문제번호"와 일치하지 않거나, 답안 파일을 전송하지 않아 미제출로 처리될 경우 불합격 처리됩니다.
- 수험자 정보와 저장한 파일명, 저장 위치가 다를 경우 전송이 되지 않으므로, 주의하시기 바랍니다.
- 답안 작성 중에도 주기적으로 '저장'과 '답안 전송'을 이용하여 감독위원 PC로 답안을 전송하셔야 합니다. (※ 작업한 내용을 저장하지 않고 전송할 경우 이전의 저장내용이 전송되오니 이점 반드시 유념하시기 바랍니다.)
- 답안문서는 지정된 경로 외의 다른 보조기억장치에 저장하는 행위, 지정된 시험 시간 외에 작성된 파일을 활용한 행위, 기타 통신수단(이메일, 메신저, 네트워크 등)을 이용하여 타인에게 전달 또는 외부 반출하는 행위는 부정으로 간주되어 자격기본법 제32조에 의거 본 시험 및 국가공인 자격시험을 2년간 응시할 수 없습니다.
- 시험 중 부주의 또는 고의로 시스템을 파손한 경우와 〈수험자 유의사항〉에 기재된 방법대로 이행하지 않아 생기는 불이익은 수험자의 책임임을 알려 드립니다.
- 시험을 완료한 수험자는 최종적으로 저장한 답안파일이 전송되었는지 확인한 후 감독위원의 지시에 따라 문제지를 제출하고 퇴실합니다.

답 안 작 성 요 령

- 온라인 답안 작성 절차
  수험자 등록 ⇒ 시험 시작 ⇒ 답안파일 저장 ⇒ 답안 전송 ⇒ 시험 종료
- 배점은 총 100점으로 이루어지며, 점수는 각 문제별로 차등 배분됩니다.
- 각 문제는 제시된 조건에 맞게 답안을 작성하셔야 하며, 조건을 지키지 못했을 경우에는 0점 또는 감점 처리됩니다.
- 조건에서 주어진 단위는 'mm(밀리미터)'입니다. 눈금자는 작성하지 않으며, 그 외는 출력형태(레이아웃, 색상, 문자, 규격 등)와 같게 작업하십시오.
- 문제 조건에 서체의 지정이 없을 경우 한글은 굴림이나 돋움, 영문은 Arial로 작업하십시오. (단, 그 외 제시되지 않은 문자 속성을 기본값으로 작성하지 않은 경우는 감점 처리됩니다.)
- 문제 조건에 크기와 색상, 두께의 지정이 없을 경우 《출력형태》를 참고하여 작업해 주시기 바랍니다.
- Color Mode(색상 모드)는 별도의 처리조건이 없을 경우에는 CMYK로 작업하십시오.
- 조건에서 제시한 기능을 임의로 합치거나 각 기능에 대한 속성을 해지할 경우 해당 요소는 0점 처리됩니다.

한 국 생 산 성 본 부

다음의 《조건》에 따라 아래의 《출력형태》와 같이 작업하시오.

조건

파일저장규칙	AI	파일명	문서₩GTQ₩수험번호-성명-1.ai
		크기	100 × 80mm

1. 작업 방법
① 도형, 변형 툴과 Pathfinder 기능을 활용하여 오브젝트를 작성한다.
② 그 외 《출력형태》 참조

2. 문자 효과
① FRESH BAKERY (Arial, Bold, 18pt, 14pt, M100K80, C80Y60)

출력형태

M40Y20 → M70Y60K20,
M10Y30,
K100,
M20Y30K10,
C60M70Y70K10,
C10, C0M0Y0K0,
C20K20,
M70Y80,
C50M70Y80,
C20, C30Y30,
C60Y90,
(선/획) K100, 1pt

다음의 《조건》에 따라 아래의 《출력형태》와 같이 작업하시오.

조건

파일저장규칙	AI	파일명	문서₩GTQ₩수험번호-성명-2.ai
		크기	160 × 120mm

1. 작업 방법
① 메뉴판은 Pattern을 활용하여 작성한다. (패턴 등록 : 조각 케이크)
② 음료수 캔에는 Clipping Mask를 적용한다.
③ Brush는 《출력형태》를 참고하여 작성한다.
④ Effect는 《출력형태》를 참고하여 작성한다.
⑤ 그 외 《출력형태》 참조

2. 문자 효과
① ZERO SUGAR 350ml(0kcal) (Arial, Bold, 10pt, 7pt, C0M0Y0K0, C80M100)
② MENU BOARD (Arial, Bold, 17pt, C40M70Y100K50)

출력형태

C20M80Y90K20, Y60,
C20M20Y90, M60Y90,
C40M70Y100K50, M30Y80,
C70M10Y100,
C70M10Y100K30

Y60,
C10M20Y80,
M40Y100,
M10Y100,
(선/획) M10Y100, 4pt

C100 → C100M50K80,
[Effects] Drop Shadow

C0M0Y0K0,
Opacity 60%

K80 → C0M0Y0K0,
C60M10Y20,
C40Y10,
C20, M60Y70, Y60

M20Y40K40,
M100Y100K60,
C10M20Y80,
(선/획) M80Y80, 1pt,
[Pattern],
[Brush]
Charcoal – Thin,
C60M60Y60, 1pt

다음의 《조건》에 따라 아래의 《출력형태》와 같이 작업하시오.

조건

파일저장규칙	AI	파일명	문서₩GTQ₩수험번호-성명-3.ai
		크기	210 × 297mm

1. 작업 방법
① 《참고도안》을 직접 제작한 후 Symbol로 활용한다. (심볼 등록 : 쿠키)
② 'SWEET', 'Let's make snacks' 문자에 Envelope Distórt를 적용한다.
③ Brush는 《출력형태》를 참고하여 작성한다.
④ Effect는 《출력형태》를 참고하여 작성한다.
⑤ Clipping Mask를 이용하여 디자인을 정리한다.
⑥ 그 외 《출력형태》 참조

2. 문자 효과
① SWEET (Arial, Bold, 46pt, C40M100Y100K20)
② COOKIES (Arial, Bold, 61pt, M70Y100K20)
③ Let's make snacks (Arial, Bold, 22pt, K100)

참고도안

C30M50Y100K10,
M70,
C0M0Y0K0,
C30M70Y100K10

출력형태

[Brush]
Jester,
2pt, 1pt

210 × 250mm
[Mesh] C30Y90,
Y30

[Blend] 단계 : 15,
(선/획) Y30, 3pt
→ C0M0Y0K0, 1pt

[Symbol]

Y30, C10Y50, M40Y80,
C30M70Y100K50

C10M10Y30,
Y100 → M40Y60,
M30Y100, C10M50Y80K10,
M70Y60, C10M100Y80K10,
[Effect] Drop Shadow

C30M50Y100K10,
C30M50Y100K30,
M50Y100K10, Y10, Y10K10

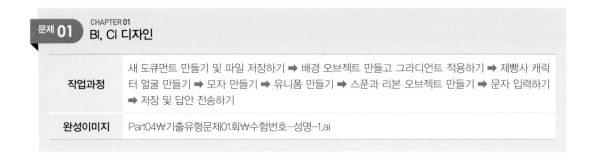

작업과정	새 도큐먼트 만들기 및 파일 저장하기 ➡ 배경 오브젝트 만들고 그라디언트 적용하기 ➡ 제빵사 캐릭터 얼굴 만들기 ➡ 모자 만들기 ➡ 유니폼 만들기 ➡ 스푼과 리본 오브젝트 만들기 ➡ 문자 입력하기 ➡ 저장 및 답안 전송하기
완성이미지	Part04₩기출유형문제01회₩수험번호-성명-1.ai

01 새 도큐먼트 만들기 및 파일 저장하기

01 [File]-[New](Ctrl+N)를 선택하고 'Width : 100mm, Height : 80mm, Units : Millimeters, Color Mode : CMYK'를 설정하여 새 도큐먼트를 만들고 [View]-[Rulers]-[Show Rulers](Ctrl+R)를 선택하여 눈금자를 표시합니다.

02 작품의 규격 왼쪽 상단에 원점(0,0)을 확인하고 왼쪽과 상단 눈금자 위에서 마우스로 각각 드래그하여 제시된 출력형태와 레이아웃 구성이 동일하게 안내선을 표시합니다.

03 작업 도큐먼트를 저장하기 위해 [File]-[Save](Ctrl+S)를 선택하고 '저장 위치 : 내 PC₩문서₩GTQ, 파일 형식 : Adobe Illustrator(*.AI), 파일 이름 : 수험번호-성명-문제번호'를 입력하고 [저장]을 클릭한 후 [Illustrator Options] 대화상자에서 'Version : Illustrator 2020'으로 설정하고 [OK]를 클릭합니다.

02 배경 오브젝트 만들고 그라디언트 적용하기

01 Ellipse Tool(◉)로 작업 도큐먼트를 클릭한 후 'Width : 76mm, Height : 70mm'를 입력하여 그리고 Color 패널에서 'Fill Color : 임의 색상, Stroke Color : 임의 색상'을 지정합니다.

02 Direct Selection Tool(▷)로 클릭하여 상단의 고정점을 선택하고 [Object]-[Transform]-[Move]를 선택한 후 'Horizontal : -6mm, Vertical : 1mm'를 입력하고 [OK]를 눌러 왼쪽 하단으로 이동합니다.

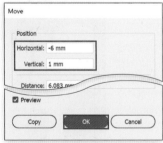
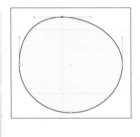

03 Direct Selection Tool(▷)로 선택된 고정점의 오른쪽 핸들을 우측 상단으로 드래그하여 패스의 모양을 변형합니다.

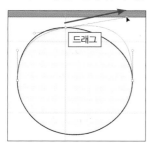
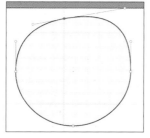

04 Direct Selection Tool(▷)로 클릭하여 왼쪽 고정점을 선택하고 [Object]−[Transform]−[Move]를 선택한 후 'Horizontal : 0mm, Vertical : −4mm'를 입력하고 [OK]를 눌러 상단으로 이동합니다.

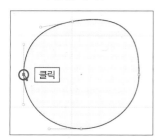

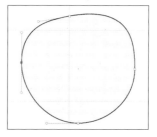

05 Gradient 패널에서 'Type : Linear Gradient, Angle : 90°'를 적용하고 Gradient Slider의 왼쪽 'Color Stop'을 더블 클릭하여 M40Y20을 적용하고 'Location : 40%'를 지정합니다. 오른쪽 'Color Stop'을 더블 클릭하여 M70Y60K20을 적용한 후 Tool 패널 하단에서 'Stroke Color : None'을 지정합니다.

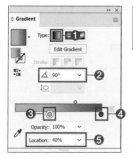
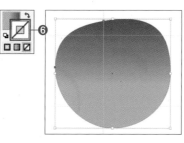

03 제빵사 캐릭터 얼굴 만들기

01 Rounded Rectangle Tool(▣)로 작업 도큐먼트를 클릭한 후 'Width : 21mm, Height : 27mm, Corner Radius : 8mm'를 입력하여 그리고 Color 패널에서 'Fill Color : 임의 색 상, Stroke Color : 임의 색상'을 지정합니다. 계속해서 작업 도큐먼트를 클릭한 후 'Width : 28mm, Height : 6mm, Corner Radius : 8mm'를 입력하여 임의 색상의 둥근 사각형을 그리고 겹치도록 배치합니다.

 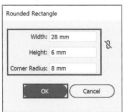 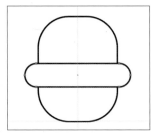

02 Selection Tool(▶)로 드래그하여 2개의 둥근 사각형을 함께 선택하고 Align 패널에서 'Horizontal Align Center(▤)'를 클릭하여 가로 가운데 정렬을 지정합니다. Pathfinder 패널에서 'Unite(▣)'를 클릭하여 합치고 Color 패널에서 'Fill Color : M10Y30, Stroke Color : K100'을 지정한 후 Stroke 패널에서 'Weight : 1pt'를 지정합니다.

03 Pen Tool(✐)로 드래그하여 열린 곡선으로 눈썹 모양 패스를 그리고 Color 패널에서 'Fill Color : None, Stroke Color : K100'을 지정한 후 Stroke 패널에서 'Weight : 2pt, Cap : Round Cap'을 지정합니다. [Object]-[Path]-[Outline Stroke]를 선택하여 선을 면으로 확장합니다.

 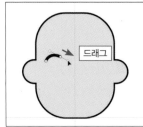 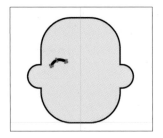

04 Ellipse Tool(◯)로 드래그하여 크기가 다른 2개의 원을 겹치도록 그리고 Color 패널에서 'Fill Color : 임의 색상, Stroke Color : 임의 색상'을 지정합니다. Rectangle Tool(▣)로 드래그하여 2개의 원과 겹치도록 그리고 'Fill Color : 임의 색상, Stroke Color : 임의 색상' 을 지정합니다.

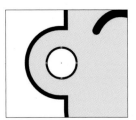  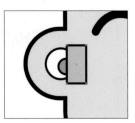

05 Selection Tool(▶)로 Shift 를 누른채 클릭하여 2개의 원과 사각형을 함께 선택하고 Path-finder 패널에서 'Minus Front(⬚)'를 클릭한 후 Color 패널에서 'Fill Color : M20Y30K10, Stroke Color : None'을 지정하고 귀의 음영을 완성하고 배치합니다.

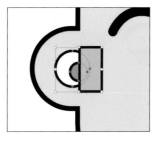  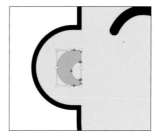

06 Ellipse Tool(⬭)로 Shift 를 누른 채 드래그하여 정원을 그리고 Color 패널에서 'Fill Color : K100, Stroke Color : None'을 지정합니다. Pen Tool(✐)로 드래그하여 정원의 왼쪽에 겹치도록 닫힌 패스를 그리고 'Fill Color : K100, Stroke Color : None'을 지정합니다.

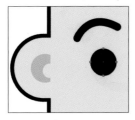   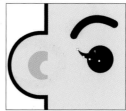

07 Selection Tool(▶)로 Shift 를 누른 채 클릭하여 정원과 함께 선택하고 Pathfinder 패널에서 'Unite(⬛)'를 클릭하여 합칩니다.

08 Selection Tool(▶)로 Shift 를 누른 채 클릭하여 눈썹과 눈, 귀의 음영을 함께 선택하고 Reflect Tool(▷◁)로 Alt 를 누르면서 수직 안내선을 클릭한 후 'Axis : Vertical'을 지정하고 [Copy]를 눌러 복사합니다.

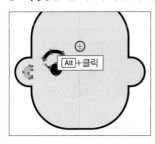  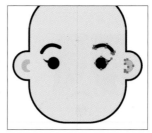

09 Ellipse Tool(⬭)로 Alt 를 누른 채 수직의 안내선을 클릭한 후 'Width : 7.3mm, Height : 5mm'를 입력하여 그리고 Color 패널에서 'Fill Color : None, Stroke Color : K100'을 지정한 후 Stroke 패널에서 'Weight : 3pt, Cap : Round Cap'을 지정합니다.

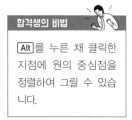

합격생의 비법

Alt 를 누른 채 클릭한 지점에 원의 중심점을 정렬하여 그릴 수 있습니다.

10 Direct Selection Tool(▷)로 타원의 상단 고정점을 클릭하여 선택하고 Delete 를 눌러 삭제하고 [Object]-[Path]-[Outline Stroke]를 선택하여 선을 면으로 확장합니다.

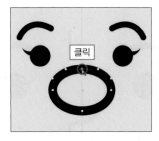  

11 Pen Tool(✎)로 드래그하여 머리카락 모양의 2개의 닫힌 패스를 그리고 Color 패널에서 'Fill Color : C60M70Y70K10, Stroke Color : None'을 지정합니다.

12 Pen Tool(✎)로 드래그하여 4개의 열린 패스를 그리고 Color 패널에서 'Fill Color : None, Stroke Color : K100'을 지정한 후 Stroke 패널에서 'Weight : 1pt'를 지정합니다.

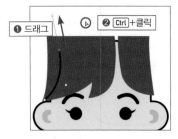  

④ 모자 만들기

01 Rectangle Tool(▣)로 작업 도큐먼트를 클릭한 후 'Width : 22.5mm, Height : 16mm'를 입력하여 그리고 Color 패널에서 'Fill Color : C10, Stroke Color : K100'을 지정한 후 Stroke 패널에서 'Weight : 1pt'를 지정합니다.

02 Ellipse Tool(◯)로 작업 도큐먼트를 클릭한 후 'Width : 20mm, Height : 16mm'를 입력하여 그리고 Color 패널에서 'Fill Color : C10, Stroke Color : K100'을 지정한 후 Stroke 패널에서 'Weight : 1pt'를 지정합니다. 계속해서 작업 도큐먼트에 클릭한 후 'Width : 26mm, Height : 14mm'를 입력하여 동일한 색상의 타원을 그리고 오른쪽에 겹치도록 배치합니다.

 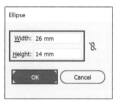 

03 Rotate Tool(↻)을 더블 클릭하여 'Angle : 10°'를 지정하고 [OK]를 눌러 회전하여 배치합니다. Selection Tool(▶)로 드래그하여 3개의 오브젝트를 함께 선택하고 Pathfinder 패널에서 'Unite(◨)'를 클릭하여 합칩니다.

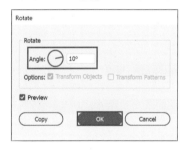  

04 Rectangle Tool(▣)로 드래그하여 2개의 크기가 다른 직사각형을 그리고 Color 패널에서 'Fill Color : 임의 색상, Stroke Color : 임의 색상'을 지정합니다. Ellipse Tool(◯)로 작업 도큐먼트를 클릭한 후 'Width : 27mm, Height : 16mm'를 입력하여 그리고 'Fill Color : 임의 색상, Stroke Color : 임의 색상'을 지정합니다.

  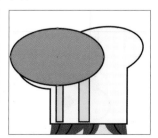

05 Rotate Tool(🔄)을 더블 클릭하여 'Angle : 35°'를 지정하고 [OK]를 눌러 회전하여 2개의 직사각형과 겹치도록 상단에 배치합니다.

06 Selection Tool(▶)로 Shift 를 누른 채 클릭하여 타원과 2개의 직사각형을 함께 선택하고 Pathfinder 패널에서 'Trim(🗗)'를 클릭합니다. Selection Tool(▶)로 오브젝트를 더블 클릭하여 Isolation Mode로 전환하고 상단의 오브젝트를 선택하고 Delete 를 눌러 삭제합니다. [Select]−[All](Ctrl+A)로 모두 선택하고 Color 패널에서 'Fill Color : C0M0Y0K0, Stroke Color : None'을 지정합니다.

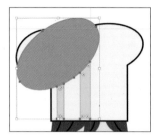 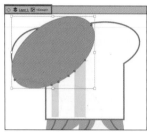 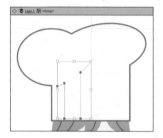

07 Pen Tool(✏️)로 드래그하여 2개의 닫힌 패스로 모자의 음영을 그리고 Color 패널에서 'Fill Color : C20K20, Stroke Color : None'을 지정하고 Selection Tool(▶)로 도큐먼트의 빈 곳을 더블 클릭하여 정상 모드로 전환합니다.

 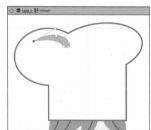 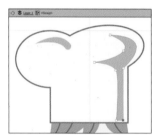

08 Rectangle Tool(⬜)로 작업 도큐먼트를 클릭한 후 'Width : 24mm, Height : 5mm'를 입력하여 그리고 Color 패널에서 'Fill Color : M70Y80, Stroke Color : None'을 지정합니다. [Object]−[Path]−[Add Anchor Points]를 선택하고 사각형의 선분 중앙에 고정점을 추가합니다.

09 Selection Tool(▶)로 오브젝트를 더블 클릭하여 Isolation Mode로 전환하고 Direct Selection Tool(▷)로 드래그하여 가로 중앙의 2개의 고정점을 함께 선택하고 [Object]-[Transform]-[Move]를 선택한 후 'Horizontal : 0mm, Vertical : −1.5mm'를 입력하고 [OK]를 눌러 위쪽으로 이동합니다. 도큐먼트의 빈 곳을 클릭하여 선택을 해제합니다.

 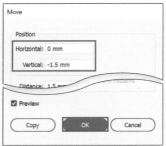 

10 Direct Selection Tool(▷)로 Shift를 누른 채 클릭하여 상단 모서리 2개의 고정점을 함께 선택하고 모서리 안쪽의 둥근 점(◉)을 안쪽으로 드래그하여 모서리를 둥글게 변형한 후 Esc를 눌러 정상 모드로 전환합니다.

> **합격생의 비법**
>
> **오브젝트의 모서리를 둥글게 만드는 방법**
> 오브젝트 모서리 안쪽의 둥근 점(◉)을 더블 클릭하여 다양한 모서리 모양과 둥근 정도를 설정할 수 있습니다.

05 유니폼 만들기

01 Ellipse Tool(◯)로 Alt를 누른 채 세로 안내선을 클릭한 후 'Width : 48mm, Height : 54mm'를 입력하여 그리고 Color 패널에서 'Fill Color : C0M0Y0K0, Stroke Color : K100'을 지정한 후 Stroke 패널에서 'Weight : 1pt'를 지정합니다.

  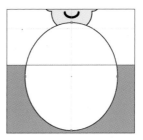

02 Rectangle Tool(■)로 드래그하여 타원의 하단과 겹치도록 임의 색상의 사각형을 그리고 Selection Tool(▶)로 드래그하여 타원과 함께 선택한 후 Pathfinder 패널에서 'Minus Front(■)'를 클릭합니다.

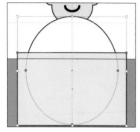  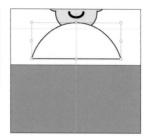

03 [Object]-[Arrange]-[Send to Back]([Shift]+[Ctrl]+[[])을 선택하고 맨 뒤로 보내기를 한 후 Selection Tool(▶)로 오브젝트를 더블 클릭하여 Isolation Mode로 전환합니다. Direct Selection Tool(▷)로 하단의 선분을 드래그하여 선택하고 [Delete]를 눌러 삭제하고 열린 패스를 만듭니다.

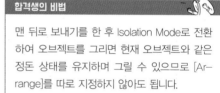

합격생의 비법

맨 뒤로 보내기를 한 후 Isolation Mode로 전환하여 오브젝트를 그리면 현재 오브젝트와 같은 정돈 상태를 유지하며 그릴 수 있으므로 [Arrange]를 따로 지정하지 않아도 됩니다.

04 Pen Tool(✒)로 드래그하여 왼쪽에 닫힌 패스를 그리고 Color 패널에서 'Fill Color : C20K20, Stroke Color : None'을 지정합니다. Selection Tool(▶)로 완성된 닫힌 패스를 선택하고 Reflect Tool(▷◁)로 [Alt]를 누르면서 수직의 안내선을 클릭한 후 'Axis : Vertical'을 지정하고 [Copy]를 눌러 복사합니다.

  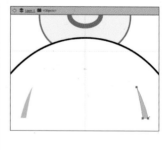

05 Rounded Rectangle Tool(▢)로 작업 도큐먼트를 클릭한 후 'Width : 10mm, Height : 2.5mm, Corner Radius : 2mm'를 입력하여 그리고 Color 패널에서 'Fill Color : C20K20, Stroke Color : None'을 지정합니다.

06 Line Segment Tool(✐)로 드래그하여 2개의 사선을 둥근 사각형의 왼쪽과 겹치도록 그리고 Color 패널에서 'Fill Color : None, Stroke Color : 임의 색상'을 지정합니다. 왼쪽 사선은 Stroke 패널에서 'Weight : 3pt'를, 오른쪽 사선에는 Weight : 1.5pt'를 각각 지정합니다.

07 Selection Tool(▶)로 2개의 사선을 함께 선택하고 [Object]-[Path]-[Outline Stroke]를 선택하여 선을 면으로 확장합니다. Shift 를 누른 채 둥근 사각형과 함께 선택한 후 Path-finder 패널에서 'Minus Front(⬛)'를 클릭합니다.

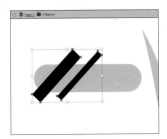 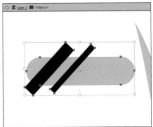 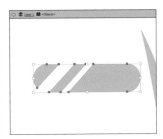

08 Ellipse Tool(⬭)로 Alt 를 누른 채 세로 안내선을 클릭한 후 'Width : 23mm, Height : 8mm'를 입력하여 그리고 Color 패널에서 'Fill Color : C50M70Y80, Stroke Color : None'을 지정합니다. [Object]-[Transform]-[Move]를 선택하고 'Horizontal : 0mm, Vertical : −1mm'를 입력한 후 [Copy]를 눌러 위쪽으로 이동하여 복사하고 'Fill Color : M70Y80, Stroke Color : None'을 지정한 후 Esc 를 눌러 정상 모드로 전환합니다.

  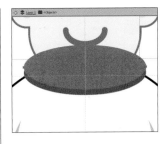

09 Pen Tool(✐)로 드래그하여 왼쪽에 닫힌 패스를 그리고 Color 패널에서 'Fill Color : C50M70Y80, Stroke Color : None'을 지정합니다. Selection Tool(▶)로 완성된 닫힌 패스를 선택하고 [Object]−[Transform]−[Move]를 선택한 후 'Horizontal : 0mm, Vertical : −1mm'를 입력하고 [Copy]를 눌러 위쪽으로 이동하여 복사한 후 'Fill Color : M70Y80, Stroke Color : None'을 지정합니다.

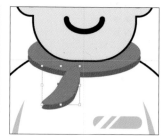

10 Selection Tool(▶)로 2개의 오브젝트를 함께 선택하고 Reflect Tool(▷◁)로 [Alt]를 누른 채 수직의 안내선을 클릭한 후 'Axis : Vertical'을 지정한 후 [Copy]를 눌러 복사합니다.

11 Ellipse Tool(⬤)로 [Alt]를 누른 채 세로 안내선을 클릭한 후 'Width : 4.7mm, Height : 4.7mm'를 입력하여 그리고 Color 패널에서 'Fill Color : C50M70Y80, Stroke Color : None'을 지정합니다. Selection Tool(▶)로 [Alt]와 [Shift]를 누른 채 상단으로 드래그하여 복사하여 배치하고 'Fill Color : M70Y80, Stroke Color : None'을 지정합니다.

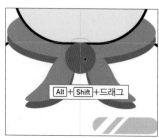
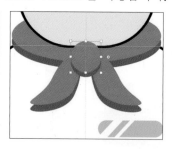

합격생의 비법

• Selection Tool(▶)로 [Alt]를 누른 채 드래그하여 선택된 오브젝트를 복사할 수 있습니다.
• [Shift]를 동시에 누르면 드래그하는 방향으로 반듯하게 이동할 수 있습니다.

05 스푼과 리본 오브젝트 만들기

01 Ellipse Tool(⬭)로 작업 도큐먼트를 클릭한 후 'Width : 12mm, Height : 18mm'를 입력하여 그리고 Color 패널에서 'Fill Color : C50M70Y80, Stroke Color : None'을 지정합니다.

02 [Object]-[Path]-[Offset Path]를 클릭한 후 'Offset : −1.5mm'를 입력한 후 [OK]를 눌러 축소된 복사본을 만들고 Color 패널에서 'Fill Color : None, Stroke Color : C0M0Y0K0'을 지정한 후 Stroke 패널에서 'Weight : 3pt, Cap : Round Cap'을 지정합니다.

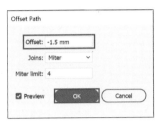  

03 Scissors Tool(✂)로 타원의 왼쪽 윤곽선을 4번 클릭하여 패스를 자르고 열린 패스를 만듭니다.

04 Selection Tool(▶)로 Shift 를 누른 채 클릭하여 2개의 불필요한 열린 패스를 선택하고 Delete 를 눌러 삭제한 후 남은 패스를 함께 선택한 후 [Object]-[Path]-[Outline Stroke]를 선택하여 선을 면으로 확장합니다.

  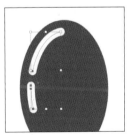 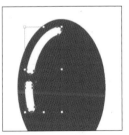

05 Selection Tool(▶)로 드래그하여 면으로 확장된 오브젝트와 타원을 함께 선택하고 [Object]-[Group](Ctrl + G)으로 그룹을 지정합니다.

06 Rectangle Tool(■)로 드래그하여 타원 하단에 겹치도록 그리고 Color 패널에서 'Fill Color : C50M70Y80, Stroke Color : None'을 지정합니다. Selection Tool(▶)로 드래그하여 상단 오브젝트와 함께 선택하고 Align 패널에서 'Horizontal Align Center(▣)'를 클릭하여 가로 가운데 정렬을 지정합니다.

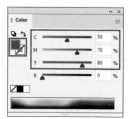 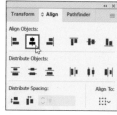 

07 Rectangle Tool(■)로 작업 도큐먼트를 클릭한 후 'Width : 37mm, Height : 16mm'를 입력하여 그리고 Color 패널에서 'Fill Color : C20, Stroke Color : None'을 지정합니다. [Effect]-[Illustrator Effects]-[Warp]-[Arch]를 선택하고 'Style : Horizontal, Bend : 8%'를 지정한 후 [Object]-[Expand Appearance]로 오브젝트의 속성을 확장합니다.

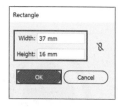 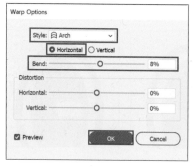 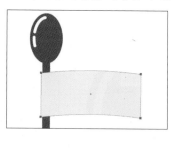

08 Rectangle Tool(■)로 작업 도큐먼트를 클릭한 후 'Width : 18mm, Height : 13mm'를 입력하여 그리고 Color 패널에서 'Fill Color : C30Y30, Stroke Color : None'을 지정합니다. [Object]-[Path]-[Add Anchor Points]를 선택하고 사각형의 선분 중앙에 고정점을 추가합니다. Direct Selection Tool(▷)로 오른쪽 중앙의 고정점을 선택하고 왼쪽으로 드래그하여 이동하고 패스를 변형합니다.

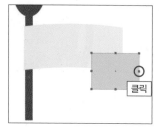 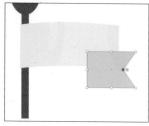 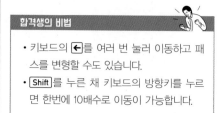

합격생의 비법
- 키보드의 ←를 여러 번 눌러 이동하고 패스를 변형할 수도 있습니다.
- Shift 를 누른 채 키보드의 방향키를 누르면 한번에 10배수로 이동이 가능합니다.

09 Selection Tool(▶)로 변형된 오브젝트를 선택한 후 Rotate Tool(↻)을 더블 클릭하여 'Angle : −10˚'를 지정하고 [OK]를 눌러 회전한 후 [Ctrl]+[[]를 눌러 뒤로 보내기를 합니다.

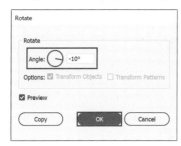 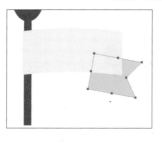

10 Pen Tool(✎)로 클릭하여 왼쪽에 닫힌 패스를 그리고 Color 패널에서 'Fill Color : C60Y90, Stroke Color : None'을 지정한 후 [Object]-[Arrange]-[Send Backward]([Ctrl]+[[])를 선택하고 뒤로 보내기를 합니다.

 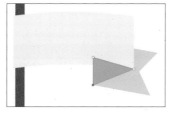 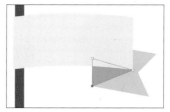

🔘 문자 입력하기

01 Type Tool(T)로 작업 도큐먼트를 클릭한 후 Character 패널에서 'Set the font family : Arial, Set the font style : Bold, Set the font size : 18pt'를 설정하고 Paragraph 패널에서 'Align center(≡)'를 선택하여 문장을 중앙에 배치합니다. Color 패널에서 'Fill Color : M100K80, Stroke Color : None'을 지정한 후 FRESH BAKERY를 입력합니다.

02 Type Tool(T)로 'BAKERY' 문자를 더블 클릭하여 선택한 후 Character 패널에서 'Set the font size : 14pt'를 설정하고 Color 패널에서 'Fill Color : C80Y60, Stroke Color : None'을 지정합니다.

 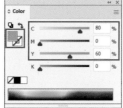 

03 Selection Tool()로 드래그하여 'FRESH BAKERY' 문자와 스푼, 리본 오브젝트를 함께 선택하고 [Object]-[Group]([Ctrl]+[G])으로 그룹을 지정합니다. Rotate Tool(⟳)을 더블 클릭하여 'Angle : -10°'를 지정하고 [OK]를 눌러 회전합니다.

04 Selection Tool(▶)로 드래그하여 배경 오브젝트와 함께 선택한 후 [Object]-[Arrange]-[Send to Back]([Shift]+[Ctrl]+[[])을 선택하고 맨 뒤로 보내기를 합니다.

> **합격생의 비법**
>
> **패널에서 [Arrange] 적용하기**
>
> [Properties] 패널에서 [Quick Actions] 항목의 [Arrange]를 클릭하여 적용할 수 도 있습니다.

07 저장 및 답안 전송하기

01 [View]-[Guides]-[Hide Guides]([Ctrl]+[;])를 선택하여 안내선을 숨기고 [View]-[Fit Artboard in Window]([Ctrl]+[0])를 선택하여 현재 창에 맞추기를 합니다.

> **합격생의 비법**
>
> Tool 패널의 Hand Tool(✋) 자체를 더블 클릭하면 빠르게 현재 창에 맞추기가 됩니다.

02 [File]-[Save As]를 선택하고 '저장 위치 : 내 PC₩문서₩GTQ, 파일 형식 : Adobe Illustrator(*AI), 파일 이름 : 수험번호-성명-문제번호.ai'를 확인하고 [저장]을 클릭한 후 [Illustrator Options] 대화상자에서 'Version : Illustrator 2020'으로 설정하고 [OK]를 클릭합니다.

03 답안 저장이 완료가 되면 [File]-[Close]([Ctrl]+[W])를 선택하여 파일을 닫고 수험 프로그램에서 [답안 전송]을 클릭하여 감독관 컴퓨터로 전송합니다.

작업과정	새 도큐먼트 만들기 및 파일 저장하기 ➡ 조각 케이크 오브젝트 만들기 ➡ 패턴 등록하기 ➡ 오렌지 오브젝트 만들기 ➡ 음료수 캔 오브젝트 만들기 ➡ 불투명도와 클리핑 마스크 적용하기 ➡ 문자 입력하기 ➡ 메뉴판 만들기 ➡ 패턴 적용 및 변형하기 ➡ 집게 핀 오브젝트 만들고 그라디언트 및 이펙트 적용하기 ➡ 브러쉬 적용하고 문자 입력하기 ➡ 저장 및 답안 전송하기
완성이미지	Part04\기출유형문제01회\수험번호-성명-2.ai

01 새 도큐먼트 만들기 및 파일 저장하기

01 [File]-[New]([Ctrl]+[N])를 선택하고 'Width : 160mm, Height : 120mm, Units : Millimeters, Color Mode : CMYK'를 설정하여 새 도큐먼트를 만들고 [View]-[Rulers]-[Show Rulers]([Ctrl]+[R])를 선택하여 눈금자를 표시합니다.

02 작품의 규격 왼쪽 상단에 원점(0,0)을 확인하고 왼쪽과 상단 눈금자 위에서 마우스로 각각 드래그하여 제시된 출력형태와 레이아웃 구성이 동일하게 안내선을 표시합니다.

03 작업 도큐먼트를 저장하기 위해 [File]-[Save]([Ctrl]+[S])를 선택하고 '저장 위치 : 내 PC\문서\GTQ, 파일 형식 : Adobe Illustrator(*AI), 파일 이름 : 수험번호-성명-문제번호'를 입력하고 [저장]을 클릭한 후 [Illustrator Options] 대화상자에서 'Version : Illustrator 2020'으로 설정하고 [OK]를 클릭합니다.

02 조각 케이크 오브젝트 만들기

01 Ellipse Tool(◯)로 작업 도큐먼트를 클릭한 후 'Width : 63mm, Height : 63mm'를 입력하여 그리고 Color 패널에서 'Fill Color : 임의 색상, Stroke Color : None'을 지정합니다.

02 Properties 패널의 Transform 항목의 More Options(···)를 클릭하여 'Pie Start Angle : 35°, Pie End Angle : 77°'를 지정하고 파이 모양을 만듭니다.

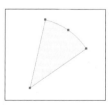

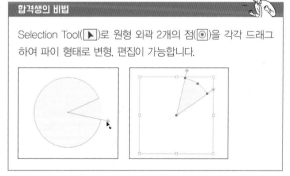

합격생의 비법

Selection Tool(▶)로 원형 외곽 2개의 점(◉)을 각각 드래그하여 파이 형태로 변형, 편집이 가능합니다.

03 [Effect]–[Illustrator Effects]–[3D]–[Extrude & Bevel]을 선택하고 [3D Extrude & Bevel Options] 대화상자에서 'Specify rotation around the X axis : 38°, Specify rotation around the Y axis : 14°, Specify rotation around the Z axis : −19°, Perspective : 0°, Extrude Depth : 50pt'를 입력하여 3차원 오브젝트로 변형합니다. [Object]–[Expand Appearance]를 선택하여 오브젝트의 모양을 확장합니다.

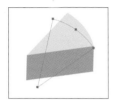 

합격생의 비법

시스템 다운에 대비하여 Effect 적용 전후에는 반드시 Ctrl + S 를 눌러 저장합니다.

04 Shift + Ctrl + G 를 2번 눌러 그룹을 해제하고 Selection Tool(▶)로 상단 오브젝트를 선택하고 Color 패널에서 'Fill Color : C20M80Y90K20, Stroke Color : None'을 지정합니다. Direct Selection Tool(▷)로 Shift 를 누른 채 클릭하여 상단 모서리 2개의 고정점을 함께 선택하고 모서리 안쪽의 둥근 점(◉)을 안쪽으로 드래그하여 모서리를 둥글게 변형합니다.

  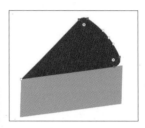

05 Direct Selection Tool(▷)로 하단 오브젝트를 선택하고 Color 패널에서 'Fill Color : Y60, Stroke Color : None'을 지정합니다. Direct Selection Tool(▷)로 Shift 를 누른 채 클릭하여 오른쪽 2개의 고정점을 함께 선택하고 왼쪽으로 이동합니다. 계속해서 하단 고정점을 선택하고 왼쪽으로 이동하여 변형합니다.

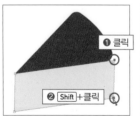  

06 Pen Tool(✐)로 닫힌 패스로 그리고 Color 패널에서 'Fill Color : C20M80Y90K20, Stroke Color : None'을 지정한 후 Shift + Ctrl + [를 눌러 맨 뒤로 보내기를 합니다.

07 Ellipse Tool(⬤)로 **Shift**를 누른 채 드래그하여 크기가 다른 5개의 정원을 그리고 Color 패널에서 'Fill Color : C20M20Y90, Stroke Color : None'을 지정합니다.

08 Ellipse Tool(⬤)로 작업 도큐먼트를 클릭한 후 'Width : 9mm, Height : 9mm'를 입력하여 그리고 Color 패널에서 'Fill Color : M60Y90, Stroke Color : None'을 지정합니다. 계속해서 **Shift**를 누른 채 드래그하여 크기가 작은 정원과 타원을 각각 그리고 'Fill Color : C40M70Y100K50, M30Y80, Stroke Color : None'을 각각 지정합니다. Selection Tool(▶)로 타원의 바운딩 박스 모서리 밖을 드래그하여 회전하여 배치합니다.

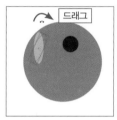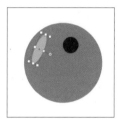

09 Ellipse Tool(⬤)로 작업 도큐먼트를 클릭한 후 'Width : 4.5mm, Height : 11mm'를 입력하여 그리고 Color 패널에서 'Fill Color : C70M10Y100, Stroke Color : None'을 지정합니다. Anchor Point Tool(�)로 상단 고정점에 클릭하여 곡선의 핸들을 삭제합니다. Direct Selection Tool(▷)로 드래그하여 가운데 2개의 고정점을 선택하고 키보드의 ↓를 여러 번 눌러 패스를 변형합니다.

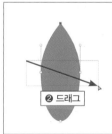

10 Line Segment Tool(✏)로 [Shift]를 누른 채 드래그하여 수직선을 겹치도록 그립니다. Se-
lection Tool(▶)로 드래그하여 잎 모양과 함께 선택하고 Pathfinder 패널에서 'Divide(▣)'
를 클릭하여 면을 분할합니다. 오브젝트를 더블 클릭하여 Isolation Mode로 전환한 후 오른
쪽 오브젝트를 선택하고 Color 패널에서 'Fill Color : C70M10Y100K30, Stroke Color :
None'을 지정한 후 [Esc]를 눌러 정상 모드로 전환합니다.

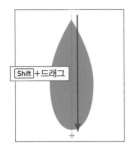 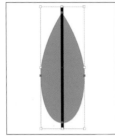 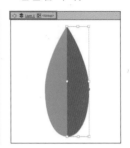

11 Selection Tool(▶)로 잎 모양을 선택하고 Rotate Tool(↻)을 더블 클릭하여 'Angle : 60°'
를 지정하고 [OK]를 눌러 배치한 후 [Shift]+[Ctrl]+[[]를 눌러 맨 뒤로 보내기를 합니다.

12 Scale Tool(▣)을 더블 클릭하여 'Uniform : 80%'를 지정하고 [Copy]를 눌러 축소 복사한
후, Rotate Tool(↻)을 더블 클릭하여 'Angle : 55°'를 지정하고 [OK]를 눌러 겹치도록 배치
합니다.

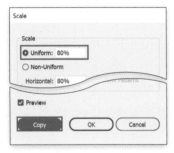  

13 Selection Tool(▶)로 드래그하여 열매와 잎 모양을 함께 선택한 후, Scale Tool(▣)을 더블
클릭하여 'Uniform : 60%'를 지정하고 [Copy]를 눌러 축소 복사한 후 이동하여 배치합니다.

14 Selection Tool(▶)로 드래그하여 2개의 잎 모양을 함께 선택한 후, Reflect Tool(▷◁)을
[Alt]를 누른 채 큰 정원의 중심점을 클릭한 후 'Axis : Vertical'을 지정하고 [OK]를 눌러 배
치합니다.

 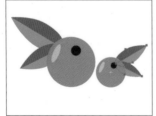

15 Selection Tool(▶)로 드래그하여 큰 잎 모양을 선택한 후, Rotate Tool(↻)을 더블 클릭하여 'Angle : 190°'를 지정하고 [Copy]를 눌러 회전 복사하여 왼쪽 하단에 배치합니다.

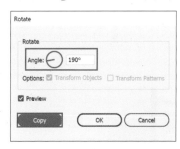 

03 패턴 등록하기

01 Rectangle Tool(▣)로 작업 도큐먼트를 클릭한 후 'Width : 40mm, Height : 40mm'를 입력하여 그리고 Color 패널에서 'Fill Color : None, Stroke Color : None'을 지정한 후 조각 케이크와 겹치도록 배치합니다.

02 Selection Tool(▶)로 작은 열매와 잎 모양을 제외한 오브젝트를 모두 선택한 후 [Object]– [Pattern]–[Make]를 선택하고 [Pattern Options] 대화상자에서 'Name : 조각 케이크, Tile Type : Brick by Row, Brick Offset : 1/2'을 지정하고 패턴으로 등록합니다.

  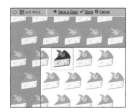

03 [Esc]를 눌러 패턴의 편집 모드를 완료하고 정상 모드로 전환합니다. Selection Tool(▶)로 드래그하여 'Fill Color : None, Stroke Color : None'인 투명한 사각형을 선택하고 [Delete]를 눌러 삭제합니다.

04 오렌지 오브젝트 만들기

01 Ellipse Tool(◉)로 작업 도큐먼트를 클릭한 후 'Width : 28mm, Height : 28mm'를 입력하여 그리고 Color 패널에서 'Fill Color : Y60, Stroke Color : M10Y100'을 지정하고 Stroke 패널에서 'Weight : 4pt'를 지정합니다.

02 Scale Tool(🔲)을 더블 클릭하여 'Uniform : 80%'를 지정하고 [Copy]를 눌러 축소 복사한 후 Color 패널에서 'Fill Color : C10M20Y80, Stroke Color : None'을 지정합니다.

03 Line Segment Tool(✏)로 Shift를 누른 채 드래그하여 수직선을 2개의 정원과 충분히 겹치도록 그리고 Color 패널에서 'Fill Color : None, Stroke Color : 임의 색상'을 지정하고 Stroke 패널에서 'Weight : 5pt'를 지정합니다. Selection Tool(▶)로 드래그하여 2개의 정원과 함께 선택하고 Align 패널에서 'Horizontal Align Center(➌)'와 'Vertical Align Center(➌)'를 각각 클릭하여 가운데 정렬을 지정합니다.

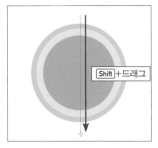

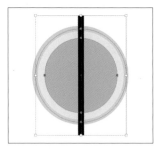

04 Selection Tool(▶)로 클릭하여 수직선을 선택한 후, Rotate Tool(↻)을 더블 클릭하여 'Angle : 45°'를 지정하고 [Copy]를 눌러 회전하여 복사합니다. [Object]-[Transform]-[Transform Again](Ctrl+D)을 2번 선택하고 반복 회전하며 복사합니다.

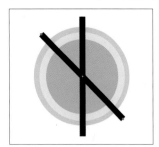

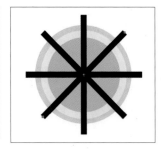

05 Selection Tool(▶)로 4개의 선을 함께 선택하고 [Object]-[Path]-[Outline Stroke]를 선택하여 선을 면으로 확장합니다. 계속해서 작은 정원과 함께 선택하고 Pathfinder 패널에서 'Minus Front(➊)'를 클릭합니다.

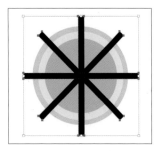
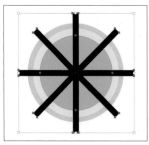
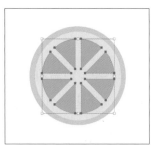

06 Selection Tool(▶)로 완성된 오렌지 오브젝트를 선택한 후 Ctrl+C로 복사하고 Ctrl+V로 붙여넣기를 합니다. Direct Selection Tool(▷)로 큰 원의 왼쪽 고정점을 클릭하고 Delete를 눌러 삭제합니다. 계속해서 왼쪽 4개의 오브젝트를 선택한 후 Delete를 눌러 삭제합니다.

07 Ellipse Tool(◉)로 작업 도큐먼트를 클릭한 후 'Width : 30mm, Height : 29.5mm'를 입력하여 그리고 Color 패널에서 'Fill Color : None, Stroke Color : 임의 색상'을 지정합니다.

08 Rectangle Tool(▣)로 드래그하여 원형 왼쪽에 겹치도록 임의 색상의 사각형을 그리고 Selection Tool(▶)로 함께 선택한 후 Pathfinder 패널에서 'Minus Front(▣)'를 클릭하고 Color 패널에서 'Fill Color : M40Y100, Stroke Color : None'을 지정한 후 Shift + Ctrl + [ ] 를 눌러 맨 뒤로 보내기를 합니다. Selection Tool(▶)로 함께 선택하고 Ctrl + G 로 그룹을 지정합니다.

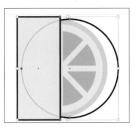
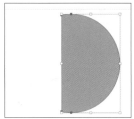
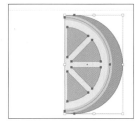

09 Selection Tool(▶)로 원본 오렌지 오브젝트를 선택한 후 Shear Tool(☞)을 더블 클릭하여 'Shear Angle : 26°, Axis : Horizontal'을 지정하고 [OK]를 눌러 변형합니다.

10 Ellipse Tool(◉)로 작업 도큐먼트를 클릭한 후 'Width : 37mm, Height : 37mm'를 입력하여 겹치도록 그리고 Color 패널에서 'Fill Color : M40Y100, Stroke Color : None'을 지정한 후 Shift + Ctrl + [ ] 를 눌러 맨 뒤로 보내기를 합니다.

11 Scissors Tool(✂)로 정원의 선분에 2번 클릭하여 패스를 자르고 Delete 를 2번 눌러 상단의 열린 패스를 삭제합니다.

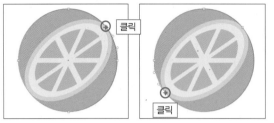

12 Line Segment Tool(✏)로 드래그하여 짧은 사선을 그리고 Color 패널에서 'Fill Color : None, Stroke Color : M10Y100'을 지정하고 Stroke 패널에서 'Weight : 4pt, Cap : Round Cap'을 지정한 후 [Object]-[Path]-[Outline Stroke]를 선택하여 선을 면으로 확장합니다. Selection Tool(▶)로 Alt 를 누른 채 드래그하여 5개의 오브젝트를 복제하여 배치하고 바운딩 박스의 모서리 밖을 시계 방향으로 회전하여 배치합니다.

합격생의 비법

Selection Tool(▶)로 오브젝트를 선택하고 Alt 를 누른 채 드래그하여 이동하며 복제할 수 있습니다.

13 Selection Tool(▶)로 완성된 오렌지 오브젝트를 선택하고 Ctrl + G 로 그룹을 지정합니다.

---

05 음료수 캔 오브젝트 만들기

01 Rounded Rectangle Tool(▢)로 작업 도큐먼트를 클릭한 후 'Width : 35.3mm, Height : 61mm, Corner Radius : 10mm'를 입력하여 그리고 Color 패널에서 'Fill Color : None, Stroke Color : 임의 색상'을 지정합니다. 계속해서 작업 도큐먼트를 클릭한 후 'Width : 10mm, Height : 15mm, Corner Radius : 4mm'를 입력하여 그리고 'Fill Color : None, Stroke Color : 임의 색상'을 지정한 후 왼쪽 하단에 배치합니다.

02 Selection Tool(▶)로 오브젝트를 더블 클릭하여 Isolation Mode로 전환한 후 Direct Selection Tool(▷)로 하단의 4개의 고정점을 선택합니다. Scale Tool(🔲)을 더블 클릭하여 'Uniform : 60%'를 지정한 후 [OK]를 눌러 패스를 축소하고 Esc 를 눌러 정상 모드로 전환합니다.

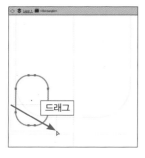

03 Rounded Rectangle Tool(◉)로 작업 도큐먼트를 클릭한 후 'Width : 7.5mm, Height : 12mm, Corner Radius : 2mm'를 입력하여 그리고 Color 패널에서 'Fill Color : None, Stroke Color : 임의 색상'을 지정하고 오른쪽에 겹치도록 배치합니다.

04 Selection Tool(▶)로 변형된 둥근 사각형과 함께 선택하고 Reflect Tool(◀)로 **Alt**를 누른 채 세로 안내선을 클릭한 후 'Axis : Vertical'을 지정한 후 [Copy]를 눌러 복사합니다.

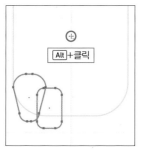

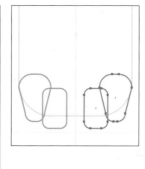

05 Selection Tool(▶)로 드래그하여 5개의 오브젝트를 함께 선택하고 Pathfinder 패널에서 'Unite(◼)'를 클릭하여 합칩니다.

06 Direct Selection Tool(▷)로 하단 2개의 고정점을 드래그하여 선택하고 키보드의 **↑**를 여러 번 눌러 위쪽으로 이동합니다. 선택된 2개의 고정점 모서리의 둥근 점(◉)을 안쪽으로 드래그하여 모서리를 둥글게 변형합니다.

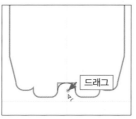
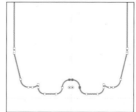

07 Rectangle Tool(■)로 작업 도큐먼트를 클릭한 후 'Width : 28mm, Height : 6mm'를 입력하여 그리고 Color 패널에서 'Fill Color : None, Stroke Color : 임의 색상'을 지정하고 상단에 배치합니다.

08 Rounded Rectangle Tool(■)로 작업 도큐먼트를 클릭한 후 'Width : 30mm, Height : 2.5mm, Corner Radius : 1mm'를 입력하여 그리고 Color 패널에서 'Fill Color : None, Stroke Color : 임의 색상'을 지정하고 상단에 배치합니다. [Effect]−[Illustrator Effects]−[Warp]−[Arc]를 선택하고 'Horizontal : 체크, Bend : 8%'를 지정한 후 [Object]−[Expand Appearance]로 오브젝트의 속성을 확장합니다.

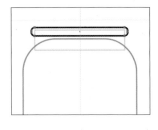 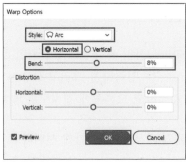 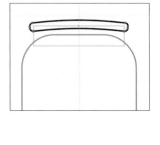

09 Gradient 패널에서 'Type : Linear Gradient, Angle : 0°'를 적용하고 Gradient Slider의 왼쪽 'Color Stop'을 더블 클릭하여 K80을, 가운데 빈 곳을 클릭하여 'Color Stop'을 추가하고 더블 클릭하여 C0M0Y0K0을 적용한 후 'Location : 36%'를 지정합니다. 오른쪽 'Color Stop'을 더블 클릭하여 K80을 적용하고 Tool 패널 하단에서 'Stroke Color : None'을 지정합니다.

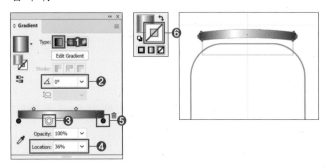

10 Selection Tool(▶)로 3개의 오브젝트를 함께 선택하고 Align 패널에서 'Horizontal Align Center(■)'를 클릭하여 가로 가운데 정렬을 지정합니다.

11 Selection Tool(▶)로 하단 2개의 오브젝트를 함께 선택하고 Pathfinder 패널에서 'Unite(■)'를 클릭하여 합치고 Color 패널에서 'Fill Color : C60M10Y20, Stroke Color : None'을 지정합니다. Direct Selection Tool(▷)로 상단 2개의 고정점을 드래그하여 선택하고 고정점 모서리의 둥근 점(◉)을 바깥쪽으로 드래그하여 모서리를 둥글게 변형합니다.

12 Selection Tool(▶)로 2개의 오브젝트를 함께 선택하고 [Object]-[Path]-[Offset Path]를 클릭한 후 'Offset : 1.5mm'를 입력한 후 [OK]를 눌러 확대된 복사본을 만들고 Path-finder 패널에서 'Unite(◧)'를 클릭합니다. Color 패널에서 'Fill Color : C40Y10, Stroke Color : None'을 지정하고 Shift +Ctrl+[ ]를 눌러 맨 뒤로 보내기를 합니다.

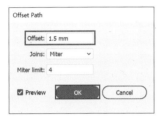

13 Selection Tool(▶)로 안쪽 오브젝트를 더블 클릭하여 Isolation Mode로 전환하고 Pen Tool(✎)로 드래그하여 2개의 열린 패스로 그리고 Color 패널에서 'Fill Color : None, Stroke Color : 임의 색상'을 지정합니다.

합격생의 비법

연속해서 여러 개의 열린 패스 그리기

- Pen Tool(✎)로 패스를 그리는 도중 Ctrl 을 누르면서 도큐먼트의 빈 곳을 클릭하면 패스의 선택을 해제할 수 있습니다.
- 마우스 포인터가 모양일 때 새로운 패스를 그릴 수 있습니다.

14 Ctrl+A로 모두 선택하고 Pathfinder 패널에서 'Divide(⬚)'를 클릭하여 면을 분할합니다. 중간 오브젝트를 선택하고 Color 패널에서 'Fill Color : C20, Stroke Color : None'을 지정합니다. 하단 오브젝트를 선택하고 Pathfinder 패널에서 'Unite(⬚)'를 클릭한 후 'Fill Color : M60Y70, Stroke Color : None'을 지정하고 Esc를 눌러 정상 모드로 전환합니다.

합격생의 비법

Pathfinder 패널에서 'Divide(⬚)' 과정에서 생긴 분리된 면은 'Unite(⬚)'를 클릭하여 정리합니다.

06 불투명도와 클리핑 마스크 적용하기

01 Ellipse Tool(◯)로 Shift를 누른 채 드래그하여 크기가 다른 5개의 정원을 그리고 Color 패널에서 'Fill Color : C0M0Y0K0, Stroke Color : None'을 지정합니다. Selection Tool(▶)로 5개의 정원을 함께 선택하고 Ctrl+G로 그룹을 지정한 후 Transparency 패널에서 'Opacity : 60%'를 지정하여 불투명도를 조절합니다.

02 Pen Tool(✏)로 드래그하여 열린 패스로 그리고 Color 패널에서 'Fill Color : None, Stroke Color : C0M0Y0K0'을 지정합니다. Stroke 패널에서 'Weight : 7pt, Cap : Round Cap'을 지정하고 [Object]-[Path]-[Outline Stroke]를 선택하고 선을 면으로 확장한 후 Transparency 패널에서 'Opacity : 60%'를 지정하여 불투명도를 조절합니다.

03 Selection Tool(▶)로 2개의 오렌지 그룹 오브젝트를 선택한 후 Ctrl+C로 복사하고 Ctrl +V로 붙여넣기를 합니다. Scale Tool(⊞)을 더블 클릭하여 'Uniform : 65%, Scale Strokes & Effects : 체크'를 지정하고 [OK]를 눌러 축소하고 상단으로 이동하여 배치합니다.

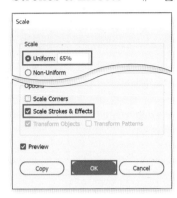

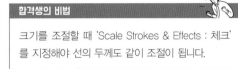

합격생의 비법

크기를 조절할 때 'Scale Strokes & Effects : 체크'
를 지정해야 선의 두께도 같이 조절이 됩니다.

04 Selection Tool(▶)로 작은 오렌지 오브젝트를 선택한 후 Rotate Tool(↻)을 더블 클릭하여 'Angle : −70°'를 지정하고 [OK]를 눌러 회전하여 하단으로 이동하여 배치합니다.

05 Rotate Tool(↻)을 더블 클릭하여 'Angle : 40°'를 지정한 후 [Copy]를 눌러 회전하여 복사하고 Scale Tool(⊞)을 더블 클릭하여 'Uniform : 70%, Scale Strokes & Effects : 체크'를 지정하고 [OK]를 눌러 축소하고 왼쪽 상단으로 이동하여 배치합니다.

06 Pen Tool(✐)로 드래그하여 캔 음료수 오브젝트와 충분히 겹치도록 닫힌 패스를 그리고 Color 패널에서 'Fill Color : Y60, Stroke Color : None'을 지정합니다. Ctrl+[를 여러 번 눌러 오렌지 오브젝트와 불투명도가 적용된 정원 그룹보다 뒤로 보내기를 합니다.

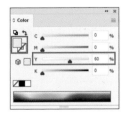

07 Selection Tool(▶)로 클릭하여 음료수 캔 오브젝트의 안쪽을 선택하고 Shift+Ctrl+G로 그룹을 해제한 후 하단의 오브젝트를 선택합니다. Ctrl+C로 복사하고 Ctrl+F로 복사한 오브젝트 앞에 붙여넣기를 한 후 Shift+Ctrl+]를 눌러 맨 앞으로 가져오기를 합니다.

08 Selection Tool(▶)로 Shift를 누른 채 클리핑 마스크를 적용할 오브젝트를 모두 선택한 후 [Object]-[Clipping Mask]-[Make](Ctrl+7)를 선택하고 클리핑 마스크를 설정합니다. Selection Tool(▶)로 불투명도가 적용된 오브젝트를 함께 선택하고 Shift+Ctrl+]를 눌러 맨 앞으로 가져오기를 합니다.

07 문자 입력하기

01 Rounded Rectangle Tool(▢)로 Alt를 누른 채 새로 안내선의 하단을 클릭한 후 'Width : 31mm, Height : 10mm, Corner Radius : 6mm'를 입력하여 그리고 Color 패널에서 'Fill Color : C60M10Y20, Stroke Color : None'을 지정합니다.

02 Type Tool(T)로 작업 도큐먼트를 클릭한 후 Character 패널에서 'Set the font family : Arial, Set the font style : Bold, Set the font size : 9pt'를 설정하고 Paragraph 패널에서 'Align center(≡)'를 선택하여 문장을 중앙에 배치합니다. Color 패널에서 'Fill Color : C0M0Y0K0, Stroke Color : None'을 지정한 후 ZERO SUGAR 350ml(0kcal)를 입력합니다.

03 Type Tool(T)로 드래그하여 '350ml(0kcal)' 문자를 선택한 후 Character 패널에서 'Set the font size : 7pt'를 설정하고 Color 패널에서 'Fill Color : C80M100, Stroke Color : None'을 지정합니다.

 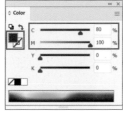 

08 메뉴판 만들기

01 Rounded Rectangle Tool(▢)로 Alt 를 누른 채 오른쪽 세로 안내선의 하단을 클릭한 후 'Width : 65.5mm, Height : 95mm, Corner Radius : 4mm'를 입력하여 그리고 Color 패널에서 'Fill Color : M20Y40K40, Stroke Color : None'을 지정합니다.

02 [Object]-[Transform]-[Move]를 선택한 후 'Horizontal : -1mm, Vertical : -2mm'를 입력하고 [Copy]를 눌러 왼쪽 상단으로 이동하여 복사한 후 Color 패널에서 'Fill Color : M100Y100K60, Stroke Color : None'을 지정합니다.

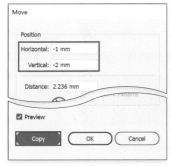 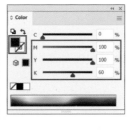 

03 Rectangle Tool(▢)로 Alt 를 누른 채 둥근 사각형의 중심점을 클릭한 후 'Width : 55mm, Height : 84mm'를 입력하여 그리고 Color 패널에서 'Fill Color : C10M20Y80, Stroke Color : None'을 지정합니다. Selection Tool(▶)로 사각형을 더블 클릭하여 Isolation Mode로 전환합니다.

 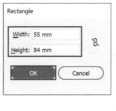 

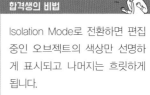

합격생의 비법

Isolation Mode로 전환하면 편집 중인 오브젝트의 색상만 선명하게 표시되고 나머지는 흐릿하게 됩니다.

04 Ellipse Tool(◯)로 Alt 를 누른 채 사각형의 모서리를 클릭한 후 'Width : 9mm, Height : 9mm'를 입력하여 그리고 Color 패널에서 'Fill Color : None, Stroke Color : 임의 색상'을 지정합니다.

05 Selection Tool(▶)로 정원을 선택하고 Alt + Shift 를 누른 채 오른쪽 모서리로 드래그하여 복사합니다. 계속해서 2개의 정원을 함께 선택하고 동일한 방법으로 아래쪽으로 드래그하여 복사하여 배치합니다.

합격생의 비법

Selection Tool(▶)로 Alt + Shift 를 누른 채 오브젝트를 드래그하면 반듯하게 이동하며 복사할 수 있습니다.

06 Ctrl + A 로 모두 선택하고 Pathfinder 패널에서 'Minus Front(◻)'를 클릭한 후 Esc 를 눌러 정상 모드로 전환합니다.

07 [Object]-[Path]-[Offset Path]를 클릭한 후 'Offset : 2mm'를 입력한 후 [OK]를 눌러 확대된 복사본을 만들고 Color 패널에서 'Fill Color : None, Stroke Color : M80Y80'을 지정합니다. Stroke 패널에서 'Weight : 1pt, Dashed Line : 체크, dash : 3pt'를 입력하여 점선을 지정합니다.

09 패턴 적용 및 변형하기

01 Selection Tool(▶)로 메뉴판 안쪽 오브젝트를 선택한 후 Ctrl + C 로 복사하고 Ctrl + F 로 복사한 오브젝트 앞에 붙여넣기를 합니다.

02 Selection Tool(▶)로 오브젝트를 더블 클릭하여 Isolation Mode로 전환하고 Rectangle Tool(▢)로 하단에 드래그하여 겹치도록 배치합니다. Ctrl + A 로 모두 선택하고 Pathfinder 패널에서 'Minus Front(▣)'를 클릭한 후 Esc 를 눌러 정상 모드로 전환합니다.

03 Swatches 패널에서 등록된 조각 케이크 패턴을 클릭하여 Fill Color에 적용합니다.

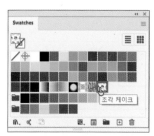 

04 Scale Tool(▦)을 더블 클릭한 후 'Uniform : 40%, Transform Objects : 체크 해제, Transform Patterns : 체크'를 지정하여 패턴의 크기만을 축소합니다.

합격생의 비법

- 오브젝트에 적용된 패턴의 크기 및 회전만을 조절할 때는 반드시 'Transform Objects : 체크 해제, Transform Patterns : 체크'를 지정해야 합니다.
- 패턴으로 정의한 원래 오브젝트의 위치에 따라 적용된 패턴의 위치는 다를 수 있습니다. [Object]–[Transform]–[Move]를 선택하고 'Transform Objects : 체크 해제, Transform Patterns : 체크, Preview : 체크'를 지정하고 Horizontal과 Vertical의 수치를 조절하여 위치를 맞춰 줍니다.

⑩ 집게 핀 오브젝트 만들고 그라디언트 및 이펙트 적용하기

01 Rectangle Tool(▣)로 작업 도큐먼트를 클릭한 후 'Width : 40mm, Height : 7mm'를 입력하여 그리고 Color 패널에서 'Fill Color : 임의 색상, Stroke Color : 임의 색상'을 지정합니다. 계속해서 작업 도큐먼트를 클릭한 후 'Width : 15mm, Height : 8mm'를 입력하여 그리고 겹치도록 배치합니다.

02 Selection Tool(▶)로 드래그하여 2개의 오브젝트를 함께 선택하고 Align 패널에서 'Horizontal Align Center(♣)'를 클릭하여 가로 가운데 정렬을 지정한 후 Pathfinder 패널에서 'Unite(◧)'를 클릭합니다.

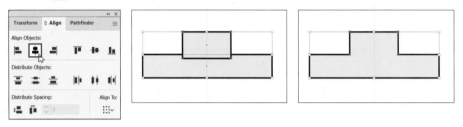

03 Direct Selection Tool(▷)로 드래그하여 상단 2개의 고정점을 선택하고 모서리 안쪽의 둥근 점(◉)을 안쪽으로 드래그하여 모서리를 둥글게 변형합니다.

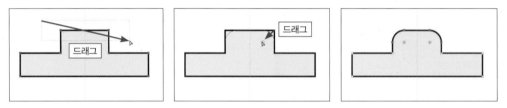

04 Direct Selection Tool(▷)로 드래그하여 중간 2개의 고정점을 선택하고 모서리 안쪽의 둥근 점(◉)을 바깥쪽으로 드래그하여 모서리를 둥글게 변형합니다. 도큐먼트 빈 곳을 클릭하여 선택을 해제합니다.

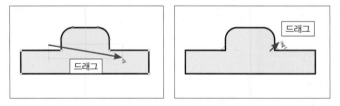

05 Direct Selection Tool(▷)로 Shift를 누르면서 클릭하여 2개의 고정점을 선택하고 모서리 안쪽의 둥근 점(◉)을 안쪽으로 드래그하여 모서리를 둥글게 변형합니다.

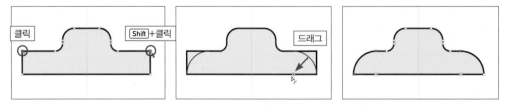

06 Direct Selection Tool(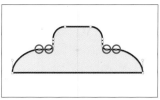)로 Shift 를 누르면서 클릭하여 4개의 고정점을 선택한 후 Scale Tool(⬚)을 더블 클릭하여 'Uniform : 90%'를 지정하고 [OK]를 눌러 패스를 축소합니다.

07 Line Segment Tool(✎)로 Shift 를 누른 채 드래그하여 오브젝트의 하단과 충분히 겹치도록 수평선을 그리고 Color 패널에서 'Fill Color : None, Stroke Color : 임의 색상'을 지정합니다. Selection Tool(▶)로 2개의 오브젝트를 함께 선택하고 Pathfinder 패널에서 'Divide(▣)'를 클릭합니다.

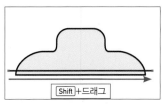

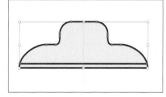

08 Selection Tool(▶)로 오브젝트를 더블클릭하여 Isolation Mode로 전환한 후 각각 선택하여 Gradient 패널에서 'Type : Linear Gradient, Angle : -90°'를 적용하고 Gradient Slider의 왼쪽 'Color Stop'을 더블 클릭하여 C100을, 오른쪽 'Color Stop'을 더블 클릭하여 C100M50K80을 적용한 후 'Color Midpoint Location(◆) : 70%'를 지정하고 Color 패널에서 'Stroke Color : None'을 지정한 후 Esc 를 눌러 정상 모드로 전환합니다.

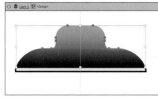

09 Rounded Rectangle Tool(▢)로 Alt 를 누른 채 수직의 안내선을 클릭한 후 'Width : 8mm, Height : 16.5mm, Corner Radius : 4mm'를 입력하여 그리고 Color 패널에서 'Fill Color : 임의 색상, Stroke Color : 임의 색상'을 지정한 후 겹치도록 배치합니다.

10 Selection Tool(▶)로 오브젝트를 더블클릭하여 Isolation Mode로 전환하고 Rectangle Tool(▢)로 하단에 드래그하여 겹치도록 배치합니다. Ctrl + A 로 모두 선택하고 Pathfinder 패널에서 'Minus Front(▣)'를 클릭합니다.

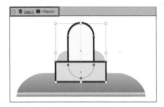  

11 Direct Selection Tool(▷)로 드래그하여 하단 2개의 고정점을 선택하고 모서리 안쪽의 둥근 점(◉)을 안쪽으로 드래그하여 모서리를 둥글게 변형합니다.

12 Ellipse Tool(◯)로 Alt 를 누른 채 세로 안내선을 클릭한 후 'Width : 4.6mm, Height : 4.6mm'를 입력하여 그리고 Color 패널에서 'Fill Color : 임의 색상, Stroke Color : 임의 색상'을 지정합니다. Ctrl + A 로 모두 선택하고 Pathfinder 패널에서 'Minus Front(▣)'를 클릭하고 하단의 그라디언트와 동일한 그라디언트를 적용한 후 Esc 를 눌러 정상 모드로 전환합니다.

13 Selection Tool(▶)로 집게 핀 오브젝트를 모두 선택하고 Ctrl + G 로 그룹을 지정합니다. [Effect]-[Illustrator Effects]-[Stylize]-[Drop Shadow]를 선택하고 'Opacity : 75%, X Offset : 1mm, Y Offset : 2mm, Blur : 1mm'를 지정하여 그림자 효과를 적용하고 도큐먼트의 빈 곳을 클릭하여 선택을 해제합니다.

 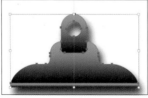

합격생의 비법

• 반드시 Preview를 체크하여 제시된 문제와 비교하여 조정합니다.
• Ctrl + G 로 그룹을 지정하지 않으면 그림자 효과가 오브젝트에 각각 적용되므로 반드시 그룹을 지정합니다.

⑪ 브러쉬 적용 및 문자 입력하기

01 Brushes 패널 하단의 'Brush Libraries Menu(📖)'를 클릭하고 [Artistic]-[Artistic_ ChalkCharcoalPencil]을 선택하여 추가 브러쉬 패널을 불러온 후 'Charcoal – Thin'을 선택합니다.

02 Pen Tool(✒)로 드래그하여 2개의 열린 패스를 그리고 Brushes 패널에서 'Charcoal – Thin'을 클릭하여 브러쉬를 적용합니다. Color 패널에서 'Fill Color : None, Stroke Color : C60M60Y60'을 지정하고 Stroke 패널에서 'Weight : 1pt'를 지정합니다.

 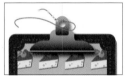 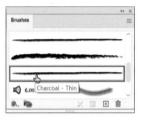 

03 Line Segment Tool(╱)로 메뉴판 하단에 Shift 를 누른 채 왼쪽에서 오른쪽으로 드래그하여 수평선을 그립니다. Brushes 패널에서 'Charcoal – Thin'을 클릭하여 동일한 브러쉬 속성을 적용합니다.

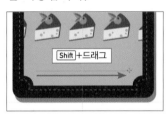 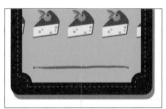

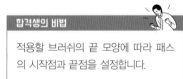

> **합격생의 비법**
>
> 적용할 브러쉬의 끝 모양에 따라 패스의 시작점과 끝점을 설정합니다.

04 Type Tool(T)로 작업 도큐먼트를 클릭한 후 Character 패널에서 'Set the font family : Arial, Set the font style : Bold, Set the font size : 17pt'를 설정하고 Color 패널에서 'Fill Color : C40M70Y100K50, Stroke Color : None'을 지정한 후 MENU BOARD를 입력합니다.

 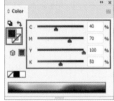 

12 저장 및 답안 전송하기

01 [View]-[Guides]-[Hide Guides]([Ctrl]+[;])를 선택하여 안내선을 숨기고 [View]-[Fit Artboard in Window]([Ctrl]+[0])를 선택하여 현재 창에 맞추기를 합니다.

02 [File]-[Save As]를 선택하고 '저장 위치 : 내 PC₩문서₩GTQ, 파일 형식 : Adobe Illustrator(*AI), 파일 이름 : 수험번호-성명-문제번호.ai'를 확인하고 [저장]을 클릭한 후 [Illustrator Options] 대화상자에서 'Version : Illustrator 2020'으로 설정하고 [OK]를 클릭합니다.

03 답안 저장이 완료가 되면 [File]-[Close]([Ctrl]+[W])를 선택하여 파일을 닫고 수험 프로그램에서 [답안 전송]을 클릭하여 감독관 컴퓨터로 전송합니다.

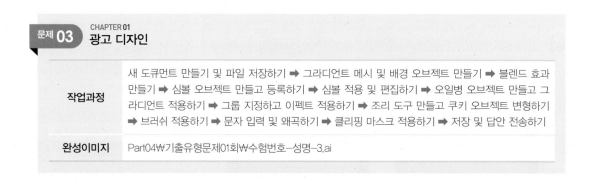

작업과정	새 도큐먼트 만들기 및 파일 저장하기 ➡ 그라디언트 메시 및 배경 오브젝트 만들기 ➡ 블렌드 효과 만들기 ➡ 심볼 오브젝트 만들고 등록하기 ➡ 심볼 적용 및 편집하기 ➡ 오일병 오브젝트 만들고 그라디언트 적용하기 ➡ 그룹 지정하고 이펙트 적용하기 ➡ 조리 도구 만들고 쿠키 오브젝트 변형하기 ➡ 브러쉬 적용하기 ➡ 문자 입력 및 왜곡하기 ➡ 클리핑 마스크 적용하기 ➡ 저장 및 답안 전송하기
완성이미지	Part04₩기출유형문제01회₩수험번호-성명-3.ai

문제 **03** · CHAPTER 01 · 광고 디자인

01 새 도큐먼트 만들기 및 파일 저장하기

01 [File]-[New]([Ctrl]+[N])를 선택하고 'Width : 210mm, Height : 297mm, Units : Millimeters, Color Mode : CMYK'를 설정하여 새 도큐먼트를 만들고 [View]-[Rulers]-[Show Rulers]([Ctrl]+[R])를 선택하여 눈금자를 표시합니다.

02 작품의 규격 왼쪽 상단에 원점(0,0)을 확인하고 왼쪽과 상단 눈금자 위에서 마우스로 각각 드래그하여 제시된 출력형태와 레이아웃 구성이 동일하게 안내선을 표시합니다.

03 작업 도큐먼트를 저장하기 위해 [File]-[Save]([Ctrl]+[S])를 선택하고 '저장 위치 : 내 PC₩문서₩GTQ, 파일 형식 : Adobe Illustrator(*AI), 파일 이름 : 수험번호-성명-문제번호'를 입력하고 [저장]을 클릭한 후 [Illustrator Options] 대화상자에서 'Version : Illustrator 2020'으로 설정하고 [OK]를 클릭합니다.

02 그라디언트 메시 및 배경 오브젝트 만들기

01 Rectangle Tool(▣)로 작업 도큐먼트 왼쪽 상단의 원점(0,0)을 클릭하고 'Width : 210mm, Height : 250mm'를 입력하여 그리고 Color 패널에서 'Fill Color : C30Y90, Stroke Color : None'을 지정합니다.

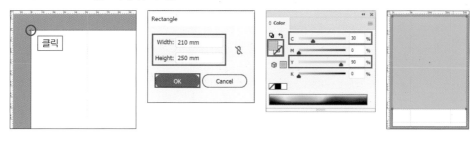

02 Mesh Tool(▦)로 사각형의 상단 중앙과 우측 하단을 각각 클릭하여 새로운 고정점 을 생성합니다.

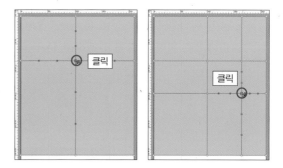

03 Direct Selection Tool(▷)로 Shift 를 누 른 채 사각형 상단 2개의 고정점을 클릭하 여 선택하고 Color 패널에서 'Fill Color : Y30, Stroke Color : None'을 지정합니다.

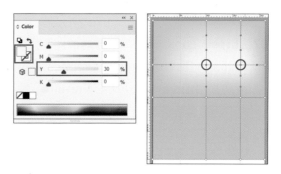

04 Direct Selection Tool(▷)로 클릭하여 상단 중앙의 고정점을 선택하고 위쪽으로 이동하여 배치합니다. 같은 방법으로 나머지 3개의 고정점을 각각 선택하고 드래그하여 이동하여 변형 합니다.

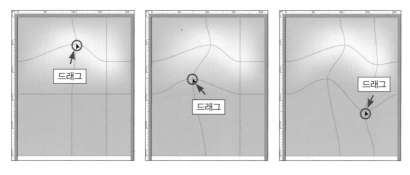

05 Direct Selection Tool(▷)로 2개의 고정점의 핸들을 각각 드래그하여 그림과 같이 변형합니다.

06 Ellipse Tool(◉)로 드래그하여 크기가 다른 5개의 원형을 그리고 Color 패널에서 'Fill Color : Y30, Stroke Color : None'을 지정합니다. Pen Tool(✎)로 원형의 하단과 겹치도록 닫힌 패스를 그리고 'Fill Color : Y30, Stroke Color : None'을 지정합니다. Selection Tool(▶)로 원형과 함께 선택하고 Pathfinder 패널에서 'Unite(◼)'를 클릭하여 합칩니다.

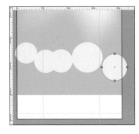 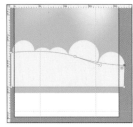 

07 Ellipse Tool(◉)로 드래그하여 크기가 다른 5개의 원형을 그리고 Color 패널에서 'Fill Color : C10Y50, Stroke Color : None'을 지정합니다. Selection Tool(▶)로 함께 선택하고 Pathfinder 패널에서 'Unite(◼)'를 클릭하여 합칩니다.

 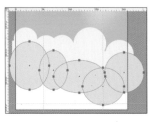 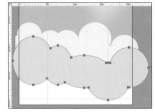

08 Ellipse Tool(◉)로 드래그하여 크기가 다른 3개의 타원을 겹치도록 그리고 Color 패널에서 'Fill Color : M40Y80, Stroke Color : None'을 지정합니다. Rectangle Tool(◻)로 하단에 드래그하여 동일한 색상의 사각형을 겹치도록 그린 후 Selection Tool(▶)로 함께 선택하고 Pathfinder 패널에서 'Unite(◼)'를 클릭하여 합칩니다.

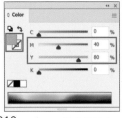 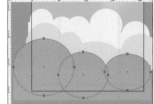 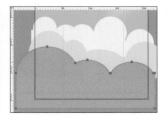

03 블렌드 효과 만들기

01 Pen Tool(✐)로 작업 도큐먼트를 완전히 벗어나는 2개의 곡선을 그리고 오른쪽 곡선은 Color 패널에서 'Fill Color : None, Stroke Color : Y30'을 지정한 후 Stroke 패널에서 'Weight : 3pt'를 적용합니다. 왼쪽 곡선은 'Fill Color : None, Stroke Color : C0M0Y0K0'을 지정한 후 Stroke 패널에서 'Weight : 1pt'를 적용합니다.

   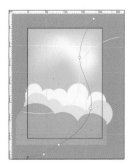

02 Selection Tool(▶)로 2개의 곡선을 선택한 후 [Object]-[Blend]-[Make]를 적용하고 [Object]-[Blend]-[Blend Options]로 'Specified Steps : 15'를 적용합니다.

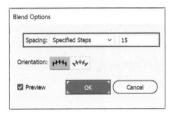 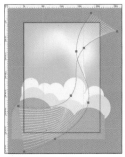

04 심볼 오브젝트 만들고 등록하기

01 Ellipse Tool(⬭)로 작업 도큐먼트를 클릭한 후 'Width : 26mm, Height : 26mm'를 입력하여 그리고 Color 패널에서 'Fill Color : 임의 색상, Stroke Color : 임의 색상'을 지정합니다.

02 Rounded Rectangle Tool(▢)로 작업 도큐먼트를 클릭한 후 'Width : 46mm, Height : 10mm, Corner Radius : 5mm'를 입력하여 그리고 Color 패널에서 'Fill Color : 임의 색상, Stroke Color : 임의 색상'을 지정하고 하단에 배치합니다. 계속해서 클릭하여 'Width : 10mm, Height : 40mm, Corner Radius : 5mm'를 입력하여 그리고 배치합니다.

  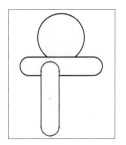

03 Selection Tool(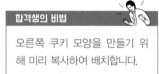)로 드래그하여 3개의 오브젝트를 선택한 후 Alt 를 누른 채 드래그하여 복사합니다.

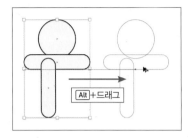

Alt +드래그

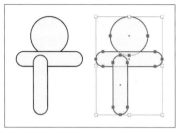

04 Rectangle Tool(□)로 작업 도큐먼트를 클릭한 후 'Width : 33mm, Height : 26mm'를 입력하여 임의 색상의 사각형을 그리고 좌측 하단에 배치한 후, Shift + Ctrl + A 를 눌러 선택을 해제합니다. Direct Selection Tool(▷)로 Shift 를 누른 채 클릭하여 상단 2개의 고정점을 선택하고 Scale Tool(🔲)을 더블 클릭하여 'Uniform : 65%'를 지정하고 [OK]를 눌러 패스를 축소합니다.

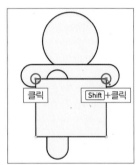

클릭　　Shift +클릭

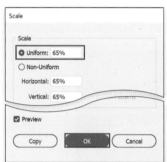

05 Selection Tool(▶)로 드래그하여 중앙의 3개의 오브젝트를 함께 선택하고 Align 패널에서 'Horizontal Align Center(⯐)'를 클릭하여 가로 가운데 정렬을 지정합니다. Selection Tool(▶)로 하단의 둥근 사각형을 선택하고 Reflect Tool(◀)로 Alt 를 누른 채 정원의 중심점을 클릭한 후 'Axis : Vertical'을 지정하고 [Copy]를 눌러 복사합니다.

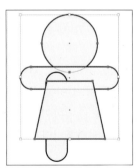

Alt +클릭

06 Selection Tool(▶)로 드래그하여 5개의 오브젝트를 함께 선택하고 Pathfinder 패널에서 'Unite(▣)'를 클릭하여 합친 후 Color 패널에서 'Fill Color : C30M50Y100K10, Stroke Color : None'을 지정합니다.

07 Rectangle Tool(▢)로 드래그하여 사각형을 그리고 Color 패널에서 'Fill Color : M70, Stroke Color : None'을 지정합니다. [Object]-[Path]-[Add Anchor Points]를 선택하고 사각형의 선분 중앙에 고정점을 추가합니다. Direct Selection Tool(▷)로 Shift 를 누른 채 클릭하여 가운데 2개의 고정점을 선택하고 Scale Tool(▣)로 안쪽으로 드래그하여 패스를 축소합니다.

 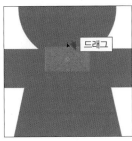 

08 Ellipse Tool(◉)로 Shift 를 누른 채 드래그하여 정원을 그리고 Color 패널에서 'Fill Color : C0M0Y0K0, Stroke Color : None'을 지정합니다. Selection Tool(▶)로 Alt 를 누른 채 드래그하여 3개의 정원을 복사하여 눈과 단추 모양을 완성합니다.

09 Ellipse Tool(◉)로 드래그하여 타원을 그리고 Color 패널에서 'Fill Color : None, Stroke Color : C0M0Y0K0'을 지정한 후 Stroke 패널에서 'Weight : 5pt, Cap : Round Cap'을 적용합니다. Scissors Tool(✂)로 왼쪽과 오른쪽 선분에 각각 클릭하여 패스를 자르고, 상단의 열린 패스를 선택하고 Delete 를 눌러 삭제한 후 [Object]-[Path]-[Outline Stroke]를 선택하여 선을 면으로 확장합니다.

10 Line Segment Tool(✐)로 Shift 를 누른 채 드래그하여 2개의 수직선을 그리고 Color 패널에서 ‘Fill Color : None, Stroke Color : C0M0Y0K0’을 지정한 후 Stroke 패널에서 ‘Weight : 5pt’를 적용합니다. 계속해서 작업 도큐먼트를 클릭한 후 ‘Length : 33mm, Angle : 0°’를 지정하여 동일한 속성의 수평선을 그리고 하단 중앙에 배치합니다.

11 [Effect]–[Illustrator Effects]–[Distort & Transform]–[Zig Zag]를 선택하고 ‘Size : 3mm, Absolute : 체크, Ridges per segment : 7, Smooth : 체크’를 지정합니다. Selection Tool(▶)로 3개의 선을 함께 선택한 후 [Object]–[Path]–[Outline Stroke]를 선택하여 선을 면으로 확장합니다.

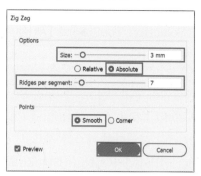

12 Selection Tool(▶)로 4개의 오브젝트를 함께 선택하고 Pathfinder 패널에서 ‘Divide(◨)’를 클릭하여 면을 분할합니다. Selection Tool(▶)로 오브젝트를 더블 클릭하여 Isolation Mode로 전환하고 불필요한 6개의 오브젝트를 선택하고 Delete 를 눌러 삭제합니다. Esc 를 눌러 정상 모드로 전환하고 Shift + Ctrl + [를 눌러 맨 뒤로 보내기를 합니다.

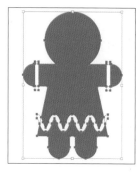
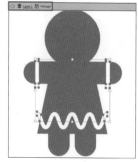

13 Selection Tool(▶)로 앞서 복사한 오브젝트의 하단 둥근 사각형을 선택하고 Rotate Tool (↻)로 더블 클릭하여 'Angle : −5°'를 지정하고 [OK]를 눌러 회전합니다. Reflect Tool(▷◁)로 Alt 를 누른 채 정원의 중심점을 클릭한 후 'Axis : Vertical'을 지정하고 [Copy]를 눌러 복사합니다.

  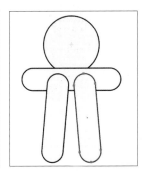

14 Rectangle Tool(▭)로 드래그하여 하단 중앙에 겹치도록 사각형을 그리고 Selection Tool (▶)로 드래그하여 5개의 오브젝트를 함께 선택합니다. Pathfinder 패널에서 'Unite(▣)'를 클릭하여 합친 후 Color 패널에서 'Fill Color : C30M70Y100K10, Stroke Color : None'을 지정합니다.

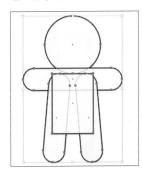 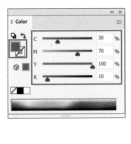 

15 Direct Selection Tool(▷)로 Shift 를 누른 채 2개의 고정점을 함께 선택하고 모서리 안쪽의 둥근 점(◉)을 안쪽으로 드래그하여 모서리를 둥글게 변형합니다.

16 Selection Tool(▶)로 왼쪽 쿠키 모양에서 5개의 오브젝트를 함께 선택한 후 [Alt]+[Shift]를 누른 채 오른쪽 쿠키 모양으로 드래그하여 복사하고 [Shift]+[Ctrl]+[]]를 눌러 맨 앞으로 가져오기를 합니다.

17 Selection Tool(▶)로 하단 중앙의 정원을 선택하고 [Alt]+[Shift]를 누른 채 아래쪽으로 드래그하여 복사하여 배치합니다.

18 Line Segment Tool(/)로 [Shift]를 누른 채 왼쪽 팔 부분과 충분히 겹치도록 드래그하여 수직선을 그리고 Color 패널에서 'Fill Color : None, Stroke Color : C0M0Y0K0'을 지정한 후 Stroke 패널에서 'Weight : 5pt'를 지정합니다. 계속해서 드래그하여 2개의 사선을 왼쪽 다리 부분에 겹치도록 그리고 하단에 배치합니다.

19 Selection Tool(▶)로 3개의 선을 함께 선택하고 Reflect Tool(◀▶)로 [Alt]를 누른 채 하단 정원의 중심점을 클릭한 후 'Axis : Vertical'을 지정하고 [Copy]를 눌러 복사합니다.

20 Selection Tool(▶)로 6개의 선을 함께 선택한 후 [Object]-[Path]-[Outline Stroke]를 선택하여 선을 면으로 확장합니다. Selection Tool(▶)로 7개의 오브젝트를 함께 선택하고 Pathfinder 패널에서 'Divide(▣)'를 클릭하여 면을 분할합니다.

21 Selection Tool(▶)로 오브젝트를 더블 클릭하여 Isolation Mode로 전환하고 불필요한 오브젝트를 선택하고 [Delete]를 눌러 삭제합니다. [Esc]를 눌러 정상 모드로 전환하고 [Shift]+[Ctrl]+[[]를 눌러 맨 뒤로 보내기를 합니다.

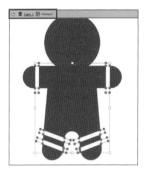

22 Selection Tool(▶)로 2개의 쿠키 오브젝트를 함께 선택한 후 Symbols 패널 하단의 'New Symbol(⊞)'을 클릭하고 [Symbol Options] 대화상자에서 'Name : 쿠키, Export Type : Graphic'을 지정하여 심볼로 등록합니다.

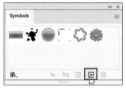

05 심볼 적용 및 편집하기

01 Symbols 패널에서 등록된 '쿠키' 심볼을 선택하고 Symbol Sprayer Tool(🔳)로 작업 도큐먼트를 클릭하여 심볼을 뿌려 줍니다.

02 Symbol Sizer Tool()로 클릭하여 일부 심볼은 크기를 확대하고 Alt 를 누르고 클릭하여 심볼의 크기를 축소합니다. Symbol Shifter Tool(🐝)로 심볼의 위치를 이동시킨 후 Symbol Spinner Tool(◎)로 일부를 회전하여 배치합니다.

03 Symbol Screener Tool(◉)로 일부를 클릭하여 투명하게 하고 Symbol Stainer Tool(🐝)로 Swatches 패널에서 제시된 출력형태와 유사한 색상을 Fill Color로 선택한 후 일부에 클릭하여 색조의 변화를 적용합니다.

 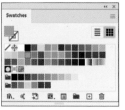  

합격생의 비법

Symbol Stainer Tool(🐝)로 색조의 변화를 적용할 때는 정확한 색상의 제시가 없으므로 문제지의 《출력형태》와 가장 유사한 색상을 'Fill Color'로 지정하여 적용하면 됩니다.

06 오일병 오브젝트 만들고 그라디언트 적용하기

01 Ellipse Tool(◎)로 작업 도큐먼트를 클릭한 후 'Width : 82mm, Height : 101mm'를 입력하여 그리고 Color 패널에서 'Fill Color : 임의 색상, Stroke Color : 임의 색상'을 지정합니다.

02 Rectangle Tool(▢)로 드래그하여 타원의 하단과 겹치도록 사각형을 그리고 Color 패널에서 'Fill Color : 임의 색상, Stroke Color : 임의 색상'을 지정합니다.

03 Selection Tool(▶)로 타원과 사각형을 함께 선택한 후 Pathfinder 패널에서 'Minus Front(⬚)'를 클릭하고 Color 패널에서 'Fill Color : C10M10Y30, Stroke Color : None'을 지정합니다. [Object]-[Path]-[Offset Path]를 클릭하여 'Offset : −9mm'를 입력한 후 [OK]를 눌러 확대된 복사본을 만들고 'Fill Color : 임의 색상, Stroke Color : None'을 지정합니다.

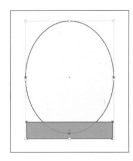  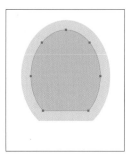

04 Rectangle Tool(⬛)로 드래그하여 상단과 겹치도록 임의 색상의 사각형을 그리고 Selection Tool(▶)로 안쪽 오브젝트와 함께 선택하고 Pathfinder 패널에서 'Minus Front(⬚)'를 클릭합니다.

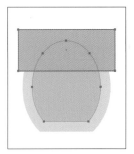  

05 Gradient 패널에서 'Type : Linear Gradient, Angle : 90°'를 적용하고 Gradient Slider의 왼쪽 'Color Stop'을 더블 클릭하여 Y100을, 오른쪽 'Color Stop'을 더블 클릭하여 M40Y60을 적용한 후 'Location : 87%'를 지정합니다. Color 패널에서 'Stroke Color : None'을 지정합니다.

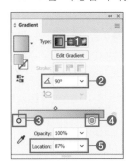  

06 Ellipse Tool(⬭)로 Shift 를 누른 채 드래그하여 크기가 다른 정원을 2개 그리고 앞서 적용한 동일한 그라디언트를 지정합니다.

07 Rectangle Tool(■)로 작업 도큐먼트에 클릭하여 대화상자에서 'Width : 17mm, Height : 50mm'를 입력하여 그리고 Color 패널에서 'Fill Color : C10M10Y30, Stroke Color : None'을 지정한 후 상단 중앙에 겹치도록 배치합니다.

08 Ellipse Tool(⬭)로 작업 도큐먼트를 클릭한 후 'Width : 59mm, Height : 67mm'를 입력하여 그리고 Color 패널에서 'Fill Color : None, Stroke Color : C10M10Y30'을 지정한 후 Stroke 패널에서 'Weight : 18pt'를 지정합니다.

09 [Object]-[Path]-[Add Anchors Points]를 선택하고 선분 중앙에 고정점을 추가합니다. Selection Tool(▶)로 오브젝트를 더블 클릭하여 Isolation Mode로 전환합니다. Direct Selection Tool(▷)로 드래그하여 중앙의 2개의 고정점을 선택하고 Delete 를 눌러 삭제하고 [Object]-[Path]-[Outline Stroke]를 선택하여 선을 면으로 확장한 후 Esc 를 눌러 정상 모드로 전환합니다.

10 Selection Tool(▶)로 Color 패널에서 'Fill Color : C10M10Y30, Stroke Color : None' 인 3개의 오브젝트를 함께 선택하고 Pathfinder 패널에서 'Unite(◨)'를 클릭하여 합치고 Shift + Ctrl + [를 눌러 맨 뒤로 보내기를 합니다.

11 Rounded Rectangle Tool(▢)로 작업 도큐먼트를 클릭한 후 'Width : 31mm, Height : 9.5mm, Corner Radius : 1mm'를 입력하여 그리고 Color 패널에서 'Fill Color : M30Y100, Stroke Color : None'을 지정합니다.

12 Selection Tool(▶)로 오브젝트를 더블 클릭하여 Isolation Mode로 전환합니다. Direct Selection Tool(▷)로 드래그하여 하단 4개의 고정점을 선택하고 Scale Tool(⬚)을 더블 클릭하여 'Uniform : 80%'를 지정하고 [OK]를 눌러 패스를 축소합니다. Line Segment Tool(╱)로 Shift 를 누른 채 하단에 수평선을 겹치도록 그리고 Color 패널에서 'Fill Color : None, Stroke Color : 임의 색상'을 지정합니다.

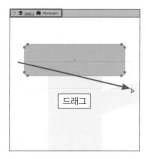  

13 Ctrl + A 로 모두 선택하고 Pathfinder 패널에서 'Divide(▣)'를 클릭하여 면을 분할합니다. Selection Tool(▶)로 하단 오브젝트를 선택하고 Color 패널에서 'Fill Color : C10M50Y80K10, Stroke Color : None'을 지정한 후 Esc 를 눌러 정상 모드로 전환합니다.

14 Rectangle Tool(▢)로 작업 도큐먼트를 클릭한 후 'Width : 22mm, Height : 28mm'를 입력하여 그리고 Color 패널에서 'Fill Color : M70Y60, Stroke Color : None'을 지정하고 상단에 겹치도록 배치합니다. Line Segment Tool(╱)로 Shift 를 누른 채 상단에 수평선을 겹치도록 그리고 'Fill Color : None, Stroke Color : 임의 색상'을 지정합니다.

15 Selection Tool(▶)로 사각형과 함께 선택하고 Pathfinder 패널에서 'Divide(▣)'를 클릭하여 면을 분할한 후 Selection Tool(▶)로 오브젝트를 더블 클릭하여 Isolation Mode로 전환합니다. Direct Selection Tool(▷)로 드래그하여 상단 2개의 고정점을 선택하고 모서리의 둥근 점(◎)을 안쪽으로 드래그하여 모서리를 둥글게 변형합니다.

 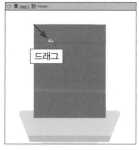

16 Direct Selection Tool()로 드래그하여 하단 2개의 고정점을 선택하고 Scale Tool(⬚)을 더블 클릭하여 'Uniform : 65%'를 지정하고 [OK]를 눌러 패스를 축소한 후 Color 패널에서 'Fill Color : C10M100Y80K10, Stroke Color : None'을 지정한 후 Esc 를 눌러 정상 모드로 전환하고 Ctrl + [를 눌러 뒤로 보내기를 합니다.

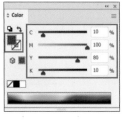

07 그룹 지정하고 이펙트 적용하기

01 Selection Tool(▶)로 오일병 오브젝트를 모두 선택하고 Ctrl + G 로 그룹으로 지정합니다. [Effect]-[Illustrator Effects]-[Stylize]-[Drop Shadow]를 선택하고 'Opacity : 75%, X Offset : 1mm, Y Offset : 1mm, Blur : 2mm'를 지정하여 그림자 효과를 적용합니다.

합격생의 비법

[Properties] 패널에서 [Appearance] 항목의 fx 를 눌러 [Stylize]-[Drop Shadow]를 바로 적용할 수 있습니다.

08 조리 도구 만들고 쿠키 오브젝트 변형하기

01 Ellipse Tool(◯)로 작업 도큐먼트를 클릭한 후 'Width : 54mm, Height : 23mm'를 입력하여 그리고 Color 패널에서 'Fill Color : C30M50Y100K10, Stroke Color : 임의 색상'을 지정합니다. 계속해서 클릭하여 'Width : 81mm, Height : 53mm'를 입력하여 그리고 'Fill Color : None, Stroke Color : 임의 색상'을 지정하고 상단에 겹치도록 배치합니다.

02 [Object]-[Transform]-[Move]를 선택한 후 'Horizontal : −7mm, Vertical : 0mm'를 입력하고 [Copy]를 눌러 왼쪽으로 이동하여 복사합니다. Selection Tool(▶)로 2개의 오브젝트를 함께 선택하고 Pathfinder 패널에서 'Divide(▣)'를 클릭하여 면을 분할합니다.

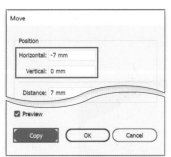

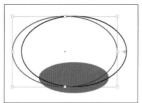

03 Selection Tool(▶)로 오브젝트를 더블 클릭하여 Isolation Mode로 전환합니다. 왼쪽 오브젝트를 선택하고 Delete 를 눌러 삭제한 후 나머지 오브젝트를 선택하고 Color 패널에서 'Fill Color : C30M50Y100K10, C30M50Y100K30, Stroke Color : None'을 각각 지정한 후 Esc 를 눌러 정상 모드로 전환합니다.

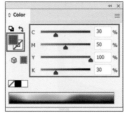

04 Ellipse Tool(◯)로 작업 도큐먼트를 클릭한 후 'Width : 81mm, Height : 38mm'를 입력하여 그리고 Color 패널에서 'Fill Color : M50Y100K10, Stroke Color : None'을 지정합니다. [Object]-[Transform]-[Move]를 선택한 후 'Horizontal : 0mm, Vertical : -3mm'를 입력하고 [Copy]를 눌러 이동 복사하고 'Fill Color : C30M50Y100K30, Stroke Color : None'을 지정합니다.

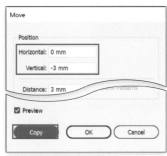

05 Ellipse Tool(◯)로 드래그하여 크기가 다른 7개의 타원을 서로 겹치도록 그립니다. Selection Tool(▶)로 7개의 타원을 함께 선택한 후 Pathfinder 패널에서 'Unite(◧)'를 클릭하여 합치고 Color 패널에서 'Fill Color : Y10, Stroke Color : None'을 지정합니다.

06 Pen Tool()로 드래그하여 열린 패스를 그리고 Color 패널에서 'Fill Color : None, Stroke Color : Y10K10'을 지정한 후 Stroke 패널에서 'Weight : 14pt, Profile : Width Profile 1'을 지정합니다.

07 [Object]-[Expand Appearance]로 오브젝트의 속성을 확장하고 Pathfinder 패널에서 'Unite(■)'를 클릭합니다. 조리 기구를 모두 선택하고 Ctrl + G 로 그룹을 지정합니다.

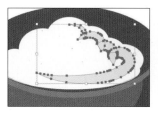
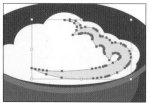

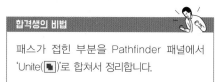

08 Selection Tool()로 심볼로 등록한 쿠키 오브젝트를 선택하고 마우스 오른쪽 버튼을 누르고 [Break Link to Symbol]을 클릭하여 일반 오브젝트로 변환합니다. Shift + Ctrl + G 를 여러 번 적용하여 그룹을 해제합니다.

09 Selection Tool()로 왼쪽 쿠키 오브젝트를 선택하고 [Object]-[Path]-[Offset Path]를 클릭한 후 'Offset : 2mm'를 입력한 후 [OK]를 눌러 확대된 복사본을 만들고 Color 패널에서 'Fill Color : C30M70Y100K50, Stroke Color : None'을 지정한 후 Shift + Ctrl + [를 눌러 맨 뒤로 보내기를 합니다. 오른쪽 쿠키 오브젝트도 동일한 방법으로 복사본을 만들고 색상을 지정합니다.

10 Selection Tool(▶)로 2개의 쿠키 오브젝트를 각각 선택하고 Ctrl+G로 그룹으로 각각 지정하고 배치합니다. 오른쪽 쿠키 오브젝트는 Rotate Tool(↻)을 더블 클릭하여 'Angle : −10°'를 지정하고 [OK]를 눌러 회전하여 배치합니다.

⑨ 브러쉬 적용하기

01 Pen Tool(✏)로 오른쪽 하단에서 왼쪽 상단으로 드래그하여 작업 도큐먼트를 완전히 벗어나는 열린 패스를 그립니다. Brushes 패널 하단의 'Brush Libraries Menu(📖)'를 클릭하여 [Borders]−[Borders_Novelty]를 선택하여 추가 브러쉬 패널을 불러온 후 'Jester'를 선택합니다. Color 패널에서 'Fill Color : None, Stroke Color : 임의 색상'을 지정하고 Stroke 패널에서 'Weight : 2pt'를 지정합니다.

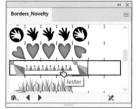

02 Pen Tool(✏)로 도큐먼트 상단에 오른쪽에서 왼쪽으로 드래그하여 작업 도큐먼트를 완전히 벗어나는 열린 패스를 그리고 Brushes 패널에서 'Jester'를 선택한 후 Stroke 패널에서 'Weight : 1pt'를 지정합니다.

⑩ 문자 입력 및 왜곡하기

01 Type Tool(T)로 작업 도큐먼트를 클릭한 후 Character 패널에서 'Set the font family : Arial, Set the font style : Bold, Set the font size : 46pt'를 설정하고 Color 패널에서 'Fill Color : C40M100Y100K20, Stroke Color : None'을 지정한 후 SWEET를 입력합니다.

02 Selection Tool(▶)로 'SWEET' 문자를 선택하고 [Object]-[Envelope Distort]-[Make with Warp]를 선택한 후 'Style : Arc Upper, Horizontal : 체크, Bend : 30%'를 지정하여 글자를 왜곡시킵니다.

03 Type Tool(T)로 작업 도큐먼트를 클릭한 후 Character 패널에서 'Set the font family : Arial, Set the font style : Bold, Set the font size : 61pt'를 설정하고 Color 패널에서 'Fill Color : M70Y100K20, Stroke Color : None'을 지정한 후 COOKIES를 입력합니다.

04 Selection Tool(▶)로 'SWEET' 문자와 'COOKIES' 문자를 함께 선택하고 Align 패널에서 'Horizontal Align Center(♣)'를 클릭하여 가로 가운데 정렬을 지정합니다.

05 Type Tool(T)로 작업 도큐먼트를 클릭한 후 Character 패널에서 'Set the font family : Arial, Set the font style : Bold, Set the font size : 22pt'를 설정하고 Color 패널에서 'Fill Color : K100, Stroke Color : None'을 지정한 후 Let's make snacks를 입력합니다. Selection Tool(▶)로 'Let's make snacks' 문자를 선택하고 [Object]-[Envelope Distort]-[Make with Warp]를 선택한 후 'Style : Arc, Horizontal : 체크, Bend : 30%'를 지정하여 글자를 왜곡시킵니다.

 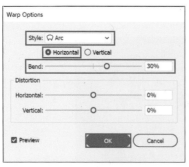 

06 Selection Tool(▶)로 'Let's make snacks' 문자와 조리 도구 오브젝트를 함께 선택하고 Align 패널에서 'Horizontal Align Center(♣)'를 클릭하여 가로 가운데 정렬을 지정합니다.

⑪ 클리핑 마스크 적용하기

01 Selection Tool(▶)로 Symbol Set를 클릭하여 선택하고 Shift+Ctrl+]를 눌러 맨 앞으로 가져오기를 합니다.

02 Rectangle Tool(▣)로 작업 도큐먼트 왼쪽 상단의 원점(0,0)을 클릭한 후 'Width : 210mm, Height : 297mm'를 입력하여 그리고 Color 패널에서 'Fill Color : 임의 색상, Stroke Color : None'을 지정합니다.

03 [Select]-[All](Ctrl+A)로 오브젝트를 모두 선택하고 [Object]-[Clipping Mask]-[Make] (Ctrl+7)로 클리핑 마스크를 적용하여 디자인을 정리합니다.

⑫ 저장 및 답안 전송하기

01 [View]-[Guides]-[Hide Guides](Ctrl+;)를 선택하여 안내선을 숨기고 [View]-[Fit Artboard in Window](Ctrl+0)를 선택하여 현재 창에 맞추기를 합니다.

02 [File]-[Save As]를 선택하고 '저장 위치 : 내 PC₩문서₩GTQ, 파일 형식 : Adobe Illustrator(*AI), 파일 이름 : 수험번호-성명-문제번호.ai'를 확인하고 [저장]을 클릭한 후 [Illustrator Options] 대화상자에서 'Version : Illustrator 2020'으로 설정하고 [OK]를 클릭합니다.

03 답안 저장이 완료가 되면 [File]-[Exit](Ctrl+Q)를 선택하여 일러스트레이터 프로그램을 종료하고 수험 프로그램에서 [답안 전송]을 클릭하여 감독관 컴퓨터로 전송합니다.

급수	문제유형	시험시간	수험번호	성명
1급	A	90분	G123456789	

수 험 자 유 의 사 항

- 수험자는 문제지를 받는 즉시 응시하고자 하는 과목 및 급수가 맞는지 확인한 후 수험번호와 성명을 작성합니다.
- 파일명은 본인의 "수험번호–성명–문제번호"로 공백 없이 정확히 입력하고 답안폴더(내 PC₩문서₩GTQ)에 ai 파일 포맷으로 저장해야 하며, 다른 파일 형식으로 저장하였을 경우 0점 처리됩니다. 답안문서 파일명이 "수험번호–성명–문제번호"와 일치하지 않거나, 답안 파일을 전송하지 않아 미제출로 처리될 경우 불합격 처리됩니다.
- 수험자 정보와 저장한 파일명, 저장 위치가 다를 경우 전송이 되지 않으므로, 주의하시기 바랍니다.
- 답안 작성 중에도 주기적으로 '저장'과 '답안 전송'을 이용하여 감독위원 PC로 답안을 전송하셔야 합니다. (※ 작업한 내용을 저장하지 않고 전송할 경우 이전의 저장내용이 전송되오니 이점 반드시 유념하시기 바랍니다.)
- 답안문서는 지정된 경로 외의 다른 보조기억장치에 저장하는 행위, 지정된 시험 시간 외에 작성된 파일을 활용한 행위, 기타 통신수단(이메일, 메신저, 네트워크 등)을 이용하여 타인에게 전달 또는 외부 반출하는 행위는 부정으로 간주되어 자격기본법 제32조에 의거 본 시험 및 국가공인 자격시험을 2년간 응시할 수 없습니다.
- 시험 중 부주의 또는 고의로 시스템을 파손한 경우와 〈수험자 유의사항〉에 기재된 방법대로 이행하지 않아 생기는 불이익은 수험자의 책임임을 알려 드립니다.
- 시험을 완료한 수험자는 최종적으로 저장한 답안파일이 전송되었는지 확인한 후 감독위원의 지시에 따라 문제지를 제출하고 퇴실합니다.

답 안 작 성 요 령

- 온라인 답안 작성 절차
  수험자 등록 ⇒ 시험 시작 ⇒ 답안파일 저장 ⇒ 답안 전송 ⇒ 시험 종료
- 배점은 총 100점으로 이루어지며, 점수는 각 문제별로 차등 배분됩니다.
- 각 문제는 제시된 조건에 맞게 답안을 작성하셔야 하며, 조건을 지키지 못했을 경우에는 0점 또는 감점 처리됩니다.
- 조건에서 주어진 단위는 'mm(밀리미터)'입니다. 눈금자는 작성하지 않으며, 그 외는 출력형태(레이아웃, 색상, 문자, 규격 등)와 같게 작업하십시오.
- 문제 조건에 서체의 지정이 없을 경우 한글은 굴림이나 돋움, 영문은 Arial로 작업하십시오. (단, 그 외 제시되지 않은 문자 속성을 기본값으로 작성하지 않은 경우는 감점 처리됩니다.)
- 문제 조건에 크기와 색상, 두께의 지정이 없을 경우 《출력형태》를 참고하여 작업해 주시기 바랍니다.
- Color Mode(색상 모드)는 별도의 처리조건이 없을 경우에는 CMYK로 작업하십시오.
- 조건에서 제시한 기능을 임의로 합치거나 각 기능에 대한 속성을 해지할 경우 해당 요소는 0점 처리됩니다.

한 국 생 산 성 본 부

다음의 《조건》에 따라 아래의 《출력형태》와 같이 작업하시오.

조건

파일저장규칙	AI	파일명	문서₩GTQ₩수험번호−성명−1.ai
		크기	100 × 80mm

1. 작업 방법
① 도형, 변형 툴과 Pathfinder 기능을 활용하여 오브젝트를 작성한다.
② 그 외 《출력형태》 참조

2. 문자 효과
① BABY CARE (Arial, Regular, 20pt, C0M0Y0K0, C70M60)

출력형태

C10M10Y60,
M10Y10,
C20Y30,
M70Y70 → M40Y40,
M40Y80,
C60M60Y60K30,
C0M0Y0K0,
M40Y10, C10Y70,
C40M10,
M40Y30,
M20Y90,
(선/획) C30M40Y40K10, 1pt

문제 2 : 패키지, 비즈니스 디자인   35점

다음의 《조건》에 따라 아래의 《출력형태》와 같이 작업하시오.

조건

파일저장규칙	AI	파일명	문서₩GTQ₩수험번호-성명-2.ai
		크기	160 × 120mm

1. 작업 방법

① 유아복은 Pattern을 활용하여 작성한다. (패턴 등록 : 곰 인형)
② 젖병에는 Clipping Mask를 적용한다.
③ Brush는 《출력형태》를 참고하여 작성한다.
④ Effect는 《출력형태》를 참고하여 작성한다.
⑤ 그 외 《출력형태》 참조

2. 문자 효과

① LOVELY BABY (Arial, Bold, 10pt, 14pt, C0M0Y0K0, C80M80)
② MILK (Times New Roman, Bold, 11pt, M30Y100)

출력형태

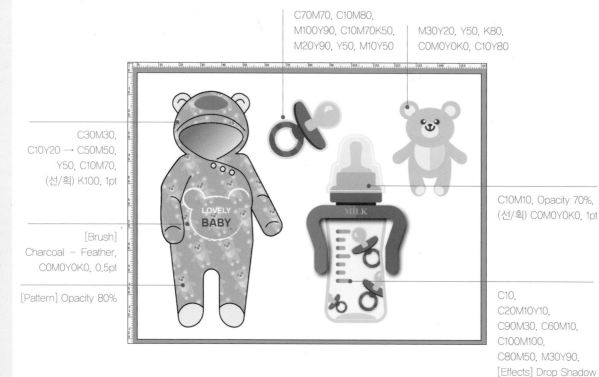

C70M70, C10M80,
M100Y90, C10M70K50,
M20Y90, Y50, M10Y50

M30Y20, Y50, K80,
C0M0Y0K0, C10Y80

C30M30,
C10Y20 → C50M50,
Y50, C10M70,
(선/획) K100, 1pt

C10M10, Opacity 70%,
(선/획) C0M0Y0K0, 1pt

[Brush]
Charcoal – Feather,
C0M0Y0K0, 0.5pt

[Pattern] Opacity 80%

C10,
C20M10Y10,
C90M30, C60M10,
C100M100,
C80M50, M30Y90,
[Effects] Drop Shadow

다음의 《조건》에 따라 아래의 《출력형태》와 같이 작업하시오.

조건

파일저장규칙	AI	파일명	문서₩GTQ₩수험번호-성명-3.ai
		크기	210 × 297mm

1. 작업 방법

① 《참고도안》을 직접 제작한 후 Symbol로 활용한다. (심볼 등록 : 오리)
② 'Bath Time', 'Let's Enjoy a bath with Rubber Duck' 문자에 Envelope Distort를 적용한다.
③ Brush는 《출력형태》를 참고하여 작성한다.
④ Effect는 《출력형태》를 참고하여 작성한다.
⑤ Clipping Mask를 이용하여 디자인을 정리한다.
⑥ 그 외 《출력형태》 참조

2. 문자 효과

① HAPPY (Times New Roman, Bold, 49pt, C30M100)
② Bath Time (Times New Roman, Regular, 70pt, C0M0Y0K0)
③ Let's Enjoy a bath with Rubber Duck (Arial, Regular, 21pt, C50M90)

참고도안

출력형태

M10Y90, M80Y100,
C0M0Y0K0, K100,
M30Y90K10,
M30Y100, M10Y30

210 X 297mm
[Mesh] C20Y20,
C0M0Y0K0

C0M0Y0K,
(선/획) C0M0Y0K, 2pt,
Opacity 70%

[Symbol]

[Blend] 단계 : 15,
(선/획) M50Y100, 1pt →
C20M10, 3pt

M50Y10, M80Y20

M60 → M20Y20
C40Y10, C0M0Y0K0, C30Y10

[Brush] Bubbles, 1pt, 2pt

M20Y30, M50Y100K60, M10Y30,
K100, C0M0Y0K0, M40Y30,
M90Y90K10, M20Y30K10,
Y20K10, M10Y10K30, C70M70K60,
C20Y10, C20Y10K20,
C0M0Y0K0, Y10K50,
[Effects] Drop Shadow

작업과정	새 도큐먼트 만들기 및 파일 저장하기 ➡ 배경 오브젝트 만들기 ➡ 꽃 오브젝트 만들고 그라디언트 적용하기 ➡ 엄마 캐릭터 만들기 ➡ 아기 캐릭터 만들기 ➡ 리본 오브젝트 만들기 ➡ 문자 입력하기 ➡ 저장 및 답안 전송하기
완성이미지	Part04₩기출유형문제02회₩수험번호-성명-1.ai

01 새 도큐먼트 만들기 및 파일 저장하기

01 [File]-[New](**Ctrl**+**N**)를 선택하고 'Width : 100mm, Height : 80mm, Units : Millimeters, Color Mode : CMYK'를 설정하여 새 도큐먼트를 만들고 [View]-[Rulers]-[Show Rulers](**Ctrl**+**R**)를 선택하여 눈금자를 표시합니다.

02 작품의 규격 왼쪽 상단에 원점(0,0)을 확인하고 왼쪽과 상단 눈금자 위에서 마우스로 각각 드래그하여 제시된 출력형태와 레이아웃 구성이 동일하게 안내선을 표시합니다.

03 작업 도큐먼트를 저장하기 위해 [File]-[Save](**Ctrl**+**S**)를 선택하고 '저장 위치 : 내 PC₩문서₩GTQ, 파일 형식 : Adobe Illustrator(*AI), 파일 이름 : 수험번호-성명-문제번호'를 입력하고 [저장]을 클릭한 후 [Illustrator Options] 대화상자에서 'Version : Illustrator 2020'으로 설정하고 [OK]를 클릭합니다.

02 배경 오브젝트 만들기

01 Ellipse Tool(◯)로 **Alt**를 누른 채 수직 안내선의 상단에 클릭한 후 'Width : 28mm, Height : 28mm'를 입력하여 그리고 Color 패널에서 'Fill Color : 임의 색상, Stroke Color : 임의 색상'을 지정합니다.

02 Rotate Tool(↻)로 **Alt**를 누른 채 안내선의 교차지점에 클릭한 후 'Angle : 45°'를 지정하고 [Copy]를 눌러 회전하여 복사합니다. [Object]-[Transform]-[Transform Again](**Ctrl**+**D**)을 6번 적용하고 반복하여 회전 복사합니다.

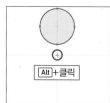
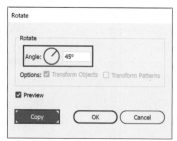
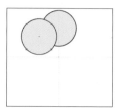
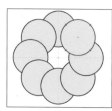

03 Rectangle Tool(■)로 드래그하여 8개의 정원과 겹치도록 중앙에 사각형을 그리고 Color 패널에서 'Fill Color : 임의 색상, Stroke Color : 임의 색상'을 지정합니다. [Select]-[All] (Ctrl + A)로 모두 선택한 후 Pathfinder 패널에서 'Unite(■)'를 클릭하여 합치고 'Fill Color : C10M10Y60, Stroke Color : None'을 지정합니다.

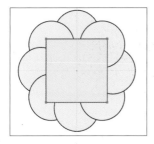  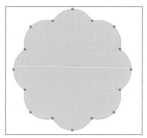

04 [Object]-[Offset Path]를 클릭한 후 'Offset : -2mm'를 입력한 후 [OK]를 눌러 축소된 복사본을 만들고 Color 패널에서 'Fill Color : M10Y10, Stroke Color : None'을 지정합니다. 계속해서 [Object]-[Path]-[Offset Path]를 클릭하여 'Offset : -1mm'를 입력하고 [OK]를 눌러 축소된 복사본을 만들고 'Fill Color : C20Y30, Stroke Color : None'을 지정합니다.

05 Ellipse Tool(○)로 Alt를 누른 채 수직 안내선의 하단에 클릭한 후 'Width : 64mm, Height : 46mm'를 입력하여 그리고 Color 패널에서 'Fill Color : 임의 색상, Stroke Color : 임의 색상'을 지정합니다.

06 Selection Tool(▶)로 Shift를 누른 채 클릭하여 2개의 오브젝트를 함께 선택하고 Pathfinder 패널에서 'Minus Front(■)'를 클릭합니다.

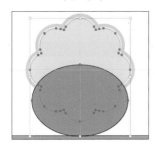  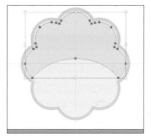

🔟 꽃 오브젝트 만들고 그라디언트 적용하기

01 Ellipse Tool(○)로 작업 도큐먼트를 클릭한 후 'Width : 8mm, Height : 8mm'를 입력하여 그리고 Tool 패널 하단에서 'Fill Color : 임의 색상, Stroke Color : 임의 색상'을 지정합니다. [Object]-[Path]-[Add Anchors Points]를 선택하고 정원의 선분에 고정점을 추가합니다.

02 [Effect]−[Illustrator Effects]−[Distort & Transform]−[Pucker & Bloat]를 선택한 후 30%를 입력하고 [OK]를 눌러 변형한 후 [Object]−[Expand Appearance]를 선택하여 오브젝트의 모양을 확장합니다.

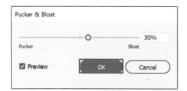  

03 Gradient 패널에서 'Type : Radial Gradient'를 적용하고 Gradient Slider의 왼쪽 'Color Stop'을 더블 클릭하여 M70Y70을 적용한 후 'Location : 24%'를, 오른쪽 'Color Stop'을 더블 클릭하여 M40Y40을 적용한 후 'Location : 80%'를 지정합니다. Color 패널에서 'Stroke Color : None'을 지정합니다.

04 Ellipse Tool(◯)로 Alt 를 누른 채 꽃 모양 오브젝트의 중심점에 클릭한 후 'Width : 2mm, Height : 2mm'를 입력하여 그리고 Color 패널에서 'Fill Color : M40Y80, Stroke Color : None'을 지정합니다.

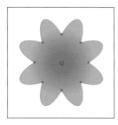  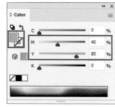 

합격생의 비법

중심점에 정렬하여 정확한 수치로 오브젝트 그리기

Alt 를 누른 채 클릭하면 클릭 지점이 오브젝트의 중심점이 되며, 대화상자에서 정확한 수치를 입력하여 그릴 수 있습니다. 가운데 정렬을 따로 하지 않아도 됩니다.

05 Selection Tool(▶)로 드래그하여 2개의 오브젝트를 함께 선택하고 Ctrl + G 로 그룹을 지정합니다. Ctrl + C 로 복사하고 Ctrl + V 로 붙여넣기를 한 후 오른쪽 하단으로 이동하여 배치합니다.

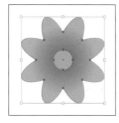 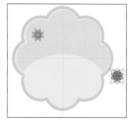

04 엄마 캐릭터 만들기

01 Ellipse Tool(◉)로 작업 도큐먼트를 클릭한 후 'Width : 18mm, Height : 20mm'를 입력하여 그리고 Color 패널에서 'Fill Color : M10Y10, Stroke Color : None'을 지정합니다. 계속해서 큰 원의 오른쪽에 클릭한 후 'Width : 4.3mm, Height : 4.3mm'를 입력하여 그리고 'Fill Color : M10Y10, Stroke Color : 임의 색상'을 지정한 후 겹치도록 배치합니다.

  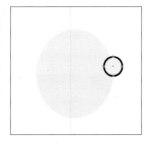

02 Pen Tool(✏)로 머리카락 모양의 2개의 닫힌 패스를 그리고 Color 패널에서 'Fill Color : C60M60Y60K30, Stroke Color : None'을 지정합니다. Selection Tool(▶)로 클릭하여 작은 정원을 선택한 후 [Object]-[Arrange]-[Bring to Front](Shift + Ctrl +])로 맨 앞으로 가져오기를 하고 Color 패널에서 'Stroke Color : None'을 지정합니다.

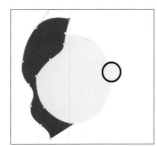  

03 Pen Tool(✏)로 드래그하여 눈썹과 코 모양의 3개의 열린 패스를 그리고 Color 패널에서 'Fill Color : None, Stroke Color : C60M60Y60K30'을 지정한 후 Stroke 패널에서 'Weight : 1pt, Profile : Width Profile 1'을 지정합니다.

04 계속해서 Pen Tool(✏️)로 드래그하여 눈과 귀의 음영을 열린 패스로 그리고 Color 패널에서 'Fill Color : None, Stroke Color : C60M60Y60K30'을 지정한 후 Stroke 패널에서 'Weight : 2pt, Profile : Width Profile 1'을 지정합니다.

05 Selection Tool(▶)로 [Shift]를 누른 채 클릭하여 6개의 열린 패스를 함께 선택한 후 [Object]-[Path]-[Outline Stroke]를 선택하고 선을 면으로 확장합니다.

06 Pen Tool(✏️)로 드래그하여 입 모양의 닫힌 패스를 그리고 Color 패널에서 'Fill Color : C0M0Y0K0, Stroke Color : C30M40Y40K10'을 지정한 후 Stroke 패널에서 'Weight : 1pt, Corner : Round Join'을 지정합니다. 계속해서 왼쪽의 얼굴 라인을 따라 열린 패스를 그리고 'Fill Color : None, Stroke Color : C30M40Y40K10'을 지정한 후 Stroke 패널에서 'Weight : 1pt'을 지정합니다.

07 Pen Tool(✏️)로 드래그하여 옷과 목 모양의 3개의 닫힌 패스를 순서대로 그리고 Color 패널에서 'Fill Color : M40Y30, C10Y70, M10Y10, Stroke Color : C30M40Y40K10'을 각각 지정한 후 Stroke 패널에서 'Weight : 1pt'를 지정합니다. Selection Tool(▶)로 3개의 닫힌 패스를 함께 선택하고 Shift + Ctrl + [를 눌러 맨 뒤로 보내기를 합니다.

합격생의 비법

옷 모양 오브젝트 앞쪽에는 겹쳐지는 다른 오브젝트가 배치되므로 최종적으로 윤곽선이 표시될 부분의 패스를 명확하게 그려줍니다. 겹치는 부분은 패스를 넉넉하게 그려주면 됩니다.

08 Pen Tool(✏️)로 드래그하여 오른쪽 팔 모양의 닫힌 패스를 그리고 Color 패널에서 'Fill Color : C10Y70, Stroke Color : C30M40Y40K10'을 지정한 후 Stroke 패널에서 'Weight : 1pt'를 지정합니다.

09 Selection Tool(▶)로 클릭하여 팔 모양 패스를 선택하고 Scale Tool(▣)을 더블 클릭하여 'Uniform : 85%, Scale Strokes & Effects : 체크 해제'를 지정하고 [Copy]를 눌러 축소 복사합니다. Reflect Tool(◀)을 더블 클릭하여 'Angle : 73°'를 지정하고 [OK]를 눌러 왼쪽에 배치합니다.

10 Pen Tool(✏️)로 드래그하여 손 모양의 닫힌 패스를 그리고 Color 패널에서 'Fill Color : M10Y10, Stroke Color : C30M40Y40K10'을 지정한 후 Stroke 패널에서 'Weight : 1pt'를 지정합니다.

11 Selection Tool(▶)로 오브젝트를 더블 클릭하여 Isolation Mode로 전환합니다. Pen Tool(✎)로 드래그하여 3개의 열린 패스를 그리고 Color 패널에서 'Fill Color : None, Stroke Color : C30M40Y40K10'을 지정한 후 Stroke 패널에서 'Weight : 1pt, Cap : Round Cap'을 지정합니다. Ctrl + A 로 모두 선택하고 Ctrl + G 로 그룹을 설정한 후 Esc 를 눌러 정상 모드로 전환합니다.

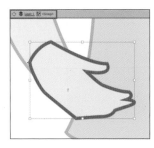  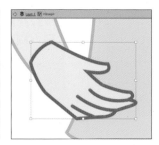

05 아기 캐릭터 만들기

01 Rectangle Tool(▣)로 작업 도큐먼트를 클릭한 후 'Width : 25mm, Height : 37mm'를 입력하여 그리고 Color 패널에서 'Fill Color : C40M10, Stroke Color : None'을 지정합니다.

02 Direct Selection Tool(▷)로 드래그하여 상단 2개의 고정점을 함께 선택한 후 Scale Tool(⊞)을 더블 클릭하여 'Uniform : 80%'를 지정하고 [OK]를 눌러 패스를 축소합니다.

 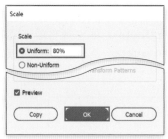 

03 Direct Selection Tool(▷)로 선택된 2개의 고정점 모서리의 둥근 점(◉)을 안쪽으로 드래그하여 모서리를 둥글게 변형합니다. 하단 2개의 고정점도 드래그하여 선택하고 모서리 안쪽의 둥근 점(◉)을 안쪽으로 드래그하여 모서리를 둥글게 변형합니다.

 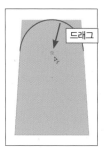  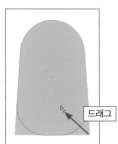

04 Ellipse Tool(⬤)로 작업 도큐먼트를 클릭한 후 'Width : 17mm, Height : 16mm'를 입력하여 그리고 Color 패널에서 'Fill Color : M10Y10, Stroke Color : None'을 지정합니다. Selection Tool(▶)로 드래그하여 둥근 사각형과 함께 선택하고 Align 패널에서 'Horizontal Align Center(🔳)'를 클릭하여 가로 가운데 정렬을 지정합니다.

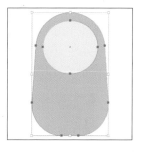

05 Ellipse Tool(⬤)로 작업 도큐먼트를 클릭한 후 'Width : 4.2mm, Height : 4.2mm'를 입력하여 동일한 색상의 정원을 그리고 왼쪽에 겹치도록 배치합니다. 계속해서 드래그하여 2개의 크기가 다른 타원을 그리고 Color 패널에서 'Fill Color : M40Y30, C60M60Y60K30, Stroke Color : None'을 각각 지정하고 배치합니다.

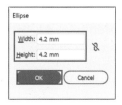
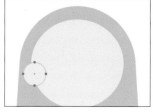
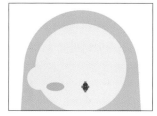

06 Ellipse Tool(⬤)로 작업 도큐먼트를 클릭한 후 'Width : 2.5mm, Height : 2.5mm'를 입력하여 그리고 Color 패널에서 'Fill Color : None, Stroke Color : C60M60Y60K30'을 지정한 후 Stroke 패널에서 'Weight : 1pt, Profile : Width Profile 1'을 지정합니다.

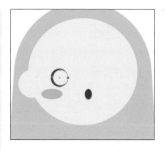

07 Direct Selection Tool(▷)로 클릭하여 상단의 고정점을 선택한 후 Delete 를 눌러 삭제하고 [Object]-[Expand Appearance]로 오브젝트의 속성을 확장합니다.

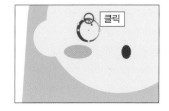

08 Pen Tool()로 드래그하여 눈썹 모양의 열린 패스를 그리고 Color 패널에서 'Fill Color : None, Stroke Color : C30M40Y40K10'을 지정한 후 Stroke 패널에서 'Weight : 1pt, Cap : Round Cap'을 지정합니다.

09 Ellipse Tool(⬤)로 작업 도큐먼트를 클릭한 후 'Width : 3.7mm, Height : 3.7mm'를 입력하여 그리고 Color 패널에서 'Fill Color : 임의 색상, Stroke Color : 임의 색상'을 지정합니다. Pen Tool(✎)로 머리카락 모양의 닫힌 패스를 정원 하단과 겹치도록 그리고 Tool 패널 하단에서 'Fill Color : 임의 색상, Stroke Color : 임의 색상'을 지정합니다.

10 Selection Tool(▶)로 Shift 를 누른 채 클릭하여 정원과 함께 선택한 후 Pathfinder 패널에서 'Unite(◧)'를 클릭하여 합치고 Color 패널에서 'Fill Color : C60M60Y60K30, Stroke Color : None'을 지정합니다.

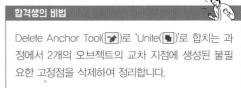

합격생의 비법

Delete Anchor Tool(✎)로 'Unite(◧)'로 합치는 과정에서 2개의 오브젝트의 교차 지점에 생성된 불필요한 고정점을 삭제하여 정리합니다.

11 Selection Tool(▶)로 Shift 를 누른 채 클릭하여 4개의 오브젝트를 함께 선택하고 Reflect Tool(◫)로 Alt 를 누른 채 큰 타원의 중심점에 클릭한 후 'Axis : Vertical'을 지정하고 [Copy]를 눌러 복사합니다.

합격생의 비법

'Outline'으로 전환하면 큰 타원의 중심점이 'x'로 표시되어 중심점을 찾기 쉽습니다.

12 Selection Tool(▶)로 Shift 를 누른 채 클릭하여 3개의 오브젝트를 함께 선택하고 Path-finder 패널에서 'Unite(◼)'를 클릭하여 합친 후 Ctrl + [를 여러 번 눌러 얼굴 모양 오브젝트를 왼쪽 눈과 눈썹 오브젝트의 뒤로 보내기를 합니다.

 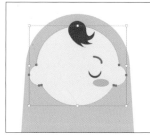 

13 Pen Tool(✎)로 드래그하여 열린 패스를 그리고 Color 패널에서 'Fill Color : None, Stroke Color : C20Y30'을 지정한 후 Stroke 패널에서 'Weight : 3pt, Cap : Round Cap'을 지정합니다. [Object]-[Path]-[Outline Stroke]를 선택하여 선을 면으로 확장합니다.

 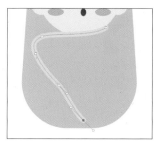 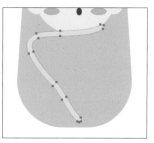

14 Group Selection Tool(▷)로 클릭하여 도큐먼트 왼쪽 상단의 그라디언트가 적용된 꽃 모양 오브젝트를 선택한 후 Ctrl + C 로 복사하고 Ctrl + V 로 붙여넣기를 합니다. Scale Tool(⬚)을 더블 클릭하여 'Uniform : 40%'를 지정하고 [OK]를 눌러 축소합니다. Color 패널에서 'Fill Color : C20Y30, Stroke Color : None'을 지정합니다.

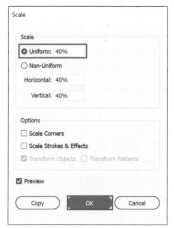 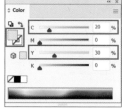 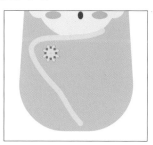

15 [Object]−[Transform]−[Move]를 선택한 후 'Horizontal : 3mm, Vertical : 4mm'를 입력하고 [Copy]를 눌러 이동하여 복사한 후 [Object]−[Transform]−[Transform Again] (Ctrl+D)으로 반복하여 이동 복사합니다.

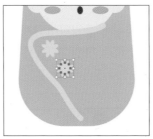

16 Selection Tool(▶)로 드래그하여 아기 캐릭터 오브젝트를 모두 선택하고 Ctrl+G를 눌러 그룹을 지정합니다. Rotate Tool(↺)을 더블 클릭하여 'Angle : 35˚'를 지정하고 [OK]를 눌러 회전하여 엄마 캐릭터 앞쪽에 배치합니다.

17 Selection Tool(▶)로 Shift를 누른 채 클릭하여 왼쪽 손 그룹과 오른쪽 팔을 함께 선택하고 Shift+Ctrl+]를 눌러 맨 앞으로 가져오기를 합니다.

🔞 리본 오브젝트 만들기

01 Rectangle Tool(▭)로 작업 도큐먼트를 클릭한 후 'Width : 62mm, Height : 12mm'를 입력하여 그리고 Color 패널에서 'Fill Color : M20Y90, Stroke Color : None'을 지정합니다.

02 [Effect]-[Illustrator Effects]-[Warp]-[Arc]를 선택하고 'Horizontal : 체크, Bend : -10%'를 지정한 후 [Object]-[Expand Appearance]로 오브젝트의 속성을 확장합니다.

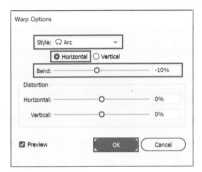

03 Pen Tool(✐)로 리본의 끝 모양을 닫힌 패스로 그리고 Color 패널에서 'Fill Color : M40Y80, Stroke Color : None'을 지정하고 Ctrl+[]를 눌러 뒤로 보내기를 합니다. 계속해서 Pen Tool(✐)로 리본의 겹친 부분을 닫힌 패스로 그리고 'Fill Color : C60M60Y60K30, Stroke Color : None'을 지정하고 Ctrl+[]를 눌러 뒤로 보내기를 합니다.

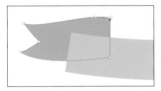
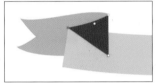
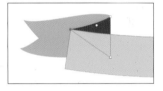

04 Selection Tool(▶)로 드래그하여 2개의 오브젝트를 함께 선택하고 Reflect Tool(◀▶)로 Alt를 누른 채 가운데 오브젝트의 중심점에 클릭한 후 'Axis : Vertical'을 지정하고 [Copy]를 눌러 복사합니다.

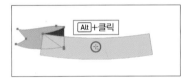

07 문자 입력하기

01 Direct Selection Tool(▷)로 드래그하여 리본 오브젝트의 중앙 상단 선분을 선택한 후 Ctrl+C로 복사하고 Ctrl+F로 복사한 오브젝트 앞에 붙여넣기를 합니다. Color 패널에서 'Fill Color : None, Stroke Color : 임의 색상'을 지정하고 키보드의 ↓를 여러 번 눌러 아래로 이동하여 배치합니다.

02 Type on a Path Tool()로 열린 곡선 패스에 클릭한 후 Character 패널에서 'Set the font family : Arial, Set the font style : Regular, Set the font size : 20pt'를 설정하고 Paragraph 패널에서 'Align center(≡)'를 선택합니다. Color 패널에서 'Fill Color : C0M0Y0K0, Stroke Color : None'을 지정한 후 BABY CARE를 입력합니다.

03 Type on a Path Tool()로 'CARE' 문자를 더블 클릭하여 선택한 후 Color 패널에서 'Fill Color : C70M60, Stroke Color : None'을 지정합니다.

04 Selection Tool(▶)로 'BABY CARE' 문자를 선택하고 🔦로 드래그하여 문자의 위치를 조절합니다.

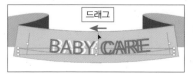

05 Selection Tool(▶)로 클릭하여 그룹으로 지정된 손 오브젝트를 선택하고 Shift + Ctrl +] 를 눌러 맨 앞으로 가져오기를 합니다.

합격생의 비법

패널에서 [Arrange] 적용하기

[Properties] 패널에서 [Quick Actions] 항목의 [Arrange]를 클릭하여 적용할 수도 있습니다.

08 저장 및 답안 전송하기

01 [View]-[Guides]-[Hide Guides]([Ctrl]+[;])를 선택하여 안내선을 숨기고 [View]-[Fit Artboard in Window]([Ctrl]+[0])를 선택하여 현재 창에 맞추기를 합니다.

02 [File]-[Save As]를 선택하고 '저장 위치 : 내 PC₩문서₩GTQ, 파일 형식 : Adobe Illustrator(*AI), 파일 이름 : 수험번호-성명-문제번호.ai'를 확인하고 [저장]을 클릭한 후 [Illustrator Options] 대화상자에서 'Version : Illustrator 2020'으로 설정하고 [OK]를 클릭합니다.

03 답안 저장이 완료가 되면 [File]-[Close]([Ctrl]+[W])를 선택하여 파일을 닫고 수험 프로그램에서 [답안 전송]을 클릭하여 감독관 컴퓨터로 전송합니다.

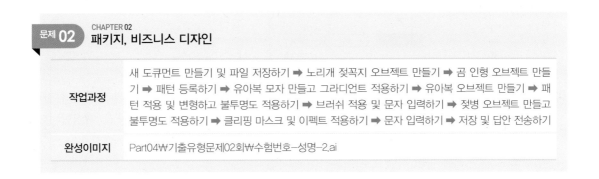

문제 02	**CHAPTER 02** **패키지, 비즈니스 디자인**	
작업과정	새 도큐먼트 만들기 및 파일 저장하기 ➡ 노리개 젖꼭지 오브젝트 만들기 ➡ 곰 인형 오브젝트 만들기 ➡ 패턴 등록하기 ➡ 유아복 모자 만들고 그라디언트 적용하기 ➡ 유아복 오브젝트 만들기 ➡ 패턴 적용 및 변형하고 불투명도 적용하기 ➡ 브러쉬 적용 및 문자 입력하기 ➡ 젖병 오브젝트 만들고 불투명도 적용하기 ➡ 클리핑 마스크 및 이펙트 적용하기 ➡ 문자 입력하기 ➡ 저장 및 답안 전송하기	
완성이미지	Part04₩기출유형문제02회₩수험번호-성명-2.ai	

01 새 도큐먼트 만들기 및 파일 저장하기

01 [File]-[New]([Ctrl]+[N])를 선택하고 'Width : 160mm, Height : 120mm, Units : Millimeters, Color Mode : CMYK'를 설정하여 새 도큐먼트를 만들고 [View]-[Rulers]-[Show Rulers]([Ctrl]+[R])를 선택하여 눈금자를 표시합니다.

02 작품의 규격 왼쪽 상단에 원점(0,0)을 확인하고 왼쪽과 상단 눈금자 위에서 마우스로 각각 드래그하여 제시된 출력형태와 레이아웃 구성이 동일하게 안내선을 표시합니다.

03 작업 도큐먼트를 저장하기 위해 [File]-[Save]([Ctrl]+[S])를 선택하고 '저장 위치 : 내 PC₩문서₩GTQ, 파일 형식 : Adobe Illustrator(*AI), 파일 이름 : 수험번호-성명-문제번호'를 입력하고 [저장]을 클릭한 후 [Illustrator Options] 대화상자에서 'Version : Illustrator 2020'으로 설정하고 [OK]를 클릭합니다.

02 노리개 젖꼭지 오브젝트 만들기

01 Ellipse Tool(◉)로 작업 도큐먼트를 클릭한 후 'Width : 16mm, Height : 16mm'를 입력하여 그리고 Color 패널에서 'Fill Color : 임의 색상, Stroke Color : 임의 색상'을 지정합니다. Scale Tool(⊞)을 더블 클릭하여 'Uniform : 68%'를 지정하고 [Copy]를 눌러 축소하여 복사합니다.

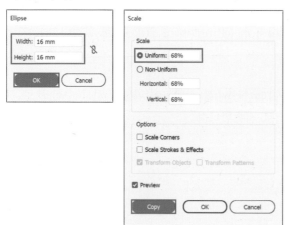
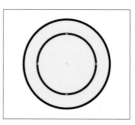

02 Line Segment Tool(／)로 Shift 를 누른 채 드래그하여 수평선을 2개의 원과 충분히 겹치도록 그리고 Color 패널에서 'Fill Color : None, Stroke Color : 임의 색상'을 지정합니다. [Object]-[Transform]-[Move]를 선택한 후 'Horizontal : 0mm, Vertical : 9.5mm'를 입력하고 [Copy]를 눌러 하단으로 이동하여 복사합니다.

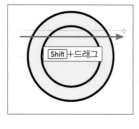
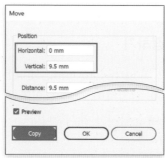
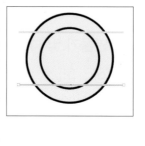

03 Selection Tool(▶)로 드래그하여 2개의 수평선을 함께 선택한 후 [Object]-[Blend]-[Make]를 적용하고 [Object]-[Blend]-[Blend Options]로 'Specified Steps : 2'를 적용합니다. 계속해서 [Object]-[Blend]-[Expand]를 적용하고 확장합니다.

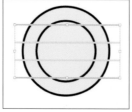
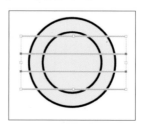

04 Ctrl +A로 모두 선택하고 Align 패널에서 'Horizontal Align Center(⊞)'와 'Vertical Align Center(⊞)'를 각각 클릭하여 가운데 정렬을 지정합니다. Pathfinder 패널에서 'Divide(⬚)'를 클릭하여 면을 분할합니다.

05 Selection Tool(▶)로 분할된 오브젝트를 더블 클릭하여 Isolation Mode로 전환합니다. Shift 를 누른 채 클릭하여 중앙의 불필요한 오브젝트를 선택하고 Delete 를 눌러 삭제합니다. 계속해서 Shift 를 누른 채 클릭하여 4개의 오브젝트를 함께 선택하고 Color 패널에서 'Fill Color : C70M70, Stroke Color : None'을 지정합니다. [Select]-[Inverse]로 선택을 반전한 후 'Fill Color : C10M80, Stroke Color : None'을 지정한 후 Esc 를 눌러 정상 모드로 전환합니다.

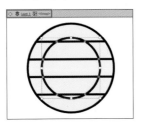 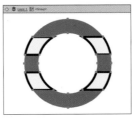 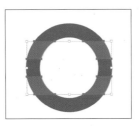

합격생의 비법

Ctrl +Y를 눌러 'Outline'으로 전환하여 윤곽선 보기를 하면 드래그하여 선택하기가 편리합니다.

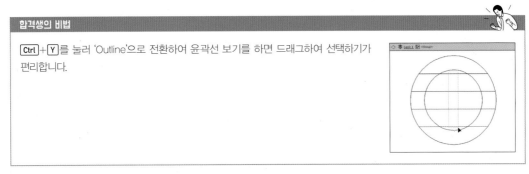

06 Rounded Rectangle Tool(▢)로 작업 도큐먼트를 클릭한 후 'Width : 6.5mm, Height : 6mm, Corner Radius : 2mm'를 입력하여 그리고 Color 패널에서 'Fill Color : M100Y90, Stroke Color : None'을 지정하고 상단에 겹치도록 배치합니다.

07 Ellipse Tool(◯)로 작업 도큐먼트를 클릭한 후 'Width : 24mm, Height : 9mm'를 입력하여 그리고 Color 패널에서 'Fill Color : C10M70K50, Stroke Color : None'을 지정합니다. Direct Selection Tool(▷)로 클릭하여 타원의 상단 고정점을 선택하고 [Object]-[Transform]-[Move]를 선택한 후 'Horizontal : 0mm, Vertical : 3mm'를 입력하고 [OK]를 눌러 하단으로 이동합니다.

08 Selection Tool(▶)로 변형된 타원을 클릭하여 선택하고 Alt 와 Shift 를 누른 채 위쪽으로 드래그하여 복사하고 Color 패널에서 'Fill Color : C10M80, Stroke Color : None'을 지정합니다.

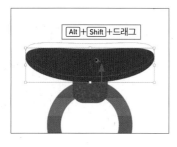

합격생의 비법

Selection Tool(▶)로 오브젝트를 선택하고 Alt 와 Shift 를 누른 채 드래그하면 반듯하게 이동하며 복사할 수 있습니다.

09 Rectangle Tool(■)로 작업 도큐먼트를 클릭한 후 'Width : 5mm, Height : 6mm'를 입력하여 그리고 Color 패널에서 'Fill Color : M20Y90, Stroke Color : None'을 지정하고 상단에 겹치도록 배치합니다. [Object]-[Path]-[Add Anchor Points]를 선택하고 사각형의 선분 중앙에 고정점을 추가합니다.

10 Direct Selection Tool(▷)로 드래그하여 상단의 고정점을 선택한 후 Scale Tool(☐)을 더블 클릭하여 'Uniform : 70%'를 지정하고 [OK]를 눌러 패스를 축소합니다.

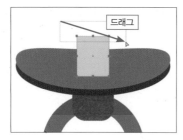
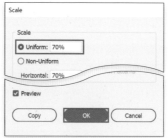

11 Direct Selection Tool(▷)로 Shift 를 누른 채 클릭하여 하단 모서리 2개의 고정점을 함께 선택하고 모서리 안쪽의 둥근 점(◉)을 안쪽으로 드래그하여 모서리를 둥글게 변형합니다.

12 Ellipse Tool(◯)로 작업 도큐먼트를 클릭한 후 'Width : 11mm, Height : 10mm'를 입력하여 그리고 Color 패널에서 'Fill Color : M20Y90, Stroke Color : None'을 지정합니다. Direct Selection Tool(▷)로 클릭하여 타원의 하단 고정점을 선택하고 [Object]-[Transform]-[Move]를 선택한 후 'Horizontal : 0mm, Vertical : 1.5mm'를 입력하고 [OK]를 눌러 하단으로 이동합니다.

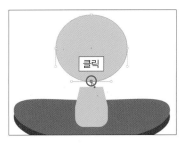
클릭

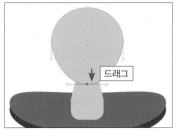
드래그

13 Selection Tool(▶)로 드래그하여 동일한 색상의 하단 오브젝트와 함께 선택하고 Path-finder 패널에서 'Unite(▣)'를 클릭하여 합칩니다. Direct Selection Tool(▷)로 드래그하여 오브젝트 중간의 고정점을 선택하고 모서리 안쪽의 둥근 점(◉)을 바깥쪽으로 드래그하여 모서리를 둥글게 변형합니다.

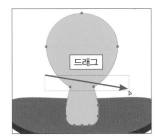
드래그

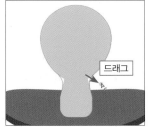
드래그

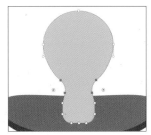

14 Ellipse Tool(◯)로 작업 도큐먼트를 클릭한 후 'Width : 4mm, Height : 4mm'를 입력하여 그리고 Color 패널에서 'Fill Color : Y50, Stroke Color : None'을 지정합니다. Direct Selection Tool(▷)로 클릭하여 타원의 오른쪽 고정점을 선택하고 [Object]-[Transform]-[Move]를 선택한 후 'Horizontal : −2mm, Vertical : 0mm'를 입력하고 [OK]를 눌러 왼쪽으로 이동합니다.

클릭

드래그

15 Selection Tool(▶)로 클릭하여 변형된 타원을 선택한 후 Rotate Tool(↻)을 더블 클릭하여 'Angle : −10°'를 지정하고 [OK]를 눌러 회전하여 배치합니다.

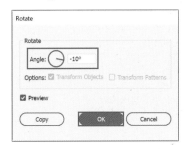

16 Ctrl+A로 모두 선택하고 Ctrl+C로 복사한 후 [Edit]−[Paste in Back](Ctrl+B)으로 복사한 오브젝트 뒤로 붙여넣기를 하고 Pathfinder 패널에서 'Unite(■)'를 클릭하여 합칩니다. [Object]−[Path]−[Offset Path]를 클릭한 후 'Offset : 1mm'를 입력하고 [OK]를 눌러 확대된 복사본을 만들고 Color 패널에서 'Fill Color : M10Y50, Stroke Color : None'을 지정합니다.

17 Ctrl+A로 모두 선택한 후 Ctrl+G로 그룹을 지정합니다. Rotate Tool(↻)을 더블 클릭하여 'Angle : −60°'를 지정하고 [OK]를 눌러 회전하여 배치합니다.

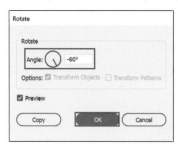 

⑱ 곰 인형 오브젝트 만들기

01 Ellipse Tool(◯)로 작업 도큐먼트를 클릭한 후 'Width : 22.5mm, Height : 18mm'를 입력하여 그리고 Color 패널에서 'Fill Color : M30Y20, Stroke Color : None'을 지정합니다. 계속해서 Alt를 누른 채 수직의 안내선에 클릭하여 'Width : 8mm, Height : 7mm'를 입력하여 그리고 'Fill Color : Y50, Stroke Color : None'을 지정합니다.

  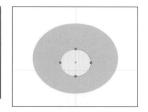

02 Ellipse Tool(◉)로 Alt 를 누른 채 수직의 안내선에 드래그하여 타원을 그리고 Color 패널에서 'Fill Color : K80, Stroke Color : None'을 지정합니다. 계속해서 Alt 를 누른 채 수직의 안내선에 클릭하여 'Width : 4mm, Height : 3.5mm'를 입력하여 그리고 'Fill Color : None, Stroke Color : K80'을 지정하고 Stroke 패널에서 'Weight : 2pt, Cap : Round Cap'을 적용합니다.

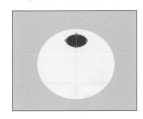  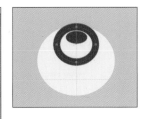

03 Direct Selection Tool(▷)로 클릭하여 타원의 상단 고정점을 선택하고 Delete 를 눌러 삭제하고 열린 패스를 만듭니다. Line Segment Tool(╱)로 Shift 를 누른 채 수직의 안내선에 드래그하여 타원과 열린 패스 사이에 수직선을 그리고 Color 패널에서 'Fill Color : None, Stroke Color : K80'을 지정하고 Stroke 패널에서 'Weight : 2pt'를 적용합니다.

04 Selection Tool(▶)로 Shift 를 누른 채 클릭하여 2개의 열린 패스를 함께 선택하고 [Object]-[Path]-[Outline Stroke]를 선택하여 선을 면으로 확장합니다. 계속해서 상단 타원과 함께 선택하고 Pathfinder 패널에서 'Unite(◨)'를 클릭하여 합칩니다.

05 Ellipse Tool(◉)로 Alt 와 Shift 를 누른 채 드래그하여 정원을 그리고 Color 패널에서 'Fill Color : K80, Stroke Color : None'을 지정합니다. 계속해서 Alt 와 Shift 를 누른 채 드래그하여 작은 정원을 겹치도록 그리고 'Fill Color : C0M0Y0K0, Stroke Color : None'을 지정하고 눈 모양을 완성합니다.

06 Ellipse Tool(◉)로 작업 도큐먼트를 클릭한 후 'Width : 9mm, Height : 8.5mm'를 입력하여 그리고 Color 패널에서 'Fill Color : M30Y20, Stroke Color : None'을 지정합니다. Scale Tool(🔲)을 더블 클릭하여 'Uniform : 55%'를 지정하고 [Copy]를 눌러 축소 복사하고 우측 하단으로 이동한 후 'Fill Color : Y50, Stroke Color : None'을 지정합니다.

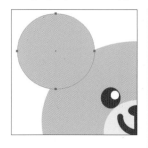  

07 Selection Tool(▶)로 Shift 를 누른 채 클릭하여 4개의 원형을 함께 선택하고 Reflect Tool(◀)로 Alt 를 누른 채 수직의 안내선을 클릭한 후 'Axis : Vertical'을 지정하고 [Copy]를 눌러 복사하고 귀와 눈 모양을 완성합니다. Selection Tool(▶)로 드래그하여 양쪽 귀 모양 원형을 함께 선택한 후 Shift + Ctrl + [를 눌러 맨 뒤로 보내기를 합니다.

08 Ellipse Tool(◉)로 Alt 를 누른 채 수직의 안내선에 클릭하여 'Width : 18mm, Height : 21mm'를 입력하여 그리고 Color 패널에서 'Fill Color : M30Y20, Stroke Color : None'을 지정합니다. Scale Tool(🔲)을 더블 클릭하여 'Uniform : 80%'를 지정하고 [Copy]를 눌러 축소 복사하고 'Fill Color : Y50, Stroke Color : None'을 지정합니다.

09 Selection Tool(▶)로 축소 복사한 타원형을 상단으로 이동하여 배치하고 오브젝트를 더블 클릭하여 Isolation Mode로 전환합니다. Line Segment Tool(╱)로 Shift 를 누른 채 수직의 안내선에 드래그하여 타원과 충분히 겹치도록 수직선을 그리고 Color 패널에서 'Fill Color : None, Stroke Color : 임의 색상'을 지정합니다.

10 Ctrl + A 로 모두 선택하고 Pathfinder 패널에서 'Divide(▣)'를 클릭하여 면을 분할합니다. Selection Tool(▶)로 오른쪽 오브젝트를 선택하고 Color 패널에서 'Fill Color : C10Y80, Stroke Color : None'을 지정한 후 Esc 를 눌러 정상 모드로 전환합니다.

 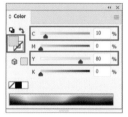 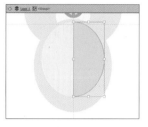

11 Rounded Rectangle Tool(▢)로 작업 도큐먼트를 클릭한 후 'Width : 14mm, Height : 5.5mm, Corner Radius : 3mm'를 입력하여 그리고 Color 패널에서 'Fill Color : M30Y20, Stroke Color : None'을 지정합니다.

12 Direct Selection Tool(▷)로 드래그하여 둥근 사각형의 오른쪽 고정점을 선택하고 Scale Tool(▦)을 더블 클릭하여 'Uniform : 77%'를 지정하고 [OK]를 눌러 패스를 축소합니다.

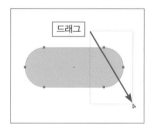 

13 [Effect]-[Illustrator Effects]-[Warp]-[Arc]를 선택하여 'Horizontal : 체크, Bend : -15%'를 지정한 후 [Object]-[Expand Appearance]로 오브젝트의 속성을 확장합니다.

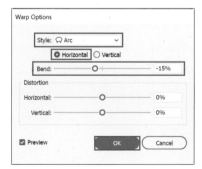  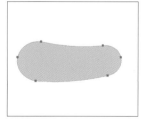

14 Rotate Tool()을 더블 클릭하여 'Angle : 40°'를 지정하고 [OK]를 눌러 회전하고 팔의 위치에 배치한 후 Shift+Ctrl+[]를 눌러 맨 뒤로 보내기를 합니다.

15 Scale Tool(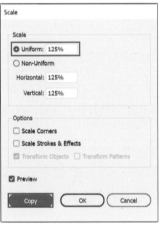)을 더블 클릭하여 'Uniform : 125%'를 지정하고 [Copy]를 눌러 확대 복사합니다. Reflect Tool()을 더블 클릭하여 'Angle : 70°'를 지정하고 [OK]를 눌러 다리의 위치로 이동하여 배치합니다.

16 Ellipse Tool()로 드래그하여 타원을 그리고 Color 패널에서 'Fill Color : Y50, Stroke Color : None'을 지정합니다. Rotate Tool()을 더블 클릭하여 'Angle : −20°'를 지정하고 [OK]를 눌러 회전하여 다리 모양 하단에 배치합니다.

17 Selection Tool()로 Shift를 누른채 드래그하여 팔과 다리 모양을 함께 선택하고 Reflect Tool()로 Alt를 누른 채 수직의 안내선을 클릭한 후 'Axis : Vertical'을 지정하고 [Copy]를 눌러 복사하고 Shift+Ctrl+[]를 눌러 맨 뒤로 보내기를 합니다. Selection Tool()로 드래그하여 몸통과 팔, 다리를 함께 선택한 후 Shift+Ctrl+[]를 눌러 맨 뒤로 보내기를 합니다.

04 패턴 등록하기

01 Selection Tool(▶)로 드래그하여 곰 인형 오브젝트를 모두 선택하고 Ctrl+G로 그룹을 지정합니다. Rectangle Tool(▣)로 작업 도큐먼트를 클릭한 후 'Width : 43mm, Height : 49mm'를 입력하여 그리고 Color 패널에서 'Fill Color : None, Stroke Color : None'을 지정합니다.

02 Selection Tool(▶)로 드래그하여 곰 인형 오브젝트와 함께 선택하고 Align 패널에서 'Horizontal Align Center(🎛)'와 'Vertical Align Center(🎛)'를 각각 클릭하여 가운데 정렬을 지정합니다.

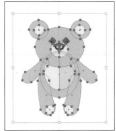

03 [Object]-[Pattern]-[Make]를 선택하고 [Pattern Options] 대화상자에서 'Name : 곰 인형, Tile Type : Brick by Column, Brick Offset : 1/3'을 지정하고 패턴으로 등록합니다.

04 Esc 를 눌러 패턴의 편집 모드를 완료하고 정상 모드로 전환합니다. Selection Tool(▶)로 드래그하여 Color 패널에서 'Fill Color : None, Stroke Color : None'인 투명한 사각형을 선택하고 Delete 를 눌러 삭제합니다.

05 유아복 모자 만들고 그라디언트 적용하기

01 Ellipse Tool(⬭)로 Alt 를 누른 채 수직의 안내선에 클릭하여 'Width : 33mm, Height : 32mm'를 입력하여 그리고 Color 패널에서 'Fill Color : 임의 색상, Stroke Color : 임의 색상'을 지정합니다.

02 Direct Selection Tool(▷)로 드래그하여 타원의 중간 2개의 고정점을 선택하고 [Object]-[Transform]-[Move]를 선택한 후 'Horizontal : 0mm, Vertical : 2mm'를 입력하고 [OK]를 눌러 하단으로 이동합니다. Scale Tool(⬚)을 더블 클릭하여 'Uniform : 106%'를 지정하고 [OK]를 눌러 패스를 확대합니다.

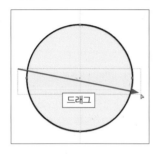

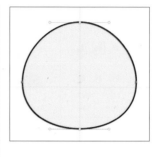

03 Direct Selection Tool(▷)로 클릭하여 하단의 고정점을 선택하고 Scale Tool(⬚)을 더블 클릭하여 'Uniform : 65%'를 지정하고 [OK]를 눌러 패스를 축소합니다.

04 Selection Tool(▶)로 클릭하여 선택하고 Scale Tool(⬚)로 Alt 를 누른 채 하단 고정점에 클릭한 후 'Horizontal : 100%, Vertical : 68%'를 지정하고 [Copy]를 눌러 복사합니다. Color 패널에서 'Fill Color : None, Stroke Color : K100'을 지정하고 Stroke 패널에서 'Weight : 1pt'를 지정합니다.

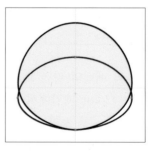

05 Scissors Tool(✂)로 왼쪽과 오른쪽 선분에 각각 클릭하여 패스를 자르고 Delete 를 2번 눌러 하단의 열린 패스를 삭제합니다.

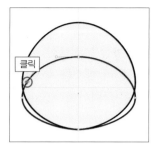 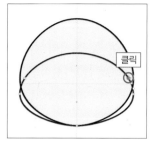 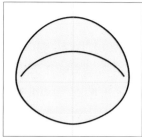

06 Ellipse Tool(◯)로 Alt 를 누른 채 수직의 안내선을 클릭한 후 'Width : 30mm, Height : 13mm'를 입력하여 그리고 Color 패널에서 'Fill Color : 임의 색상, Stroke Color : 임의 색상'을 지정합니다.

07 Direct Selection Tool(▷)로 클릭하여 하단의 고정점을 선택하고 키보드의 ↓ 를 여러 번 눌러 아래쪽으로 이동하고 Scale Tool(⊡)을 더블 클릭하여 'Uniform : 40%'를 지정하고 [OK]를 눌러 패스를 축소합니다.

 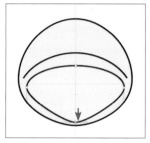

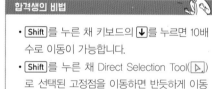

합격생의 비법

• Shift 를 누른 채 키보드의 ↓ 를 누르면 10배수로 이동이 가능합니다.
• Shift 를 누른 채 Direct Selection Tool(▷)로 선택된 고정점을 이동하면 반듯하게 이동이 가능합니다.

08 Gradient 패널에서 'Type : Linear Gradient, Angle : 135°'를 적용하고 Gradient Slider의 왼쪽 'Color Stop'을 더블 클릭하여 C10Y20을, 오른쪽 'Color Stop'을 더블 클릭하여 C50M50을 적용한 후 'Location : 85%'를 지정합니다. Color 패널에서 'Stroke Color : None'을 지정합니다.

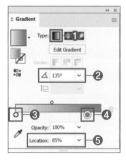  

09 Rounded Rectangle Tool(▣)로 작업 도큐먼트를 클릭한 후 'Width : 9mm, Height : 11mm, Corner Radius : 4mm'를 입력하여 그리고 Color 패널에서 'Fill Color : Y50, Stroke Color : K100'을 지정하고 Stroke 패널에서 'Weight : 1pt'를 지정합니다.

10 Direct Selection Tool(▷)로 드래그하여 둥근 사각형의 하단 고정점을 선택한 후 Scale Tool(▦)을 더블 클릭하여 'Uniform : 90%'를 지정하고 [OK]를 눌러 패스를 축소합니다. Selection Tool(▶)로 클릭하여 선택한 후 Rotate Tool(↻)을 더블 클릭하여 'Angle : 30'를 지정하고 [OK]를 눌러 회전하여 배치합니다.

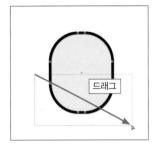  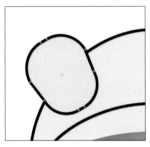

11 Pen Tool(✎)로 드래그하여 열린 패스로 그리고 Color 패널에서 'Fill Color : None, Stroke Color : K100'을 지정하고 Stroke 패널에서 'Weight : 1pt'를 지정합니다. Selec-tion Tool(▶)로 드래그하여 변형된 둥근 사각형과 함께 선택하고 Shift+Ctrl+[를 눌러 맨 뒤로 보내기를 합니다.

12 Reflect Tool(◁▷)로 Alt 를 누른 채 수직의 안내선을 클릭한 후 'Axis : Vertical'을 지정하고 [Copy]를 눌러 복사합니다.

06 유아복 오브젝트 만들기

01 Rectangle Tool(▣)로 작업 도큐먼트를 클릭한 후 'Width : 35mm, Height : 78mm'를 입력하여 그리고 Color 패널에서 'Fill Color : 임의 색상, Stroke Color : 임의 색상'을 지정합니다. [Object]-[Path]-[Add Anchor Points]를 선택하고 사각형의 선분 중앙에 고정점을 추가합니다.

02 Direct Selection Tool(◫)로 드래그하여 중앙의 2개의 고정점을 선택한 후 Scale Tool(◫) 을 더블 클릭하여 'Uniform : 112%'를 지정하고 [OK]를 눌러 패스를 확대합니다. 계속해서 하단 2개의 고정점을 선택한 후 Scale Tool(◫)을 더블 클릭하여 'Uniform : 85%'를 지정하고 [OK]를 눌러 패스를 축소합니다.

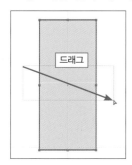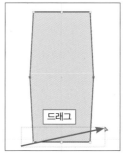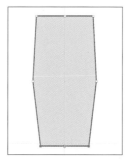

03 Direct Selection Tool(◫)로 클릭하여 상단 모서리 고정점을 각각 선택하고 모서리 안쪽의 둥근 점(◉)을 안쪽으로 각각 드래그하여 모서리를 둥글게 변형합니다.

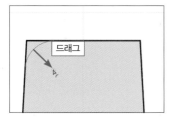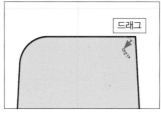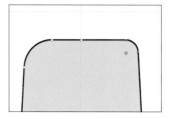

04 Rounded Rectangle Tool(▣)로 작업 도큐먼트를 클릭한 후 'Width : 9.5mm, Height : 40mm, Corner Radius : 4mm'를 입력하여 그리고 Color 패널에서 'Fill Color : 임의 색상, Stroke Color : 임의 색상'을 지정합니다. Rotate Tool(↻)을 더블 클릭하여 'Angle : 28°'를 지정하고 [OK]를 눌러 회전하여 오른쪽 상단에 배치합니다.

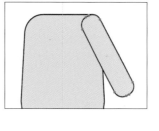

05 Selection Tool(▶)로 드래그하여 2개의 오브젝트를 함께 선택하고 Pathfinder 패널에서 'Unite(▣)'를 클릭하여 합칩니다.

06 Rounded Rectangle Tool()로 **Alt**를 누른 채 수직 안내선의 하단을 클릭한 후 'Width : 7.5mm, Height : 30mm, Corner Radius : 4mm'를 입력하여 그리고 Color 패널에서 'Fill Color : 임의 색상, Stroke Color : 임의 색상'을 지정합니다. Selection Tool(▶)로 드래그하여 2개의 오브젝트를 함께 선택하고 Pathfinder 패널에서 'Minus Front(▣)'를 클릭합니다.

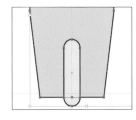

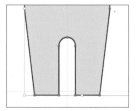

07 Direct Selection Tool(▷)로 **Shift**를 누른 채 클릭하여 하단 바깥쪽 2개의 고정점을 함께 선택하고 모서리 안쪽의 둥근 점(◉)을 안쪽으로 드래그하여 모서리를 둥글게 변형합니다. 계속해서 안쪽 2개의 고정점을 함께 선택하고 모서리 안쪽의 둥근 점(◉)을 안쪽으로 드래그하여 모서리를 둥글게 변형합니다.

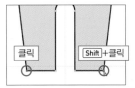

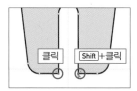
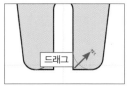

08 Ellipse Tool(◯)로 **Shift**를 누른 채 드래그하여 하단에 겹치도록 정원을 그리고 Color 패널에서 'Fill Color : None, Stroke Color : 임의 색상'을 지정합니다. Reflect Tool(▷◁)로 **Alt**를 누른 채 수직의 안내선을 클릭한 후 'Axis : Vertical'을 지정하고 [Copy]를 눌러 복사합니다.

09 Selection Tool(▶)로 드래그하여 3개의 오브젝트를 함께 선택한 후 Pathfinder 패널에서 'Divide(▣)'를 클릭하여 면을 분할하고 오브젝트를 더블 클릭하여 Isolation Mode로 전환합니다.

10 Selection Tool(▶)로 드래그하여 불필요한 2개의 오브젝트를 선택하고 **Delete**를 눌러 삭제한 후 하단 2개의 오브젝트를 함께 선택하고 Color 패널에서 'Fill Color : Y50, Stroke Color : K100'을 지정하고 Stroke 패널에서 'Weight : 1pt'를 지정합니다. **Esc**를 눌러 정상 모드로 전환하여 선택한 후 **Shift**+**Ctrl**+**G**로 그룹을 해제합니다.

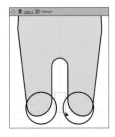
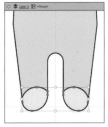

합격생의 비법

Pathfinder 패널에서 'Divide(▣)'로 면을 분할하면 자동으로 그룹이 지정됩니다. 패턴만을 적용할 오브젝트를 만들기 위해 **Shift**+**Ctrl**+**G**로 그룹을 해제합니다.

11 Pen Tool()로 드래그하여 열린 패스로 왼쪽 팔 모양을 그리고 Color 패널에서 'Fill Color
: 임의 색상, Stroke Color : 임의 색상'을 지정합니다. Selection Tool(▶)로 선택하고
Ctrl + C 로 복사합니다.

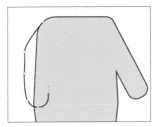  

합격생의 비법

나중에 왼쪽 팔 모양의 열린 패스를 Ctrl + F 로 복사한 오브젝트 앞에 붙여넣기를 하기 위해서 Ctrl + C 로 미리 복사
합니다.

12 Selection Tool(▶)로 드래그하여 3개의 오브젝트를 함께 선택하고 Pathfinder 패널에서
'Unite(■)'를 클릭하여 합칩니다. Selection Tool(▶)로 드래그하여 2개의 귀 모양과 함께
선택하고 Shift + Ctrl + [를 눌러 맨 뒤로 보내기를 합니다. Ctrl + F 로 앞서 복사한 오브젝
트 앞에 붙여넣기를 하고 Color 패널에서 'Fill Color : None, Stroke Color : K100'을 지정
하고 Stroke 패널에서 'Weight : 1pt'를 지정합니다.

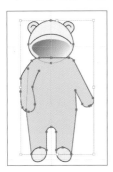  

13 Pen Tool()로 드래그하여 4개의 열린 패스로 각각 그리고 Color 패널에서 'Fill Color :
None, Stroke Color : K100'을 지정하고 Stroke 패널에서 'Weight : 1pt'를 지정합니다.
Selection Tool(▶)로 그라디언트가 적용된 오브젝트를 선택하고 Ctrl + C 로 복사하고 Ctrl
+ F 로 복사한 오브젝트 앞에 붙여넣기를 하고 Color 패널에서 'Fill Color : None, Stroke
Color : K100'을 지정하고 Stroke 패널에서 'Weight : 1pt'를 지정합니다.

 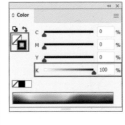 

14 Selection Tool(▶)로 오브젝트를 더블 클릭하여 Isolation Mode로 전환합니다. Scissors Tool(✂)로 오른쪽 하단 선분에 2번 클릭하여 패스를 자르고 [Delete]를 2번 눌러 하단의 열린 패스를 삭제합니다.

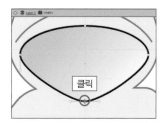  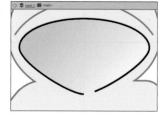

15 Pen Tool(✎)로 열린 패스의 왼쪽 끝 고정점에 클릭하여 패스를 연결합니다. 계속해서 드래그하여 열린 패스를 완성하고 [Esc]를 눌러 정상 모드로 전환합니다.

16 Ellipse Tool(⬤)로 [Shift]를 누른 채 드래그하여 정원을 그리고 Color 패널에서 'Fill Color : Y50, Stroke Color : K100'을 지정한 후 Stroke 패널에서 'Weight : 1pt'를 지정합니다. Selection Tool(▶)로 [Alt]를 누른 채 오른쪽 하단으로 드래그하여 이동하여 복사하고 [Ctrl] +[D]를 눌러 반복하여 복사합니다.

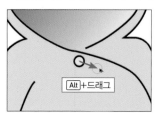  

17 Ellipse Tool(⬤)로 [Alt]를 누른 채 모자 상단 수직의 안내선을 클릭한 후 'Width : 16mm, Height : 5.5mm'를 입력하여 그리고 Color 패널에서 'Fill Color : C10M70, Stroke Color : None'을 지정합니다. Direct Selection Tool(▷)로 클릭하여 상단 고정점을 선택하고 키보드의 [↑]를 여러 번 눌러 이동하여 변형합니다.

07 패턴 적용 및 변형하고 불투명도 적용하기

01 Selection Tool(▶)로 병합된 옷 모양을 선택한 후 Color 패널에서 'Fill Color : C30M30, Stroke Color : K100'을 지정하고 Stroke 패널에서 'Weight : 1pt'를 지정합니다. Ctrl + C 로 복사한 후 Ctrl + F 로 복사한 오브젝트 앞에 붙여넣기를 하고 Swatches 패널에서 등록된 곰 인형 패턴을 클릭하여 Fill Color에 적용합니다.

 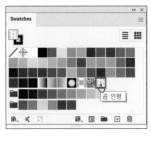 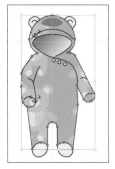

02 Scale Tool(⊞)을 더블 클릭한 후 'Uniform : 30%, Transform Objects : 체크 해제, Transform Patterns : 체크'를 지정하여 패턴의 크기만을 축소합니다. Rotate Tool(↻)을 더블 클릭하여 'Angle : 25°, Transform Objects : 체크 해제, Transform Patterns : 체크'를 지정하고 [OK]를 눌러 패턴만 회전합니다.

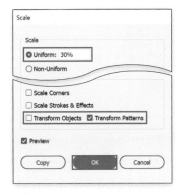 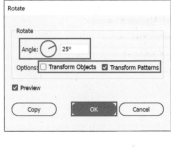 

03 Transparency 패널에서 'Opacity : 80%'를 지정하여 패턴이 적용된 오브젝트의 불투명도를 조절합니다. Selection Tool(▶)로 도큐먼트의 빈 곳을 클릭하여 오브젝트의 선택을 해제합니다.

08 브러쉬 적용 및 문자 입력하기

01 Selection Tool(▶)로 작업 도큐먼트에 우측 상단의 곰 인형 오브젝트를 더블 클릭하여 Isolation Mode로 전환합니다. 얼굴과 2개의 귀 모양을 드래그하여 선택하고 Ctrl+C로 복사한 후 Esc를 눌러 정상 모드로 전환합니다. Ctrl+V로 붙여넣기를 하여 유아복 중앙에 배치합니다.

02 Scale Tool(⊞)을 더블 클릭한 후 'Uniform : 110%, Transform Objects : 체크, Transform Patterns : 체크 해제'를 지정하여 오브젝트의 크기를 확대한 후 Pathfinder 패널에서 'Unite(◼)'를 클릭하여 합칩니다.

03 Brushes 패널 하단의 'Brush Libraries Menu(▥)'를 클릭하고 [Artistic]−[Artistic_ChalkCharcoalPencil]을 선택하여 추가 브러쉬 패널을 불러온 후 'Charcoal − Feather'를 선택합니다. Color 패널에서 'Fill Color : None, Stroke Color : C0M0Y0K0'을 지정하고 Stroke 패널에서 'Weight : 0.5pt'를 지정합니다.

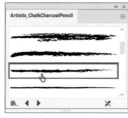

04 Type Tool(T)로 작업 도큐먼트를 클릭한 후 Character 패널에서 'Set the font family : Arial, Set the font style : Bold, Set the font size : 10pt'를 설정하고 Paragraph 패널에서 'Align center(≡)'를 선택하여 문장을 중앙에 배치합니다. Color 패널에서 'Fill Color : C0M0Y0K0, Stroke Color : None'을 지정한 후 LOVELY BABY를 입력합니다.

05 Type Tool(T)로 'BABY' 문자를 더블 클릭하여 선택한 후 Character 패널에서 'Set the font size : 14pt'를 설정하고 Color 패널에서 'Fill Color : C80M80, Stroke Color : None'을 지정합니다.

09 젖병 오브젝트 만들고 불투명도 적용하기

01 Rectangle Tool(▣)로 작업 도큐먼트를 클릭한 후 'Width : 27mm, Height : 50mm'를 입력하여 그리고 Color 패널에서 'Fill Color : 임의 색상, Stroke Color : 임의 색상'을 지정합니다. [Object]-[Path]-[Add Anchor Points]를 선택하고 사각형의 선분 중앙에 고정점을 추가합니다.

02 Direct Selection Tool(▷)로 드래그하여 중앙의 2개의 고정점을 선택한 후 Scale Tool(▣)을 더블 클릭하여 'Uniform : 80%'를 지정하고 [OK]를 눌러 패스를 축소합니다. [Object]-[Transform]-[Move]를 선택하여 'Horizontal : 0mm, Vertical : −5mm'를 입력하고 [OK]를 눌러 위쪽으로 이동합니다.

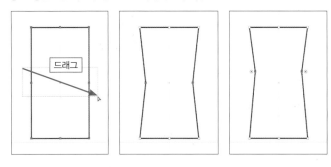

03 Direct Selection Tool(▷)로 드래그하여 상단의 고정점을 선택하고 모서리 안쪽의 둥근 점(◉)을 안쪽으로 드래그하여 모서리를 둥글게 변형합니다. 계속해서 하단의 고정점을 드래그하여 선택하고 모서리 안쪽의 둥근 점(◉)을 안쪽으로 드래그하여 모서리를 둥글게 변형한 후 Color 패널에서 'Fill Color : C10, Stroke Color : None'을 지정합니다.

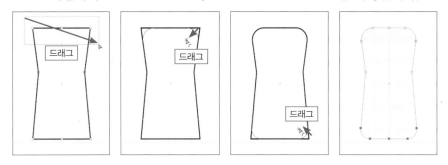

04 [Object]-[Path]-[Offset Path]를 클릭한 후 'Offset : 1.5mm'를 입력하고 [OK]를 눌러 확대된 복사본을 만들고 Color 패널에서 'Fill Color : C20M10Y10, Stroke Color : None'을 지정합니다.

05 Selection Tool(▶)로 안쪽 오브젝트를 더블 클릭하여 Isolation Mode로 전환합니다. Ellipse Tool(◉)로 **Alt** 를 누른 채 세로 하단 안내선을 클릭한 후 'Width : 19mm, Height : 6mm'를 입력하여 그리고 Color 패널에서 'Fill Color : 임의 색상, Stroke Color : 임의 색상'을 지정합니다. Rectangle Tool(▣)로 드래그하여 타원의 하단과 겹치도록 임의 색상의 사각형을 그리고 배치합니다.

06 Selection Tool(▶)로 타원과 사각형을 함께 선택하고 Pathfinder 패널에서 'Minus Front(▣)'를 클릭하고 Color 패널에서 'Fill Color : C20M10Y10, Stroke Color : None'을 지정한 후 Esc 를 눌러 정상 모드로 전환합니다.

07 Line Segment Tool(╱)로 작업 도큐먼트를 클릭한 후 'Length : 5mm, Angle : 0°'를 지정하고 수평선을 그립니다. Color 패널에서 'Fill Color : None, Stroke Color : 임의 색상'을 지정하고 Stroke 패널에서 'Weight : 5pt, Cap : Round Cap'을 지정합니다.

08 [Object]-[Transform]-[Move]를 선택한 후 'Horizontal : 0mm, Vertical : 3.7mm'를 입력하고 [Copy]를 눌러 아래쪽으로 이동하여 복사합니다. Ctrl + D 를 5번 눌러 반복하여 복사합니다.

09 Direct Selection Tool(▷)로 Shift 를 누른 채 클릭하여 4개의 수평선의 오른쪽 고정점을 함께 선택합니다. [Object]-[Transform]-[Move]를 선택한 후 'Horizontal : -2.3mm, Vertical : 0mm'를 입력하고 [OK]를 눌러 왼쪽으로 이동합니다. Selection Tool(▶)로 7개의 선을 함께 선택한 후 [Object]-[Path]-[Outline Stroke]를 선택하고 선을 면으로 확장하고 Color 패널에서 'Fill Color : C90M30, Stroke Color : None'을 지정합니다.

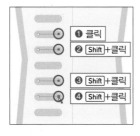  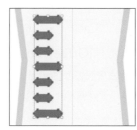

10 Line Segment Tool(✏️)로 [Shift]를 누른 채 드래그하여 수직선을 충분히 겹치도록 그립니다. Selection Tool(▶)로 7개의 오브젝트와 함께 선택하고 Pathfinder 패널에서 'Divide(▣)'를 클릭하여 면을 분할합니다. Selection Tool(▶)로 오브젝트를 더블 클릭하여 Isolation Mode로 전환한 후 오른쪽 오브젝트를 드래그하여 선택하고 Color 패널에서 'Fill Color : C60M10, Stroke Color : None'을 지정한 후 [Esc]를 눌러 정상 모드로 전환합니다.

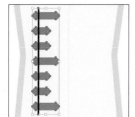 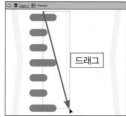 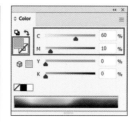 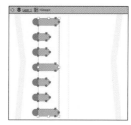

11 Rectangle Tool(▢)로 [Alt]를 누른 채 수직의 안내선에 드래그하여 상단에 겹치도록 사각형을 그리고 Color 패널에서 'Fill Color : C100M100, Stroke Color : None'을 지정합니다.

12 Rounded Rectangle Tool(▢)로 [Alt]를 누른 채 수직의 안내선을 클릭한 후 'Width : 24mm, Height : 7.5mm, Corner Radius : 1mm'를 입력하여 그리고 Color 패널에서 'Fill Color : C80M50, Stroke Color : None'을 지정합니다. Direct Selection Tool(▷)로 드래그하여 상단의 고정점들을 선택하고 모서리 안쪽의 둥근 점(◉)을 안쪽으로 드래그하여 모서리를 둥글게 변형합니다.

13 Rounded Rectangle Tool(▢)로 [Alt]를 누른 채 수직의 안내선을 클릭한 후 'Width : 18mm, Height : 8mm, Corner Radius : 1mm'를 입력하여 그리고 Color 패널에서 'Fill Color : C80M50, Stroke Color : None'을 지정하고 겹치도록 배치합니다. Selection Tool(▶)로 드래그하여 2개의 오브젝트를 함께 선택하고 Pathfinder 패널에서 'Unite(▣)'를 클릭합니다.

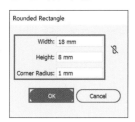  

14 Rectangle Tool(▨)로 작업 도큐먼트를 클릭한 후 'Width : 14.5mm, Height : 5mm'를 입력하여 그리고 Color 패널에서 'Fill Color : None, Stroke Color : 임의 색상'을 지정합니다. 계속해서 작업 도큐먼트를 클릭한 후 'Width : 5.5mm, Height : 12mm'를 입력하여 그리고 겹치도록 배치합니다.

15 Selection Tool(▶)로 드래그하여 2개의 오브젝트를 함께 선택하고 Align 패널에서 'Horizontal Align Center(▥)'를 클릭하여 가로 가운데 정렬을 지정한 후 Pathfinder 패널에서 'Unite(▣)'를 클릭합니다. Color 패널에서 'Fill Color : M30Y90, Stroke Color : None'을 지정하고 Ctrl+[를 눌러 뒤로 보내기를 합니다.

16 Direct Selection Tool(▷)로 모서리 안쪽의 둥근 점(◉)을 안쪽으로 드래그하여 모서리를 둥글게 변형합니다. Direct Selection Tool(▷)로 드래그하여 세로 중간 2개의 고정점을 선택한 후 Scale Tool(▣)을 더블 클릭하여 'Uniform : 80%'를 지정하고 [OK]를 눌러 패스를 축소합니다.

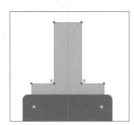  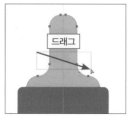 

17 Rectangle Tool(▨)로 작업 도큐먼트를 클릭한 후 'Width : 27.5mm, Height : 4mm'를 입력하여 그리고 Color 패널에서 'Fill Color : None, Stroke Color : 임의 색상'을 지정합니다. 계속해서 더블 클릭한 후 'Width : 25mm, Height : 10mm', 'Width : 18mm, Height : 13mm'를 각각 입력하여 그리고 겹치도록 배치합니다.

18 Selection Tool(▶)로 드래그하여 3개의 사각형을 함께 선택하고 Align 패널에서 'Horizontal Align Center(▥)'를 클릭하여 가로 가운데 정렬을 지정한 후 Pathfinder 패널에서 'Unite(▣)'를 클릭합니다.

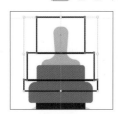  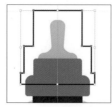

19 Direct Selection Tool(⊿)로 드래그하여 상단 2개의 고정점을 선택한 후 Scale Tool(⊡)을 더블 클릭하여 'Uniform : 80%'를 지정하고 [OK]를 눌러 패스를 축소합니다. Direct Selection Tool(⊿)로 모서리 안쪽의 둥근 점(◉)을 안쪽으로 드래그하여 모서리를 둥글게 변형합니다.

 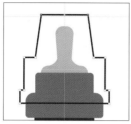 

20 Direct Selection Tool(⊿)로 [Shift]를 누른 채 클릭하여 중간 2개의 고정점을 함께 선택한 후 Scale Tool(⊡)을 더블 클릭하여 'Uniform : 90%'를 지정하고 [OK]를 눌러 패스를 축소합니다. Direct Selection Tool(⊿)로 모서리 안쪽의 둥근 점(◉)을 안쪽으로 드래그하여 모서리를 둥글게 변형합니다.

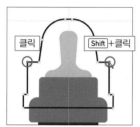 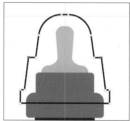 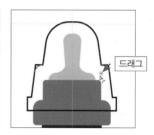

21 Direct Selection Tool(⊿)로 [Shift]를 누른 채 클릭하여 하단 2개의 고정점을 함께 선택하고 모서리 안쪽의 둥근 점(◉)을 안쪽으로 드래그하여 모서리를 둥글게 변형합니다. Color 패널에서 'Fill Color : C10M10, Stroke Color : None'을 지정합니다. Transparency 패널에서 'Opacity : 70%'를 지정하여 불투명도를 조절합니다.

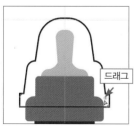  

22 [Object]-[Path]-[Offset Path]를 클릭한 후 'Offset : -1mm'를 입력하고 [OK]를 눌러 축소된 복사본을 만들고 Color 패널에서 'Fill Color : None, Stroke Color : C0M0Y0K0'을 지정하고 Stroke 패널에서 'Weight : 1pt'을 지정합니다. Transparency 패널에서 'Opacity : 100%'를 지정하여 불투명도를 조절합니다.

23 Pen Tool(🖋)로 클릭하여 왼쪽에 열린 패스를 그리고 Color 패널에서 'Fill Color : None, Stroke Color : 임의 색상'을 지정하고 Stroke 패널에서 'Weight : 16pt, Cap : Round Cap'을 지정합니다. Direct Selection Tool(▷)로 클릭하여 모서리 고정점을 선택하고 안쪽의 둥근 점(◉)을 안쪽으로 드래그하여 모서리를 둥글게 변형합니다.

24 [Object]−[Path]−[Outline Stroke]를 선택하고 선을 면으로 확장하고 Selection Tool(▶)로 선택하고 Reflect Tool(⬗)로 Alt 를 누른 채 수직의 안내선을 클릭한 후 'Axis : Vertical'을 지정하고 [Copy]를 눌러 복사합니다.

25 Selection Tool(▶)로 2개의 오브젝트를 함께 선택하고 Pathfinder 패널에서 'Unite(⬛)'를 클릭하고 Color 패널에서 'Fill Color : C90M30, Stroke Color : None'을 지정합니다.

26 Selection Tool(▶)로 오브젝트를 더블 클릭하여 Isolation Mode로 전환하고 Line Segment Tool(╱)로 Shift 를 누른 채 세로 안내선에 드래그하여 충분히 겹치도록 수직선을 그리고 Color 패널에서 'Fill Color : None, Stroke Color : 임의 색상'을 지정합니다.

27 Ctrl + A 로 모두 선택하고 Pathfinder 패널에서 'Divide(⬛)'를 클릭한 후 Selection Tool(▶)로 오른쪽 오브젝트를 선택하고 Color 패널에서 'Fill Color : C80M50, Stroke Color : None'을 지정한 후 Esc 를 눌러 정상 모드로 전환합니다.

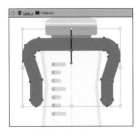 

⑩ 클리핑 마스크 및 이펙트 적용하기

01 Selection Tool(▶)로 젖병 오브젝트의 'Fill Color : C10, Stroke Color : None'인 오브젝트를 선택하고 Ctrl + C 로 복사하고 Ctrl + F 로 복사한 오브젝트 앞에 붙여넣기를 합니다.

02 Selection Tool()로 도큐먼트 상단의 노리개 젖꼭지 오브젝트를 선택한 후 [Ctrl]+[C]로 복사하고 'Fill Color : C10, Stroke Color : None'인 젖병 오브젝트를 더블 클릭하여 Isolation Mode로 전환한 후 [Ctrl]+[V]로 붙여넣기를 합니다. Scale Tool(⌗)을 더블 클릭하여 'Uniform : 55%'를 지정하고 [OK]를 눌러 축소한 후 Rotate Tool(↻)을 더블 클릭하여 'Angle : 90˚'를 지정하고 [OK]를 눌러 배치합니다.

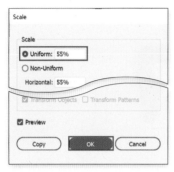
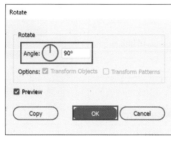

03 Rotate Tool(↻)을 더블 클릭하여 'Angle : -60˚'를 지정하고 [Copy]를 눌러 하단으로 이동하여 배치합니다.

04 Scale Tool(⌗)을 더블 클릭하여 'Uniform : 60%'를 지정하고 [Copy]를 눌러 축소 복사한 후 Rotate Tool(↻)을 더블 클릭하여 'Angle : 85˚'를 지정하고 [OK]를 눌러 왼쪽으로 이동하여 배치합니다.

05 Selection Tool(▶)로 'Fill Color : C10, Stroke Color : None'인 오브젝트를 선택하고 [Shift]+[Ctrl]+[]]를 눌러 맨 앞으로 가져오기를 합니다. [Ctrl]+[A]로 모두 선택하고 [Object]-[Clipping Mask]-[Make]([Ctrl]+[7])를 선택하고 클리핑 마스크를 설정한 후 [Esc]를 눌러 정상 모드로 전환합니다.

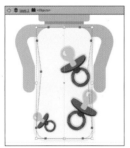
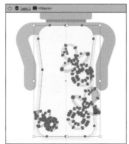

06 Selection Tool(▶)로 젖병 손잡이 오브젝트를 선택한 후 [Effect]-[Illustrator Effects]-[Stylize]-[Drop Shadow]를 선택하고 'Opacity : 75%, X Offset : 1mm, Y Offset : 1mm, Blur : 1mm'를 지정하여 그림자 효과를 적용합니다.

합격생의 비법

그림자 효과가 2개 이상의 오브젝트에 적용될 때는 반드시 그룹을 지정해야 합니다. 젖병 손잡이 오브젝트는 Pathfinder 패널에서 'Divide(🔲)'가 적용되어 있으므로 그룹으로 설정되어 있습니다.

⑪ 문자 입력하기

01 Type Tool(T)로 작업 도큐먼트를 클릭한 후 Character 패널에서 'Set the font family : Times New Roman, Set the font style : Bold, Set the font size : 11pt'를 설정하고 Color 패널에서 'Fill Color : M30Y100, Stroke Color : None'을 지정한 후 MILK를 입력합니다.

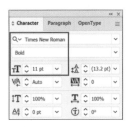  

⑫ 저장 및 답안 전송하기

01 [View]-[Guides]-[Hide Guides](Ctrl + ;)를 선택하여 안내선을 숨기고 [View]-[Fit Artboard in Window](Ctrl + 0)를 선택하여 현재 창에 맞추기를 합니다.

02 [File]-[Save As]를 선택하고 '저장 위치 : 내 PC₩문서₩GTQ, 파일 형식 : Adobe Illustrator(*AI), 파일 이름 : 수험번호-성명-문제번호.ai'를 확인하고 [저장]을 클릭한 후 [Illustrator Options] 대화상자에서 'Version : Illustrator 2020'으로 설정하고 [OK]를 클릭합니다.

03 답안 저장이 완료가 되면 [File]-[Close](Ctrl + W)를 선택하여 파일을 닫고 수험 프로그램에서 [답안 전송]을 클릭하여 감독관 컴퓨터로 전송합니다.

문제 03	CHAPTER 02 광고 디자인	
작업과정	새 도큐먼트 만들기 및 파일 저장하기 ➡ 메시 및 배경 오브젝트 만들기 ➡ 블렌드 효과 만들기 ➡ 하트 모양 만들고 그라디언트 적용하기 ➡ 욕조 모양 만들기 ➡ 아기 캐릭터 만들기 ➡ 심볼 오브젝트 만들고 등록하기 ➡ 심볼 적용 및 편집하기 ➡ 브러쉬 적용하기 ➡ 문자 입력 및 왜곡하기 ➡ 그룹 지정하고 이펙트 적용하기 ➡ 클리핑 마스크 적용하기 ➡ 저장 및 답안 전송하기	
완성이미지	Part04₩기출유형문제02회₩수험번호-성명-3.ai	

① 새 도큐먼트 만들기 및 파일 저장하기

01 [File]-[New](Ctrl + N)를 선택하고 'Width : 210mm, Height : 297mm, Units : Millimeters, Color Mode : CMYK'를 설정하여 새 도큐먼트를 만들고 [View]-[Rulers]-[Show Rulers](Ctrl + R)를 선택하여 눈금자를 표시합니다.

02 작품의 규격 왼쪽 상단에 원점(0,0)을 확인하고 왼쪽과 상단 눈금자 위에서 마우스로 각각 드래그하여 제시된 출력형태와 레이아웃 구성이 동일하게 안내선을 표시합니다.

03 작업 도큐먼트를 저장하기 위해 [File]-[Save]([Ctrl]+[S])를 선택하고 '저장 위치 : 내 PC₩문서₩GTQ, 파일 형식 : Adobe Illustrator(*AI), 파일 이름 : 수험번호-성명-문제번호'를 입력하고 [저장]을 클릭한 후 [Illustrator Options] 대화상자에서 'Version : Illustrator 2020'으로 설정하고 [OK]를 클릭합니다.

02 메시 및 배경 오브젝트 만들기

01 Rectangle Tool(▣)로 작업 도큐먼트 왼쪽 상단의 원점(0,0)을 클릭한 후 'Width : 210mm, Height : 297mm'를 입력하여 그리고 Color 패널에서 'Fill Color : C20Y20, Stroke Color : None'을 지정합니다.

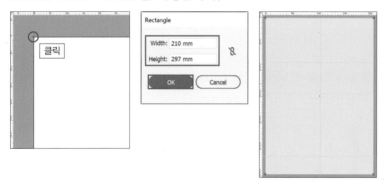

02 Mesh Tool(▦)로 사각형의 왼쪽 상단과 오른쪽을 각각 클릭하여 새로운 고정점을 생성합니다.

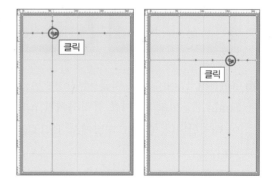

03 Direct Selection Tool(▷)로 사각형 왼쪽 하단의 고정점을 클릭하여 선택하고 Color 패널에서 'Fill Color : C0M0Y0K0, Stroke Color : None'을 적용합니다.

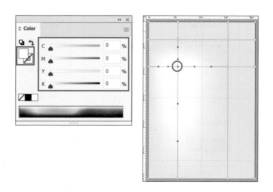

04 Direct Selection Tool(⊿)로 왼쪽 하단의 고정점을 오른쪽 하단으로 드래그하여 이동한 후 고정점의 핸들을 드래그하여 이동하여 변형합니다.

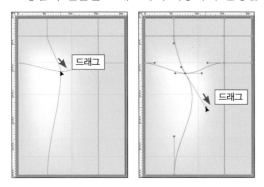

06 Ellipse Tool(⬭)로 드래그하여 크기가 다른 9개의 원형을 그리고 Color 패널에서 'Fill Color : None, Stroke Color : 임의 색상'을 지정합니다. Pen Tool(✏)로 원형의 하단과 충분히 겹치도록 닫힌 패스를 그리고 'Fill Color : None, Stroke Color : 임의 색상'을 지정합니다.

07 Selection Tool(▶)로 원형과 함께 선택하고 Pathfinder 패널에서 'Unite(◨)'를 클릭하여 합친 후 Color 패널에서 'Fill Color : C40Y10, Stroke Color : None'을 지정합니다.

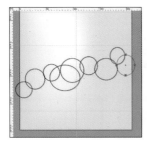
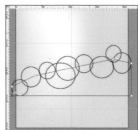
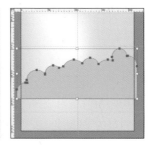

08 Reflect Tool(◁)로 더블 클릭하여 'Axis : Vertical'을 지정하고 [Copy]를 눌러 복사합니다. Scale Tool(◳)을 더블 클릭하여 'Uniform : 120%'를 지정하고 [OK]를 눌러 패스를 확대하여 배치합니다. Color 패널에서 'Fill Color : C0M0Y0K0, Stroke Color : None'을 지정합니다.

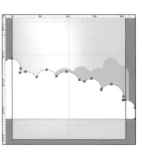

09 Scale Tool(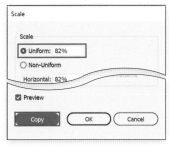)을 더블 클릭하여 'Uniform : 82%'를 지정한 후 [Copy]를 눌러 축소하고 하단으로 이동하여 배치합니다. Color 패널에서 'Fill Color : C30Y10, Stroke Color : None'을 지정합니다.

 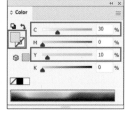 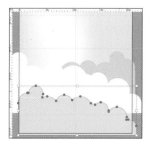

---

03 블렌드 효과 만들기

01 Pen Tool()로 작업 도큐먼트를 완전히 벗어나는 2개의 곡선을 그리고 하단 곡선은 Color 패널에서 'Fill Color : None, Stroke Color : M50Y100'을 지정한 후 Stroke 패널에서 'Weight : 1pt'를 적용합니다. 상단 곡선은 Color 패널에서 'Fill Color : None, Stroke Color : C20M10'을 지정한 후 Stroke 패널에서 'Weight : 3pt'를 적용합니다.

   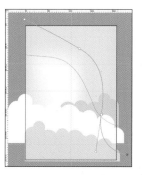

02 Selection Tool(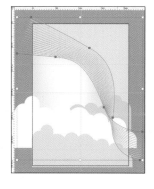)로 2개의 곡선을 선택한 후 [Object]-[Blend]-[Make]를 적용하고 [Object]-[Blend]-[Blend Options]로 'Specified Steps : 15'를 적용합니다.

---

04 하트 모양 만들고 그라디언트 적용하기

01 Ellipse Tool(◉)로 작업 도큐먼트를 클릭한 후 'Width : 84mm, Height : 84mm'를 입력하여 그리고 Color 패널에서 'Fill Color : 임의 색상, Stroke Color : 임의 색상'을 지정합니다.

02 Direct Selection Tool(▷)로 드래그하여 상단 고정점을 선택하고 [Object]-[Transform]-[Move]를 선택한 후 'Horizontal : 0mm, Vertical : 35mm'를 입력하고 [OK]를 눌러 하단으로 이동합니다.

03 Direct Selection Tool(▷)로 드래그하여 상단 고정점의 왼쪽 선분을 선택하고 Alt 를 누른 채 왼쪽 핸들의 방향점을 드래그하여 패스의 모양을 변형합니다. 동일한 방법으로 오른쪽 선분도 대칭적으로 변형합니다.

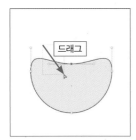 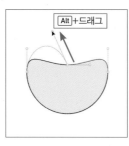 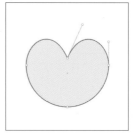

04 Direct Selection Tool(▷)로 드래그하여 하단 고정점을 선택하고 [Object]-[Transform]-[Move]를 선택한 후 'Horizontal : 10mm, Vertical : 10mm'를 입력하고 [OK]를 눌러 우측 하단으로 이동합니다. Direct Selection Tool(▷)로 오른쪽 핸들의 방향점을 선택하고 Alt 를 누른 채 방향점을 드래그하여 패스의 모양을 변형합니다.

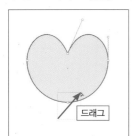  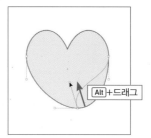

05 Selection Tool(▶)로 선택하고 Scale Tool(⊞)을 더블 클릭하여 'Uniform : 10%'를 지정하고 [Copy]를 눌러 축소 복사한 후 Color 패널에서 Color 패널에서 'Fill Color : M50Y10, Stroke Color : None'을 지정하고 작업 도큐먼트의 상단에 배치합니다.

06 [Object]-[Transform]-[Move]를 선택한 후 'Horizontal : 100mm, Vertical : 0mm'를 입력하고 [Copy]를 눌러 오른쪽으로 이동하여 복사합니다. Selection Tool(▶)로 2개의 하트 모양을 함께 선택하고 [Object]-[Blend]-[Make]를 적용하고 [Object]-[Blend]-[Blend Options]로 'Specified Steps : 5'를 적용합니다.

 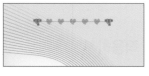

합격생의 비법

Tool 패널의 Blend Tool(🔖) 자체를 더블 클릭하면 [Blend Options]를 빠르게 지정할 수 있습니다.

07 Selection Tool(▶)로 블렌드된 하트 모양을 더블 클릭하여 Isolation Mode로 전환하고 중앙의 투명한 수평선을 선택한 후 [Object]-[Path]-[Add Anchor Points]를 선택하고 선분 중앙에 고정점을 추가합니다. Direct Selection Tool(▷)로 중앙의 고정점을 선택하고 위로 드래그하여 이동하고 패스를 변형한 후 Esc 를 눌러 정상 모드로 전환한 후 [Object]-[Blend]-[Expand]로 확장합니다.

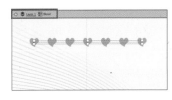 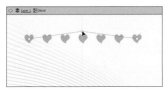 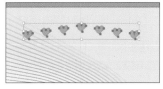

08 Selection Tool(▶)로 클릭하여 하트 원본을 선택하고 Rotate Tool(↻)을 더블 클릭하여 'Angle : 15°'를 지정하고 [OK]를 눌러 회전하여 배치합니다.

09 Gradient 패널에서 'Type : Linear Gradient, Angle : 90°'를 적용하고 Gradient Slider의 왼쪽 'Color Stop'을 더블 클릭하여 M60을, 오른쪽 'Color Stop'을 더블 클릭하여 M20Y20을 적용한 후 'Color Midpoint(◆) : 20%'를 지정하고 Color 패널에서 'Stroke Color : None'을 지정합니다.

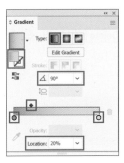  

05 욕조 모양 만들기

01 Rounded Rectangle Tool(▢)로 작업 도큐먼트를 클릭한 후 'Width : 110mm, Height : 77mm, Corner Radius : 31mm'를 입력하여 그리고 Color 패널에서 'Fill Color : 임의 색상, Stroke Color : 임의 색상'을 지정합니다.

02 Rectangle Tool(▢)로 드래그하여 둥근 사각형의 상단과 겹치도록 임의 색상의 사각형을 그리고 Selection Tool(▶)로 드래그하여 둥근 사각형과 함께 선택하고 Pathfinder 패널에서 'Minus Front(▣)'를 클릭합니다.

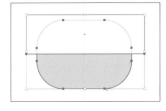  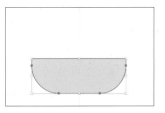

03 [Object]-[Transform]-[Move]를 선택한 후 'Horizontal : -15mm, Vertical : -8mm'를 입력하고 [Copy]를 눌러 왼쪽 상단으로 이동하여 복사합니다.

04 Selection Tool(▶)로 2개의 오브젝트를 함께 선택하고 Pathfinder 패널에서 'Divide(⬛)' 를 클릭하여 면을 분할한 후 오브젝트를 더블 클릭하여 Isolation Mode로 전환한 후 왼쪽의 불필요한 오브젝트는 [Delete]를 눌러 오브젝트를 삭제합니다. 나머지 오브젝트를 각각 선택하고 Color 패널에서 'Fill Color : Y20K10, M10Y10K30, Stroke Color : None'을 지정한 후 [Esc]를 눌러 정상 모드로 전환합니다.

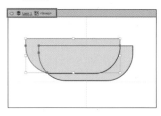 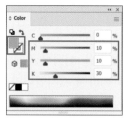 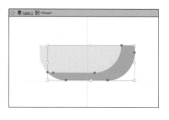

05 Ellipse Tool(⬭)로 작업 도큐먼트를 클릭한 후 'Width : 128mm, Height : 25mm'를 입력하여 그리고 Color 패널에서 'Fill Color : None, Stroke Color : M10Y10K30'을 지정한 후 Stroke 패널에서 'Weight : 24pt, Cap : Round Cap'을 지정합니다.

06 Direct Selection Tool(▷)로 하단 중앙의 고정점을 선택하고 [Delete]를 눌러 삭제하고 [Object]-[Path]-[Outline Stroke]를 선택하여 선을 면으로 확장합니다.

07 Ellipse Tool(⬭)로 작업 도큐먼트를 클릭한 후 'Width : 126mm, Height : 17mm'를 입력하여 그리고 Color 패널에서 'Fill Color : None, Stroke Color : C70M70K60'을 지정한 후 Stroke 패널에서 'Weight : 15pt, Cap : Round Cap'을 지정합니다. Direct Selection Tool(▷)로 하단 중앙의 고정점을 선택한 후 [Delete]를 눌러 삭제하고 [Object]-[Path]-[Outline Stroke]를 선택하여 선을 면으로 확장하고 배치합니다.

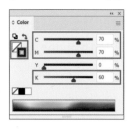  

08 Selection Tool(▶)로 욕조 오브젝트를 모두 선택하고 Align 패널에서 'Horizontal Align Center(⬓)'를 클릭하여 가로 가운데 정렬을 지정합니다.

09 Ellipse Tool(⬭)로 작업 도큐먼트를 클릭한 후 'Width : 10mm, Height : 16mm'를 입력하여 그리고 Color 패널에서 'Fill Color : None, Stroke Color : C70M70K60'을 지정한후 Stroke 패널에서 'Weight : 19pt, Cap : Round Cap'을 지정합니다.

10 Rotate Tool(⟲)을 더블 클릭하여 'Angle : −5°'를 지정하고 [OK]를 눌러 회전하여 배치합니다. Direct Selection Tool(▷)로 왼쪽 중앙의 고정점을 선택한 후 Delete 를 눌러 삭제하고 [Object]−[Path]−[Outline Stroke]를 선택하여 선을 면으로 확장하고 이동하여 배치합니다.

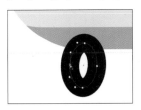  

11 Reflect Tool(⬚)로 Alt 를 누른 채 세로 안내선을 클릭한 후 'Axis : Vertical'을 지정하고 [Copy]를 눌러 복사합니다.

12 Ellipse Tool(⬭)로 드래그하여 크기가 다른 6개의 원형을 그리고 Color 패널에서 'Fill Color : None, Stroke Color : 임의 색상'을 지정합니다. Pen Tool(✎)로 원형의 하단과충분히 겹치도록 닫힌 패스를 그리고 'Fill Color : None, Stroke Color : 임의 색상'을 지정합니다.

13 Selection Tool(▶)로 원형과 함께 선택하고 Pathfinder 패널에서 'Unite(▣)'를 클릭하여합친 후 Color 패널에서 'Fill Color : C20Y10, Stroke Color : None'을 지정합니다.

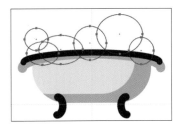 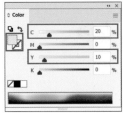 

14 Pen Tool(✎)로 드래그하여 3개의 닫힌 패스를 그리고 Color 패널에서 'Fill Color : C20Y10K20, Stroke Color : None'을 지정합니다. Selection Tool(▶)로 병합된 오브젝트와 함께 선택한 후 Shift + Ctrl + [를 눌러 맨 뒤로 보내기를 합니다.

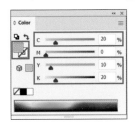  

15 Ellipse Tool(⬤)로 Shift 를 누른 채 드래그하여 크기가 다른 2개의 정원을 그리고 Color 패널에서 'Fill Color : C0M0Y0K0, Stroke Color : None'을 지정합니다. 계속해서 정원을 겹치도록 그리고 'Fill Color : None, Stroke Color : C0M0Y0K0'을 지정하고 Stroke 패널에서 'Weight : 2pt'를 지정합니다.

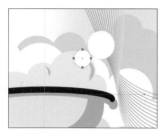  

16 Selection Tool(▶)로 3개의 정원을 함께 선택한 후 Ctrl + G 로 그룹을 지정하고 Transparency 패널에서 'Opacity : 70%'를 입력하여 불투명도를 지정합니다.

06 아기 캐릭터 만들기

01 Ellipse Tool(⬤)로 작업 도큐먼트를 클릭한 후 'Width : 50mm, Height : 48mm'를 입력하여 그리고 Color 패널에서 'Fill Color : M20Y30, Stroke Color : None'을 지정합니다. 계속해서 작업 도큐먼트를 클릭한 후 'Width : 12mm, Height : 12mm'를 입력하여 그리고 겹치도록 왼쪽에 배치합니다.

02 Pen Tool(✒)로 드래그하여 머리카락 모양과 눈썹 모양을 닫힌 패스로 그리고 Color 패널에서 'Fill Color : M50Y100K60, M10Y30, Stroke Color : None'을 각각 지정합니다.

03 Ellipse Tool(⬤)로 Shift 를 누른 채 드래그하여 크기가 다른 4개의 정원을 서로 겹치도록 그리고 Color 패널에서 'Fill Color : C0M0Y0K0, M50Y100K60, K100, C0M0Y0K0, Stroke Color : None'을 순서대로 각각 지정합니다.

04 Ellipse Tool(⬤)로 드래그하여 타원을 그리고 Color 패널에서 'Fill Color : M40Y30, Stroke Color : None'을 지정합니다. Rotate Tool(↻)을 더블 클릭하여 'Angle : −15°'를 지정하고 [OK]를 눌러 회전하여 배치합니다.

05 Selection Tool(▶)로 대칭 복사할 오브젝트를 함께 선택하고 Reflect Tool(▶◀)로 Alt 를 누른 채 세로 안내선을 클릭한 후 'Axis : Vertical'을 지정하고 [Copy]를 눌러 복사합니다.

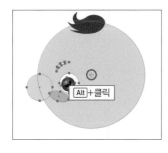
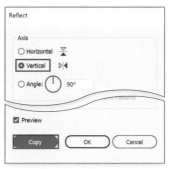

06 Ellipse Tool(◎)로 작업 도큐먼트를 클릭한 후 'Width : 18mm, Height : 17mm'를 입력 하여 그리고 Color 패널에서 'Fill Color : M90Y90K10, Stroke Color : 임의 색상'을 지정 합니다. Rectangle Tool(▣)로 드래그하여 원형의 상단과 겹치도록 임의 색상의 사각형을 그리고 Selection Tool(▶)로 드래그하여 원형과 함께 선택하고 Pathfinder 패널에서 'Mi-nus Front(▣)'를 클릭합니다.

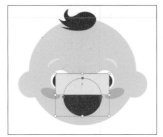

07 Direct Selection Tool(▷)로 모서리의 둥근 점(◎)을 안쪽으로 드래그하여 모서리를 둥글 게 변형합니다.

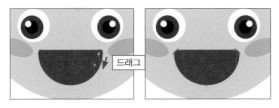

08 Ellipse Tool(◎)로 드래그하여 크기가 다른 2개의 타원을 하단에 겹치도록 그리고 Color 패 널에서 'Fill Color : M20Y30, M20Y30K10, Stroke Color : 임의 색상'을 각각 지정합니 다. Selection Tool(▶)로 2개의 타원을 함께 선택하고 Shift + Ctrl + [를 눌러 맨 뒤로 보 내기를 합니다.

09 Selection Tool(▶)로 아기 캐릭터 오브젝트를 모두 선택하고 [Ctrl]+[G]로 그룹으로 설정하고 [Ctrl]+[[]를 여러 번 눌러 욕조의 거품보다 뒤로 보내기를 합니다.

07 심볼 오브젝트 만들고 등록하기

01 Ellipse Tool(◯)로 작업 도큐먼트를 클릭한 후 'Width : 16mm, Height : 16mm'를 입력하여 그리고 Color 패널에서 'Fill Color : M10Y90, Stroke Color : 임의 색상'을 지정합니다.

02 Pen Tool(✏)로 드래그하여 몸통과 머리 깃털 모양을 닫힌 패스로 그리고 Selection Tool(▶)로 3개의 오브젝트를 함께 선택합니다. Pathfinder 패널에서 'Unite(◨)'를 클릭하여 합치고 Color 패널에서 'Fill Color : M10Y90, Stroke Color : None'을 지정합니다.

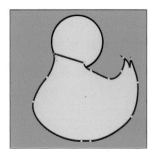 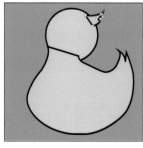 

03 Pen Tool(✏)로 부리 모양을 닫힌 패스로 그리고 Color 패널에서 'Fill Color : M80Y100, Stroke Color : None'을 지정한 후 [Shift]+[Ctrl]+[[]를 눌러 맨 뒤로 보내기를 합니다. Ellipse Tool(◯)로 드래그하여 크기가 다른 3개의 원형을 서로 겹치도록 그리고 'Fill Color : C0M0Y0K0, K100, C0M0Y0K0, Stroke Color : None'을 순서대로 각각 지정합니다.

04 Pen Tool(✏)로 날개 모양을 닫힌 패스로 그리고 Color 패널에서 'Fill Color : M30Y90K10, Stroke Color : None'을 지정합니다. [Object]-[Transform]-[Move]를 선택한 후 'Horizontal : -1mm, Vertical : -2mm'를 입력하고 [Copy]를 눌러 이동 복사하고 'Fill Color : M10Y90, Stroke Color : None'을 지정합니다.

05 Selection Tool(▶)로 날개 모양을 Ctrl + C로 복사하고 Ctrl + F로 복사한 오브젝트 앞에 붙여넣기를 하고 오브젝트를 더블 클릭하여 Isolation Mode로 전환합니다. Alt 를 누른 채 오른쪽 하단으로 드래그하여 복사하고 Ctrl + A로 모두 선택한 후 Pathfinder 패널에서 'Divide(▣)'를 클릭합니다. 불필요한 오브젝트를 선택하고 Delete 를 눌러 삭제하고 나머지 오브젝트에는 Color 패널에서 'Fill Color : C0M0Y0K0, Stroke Color : None'을 지정합니다.

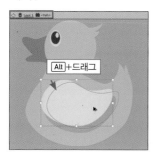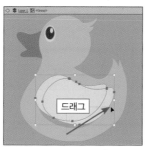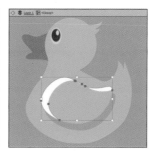

06 Esc 를 눌러 정상 모드로 전환한 후 Selection Tool(▶)로 오리 오브젝트를 모두 선택하고 Ctrl + G로 그룹을 지정합니다. Scale Tool(▣)을 더블 클릭하여 'Uniform : 60%'를 지정하고 [Copy]를 눌러 축소 복사하고 배치합니다.

07 Selection Tool(▶)로 오브젝트를 더블 클릭하여 Isolation Mode로 전환하고 'Fill Color : M10Y90, Stroke Color : None'을 지정한 오브젝트의 색상을 Color 패널에서 'Fill Color : Y10, Stroke Color : None'을 변경합니다. 계속해서 부리와 날개 음영을 선택한 후 'Fill Color : M30Y100, M10Y30, Stroke Color : None'을 각각 지정하고 Esc 를 눌러 정상 모드로 전환합니다.

08 Selection Tool(▶)로 2개의 오리 오브젝트를 함께 선택한 후 Symbols 패널 하단의 'New Symbol(▣)'을 클릭하고 [Symbol Options] 대화상자에서 'Name : 오리, Export Type : Graphic'을 지정하여 심볼로 등록합니다.

⑧ 심볼 적용 및 편집하기

01 Symbols 패널에서 등록된 '오리' 심볼을 선택하고 Symbol Sprayer Tool(▣)로 작업 도큐 먼트를 클릭하여 심볼을 뿌려 줍니다.

02 Symbol Sizer Tool()로 Alt를 누르고 클릭하여 심볼의 크기를 축소하고 Symbol Shift-er Tool(🖐)로 심볼의 위치를 이동시킨 후 Symbol Spinner Tool(◉)로 일부를 회전하여 배치합니다. Symbol Screener Tool(◉)로 일부를 클릭하여 투명하게 합니다.

03 Symbol Stainer Tool(🖌)로 Swatches 패널에서 제시된 출력형태와 유사한 색상을 Fill Color로 선택한 후 일부에 클릭하여 색조의 변화를 적용합니다.

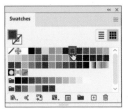 

> **합격생의 비법**
>
> Symbol Stainer Tool(🖌)로 색조의 변화를 적용할 때는 정확한 색상의 제시가 없으므로 문제지의 《출력형태》와 가장 유사한 색상을 'Fill Color'로 지정하여 적용하면 됩니다.

04 Selection Tool(▶)로 심볼로 등록한 오리 오브젝트를 선택하고 마우스 오른쪽 버튼을 누르고 'Break Link to Symbol'을 클릭하여 일반 오브젝트로 변환합니다. Shift+Ctrl+G를 여러 번 적용하여 그룹을 해제합니다. 큰 오리 오브젝트를 선택하고 Ctrl+G를 그룹을 지정하고 작은 오리 오브젝트는 Delete를 눌러 삭제합니다.

05 Selection Tool(▶)로 큰 오리 오브젝트를 선택하고 Scale Tool(⬚)을 더블 클릭하여 'Uniform : 150%'를 지정하고 [OK]를 눌러 확대한 후 하단에 배치합니다.

06 Ellipse Tool(◯)로 드래그하여 크기가 다른 2개의 타원을 하단에 그리고 Color 패널에서 'Fill Color : Y10K50, Stroke Color : None'을 지정합니다. 욕조와 큰 오리 오브젝트 하단에 배치하고 Ctrl+[를 여러 번 눌러 뒤로 보내기를 합니다.

09 브러쉬 적용하기

01 Brushes 패널 하단의 'Brush Libraries Menu(📖)'를 클릭하여 [Decorative]-[Decorative_Scatter]를 선택하여 추가 브러쉬 패널을 불러온 후 'Bubbles'를 선택합니다. Paintbrush Tool(🖌)를 선택하고 Color 패널에서 'Fill Color : None, Stroke Color : 임의 색상'을 지정한 후 작업 도큐먼트 왼쪽 하단에 곡선 모양으로 드래그하여 칠한 후 Stroke 패널에서 'Weight : 1pt'를 지정합니다.

합격생의 비법

[Decorative_Scatter] 브러쉬는 클릭할 때마다 뿌려지는 모양이 다르므로 여러 번 클릭하여 《출력형태》와 최대한 유사하게 표현합니다.

02 Paintbrush Tool(🖌)를 작업 도큐먼트 오른쪽에 영역을 충분히 벗어나도록 곡선 모양으로 드래그하여 칠한 후 Stroke 패널에서 'Weight : 2pt'를 지정합니다.

10 문자 입력 및 왜곡하기

01 Type Tool(T)로 작업 도큐먼트 상단에 클릭한 후 Character 패널에서 'Set the font family : Times New Roman, Set the font style : Bold, Set the font size : 49pt'를 설정하고 Color 패널에서 'Fill Color : C30M100, Stroke Color : None'을 지정한 후 HAPPY를 입력합니다.

02 Rectangle Tool(🔳)로 작업 도큐먼트를 클릭한 후 'Width : 135mm, Height : 30mm'를 입력하여 사각형을 그리고 Color 패널에서 'Fill Color : M80Y20, Stroke Color : None'을 지정합니다.

03 Type Tool(T)로 작업 도큐먼트 상단에 클릭한 후 Character 패널에서 'Set the font family : Times New Roman, Set the font style : Regular, Set the font size : 70pt'를 설정하고 Color 패널에서 'Fill Color : C0M0Y0K0, Stroke Color : None'을 지정한 후 Bath Time을 입력합니다.

04 Selection Tool(▶)로 'Bath Time' 문자와 사각형을 함께 선택하고 Align 패널에서 'Horizontal Align Center(♣)'를 클릭하여 가로 가운데 정렬을 지정합니다. [Object]–[Envelope Distort]–[Make with Warp]를 선택한 후 'Style : Arc Upper, Horizontal : 체크, Bend : 25%'를 지정하여 글자를 왜곡시킵니다.

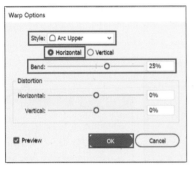

05 Selection Tool(▶)로 'Bath Time' 문자 상단의 하트 그룹을 선택하고 [Shift]+[Ctrl]+[]]를 눌러 맨 앞으로 가져오기를 합니다.

06 Type Tool([T])로 작업 도큐먼트를 클릭한 후 Character 패널에서 'Set the font family : Arial, Set the font style : Regular, Set the font size : 21pt'를 설정하고 Color 패널에서 'Fill Color : C50M90, Stroke Color : None'을 지정한 후 Let's Enjoy a bath with Rubber Duck을 입력합니다.

07 Selection Tool(▶)로 'Let's Enjoy a bath with Rubber Duck' 문자를 선택하고 [Object]–[Envelope Distort]–[Make with Warp]를 선택한 후 'Style : Flag, Horizontal : 체크, Bend : −100%'을 지정하여 글자를 왜곡시킵니다.

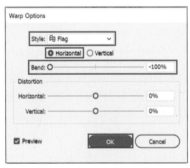

⑪ 그룹 지정하고 이펙트 적용하기

01 Selection Tool(▶)로 아기 캐릭터와 욕조 모양 오브젝트를 모두 선택하고 [Ctrl]+[G]로 그룹을 지정합니다. [Effect]–[Illustrator Effects]–[Stylize]–[Drop Shadow]를 선택한 후 'Opacity : 75%, X Offset : 1mm, Y Offset : 1mm, Blur : 2mm'를 지정하여 그림자 효과를 적용하고 도큐먼트의 빈 곳을 클릭하여 선택을 해제합니다.

⑫ 클리핑 마스크 적용하기

01 Rectangle Tool(▣)로 작업 도큐먼트 왼쪽 상단의 원점(0,0)을 클릭한 후 'Width : 210mm, Height : 297mm'를 입력하여 그리고 Color 패널에서 'Fill Color : 임의 색상, Stroke Color : None'을 지정합니다. [Select]−[All](Ctrl+A)로 오브젝트를 모두 선택하고 [Object]−[Clipping Mask]−[Make](Ctrl+7)로 클리핑 마스크를 적용하여 디자인을 정리합니다.

 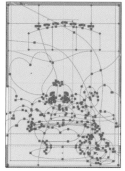 

⑬ 저장 및 답안 전송하기

01 [View]−[Guides]−[Hide Guides](Ctrl+;)를 선택하여 안내선을 숨기고 [View]−[Fit Artboard in Window](Ctrl+0)를 선택하여 현재 창에 맞추기를 합니다.

02 [File]−[Save As]를 선택하고 '저장 위치 : 내 PC₩문서₩GTQ, 파일 형식 : Adobe Illustrator(*AI), 파일 이름 : 수험번호−성명−문제번호.ai'를 확인하고 [저장]을 클릭한 후 [Illustrator Options] 대화상자에서 'Version : Illustrator 2020'으로 설정하고 [OK]를 클릭합니다.

03 답안 저장이 완료가 되면 [File]−[Exit](Ctrl+Q)를 선택하여 일러스트레이터 프로그램을 종료하고 수험 프로그램에서 [답안 전송]을 클릭하여 감독관 컴퓨터로 전송합니다.

기출 유형 문제 03회

급수	문제유형	시험시간	수험번호	성명
1급	A	90분	G123456789	

수 험 자 유 의 사 항

- 수험자는 문제지를 받는 즉시 응시하고자 하는 과목 및 급수가 맞는지 확인한 후 수험번호와 성명을 작성합니다.
- 파일명은 본인의 "수험번호-성명-문제번호"로 공백 없이 정확히 입력하고 답안폴더(내 PC\문서\GTQ)에 ai 파일 포맷으로 저장해야 하며, 다른 파일 형식으로 저장하였을 경우 0점 처리됩니다. 답안문서 파일명이 "수험번호-성명-문제번호"와 일치하지 않거나, 답안 파일을 전송하지 않아 미제출로 처리될 경우 불합격 처리됩니다.
- 수험자 정보와 저장한 파일명, 저장 위치가 다를 경우 전송이 되지 않으므로, 주의하시기 바랍니다.
- 답안 작성 중에도 주기적으로 '저장'과 '답안 전송'을 이용하여 감독위원 PC로 답안을 전송하셔야 합니다. (※ 작업한 내용을 저장하지 않고 전송할 경우 이전의 저장내용이 전송되오니 이점 반드시 유념하시기 바랍니다.)
- 답안문서는 지정된 경로 외의 다른 보조기억장치에 저장하는 행위, 지정된 시험 시간 외에 작성된 파일을 활용한 행위, 기타 통신수단(이메일, 메신저, 네트워크 등)을 이용하여 타인에게 전달 또는 외부 반출하는 행위는 부정으로 간주되어 자격기본법 제32조에 의거 본 시험 및 국가공인 자격시험을 2년간 응시할 수 없습니다.
- 시험 중 부주의 또는 고의로 시스템을 파손한 경우와 〈수험자 유의사항〉에 기재된 방법대로 이행하지 않아 생기는 불이익은 수험자의 책임임을 알려 드립니다.
- 시험을 완료한 수험자는 최종적으로 저장한 답안파일이 전송되었는지 확인한 후 감독위원의 지시에 따라 문제지를 제출하고 퇴실합니다.

답 안 작 성 요 령

- 온라인 답안 작성 절차
  수험자 등록 ⇒ 시험 시작 ⇒ 답안파일 저장 ⇒ 답안 전송 ⇒ 시험 종료
- 배점은 총 100점으로 이루어지며, 점수는 각 문제별로 차등 배분됩니다.
- 각 문제는 제시된 조건에 맞게 답안을 작성하셔야 하며, 조건을 지키지 못했을 경우에는 0점 또는 감점 처리됩니다.
- 조건에서 주어진 단위는 'mm(밀리미터)'입니다. 눈금자는 작성하지 않으며, 그 외는 출력형태(레이아웃, 색상, 문자, 규격 등)와 같게 작업하십시오.
- 문제 조건에 서체의 지정이 없을 경우 한글은 굴림이나 돋움, 영문은 Arial로 작업하십시오. (단, 그 외 제시되지 않은 문자 속성을 기본값으로 작성하지 않은 경우는 감점 처리됩니다.)
- 문제 조건에 크기와 색상, 두께의 지정이 없을 경우 《출력형태》를 참고하여 작업해 주시기 바랍니다.
- Color Mode(색상 모드)는 별도의 처리조건이 없을 경우에는 CMYK로 작업하십시오.
- 조건에서 제시한 기능을 임의로 합치거나 각 기능에 대한 속성을 해지할 경우 해당 요소는 0점 처리됩니다.

한 국 생 산 성 본 부

다음의 《조건》에 따라 아래의 《출력형태》와 같이 작업하시오.

조건

파일저장규칙	AI	파일명	문서₩GTQ₩수험번호-성명-1.ai
		크기	100 × 80mm

1. 작업 방법
① 도형, 변형 툴과 Pathfinder 기능을 활용하여 오브젝트를 작성한다.
② 그 외 《출력형태》 참조

2. 문자 효과
① The Happy Ranch (Arial, Bold, 23pt, C0M0Y0K0)

출력형태

C40Y40,
C0M0Y0K0,
K90, M10Y20K20,
C0M0Y0K0 → M60Y20,
K100, C20M20K60,
M60Y20, C60M20Y70K70,
C80M10Y80,
(선/획) C40Y40, 3pt,
M80Y20, 1pt

다음의 《조건》에 따라 아래의 《출력형태》와 같이 작업하시오.

조건

파일저장규칙	AI	파일명	문서₩GTQ₩수험번호-성명-2.ai
		크기	160 × 120mm

1. 작업 방법

① 딸기 잼 병은 Pattern을 활용하여 작성한다. (패턴 등록 : 딸기)
② 케이크 상자에는 Clipping Mask를 적용한다.
③ Brush는 《출력형태》를 참고하여 작성한다.
④ Effect는 《출력형태》를 참고하여 작성한다.
⑤ 그 외 《출력형태》 참조

2. 문자 효과

① Strawberry Cake (Arial, Bold, 17pt, 12pt, M100K10, C0M0Y0K0)
② Fresh Jam (Times New Roman, Regular, 14pt, C30M100Y90)

출력형태

M100Y100, C50M10Y90, C0M0Y0K0,
C70M10Y100, C60Y100, C40Y90, C10Y90,
M20Y100

M40, M80Y10K20,
M60, M70K20, M20,
C20M100Y40K30

C10M100Y90K30,
C30M20Y30,
M20Y20,
K50 → C0M0Y0K0,
[Pattern] Opacity 60%

M50Y50, M40Y20
[Brush]
Fountain Pen,
C0M0Y0K0, 2pt

M10Y30, C50M40Y40,
C20M10Y10, M40Y80,
(선) M40Y80, 3pt,
[Effect] Drop Shadow

다음의 《조건》에 따라 아래의 《출력형태》와 같이 작업하시오.

조건

파일저장규칙	AI	파일명	문서₩GTQ₩수험번호-성명-3.ai
		크기	210 × 297mm

1. 작업 방법

① 《참고도안》을 직접 제작한 후 Symbol로 활용한다. (심볼 등록 : 나무)
② 'URBAN PARK', '도심 속에 푸르름을 가꾸세요!' 문자에 Envelope Distort를 적용한다.
③ Brush는 《출력형태》를 참고하여 작성한다.
④ Effect는 《출력형태》를 참고하여 작성한다.
⑤ Clipping Mask를 이용하여 디자인을 정리한다.
⑥ 그 외 《출력형태》 참조

2. 문자 효과

① URBAN PARK (Arial, Bold, 50pt, C90M30Y80K30)
② LIFE WITH NATURE (Times New Roman, Bold, 32pt, C50M30Y90K10)
③ 도심 속에 푸르름을 가꾸세요! (돋움, 18pt, C80M20Y50)

참고도안

C30M90Y100K50,
C70M30Y100K20,
C60M10Y100

출력형태

C0M0Y0K0,
Opacity 70%,
Opacity 40%

210 × 297mm
[Mesh] C30Y10, C20Y20

[Blend] 단계 : 15,
(선/획) M40Y80, 3pt →
C0M0Y0K0, 1pt

[Brush] City,
C20M30Y60, 0.5pt

[Symbol]

M60Y40, C30Y100,
(선/획) C0M0Y0K0, 2pt, 3pt

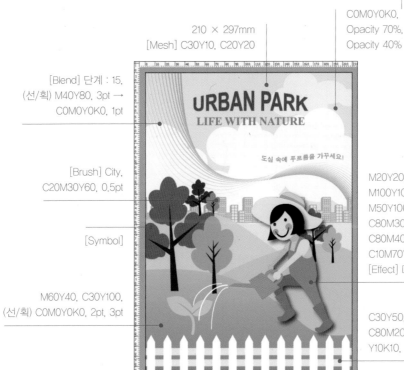

M20Y20, K100,
M100Y100, Opacity 40%, Y100,
M50Y100, C10M30Y30,
C80M30Y20, M20Y100,
C80M40Y30K10,
C10M70Y100,
[Effect] Drop Shadow

C30Y50, C40Y70,
C80M20Y80 → C50Y80,
Y10K10, C0M0Y0K0

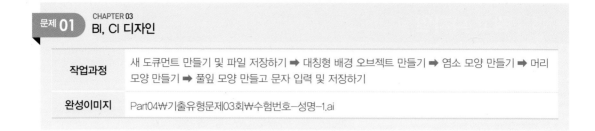

문제 **01**

CHAPTER 03
BI, CI 디자인

작업과정	새 도큐먼트 만들기 및 파일 저장하기 ➡ 대칭형 배경 오브젝트 만들기 ➡ 염소 모양 만들기 ➡ 머리 모양 만들기 ➡ 풀잎 모양 만들고 문자 입력 및 저장하기
완성이미지	Part04₩기출유형문제03회₩수험번호-성명-1.ai

01 새 도큐먼트 만들기 및 파일 저장하기

01 [File]-[New](Ctrl+N)를 선택하고 'Width : 100mm, Height : 80mm, Units : Milli-meters, Color Mode : CMYK'를 설정하여 새 도큐먼트를 만들고 [View]-[Rulers]-[Show Rulers](Ctrl+R)를 선택하여 눈금자를 표시합니다.

02 작품의 규격 왼쪽 상단에 원점(0,0)을 확인하고 왼쪽과 상단 눈금자 위에서 마우스를 드래그 하여 제시된 출력형태와 레이아웃 구성을 동일하게 작업하기 위해서 안내선을 표시합니다.

03 작업 도큐먼트를 저장하기 위해 [File]-[Save](Ctrl+S)를 선택하고 '저장 위치 : 내 PC₩문 서₩GTQ, 파일 형식 : Adobe Illustrator(*AI), 파일 이름 : 수험번호-성명-문제번호'를 입 력하고 [저장]을 클릭한 후 [Illustrator Options] 대화상자에서 'Version : Illustrator 2020'으로 설정하고 [OK]를 클릭합니다.

02 대칭형 배경 오브젝트 만들기

01 Pen Tool(✐)로 열린 패스를 그리고 Color 패널에서 'Fill Color : None, Stroke Color : 임의 색상'을 지정합니다.

  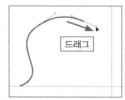 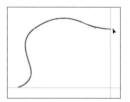

02 Selection Tool(▶)로 열린 패스를 선택한 후, Reflect Tool(◀▮)로 Alt 를 누르고 수직의 안내선을 클릭하여 'Axis : Vertical'을 지정하고 [Copy]를 눌러 복사합니다.

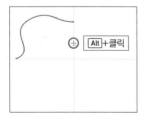 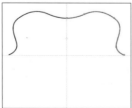

03 Direct Selection Tool(◁)로 드래그하여 상단 열린 패스의 2개의 끝 고정점을 선택하고 [Object]−[Path]−[Join]([Ctrl]+[J])을 선택하고 2개의 패스를 연결합니다.

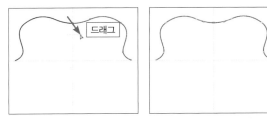

04 [Select]−[All]([Ctrl]+[A])로 모두 선택하고 Reflect Tool(◁▷)로 [Alt]를 누르고 열린 패스의 왼쪽 고정점을 클릭하여 'Axis : Horizontal'을 지정하고 [Copy]를 눌러 복사합니다.

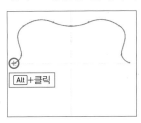
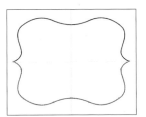

05 [Select]−[All]([Ctrl]+[A])로 모두 선택하고 Pathfinder 패널에서 'Unite(■)'를 클릭하여 합치고 Color 패널에서 'Fill Color : C40Y40, Stroke Color : None'을 지정합니다.

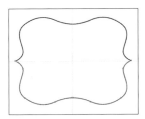
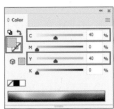
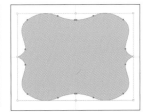

06 Scale Tool(⊡)을 더블 클릭하여 'Uniform : 107%'를 지정하고 [Copy]를 눌러 확대 복사한 후 Color 패널에서 'Fill Color : None, Stroke Color : C40Y40'을 지정합니다. Stroke 패널에서 'Weight : 3pt, Cap : Round Cap, Corner : Round Join, Dashed Line : 체크, dash : 1pt, gap : 5pt'를 입력하여 점선을 그려 배치합니다.

🥉 염소 모양 만들기

01 Rounded Rectangle Tool(▢)로 작업 도큐먼트를 클릭한 후 'Width : 30mm, Height : 21mm, Corner Radius : 4mm'를 입력하여 그리고 Color 패널에서 'Fill Color : C0M0Y0K0, Stroke Color : 임의 색상'을 지정합니다.

02 Add Anchor Point Tool(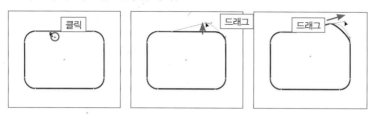)로 상단 선분 위를 클릭하여 고정점을 추가한 후, Direct Selection Tool(▷)로 상단 오른쪽 고정점을 선택하여 왼쪽 위로 이동한 후 오른쪽 핸들을 드래그하여 패스를 변형합니다.

03 Rounded Rectangle Tool(▢)로 작업 도큐먼트를 클릭한 후, 'Width : 13mm, Height : 7mm, Corner Radius : 4mm'를 입력하여 그리고 Color 패널에서 'Fill Color : C20M20K60, Stroke Color : 임의 색상'을 지정합니다. 계속해서 Rounded Rectangle Tool(▢)로 드래그하여 5개의 크기가 다른 둥근 사각형을 그리고 배치합니다.

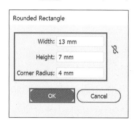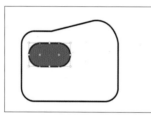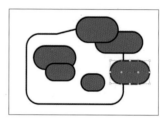

04 Selection Tool(▶)로 7개의 오브젝트를 함께 선택하고 Pathfinder 패널에서 'Divide(▣)'를 클릭하여 면을 분할합니다.

05 Selection Tool(▶)로 분할된 오브젝트를 더블 클릭하여 Isolation Mode로 전환한 후 불필요한 오브젝트를 선택하고 Delete 를 눌러 삭제합니다.

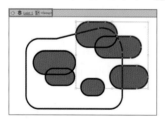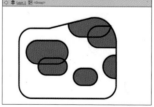

06 Selection Tool(▶)로 드래그하여 오른쪽 상단의 오브젝트를 선택하고 Pathfinder 패널에서 'Unite(▣)'를 클릭하여 합칩니다. 계속해서 가운데 3개의 오브젝트를 함께 선택하고 'Unite(▣)'를 클릭하여 합칩니다. [Select]-[All](Ctrl + A)로 모두 선택한 후 'Stroke Color : None'을 지정하고, 도큐먼트의 빈 곳을 더블 클릭하여 정상 모드로 전환합니다.

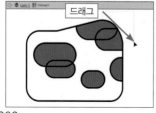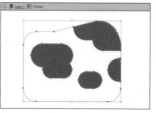

07 Rectangle Tool(⬛)로 작업 도큐먼트를 클릭한 후 'Width : 7mm, Height : 20mm'를 입력하여 그리고 Color 패널에서 'Fill Color : C0M0Y0K0, Stroke Color : 임의 색상'을 지정합니다. Direct Selection Tool(▷)로 사각형의 하단 2개의 고정점을 드래그하여 선택하고, Scale Tool(🔲)을 더블 클릭하여 'Uniform : 60%'를 지정하여 패스를 축소합니다.

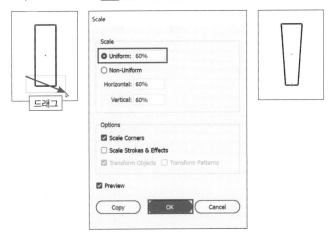

08 Line Segment Tool(╱)로 Shift를 누른 채 드래그하여 오브젝트 하단에 겹치도록 수평선을 그리고 Color 패널에서 'Fill Color : None, Stroke Color : 임의 색상'을 지정합니다. Pen Tool(✎)로 클릭하여 열린 패스를 하단에 겹치도록 그립니다.

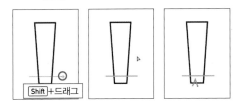

09 Selection Tool(▶)로 3개의 오브젝트를 선택하고, Pathfinder 패널에서 'Divide(▣)'를 클릭하여 면을 분할한 후 오브젝트를 더블 클릭하여 Isolation Mode로 전환하고 불필요한 오브젝트를 Delete를 눌러 삭제합니다. 하단 오브젝트를 선택하고 Color 패널에서 'Fill Color : K90'을 지정하고 Esc를 눌러 정상 모드로 전환합니다.

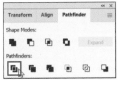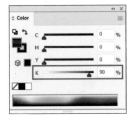

10 Selection Tool(▶)로 Alt를 누르면서 오른쪽으로 드래그하여 다리 모양을 복사한 후 Rotate Tool(⟳)을 더블 클릭하여 'Angle : 17˚'로 지정하여 회전합니다.

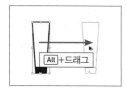

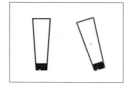

11 Selection Tool(▶)로 왼쪽 다리 모양을 선택한 후, Scale Tool(⊞)을 더블 클릭하여 'Uniform : 90%, Scale Strokes & Effects : 체크 해제'를 지정하고 [Copy]를 눌러 축소 복사한 후, Rotate Tool(⟳)을 더블 클릭하여 'Angle : −10˚'로 지정하여 회전합니다. [Object]−[Arrange]−[Send Backward](Ctrl+[)를 선택하고 뒤로 보낸 후 배치합니다.

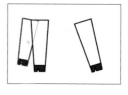

12 Selection Tool(▶)로 왼쪽 다리 모양을 더블 클릭한 후 Isolation Mode로 전환하고, 상단 오브젝트를 선택하여 Color 패널에서 'Fill Color : M10Y20K20'을 지정한 후 Esc를 눌러 정상 모드로 전환합니다. Selection Tool(▶)로 Alt를 누르면서 다리 모양을 오른쪽으로 드래그하여 복사한 후 바운딩 박스의 조절점 밖을 반시계 방향으로 드래그하여 회전합니다.

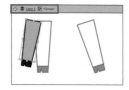

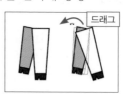

13 Selection Tool(▶)로 4개의 다리 모양을 함께 선택하고 Color 패널에서 'Stroke Color : None'을 지정한 후 배치합니다. 몸통 모양을 선택하고 [Object]-[Arrange]-[Bring to Front](Shift+Ctrl+])로 맨 앞으로 가져오기를 합니다.

> **합격생의 비법**
>
> 배경에 대칭형 오브젝트는 [Object]-[Lock]-[Selection](Ctrl +2)을 선택하고 잠금을 지정하면 앞쪽에 놓인 오브젝트 작업 시 선택 및 편집이 되지 않습니다. 작업 완료 후에는 반드시 [Object]-[Unlock All](Alt+Ctrl+2)을 선택하고 잠금을 해제합니다.

14 Ellipse Tool(⬭)로 작업 도큐먼트를 클릭한 후 'Width : 12mm, Height : 8mm'를 입력하여 그리고 Color 패널에서 'Fill Color : 임의 색상, Stroke Color : 임의 색상'을 지정합니다. Rounded Rectangle Tool(⬛)로 타원의 하단 중앙에 클릭하여 'Width : 1mm, Height : 2mm, Corner Radius : 4mm'를 입력하여 그리고 'Fill Color : 임의 색상, Stroke Color : 임의 색상'을 지정합니다.

 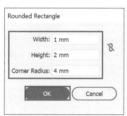 

15 Rotate Tool(↻)로 Alt를 누르면서 타원의 중앙에 클릭하여 'Angle : 35°'로 지정하고 [Copy]를 눌러 회전 복사합니다. 계속해서 Rotate Tool(↻)로 Alt를 누르면서 타원의 중앙을 클릭하여 'Angle : -70°'로 지정하고 [Copy]를 눌러 회전 복사합니다.

16 Selection Tool(▶)로 Shift를 누르면서 4개의 오브젝트를 선택하고 Pathfinder 패널에서 'Unite(◼)'를 클릭하여 합친 후, Gradient 패널에서 'Type : Radial Gradient'를 적용하고 Gradient Slider의 왼쪽 'Color Stop'을 더블 클릭하여 C0M0Y0K0을, 오른쪽 'Color Stop'을 더블 클릭하여 M60Y20을 적용한 후 Tool 패널 하단에서 'Stroke Color : None'을 지정합니다. Ctrl+[를 2번 눌러 뒤로 보내기를 하여 배치합니다.

 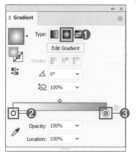 

17 Ellipse Tool()로 작업 도큐먼트에 드래그하여 타원을 그리고 Color 패널에서 'Fill Color : K100, Stroke Color : None'을 지정합니다. Anchor Point Tool(△)로 왼쪽 고정점을 클릭하여 핸들을 삭제한 후 Selection Tool(▶)로 선택하고 바운딩 박스의 조절점 밖을 시계 방향으로 드래그하여 회전하고 **Ctrl**+**[**를 눌러 뒤로 보내기를 하여 배치합니다.

⓸ 머리 모양 만들기

01 Pen Tool(✎)로 머리 모양과 무늬 모양을 2개의 닫힌 패스로 그리고 Color 패널에서 'Fill Color : C0M0Y0K0, C20M20K60, Stroke Color : None'을 각각 지정합니다.

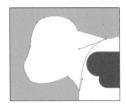

02 Ellipse Tool(◯)로 작업 도큐먼트를 클릭한 후 'Width : 9mm, Height : 7mm'를 입력하여 그리고 Color 패널에서 'Fill Color : K100, Stroke Color : None'을 지정합니다. Rectangle Tool(▢)로 타원 상단과 겹치도록 드래그하여 사각형을 그리고 임의 색상을 지정합니다.

03 Selection Tool(▶)로 타원과 함께 선택하고, Pathfinder 패널에서 'Minus Front(▣)'를 클릭한 후 Rotate Tool(↻)을 더블 클릭하여 'Angle : −30°'로 지정한 후 귀 모양을 배치합니다. 계속해서 Rotate Tool(↻)을 더블 클릭하여 'Angle : 45°'로 지정하여 [Copy]를 눌러 회전 복사한 후 왼쪽으로 이동하고 **Ctrl**+**[**를 여러 번 눌러 머리 모양 뒤로 배치합니다.

합격생의 비법

이미 정돈이 되어있는 머리 모양과 오른쪽 귀 모양을 선택하고 **Shift**+**Ctrl**+**[**를 눌러 맨 앞으로 가져오기를 할 수도 있습니다.

04 Ellipse Tool()로 드래그하여 2개의 크기가 다른 타원을 겹치도록 그리고 Color 패널에서 'Fill Color : C0M0Y0K0, K100, Stroke Color : None'을 각각 지정합니다. Selection Tool()로 검정색 타원을 선택하고 바운딩 박스의 조절점 밖을 시계 방향으로 드래그하여 회전하고 눈 모양을 완성합니다.

05 Pen Tool()로 코 모양을 닫힌 패스로 그리고 Color 패널에서 'Fill Color : M60Y20, Stroke Color : None'을 지정합니다. 계속해서 Pen Tool()로 입 모양을 열린 패스로 그리고 'Fill Color : None, Stroke Color : M80Y20'을 지정하고, Stroke 패널에서 'Weight : 1pt, Cap : Round Cap'을 지정하고 Ctrl+[를 눌러 뒤로 보내기를 합니다.

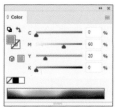

05 풀잎 모양 만들고 문자 입력 및 저장하기

01 Pen Tool()로 풀잎 모양을 닫힌 패스로 그리고 Color 패널에서 'Fill Color : C60M20Y70K70, Stroke Color : None'을 지정합니다.

02 Selection Tool()로 풀잎 모양을 선택하고 Scale Tool()을 더블 클릭하여 'Uniform : 80%'를 지정하고 [Copy]를 눌러 축소 복사한 후 Reflect Tool()로 더블 클릭하여 'Axis : Vertical'을 지정하고 배치합니다. Color 패널에서 'Fill Color : C80M10Y80, Stroke Color : None'을 지정합니다.

03 Type Tool()로 작업 도큐먼트를 클릭한 후 Character 패널에서 'Set the font family : Arial, Set the font style : Bold, Set the font size : 23pt'를 설정하고 Color 패널에서 'Fill Color : C0M0Y0K0, Stroke Color : None'을 지정한 후 The Happy Ranch를 입력합니다.

04 [View]-[Guides]-[Hide Guides]($\boxed{\text{Ctrl}}$+$\boxed{;}$)를 선택하여 안내선을 숨기고 [View]-[Fit Artboard in Window]($\boxed{\text{Ctrl}}$+$\boxed{0}$)을 선택하여 현재 창에 맞추기를 합니다.

05 [File]-[Save As]를 선택하고 '저장 위치 : 내 PC₩문서₩GTQ, 파일 형식 : Adobe Illustrator(*AI), 파일 이름 : 수험번호-성명-문제번호.ai'를 확인하고 [저장]을 클릭한 후 [Illustrator Options] 대화상자에서 'Version : Illustrator 2020'으로 설정하고 [OK]를 클릭합니다.

06 답안 저장이 완료가 되면 [File]-[Close]($\boxed{\text{Ctrl}}$+$\boxed{\text{W}}$)를 선택하여 파일을 닫고 수험 프로그램에서 [답안 전송]을 클릭하여 감독관 컴퓨터로 전송합니다.

문제 **02**	**CHAPTER 03** **패키지, 비즈니스 디자인**
작업과정	새 도큐먼트 만들기 및 파일 저장하기 ➡ 딸기 모양 만들고 패턴 등록하기 ➡ 딸기 꽃과 잎 모양 만들기 ➡ 케이크 상자 만들기 ➡ 브러쉬 적용 및 문자 입력하기 ➡ 클리핑 마스크 적용하기 ➡ 병 모양 만들고 패턴 적용하기 ➡ 라벨 만들고 저장하기
완성이미지	Part04₩기출유형문제03회₩수험번호-성명-2.ai

01 새 도큐먼트 만들기 및 파일 저장하기

01 [File]-[New]($\boxed{\text{Ctrl}}$+$\boxed{\text{N}}$)를 선택하고 'Width : 160mm, Height : 120mm, Units : Millimeters, Color Mode : CMYK'를 설정하여 새 도큐먼트를 만들고 [View]-[Rulers]-[Show Rulers]($\boxed{\text{Ctrl}}$+$\boxed{\text{R}}$)를 선택하여 눈금자를 표시합니다.

02 작품의 규격 왼쪽 상단에 원점(0,0)을 확인하고 왼쪽과 상단 눈금자 위에서 마우스를 드래그하여 제시된 출력형태와 레이아웃 구성을 동일하게 작업하기 위해서 안내선을 표시합니다.

03 작업 도큐먼트를 저장하기 위해 [File]-[Save]($\boxed{\text{Ctrl}}$+$\boxed{\text{S}}$)를 선택하고 '저장 위치 : 내 PC₩문서₩GTQ, 파일 형식 : Adobe Illustrator(*AI), 파일 이름 : 수험번호-성명-문제번호'를 입력하고 [저장]을 클릭한 후 [Illustrator Options] 대화상자에서 'Version : Illustrator 2020'으로 설정하고 [OK]를 클릭합니다.

02 딸기 모양 만들고 패턴 등록하기

01 Ellipse Tool(◉)로 작업 도큐먼트를 클릭한 후 'Width : 15mm, Height : 19mm'를 입력하여 그리고 Color 패널에서 'Fill Color : None, Stroke Color : 임의 색상'을 지정합니다.

02 [Object]–[Path]–[Add Anchor Points]를 선택하고 각각의 선분 중앙에 고정점을 균일하게 추가하고, Direct Selection Tool(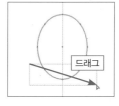)로 드래그하여 타원 하단의 3개의 고정점을 선택하고, Scale Tool(⊞)을 더블 클릭한 후 'Uniform : 65%'를 지정하여 패스를 축소합니다.

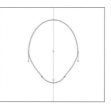

03 Direct Selection Tool(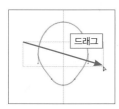)로 드래그하여 가운데 2개의 고정점을 선택하고, 위로 드래그하여 이동할 때 Shift 를 누르면서 패스를 변형한 후 Color 패널에서 'Fill Color : M100Y100, Stroke Color : None'을 지정합니다.

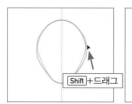

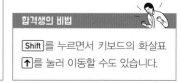

합격생의 비법
Shift 를 누르면서 키보드의 화살표 ↑ 를 눌러 이동할 수도 있습니다.

04 Pen Tool(✐)로 딸기의 윗부분을 그리고, Direct Selection Tool(◁)로 드래그하여 세로상의 2개의 고정점을 선택한 후 [Object]–[Path]–[Average](Alt + Ctrl + J)를 선택하고 'Axis : Vertical'을 지정하고 세로의 평균 지점에 정렬합니다.

05 Selection Tool(▶)로 선택하고, Reflect Tool(◁▷)로 Alt 를 누르고 세로 안내선을 클릭하여 'Axis : Vertical'을 지정하고 [Copy]를 눌러 복사합니다. Selection Tool(▶)로 2개의 오브젝트를 선택하고 Reflect Tool(◁▷)로 Alt 를 누르고 하단 선분 위에 클릭하여 'Axis : Horizontal'을 지정하고 [Copy]를 눌러 복사합니다.

06 Selection Tool(▶)로 4개의 오브젝트를 선택하고 Pathfinder 패널에서 'Unite(■)'를 클릭하여 하나의 오브젝트로 합친 후 Color 패널에서 'Fill Color : C50M10Y90, Stroke Color : None'을 지정합니다.

07 Arc Tool(⌐)로 하단에서 상단으로 드래그하여 호를 그리고 배치한 후 Color 패널에서 'Fill Color : None, Stroke Color : C50M10Y90'을 지정하고 Stroke 패널에서 'Weight : 2pt, Cap : Round Cap'을 지정합니다. [Object]−[Path]−[Outline Stroke]를 선택하여 선을 면으로 확장합니다.

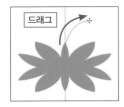   

08 Direct Selection Tool(▷)로 상단 2개의 고정점을 각각 선택하고 이동하여 패스를 변형합니다. Selection Tool(▶)로 2개의 오브젝트를 선택하고 Pathfinder 패널에서 'Unite(■)'를 클릭하여 하나의 오브젝트로 합칩니다.

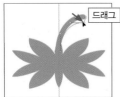 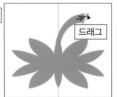  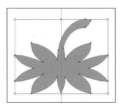

09 Pen Tool(✎)로 딸기 모양의 상단과 겹치도록 열린 패스를 그리고 Color 패널에서 'Fill Color : None, Stroke Color : 임의 색상'을 지정합니다. Selection Tool(▶)로 Shift 를 누르면서 열린 패스와 딸기 모양을 함께 선택하고 Pathfinder 패널에서 'Divide(▣)'를 클릭하여 면을 분할한 후 오브젝트를 더블 클릭하여 Isolation Mode로 전환하고 상단 오브젝트를 선택하고 Delete 를 눌러 삭제합니다.

  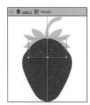 

합격생의 비법

'Divide'를 할 때는 선을 오브젝트 영역 밖으로 넉넉하게 그려야 면 분할이 확실하게 됩니다.

10 Ellipse Tool(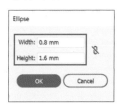)로 작업 도큐먼트를 클릭한 후, 'Width : 0.8mm, Height : 1.6mm'를 입력하여 그리고 Color 패널에서 'Fill Color : 임의 색상, Stroke Color : 임의 색상'을 지정합니다. Anchor Point Tool()로 하단 고정점에 클릭하여 핸들을 삭제하고 Direct Selection Tool(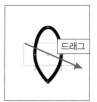)로 드래그하여 가운데 2개의 고정점을 선택하고 키보드의 화살표 [↑]를 눌러 이동합니다.

11 Selection Tool(▶)로 씨앗 모양을 선택하고 딸기 모양 위에 배치한 후 Color 패널에서 'Fill Color : C0M0Y0K0, Stroke Color : None'을 지정합니다. [Alt]와 [Shift]를 누르면서 오른쪽으로 드래그하여 반듯하게 복사한 후 [Ctrl]+[D]를 4번 눌러 반복하여 균등 복사합니다. 계속해서 5개의 씨앗 모양을 [Shift]를 누르면서 함께 선택하고 [Alt]를 누르면서 아래쪽으로 드래그하여 복사한 후 [Ctrl]+[D]를 2번 눌러 반복하여 균등 복사합니다.

12 Selection Tool(▶)로 불필요한 하단 4개의 씨앗 모양을 [Shift]를 누르면서 함께 선택하고 [Delete]를 눌러 삭제한 후 출력 형태를 참조하여 레이아웃대로 조금씩 이동하여 배치합니다.

13 [Ctrl]+[A]로 모두 선택하고 [Object]-[Group]([Ctrl]+[G])을 선택하여 그룹으로 설정하고, Rotate Tool(↻)을 더블 클릭한 후 'Angle : 35˚'로 지정하여 반시계 방향으로 회전합니다. [Object]-[Pattern]-[Make]로 'Name : 딸기, Tile Type : Grid'를 지정하고 패턴으로 등록하여 Swatches 패널에 저장합니다. 도큐먼트 상단의 'Done'을 클릭하여 정상 모드로 전환합니다.

03 딸기 꽃과 잎 모양 만들기

01 Ellipse Tool(⬤)로 작업 도큐먼트를 클릭한 후 'Width : 11mm, Height : 14mm'를 입력하여 그리고 Color 패널에서 'Fill Color : 임의 색상, Stroke Color : 임의 색상'을 지정합니다. Direct Selection Tool(▷)로 상단 고정점을 선택한 후 Scale Tool(▣)을 더블 클릭하여 'Uniform : 80%'를 지정하고 키보드의 화살표 ↑를 눌러 위쪽으로 이동합니다.

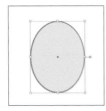 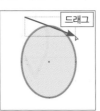 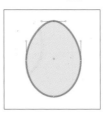

02 [Effect]-[Illustrator Effects]-[Distort & Transform]-[Zig Zag]를 선택한 후 'Size : 0.5mm, Absolute : 체크, Ridges per segment : 11, Points : Corner'를 지정하고 [Object]-[Expand Appearance]를 선택하여 오브젝트의 속성을 확장합니다.

03 Pen Tool(✒)로 오브젝트 하단에 곡선의 열린 패스를 그리고 Color 패널에서 'Fill Color : None, Stroke Color : 임의 색상'을 지정합니다. Selection Tool(▶)로 패스를 선택한 후 Reflect Tool(◄)로 Alt 를 누르면서 열린 패스의 왼쪽 고정점에 클릭하여 'Axis : Vertical'을 지정하고 [Copy]를 눌러 복사합니다.

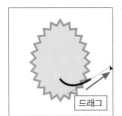   

04 [View]-[Outline](Ctrl + Y)을 선택하고 '윤곽선 보기'를 하고, Direct Selection Tool(▷)로 열린 패스 중앙의 2개의 끝 고정점을 드래그하여 선택한 후, [Object]-[Path]-[Average](Alt + Ctrl + J)를 선택하고 'Axis : Both'를 지정하여 평균점에 정렬합니다. [Object]-[Path]-[Join](Ctrl + J)을 선택하고 2개의 패스를 연결하고 Ctrl + Y 를 눌러 'GPU 미리보기'를 합니다.

05 Selection Tool(▶)로 2개의 오브젝트를 함께 선택하고 Align 패널에서 'Horizontal Align Center(♣)'를 클릭하여 가로 가운데 정렬을 지정한 후 Pathfinder 패널에서 'Divide(🖿)'를 클릭하여 면을 분할합니다. 오브젝트를 더블 클릭하여 Isolation Mode로 전환하고 하단 오브젝트를 선택하고 [Delete]를 눌러 삭제하고 [Ctrl]+[A]를 누른 후 Color 패널에서 'Fill Color : C70M10Y100, Stroke Color : None'을 지정하고 [Esc]를 눌러 정상 모드로 전환합니다.

  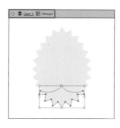 

06 Rotate Tool(↻)을 더블 클릭한 후 'Angle : -75°'로 지정하여 [Copy]를 눌러 회전 복사하고 Color 패널에서 'Fill Color : C60Y100, Stroke Color : None'을 지정한 후 오른쪽으로 이동하여 배치합니다. Scale Tool(⌸)을 더블 클릭하여 'Uniform : 130%'를 지정하고 [Copy]를 눌러 확대 복사한 후 Reflect Tool(◁)을 더블 클릭하여 'Axis : Vertical'을 지정하고 왼쪽으로 이동하여 배치합니다.

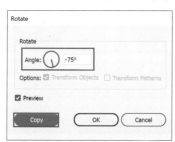  

07 Arc Tool(⌒)로 드래그하여 3개의 호를 각각 그리고 Color 패널에서 'Fill Color : None, Stroke Color : C40Y90'을 지정한 후 Stroke 패널에서 'Weight : 3pt, Cap : Round Cap'을 적용합니다.

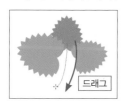  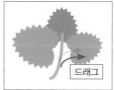 

08 Selection Tool(▶)로 드래그하여 3개의 호를 함께 선택하고 [Object]-[Arrange]-[Send to Back]([Shift]+[Ctrl]+[[])을 선택하고 맨 뒤로 보내기를 합니다. [Object]-[Path]-[Outline Stroke]를 선택하여 선을 면으로 확장한 후 Pathfinder 패널에서 'Unite(🖿)'를 클릭하여 하나로 합칩니다.

09 Ellipse Tool(⬭)로 작업 도큐먼트를 클릭한 후 'Width : 4mm, Height : 5mm'를 입력하여 그리고 Color 패널에서 'Fill Color : C0M0Y0K0, Stroke Color : None'을 지정합니다. 계속해서 타원 아래쪽에 클릭한 후 'Width : 3.2mm, Height : 3.2mm'를 입력하여 그리고 'Fill Color : C10Y90, Stroke Color : None'을 지정합니다. Selection Tool(▶)로 [Shift]를 누르면서 2개의 원을 함께 선택하고 Align 패널에서 'Horizontal Align Center(🔳)'를 클릭하여 가로 가운데 정렬을 지정합니다.

10 Selection Tool(▶)로 흰 타원을 선택한 후, Rotate Tool(↻)로 [Alt]를 누르고 정원의 중심점을 클릭하여 'Angle : 72˚'로 지정하고 [Copy]를 눌러 회전 복사합니다. [Ctrl]+[D]를 3번 눌러 반복하여 회전 복사합니다.

11 Ellipse Tool(⬭)로 [Shift]를 누르면서 드래그하여 정원을 그리고 Color 패널에서 'Fill Color : M20Y100, Stroke Color : None'을 지정합니다. Rotate Tool(↻)로 [Alt]를 누르고 가운데 정원의 중심점을 클릭하여 'Angle : 45˚'를 지정하고 [Copy]를 눌러 회전 복사한 후 [Ctrl]+[D]를 6번 눌러 반복하여 회전 복사합니다.

04 케이크 상자 만들기

01 Rectangle Tool(▣)로 작업 도큐먼트를 클릭한 후, 'Width : 38mm, Height : 42mm'를 입력하여 그리고 Color 패널에서 'Fill Color : M40, Stroke Color : 임의 색상'을 지정합니다. Shear Tool(🖉)을 더블 클릭하여 'Shear Angle : 20°, Axis : Vertical'을 지정하고 기울기를 조절합니다.

02 Rectangle Tool(▣)로 평행사변형의 오른쪽 상단 고정점에 클릭하여 'Width : 55mm, Height : 42mm'를 입력하여 그리고 Color 패널에서 'Fill Color : M80Y10K20, Stroke Color : 임의 색상'을 지정합니다. Shear Tool(🖉)로 Alt를 누르면서 수직의 안내선에 클릭하여 'Shear Angle : -13°, Axis : Vertical'을 지정하고 기울기를 조절합니다.

 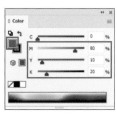 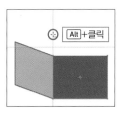 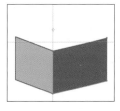

03 Direct Selection Tool(▷)로 오른쪽 상단의 고정점을 선택하고 [Object]-[Transform]-[Move]를 선택하고 'Horizontal : 0.5mm, Vertical : 4mm'을 입력하고 패스를 원근에 맞게 이동합니다.

04 Pen Tool(✎)로 2개의 닫힌 패스를 순서대로 그리고 Color 패널에서 'Fill Color : M60, M70K20, Stroke Color : 임의 색상'을 각각 지정합니다.

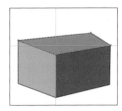 

05 Rounded Rectangle Tool(▢)로 작업 도큐먼트를 클릭한 후 'Width : 21mm, Height : 8.5mm, Corner Radius : 6mm'를 입력하여 그리고 Color 패널에서 'Fill Color : 임의 색상, Stroke Color : 임의 색상'을 지정합니다. Shear Tool(🖉)을 더블 클릭하여 'Shear Angle : -6°, Axis : Vertical'을 지정하고 기울기를 조절합니다.

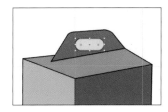 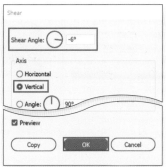 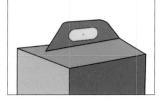

06 Selection Tool(▶)로 둥근 사각형을 더블 클릭하여 Isolation Mode로 전환하고, Direct Selection Tool(▷)로 드래그하여 오른쪽 3개의 고정점을 선택하고 Scale Tool(⊞)을 더블 클릭하여 'Uniform : 95%'를 지정하여 패스를 축소합니다. Esc 를 불러 정상모드로 전환합니다.

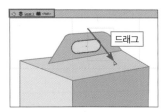 

07 Selection Tool(▶)로 손잡이 모양의 2개의 오브젝트를 함께 선택하고, Pathfinder 패널에서 'Minus Front(🔲)'를 클릭하여 겹친 부분을 삭제합니다.

 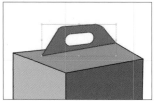

08 Pen Tool(✏)로 왼쪽 상단에 닫힌 패스를 그리고 Color 패널에서 'Fill Color : M20, Stroke Color : 임의 색상'을 지정합니다. Rounded Rectangle Tool(▢)로 작업 도큐먼트를 클릭한 후, 'Width : 11mm, Height : 10mm, Corner Radius : 2mm'를 입력하여 그리고 'Fill Color : M70K20, Stroke Color : 임의 색상'을 지정합니다.

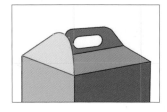  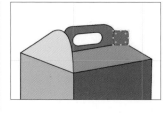

09 Pen Tool(✏)로 오른쪽 상단에 닫힌 패스를 그리고 Color 패널에서 'Fill Color : C20M100Y40K30, Stroke Color : 임의 색상'을 지정합니다. Selection Tool(▶)로 Shift 를 누르면서 둥근 사각형과 함께 선택하고 Shift + Ctrl + [를 눌러 맨 뒤로 보내기를 합니다.

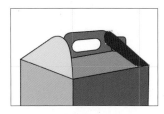 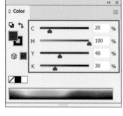 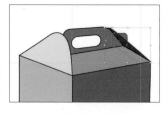

10 Rounded Rectangle Tool(▢)로 작업 도큐먼트를 클릭한 후 'Width : 20mm, Height : 15mm, Corner Radius : 3mm'를 입력하여 그리고 Color 패널에서 'Fill Color : M70K20, Stroke Color : 임의 색상'을 지정합니다.

11 Selection Tool(▶)로 둥근 사각형을 더블 클릭하여 Isolation Mode로 전환하고 Direct Selection Tool(▷)로 드래그하여 오른쪽 4개의 고정점을 선택하고 [Delete]를 눌러 삭제합니다. 계속해서 [Shift]를 누르면서 클릭하여 열린 패스의 2개의 끝 고정점을 선택하고 [Object]-[Path]-[Join]([Ctrl]+[J])을 선택하고 연결합니다.

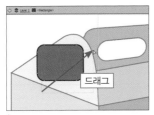 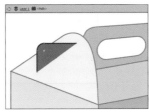 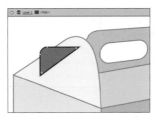

12 [Esc]를 누르고 정상 모드로 전환하고 Selection Tool(▶)로 케이크 상자 모양을 모두 선택하고 Color 패널에서 'Stroke Color : None'을 지정합니다.

13 Direct Selection Tool(▷)로 드래그하여 양쪽 모서리의 고정점들을 각각 선택하고 [Object]-[Path]-[Average]([Alt]+[Ctrl]+[J])를 선택하고 'Axis : Both'를 선택하여 평균 위치에 정렬합니다.

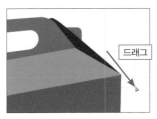  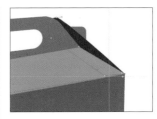

05 브러쉬 적용 및 문자 입력하기

01 Pen Tool(✎)로 오른쪽에서 왼쪽으로 드래그하여 열린 패스를 그리고 Color 패널에서 'Fill Color : None, Stroke Color : C0M0Y0K0'을 지정합니다. Brushes 패널 하단의 'Brush Libraries Menu(▥.)'를 클릭한 후 [Artistic]-[Artistic_Ink]를 선택하여 추가 브러쉬 패널에서 'Fountain Pen'을 선택한 후, Stroke 패널에서 'Weight : 2pt'를 지정합니다.

02 Selection Tool(▶)로 딸기 모양을 선택하고 Ctrl+C로 복사하고 Ctrl+V로 붙여 넣기를 한 후 오브젝트를 더블 클릭하여 Isolation Mode로 전환합니다. 딸기 과육 모양을 선택하여 Color 패널에서 'Fill Color : M50Y50, Stroke Color : None'을 지정하고 Esc를 눌러 정상 모드로 전환합니다. Scale Tool(🔲)을 더블 클릭하여 'Uniform : 70%'를 지정하여 딸기 모양을 축소한 후 Ctrl+[를 눌러 브러쉬 모양 뒤로 보내기를 합니다.

03 Rotate Tool(🔄)을 더블 클릭하여 'Angle : −100°로 지정하고 [Copy]를 눌러 회전 복사한 후, Scale Tool(🔲)을 더블 클릭하여 'Uniform : 70%'로 지정하여 축소하고 배치합니다.

04 다시 한 번 Ctrl+V로 붙여 넣기를 한 후 Scale Tool(🔲)을 더블 클릭하여 'Uniform : 85%'를 지정하여 축소한 후 Rotate Tool(🔄)을 더블 클릭하여 'Angle : −60°'를 지정합니다. Selection Tool(▶)로 오브젝트를 더블 클릭하여 Isolation Mode로 전환하고 딸기 과육 모양을 선택하여 Color 패널에서 'Fill Color : M40Y20, Stroke Color : None'을 지정하고 Esc를 눌러 정상 모드로 전환합니다.

05 Type Tool(T)로 도큐먼트를 클릭한 후 Character 패널에서 'Set the font family : Arial, Set the font style : Bold, Set the font size : 12pt'를 설정하고 Paragraph 패널에서 'Align center(≡)'를 선택하여 문장을 가운데 배치합니다. Color 패널에서 'Fill Color : M100K10, Stroke Color : None'을 지정한 후 Strawberry Cake를 입력합니다.

06 Selection Tool(▶)로 Cake 문자를 더블 클릭하여 선택하고 Color 패널에서 'Fill Color : C0M0Y0K0, Stroke Color : None'을 지정합니다. Rotate Tool(🔄)을 더블 클릭하여 'Angle : 8°'를 지정하여 회전한 후 배치합니다.

07 Selection Tool(▶)로 Strawberry Cake 문자를 선택한 후 Ctrl + C 로 복사하고 Ctrl + V 로 붙여 넣기를 한 후 Character 패널에서 'Set the font size : 17pt'를 설정하고 Shear Tool(✍)을 더블 클릭하여 'Shear Angle : 200°, Axis : Vertical'을 지정하고 기울기를 조절합니다.

06 클리핑 마스크 적용하기

01 Selection Tool(▶)로 드래그하여 딸기 꽃과 잎 모양을 선택하고, Shift 를 누르면서 오른쪽 잎과 줄기 모양을 클릭하여 선택을 해제하고 Ctrl + C 로 복사합니다.

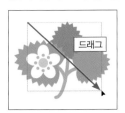 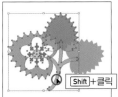 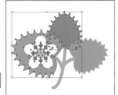

02 Ctrl + V 로 붙여 넣기를 한 후 Scale Tool(⬚)을 더블 클릭하여 'Uniform : 140%'를 지정하여 확대합니다. Rotate Tool(↻)을 더블 클릭하여 'Angle : −70°'를 지정하여 회전하고 케이크 상자의 왼쪽 하단에 배치한 후 Ctrl + G 를 눌러 그룹으로 설정합니다.

03 Selection Tool(▶)로 왼쪽 평행사변형을 선택하고 Ctrl + C 로 복사하고 Ctrl + F 로 복사한 오브젝트 앞에 붙여 넣기를 한 후 Shift + Ctrl +] 를 눌러 맨 앞으로 가져오기를 합니다. Shift 를 누르면서 딸기 꽃 그룹과 함께 선택하고 [Object]−[Clipping Mask]−[Make](Ctrl + 7)를 선택하고 클리핑 마스크를 적용합니다.

07 병 모양 만들고 패턴 적용하기

01 Rounded Rectangle Tool(◻)로 작업 도큐먼트를 클릭한 후 'Width : 43mm, Height : 44mm, Corner Radius : 10mm'를 입력하여 그리고 Color 패널에서 'Fill Color : 임의 색상, Stroke Color : 임의 색상'을 지정합니다.

02 Direct Selection Tool(▷)로 드래그하여 둥근 사각형의 하단 4개의 고정점을 선택하고, Scale Tool(⬚)을 더블 클릭하고 'Uniform : 95%'를 지정하여 하단 패스를 축소한 후 Color 패널에서 'Fill Color : C10M100Y90K30, Stroke Color : None'을 지정합니다.

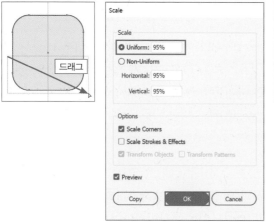

03 Ellipse Tool(◯)로 Alt를 누르면서 상단 세로 안내선에 클릭한 후 'Width : 37mm, Height : 3mm'를 입력하여 그리고 Color 패널에서 'Fill Color : C30M20Y30, Stroke Color : None'을 지정합니다. 계속해서 Alt를 누르면서 타원의 하단 세로 안내선이 하단에 클릭하여 'Width : 37mm, Height : 5mm'를 입력하여 동일한 색상의 타원을 그립니다.

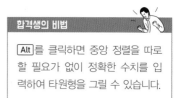

> **합격생의 비법**
>
> Alt를 클릭하면 중앙 정렬을 따로 할 필요가 없이 정확한 수치를 입력하여 타원형을 그릴 수 있습니다.

04 Rectangle Tool(◻)로 Alt를 누르면서 타원 아래의 세로 안내선에 클릭한 후 'Width : 32.5mm, Height : 2.5mm'를 입력하여 그리고 Color 패널에서 'Fill Color : C50M40Y40, Stroke Color : None'을 지정합니다. 계속해서 Alt를 누르면서 2개의 타원 사이의 세로 안내선을 클릭한 후 'Width : 37mm, Height : 5.5mm'를 입력하여 임의 색상의 사각형을 그립니다.

05 Gradient 패널에서 'Type : Linear Gradient, Angle : 0°'를 적용하고 Gradient Slider의 왼쪽 'Color Stop'을 더블 클릭하여 K50을, 가운데 빈 곳을 클릭하여 'Color Stop'을 추가하고 더블 클릭하여 C0M0Y0K0을 적용한 후 'Location : 30%'로 지정합니다. 오른쪽 'Color Stop'을 더블 클릭하여 K50을 적용하고 'Location : 80%'로 지정한 후 Tool 패널 하단에서 'Stroke Color : None'을 지정합니다.

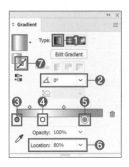

합격생의 비법

Gradient Slider에 동일한 'Color Stop'을 추가할 때는 기존의 'Color Stop'을 Alt 를 누르면서 드래그하여 배치합니다.

06 Rectangle Tool(▨)로 Alt 를 누르면서 세로 안내선에 클릭한 후 'Width : 48mm, Height : 21mm'를 입력하여 그리고 Color 패널에서 'Fill Color : M20Y20, Stroke Color : None'을 지정합니다.

07 Selection Tool(▶)로 병 모양 하단을 선택하고 Ctrl + C 로 복사하고 Ctrl + F 로 복사한 오브젝트 앞에 붙여 넣기를 하고 Shift 를 누르면서 겹친 사각형을 함께 선택한 후, Pathfinder 패널에서 'Intersect(▣)'를 클릭하여 겹친 부분만 남깁니다.

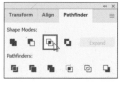

08 Ctrl + C 로 복사하고 Ctrl + F 로 복사한 오브젝트 앞에 붙여 넣기를 하고 Swatches 패널에서 등록된 딸기 패턴을 클릭하여 Fill Color에 적용합니다. Scale Tool(▣)을 더블 클릭하고 'Uniform : 30%, Transform Objects : 체크 해제, Transform Patterns : 체크'를 지정하여 패턴의 크기를 축소한 후 Transparency 패널에서 'Opacity : 60%'를 지정하여 패턴의 불투명도를 조절합니다.

⑧ 라벨 만들고 저장하기

01 Rectangle Tool(▨)로 작업 도큐먼트를 클릭한 후 'Width : 20mm, Height : 25mm'를 입력하여 그리고 Color 패널에서 'Fill Color : M10Y30, Stroke Color : None'을 지정합니다. Ellipse Tool(⬤)로 Shift 를 누르면서 정원을 그리고 'Fill Color : C50M40Y40, Stroke Color : None'을 지정합니다.

02 Type Tool(T)로 도큐먼트를 클릭한 후 Character 패널에서 'Set the font family : Times New Roman, Set the font style : Regular, Set the font size : 14pt'를 설정하고 Paragraph 패널에서 'Align left(≡)'를 선택하여 문장을 왼쪽에 배치합니다. Color 패널에서 'Fill Color : C30M100Y90, Stroke Color : None'을 지정한 후 Fresh Jam을 입력합니다.

  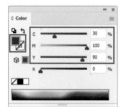 

03 Selection Tool(▶)로 Shift를 누르면서 사각형과 정원을 함께 선택하고 Align 패널에서 'Horizontal Align Center(♣)'를 클릭하여 가로 가운데 정렬을 지정합니다.

04 Selection Tool(▶)로 사각형을 선택하고 Rotate Tool(⟳)로 Alt를 누르면서 사각형의 왼쪽 상단 고정점에 클릭하여 'Angle : −10°, Transform Objects : 체크, Transform Patterns : 체크 해제'를 지정하고 [Copy]를 눌러 회전하여 복사합니다. Color 패널에서 'Fill Color : C20M10Y10, Stroke Color : None'을 지정하고 Ctrl+[를 눌러 뒤로 보내기를 합니다.

05 Rounded Rectangle Tool(▢)로 드래그하여 둥근 사각형을 그리고 Color 패널에서 'Fill Color : M40Y80, Stroke Color : None'을 지정합니다. 계속해서 색상이 동일한 2개의 크기가 다른 둥근 사각형을 그리고 Selection Tool(▶)로 바운딩 박스의 조절점 밖을 각각 드래그하여 회전하고 배치합니다.

06 Pen Tool(✎)로 클릭하여 열린 패스를 그리고 Color 패널에서 'Fill Color : None, Stroke Color : M40Y80'을 지정한 후, Stroke 패널에서 'Weight : 3pt, Cap : Butt Cap, Dashed Line : 체크, dash : 7pt, gap : 2pt, dash : 1pt, gap : 3pt'를 입력하여 불규칙한 점선을 적용하고, Ctrl+[를 여러 번 눌러 라벨 모양 뒤로 보내기를 하여 배치합니다.

07 Selection Tool(▶)로 라벨 모양의 앞쪽 사각형을 선택하고 [Effect]−[Illustrator Effects]−[Stylize]−[Drop Shadow]를 선택하고 'Opacity : 75%, X Offset : 1mm, Y Offset : 1mm, Blur : 1.5mm'를 지정하여 그림자 효과를 적용합니다.

08 [View]−[Guides]−[Hide Guides]([Ctrl]+[;])를 선택하여 안내선을 숨기고 [View]−[Fit Artboard in Window]([Ctrl]+[0])을 선택하여 현재 창에 맞추기를 합니다. [File]−[Save As]를 선택하고 '저장 위치 : 내 PC₩문서₩GTQ, 파일 형식 : Adobe Illustrator(*AI), 파일 이름 : 수험번호−성명−문제번호.ai'를 확인하고 [저장]을 클릭한 후 [Illustrator Options] 대화상자에서 'Version : Illustrator 2020'으로 설정하고 [OK]를 클릭합니다.

09 답안 저장이 완료가 되면 [File]−[Close]([Ctrl]+[W])를 선택하여 파일을 닫고 수험 프로그램에서 [답안 전송]을 클릭하여 감독관 컴퓨터로 전송합니다.

문제 03	CHAPTER 03 **광고 디자인**

작업과정	새 도큐먼트 만들기 및 파일 저장하기 ➡ 그라디언트 메시 적용하기 ➡ 불투명도 적용하여 구름 모양 만들기 ➡ 블렌드 효과 및 브러쉬 적용하기 ➡ 언덕과 울타리 모양 만들기 ➡ 나무 심볼 등록 및 심볼 적용하고, 편집하기 ➡ 사람 모양 만들고 이펙트 적용하기 ➡ 물뿌리개 모양과 식물 모양 그리기 ➡ 문자 입력 및 왜곡하기 ➡ 클리핑 마스크 적용 및 저장하기
완성이미지	Part04₩기출유형문제03회₩수험번호−성명−3.ai

🔘1 새 도큐먼트 만들기 및 파일 저장하기

01 [File]−[New]([Ctrl]+[N])를 선택하고 'Width : 210mm, Height : 297mm, Units : Millimeters, Color Mode : CMYK'를 설정하여 새 도큐먼트를 만들고 [View]−[Rulers]−[Show Rulers]([Ctrl]+[R])를 선택하여 눈금자를 표시합니다.

02 작품의 규격 왼쪽 상단에 원점(0,0)을 확인하고 왼쪽과 상단 눈금자 위에서 마우스를 드래그하여 제시된 출력형태와 레이아웃 구성을 동일하게 작업하기 위해서 안내선을 표시합니다.

03 작업 도큐먼트를 저장하기 위해 [File]−[Save]([Ctrl]+[S])를 선택하고 '저장 위치 : 내 PC₩문서₩GTQ, 파일 형식 : Adobe Illustrator(*AI), 파일 이름 : 수험번호−성명−문제번호'를 입력하고 [저장]을 클릭한 후 [Illustrator Options] 대화상자에서 'Version : Illustrator 2020'으로 설정하고 [OK]를 클릭합니다.

02 그라디언트 메시 적용하기

01 Rectangle Tool(▣)로 작업 도큐먼트 왼쪽 상단의 원점(0,0)을 클릭하여 'Width : 210mm, Height : 297mm'를 입력하여 그리고 Color 패널에서 'Fill Color : C30Y10, Stroke Color : None'을 지정합니다.

02 Mesh Tool(▦)로 사각형의 왼쪽 상단과 오른쪽 하단에 각각 클릭하여 고정점을 추가합니다.

03 [View]-[Outline](Ctrl+Y)을 선택하여 '윤곽선 보기'를 하고 Direct Selection Tool(▷)로 드래그하여 4개의 고정점을 선택하고 Color 패널에서 'Fill Color : C20Y20, Stroke Color : None'을 적용합니다.

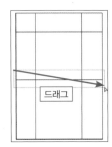 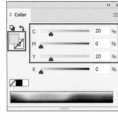 

04 Direct Selection Tool(▷)로 드래그하여 하단 중앙의 2개의 고정점을 선택하고 Shift를 누르면서 위쪽으로 반듯하게 이동합니다. 왼쪽과 오른쪽 핸들을 각각 드래그하여 서로 대칭적으로 각도를 조절합니다.

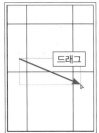   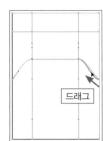

합격생의 비법

[View]-[Outline](Ctrl+Y)을 선택하여 '윤곽선 보기'를 하면 오브젝트의 직접적인 선택이 쉽습니다.

05 계속해서 Direct Selection Tool()로 고정점을 클릭하여 선택하고 오른쪽 핸들을 위쪽으로 드래그합니다. 오른쪽 고정점도 동일한 방법으로 핸들을 드래그하여 각도를 조절한 후 Ctrl+Y를 다시 눌러 'GPU 미리보기'로 전환합니다.

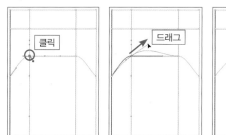
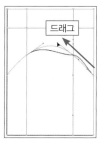

03 불투명도 적용하여 구름 모양 만들기

01 Ellipse Tool(●)로 작업 도큐먼트에 Shift를 누르면서 드래그하여 크기가 다른 12개의 정원과 1개의 타원을 서로 겹치도록 그리고 Color 패널에서 'Fill Color : C0M0Y0K0, Stroke Color : None'을 지정합니다. Selection Tool(▶)로 원을 모두 선택하고 Pathfinder 패널에서 'Unite(◧)'를 클릭하여 합칩니다. Transparency 패널에서 'Opacity : 70%'를 지정하여 불투명도를 조절합니다.

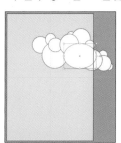

02 Scale Tool(⬚)을 더블 클릭하여 'Uniform : 130%'를 지정하고 [Copy]를 눌러 확대 복사한 후 Rotate Tool(↻)을 더블 클릭하여 'Angle : 20°'를 지정하여 회전하고 왼쪽으로 이동하여 배치합니다.

03 Ellipse Tool()로 작업 도큐먼트에 드래그하여 크기가 다른 5개의 원을 겹치도록 그리고 Color 패널에서 'Fill Color : C0M0Y0K0, Stroke Color : None'을 지정합니다. Selection Tool(▶)로 Shift 를 누르면서 원을 모두 선택하고 Pathfinder 패널에서 'Unite(■)'를 클릭하여 합칩니다. Transparency 패널에서 'Opacity : 40%'를 지정하여 불투명도를 조절합니다.

04 블렌드 효과 및 브러쉬 적용하기

01 Pen Tool(✎)로 작업 도큐먼트를 완전히 벗어나는 2개의 곡선을 그리고 오른쪽 곡선은 Color 패널에서 'Fill Color : None, Stroke Color : M40Y80'을 지정한 후 Stroke 패널에서 'Weight : 3pt'를 적용하고 Transparency 패널에서 'Opacity : 100%'를 적용합니다. 왼쪽 곡선은 'Fill Color : None, Stroke Color : C0M0Y0K0'을 지정한 후 Stroke 패널에서 'Weight : 1pt'를 적용합니다.

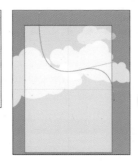

02 Selection Tool(▶)로 2개의 곡선을 함께 선택한 후 [Object]-[Blend]-[Make]를 적용하고 [Object]-[Blend]-[Blend Options]를 선택한 후 'Specified Steps : 15'를 적용하고 도큐먼트의 빈 곳을 클릭하여 선택을 해제합니다.

03 Brushes 패널 하단의 'Brush Libraries Menu(📖)'를 클릭한 후 [Decorative]-[Elegant Curl & Floral Brush Set]를 선택하여 추가 브러쉬 패널을 불러온 후 'City'를 선택합니다. Line Segment Tool(╱)로 Shift 를 누르면서 왼쪽에서 오른쪽으로 드래그하여 수평선을 그리고 Color 패널에서 'Fill Color : None, Stroke Color : C20M30Y60'을 지정하고 Stroke 패널에서 'Weight : 0.5pt'를 지정합니다.

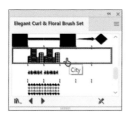

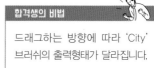

드래그하는 방향에 따라 'City' 브러쉬의 출력형태가 달라집니다.

05 언덕과 울타리 모양 만들기

01 Pen Tool(✏️)로 2개의 언덕 모양을 순서대로 그리고 Color 패널에서 'Fill Color : C30Y50, C40Y70, Stroke Color : None'을 각각 지정합니다. 계속해서 맨 앞의 언덕 모양을 그리고 Gradient 패널에서 'Type : Linear Gradient, Angle : 90°'를 적용하고 Gradient Slider의 왼쪽 'Color Stop'을 더블 클릭하여 C80M20Y80을 적용하고 오른쪽 'Color Stop'을 더블 클릭하여 C50Y80을 적용한 후 'Stroke Color : None'을 지정합니다.

02 Rectangle Tool(⬜)로 작업 도큐먼트를 클릭한 후 'Width : 220mm, Height : 7mm'를 입력하여 그리고 Color 패널에서 'Fill Color : Y10K10, Stroke Color : None'을 지정합니다. Selection Tool(▶)로 Alt 와 Shift 를 누르면서 아래쪽으로 드래그하여 복사합니다.

03 Rectangle Tool(⬜)로 작업 도큐먼트를 클릭한 후 'Width : 8mm, Height : 35mm'를 입력하여 그리고 Color 패널에서 'Fill Color : C0M0Y0K0, Stroke Color : None'을 지정합니다. Add Anchor Point Tool(✏️)로 사각형의 상단 선분의 중앙에 클릭하여 고정점을 추가한 후 키보드의 화살표 ⬆️를 여러 번 눌러 위로 이동합니다.

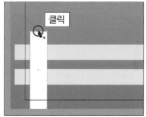
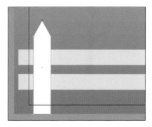

04 Selection Tool(▶)로 변형된 오브젝트를 선택하고 [Alt]와 [Shift]를 누르면서 오른쪽으로 드래그하여 복사합니다.

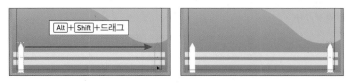

05 Selection Tool(▶)로 [Shift]를 누르면서 2개의 오브젝트를 함께 선택한 후, [Object]–[Blend]–[Make]를 적용하고 [Object]–[Blend]–[Blend Options]로 'Specified Steps : 11'을 적용합니다. [Object]–[Blend]–[Expand]를 선택하고 블렌드를 확장합니다.

06 나무 심볼 등록 및 심볼 적용하고, 편집하기

01 Pen Tool(✎)로 클릭하여 나무의 기둥 모양을 그리고 Color 패널에서 'Fill Color : C30M90Y100K50, Stroke Color : None'을 지정합니다. 계속해서 작은 나뭇가지 모양을 동일한 색상으로 그립니다.

02 Selection Tool(▶)로 3개의 오브젝트를 선택하고 Pathfinder 패널에서 'Unite(◼)'를 클릭하여 합칩니다.

03 Ellipse Tool(◯)로 드래그하여 크기가 다른 3개의 타원을 그리고 Color 패널에서 'Fill Color : C70M30Y100K20, Stroke Color : None'을 지정합니다. Selection Tool(▶)로 바운딩 박스의 조절점 밖을 드래그하여 회전하여 배치합니다. Ellipse Tool(◯)로 동일한 색상으로 3개의 타원을 그리고 동일한 방법으로 회전하여 각각 배치합니다.

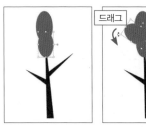   

04 Selection Tool(▶)로 6개의 타원을 선택하고 Pathfinder 패널에서 'Unite(◼)'를 클릭하여 합칩니다. [Object]–[Arrange]–[Send Backward]([Ctrl]+[[])를 선택하고 뒤로 보내기를 하고 이동하여 배치합니다.

05 Scale Tool(⊞)을 더블 클릭하고 'Horizontal : 80%, Vertical : 95%'를 지정하여 [Copy]를 눌러 복사한 후 Rotate Tool(⟳)을 더블 클릭하여 'Angle : −50'를 지정하고 회전하여 배치합니다. Reflect Tool(◁)을 더블 클릭하여 'Axis : Vertical'을 지정하고 [Copy]를 눌러 복사한 후 이동하여 배치합니다.

06 Ellipse Tool(⬭)로 드래그하여 크기가 다른 4개의 타원을 그리고 Color 패널에서 'Fill Color : C60M10Y100, Stroke Color : 임의 색상'을 지정합니다. Selection Tool(▶)로 왼쪽 2개의 타원의 바운딩 박스 조절점 밖을 각각 드래그하여 회전하고 Reflect Tool(◁)로 Alt를 누르고 가운데 타원의 중심점을 클릭하여 'Axis : Vertical'을 지정하고 [Copy]를 눌러 복사합니다. Pathfinder 패널에서 'Unite(⬛)'를 클릭하여 6개의 타원을 합치고 'Stroke Color : None'을 지정합니다.

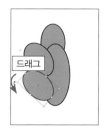

07 Pen Tool(✎)로 클릭하여 나무의 기둥과 나뭇가지 모양을 그리고 Color 패널에서 'Fill Color : C30M90Y100K50, Stroke Color : None'을 지정합니다. Selection Tool(▶)로 작은 가지 모양을 선택하고 Scale Tool(⊞)을 더블 클릭하여 'Uniform : 70%'를 지정하고 [Copy]를 눌러 축소 복사한 후 위쪽으로 이동하여 배치합니다.

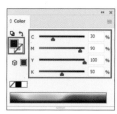

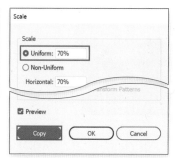

08 Selection Tool(▶)로 2개의 나뭇가지 모양을 선택하고 Reflect Tool(◁)로 Alt를 누르고 가운데 나무 기둥을 클릭하여 'Axis : Vertical'을 지정하고 [Copy]를 눌러 복사한 후 위쪽으로 이동하여 배치합니다. Selection Tool(▶)로 5개의 오브젝트를 선택하고 Pathfinder 패널에서 'Unite(⬛)'를 클릭하여 합칩니다.

09 Selection Tool()로 2개의 나무 모양을 선택하고 Symbols 패널 하단의 'New Symbol
(⊞)'을 클릭하고 'Name : 나무, Export Type : Graphic'을 지정하여 심볼로 등록한 후 2개
의 나무 모양은 Delete 를 눌러 삭제합니다.

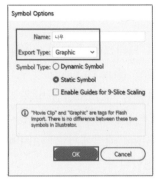

10 Symbols 패널에서 등록된 '나무' 심볼을 선택하고 Symbol Sprayer Tool()로 출력 형태
를 참조하여 작업 도큐먼트에 3번 클릭하여 뿌려 줍니다.

합격생의 비법

- 시간 단축을 위해 제시된 개수만큼 Symbol Sprayer Tool
(⬜)로 클릭하여 배치하고 편집합니다.
- Symbol과 관련된 일련의 Tool은 모두 Alt 를 누르고 클릭하
면 반대의 작업을 진행할 수 있습니다. 예로 Symbol Sprayer
Tool(⬜)로 필요 이상으로 뿌려진 심볼은 Alt 를 누르고 클
릭하여 삭제할 수 있습니다.

11 Symbol Sizer Tool(⬜)로 Alt 를 누르고 클릭하여 일부 심볼의 크기를 축소하고 Symbol
Shifter Tool(⬜)로 심볼의 위치를 이동시킨 후 배치합니다.

12 Swatches 패널에서 Fill Color를 각각 선택한 후, Symbol Stainer Tool(⬜)로 뒤쪽과 오
른쪽 나무 심볼에 클릭하여 색조의 변화를 적용합니다.

07 사람 모양 만들고 이펙트 적용하기

01 Ellipse Tool(◯)로 작업 도큐먼트를 클릭한 후 'Width : 26mm, Height : 32mm'를 입력하여 그리고 Color 패널에서 'Fill Color : M20Y20, Stroke Color : None'을 지정합니다. Rotate Tool(↻)을 더블 클릭하여 'Angle : 6°'를 지정하여 회전합니다.

02 Ellipse Tool(◯)로 Shift 를 누르면서 드래그하여 정원을 그리고 Color 패널에서 'Fill Color : K100, Stroke Color : None'을 지정합니다. Selection Tool(▶)로 Alt 를 누르면서 오른쪽으로 드래그하여 복사하고 눈을 완성합니다. Ellipse Tool(◯)로 드래그하여 타원을 그리고 'Fill Color : None, Stroke Color : K100'을 지정하고 Stroke 패널에서 'Weight : 3pt'를 지정합니다. Selection Tool(▶)로 바운딩 박스의 조절점 밖을 반시계 방향을 드래그하여 회전합니다.

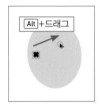

03 Scissors Tool(✂)로 타원의 선분 위에 2번 클릭하여 패스를 잘라 열린 패스로 만듭니다. Selection Tool(▶)로 상단 열린 패스를 선택하고 Delete 를 눌러 삭제한 후 하단의 열린 패스를 선택하고 [Object]-[Path]-[Outline Stroke]를 선택하여 선을 면으로 확장하여 입 모양을 완성합니다.

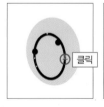

04 Ellipse Tool(◯)로 작업 도큐먼트를 클릭한 후 'Width : 6.6mm, Height : 6.6mm'를 입력하여 그리고 Color 패널에서 'Fill Color : M100Y100, Stroke Color : None'을 지정합니다. Transparency 패널에서 'Opacity : 40%'를 지정하고 불투명도를 조절합니다. Scale Tool(⊞)을 더블 클릭하여 'Uniform : 85%'를 지정하고 [Copy]를 눌러 축소 복사하고 왼쪽으로 이동하여 배치합니다.

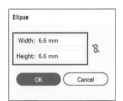

05 Pen Tool(✐)로 오른쪽 머리카락 모양을 그리고 Color 패널에서 'Fill Color : K100, Stroke Color : None'을 지정합니다. 계속해서 동일한 색상으로 왼쪽 머리카락 모양을 그리고 Shift + Ctrl + [를 눌러 맨 뒤로 보내기를 합니다. 계속해서 모자의 모양을 그리고 'Fill Color : Y100, Stroke Color : None'을 지정합니다.

  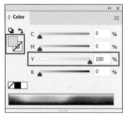 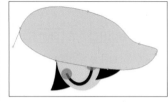

06 Rounded Rectangle Tool(▢)로 작업 도큐먼트를 클릭한 후 'Width : 28mm, Height : 20mm, Corner Radius : 10mm'를 입력하여 그리고 Color 패널에서 'Fill Color : M50Y100, Stroke Color : None'을 지정합니다.

07 Pen Tool(✐)로 둥근 사각형의 상단을 통과하는 열린 패스를 그리고 Color 패널에서 'Fill Color : None, Stroke Color : 임의 색상'을 지정합니다. Selection Tool(▶)로 둥근 사각형과 함께 선택하고 Pathfinder 패널에서 'Divide(▣)'를 클릭하여 면을 분할한 후 오브젝트를 더블 클릭하여 Isolation Mode로 전환합니다. 상단 모양을 선택하고 Color 패널에서 'Fill Color : M20Y100, Stroke Color : None'을 지정하고 도큐먼트의 빈 곳을 더블 클릭하여 정상 모드로 전환합니다.

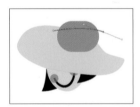  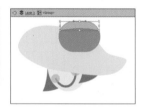

08 Selection Tool(▶)로 2개의 모자 오브젝트를 선택하고 Shift + Ctrl + [를 눌러 맨 뒤로 보내기를 합니다. 상단의 분할된 오브젝트를 선택하고 Rotate Tool(↻)을 더블 클릭하여 'Angle : −25°'를 지정하여 회전한 후 Ctrl + [를 눌러 뒤로 보내기를 합니다.

09 Pen Tool(✐)로 얼굴과 겹치도록 닫힌 패스로 목 모양을 그리고 Color 패널에서 'Fill Color : C10M30Y30, Stroke Color : None'을 지정한 후 Shift + Ctrl + [ ]를 눌러 맨 뒤로 보내기를 합니다. 계속해서 셔츠의 모양을 그리고 'Fill Color : M20Y100, Stroke Color : None'을 지정합니다.

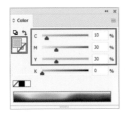  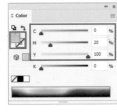 

10 Pen Tool(✐)과 Ellipse Tool(⬤)로 왼쪽의 팔 모양과 원을 그리고 Selection Tool(▶)로 함께 선택한 후 Pathfinder 패널에서 'Unite(◼)'를 클릭하여 합칩니다. Color 패널에서 'Fill Color : C10M30Y30, Stroke Color : None'을 지정하고 Shift + Ctrl + [ ]를 눌러 맨 뒤로 보내기를 합니다.

11 Pen Tool(✐)로 바지 모양을 그리고 Color 패널에서 'Fill Color : C80M30Y20, Stroke Color : None'을 지정합니다. 계속해서 앞쪽의 소매 모양을 그리고 'Fill Color : Y100, Stroke Color : None'을 지정합니다.

12 Selection Tool(▶)로 팔 모양을 선택하고 Scale Tool(🔲)을 더블 클릭하여 'Uniform : 115%'를 지정하여 [Copy]를 눌러 확대 복사한 후 Shift + Ctrl + [ ]를 눌러 맨 앞으로 가져오기를 합니다. Color 패널에서 'Fill Color : M20Y20, Stroke Color : None'을 지정하고 Direct Selection Tool(▷)로 상단의 선분과 고정점을 각각 드래그하여 팔 모양을 완성하여 배치합니다.

13 Pen Tool(✐)로 바지의 왼쪽 모양을 그리고 Color 패널에서 'Fill Color : C80M40Y30K10, Stroke Color : None'을 지정하고 Shift+Ctrl+[를 눌러 맨 뒤로 보내기를 합니다. 계속해서 장화 모양을 그리고 'Fill Color : C10M70Y100, Stroke Color : None'을 지정합니다. Selection Tool(▶)로 장화 모양을 선택하고 Alt 를 누르면서 오른쪽 아래로 드래그하여 복사합니다.

Alt+드래그

14 Selection Tool(▶)로 모자 모양을 선택하고 Ctrl+G 를 눌러 그룹으로 설정한 후 [Effect]–[Illustrator Effects]–[Stylize]–[Drop Shadow]를 선택하고 'Opacity : 75%, X Offset : 2.47mm, Y Offset : 2.47mm, Blur : 1.76mm'를 지정하여 그림자 효과를 적용합니다. 계속해서 앞쪽 팔 모양을 제외한 사람 모양을 함께 선택하고 Ctrl+G 를 눌러 그룹으로 설정한 후 [Effect]–[Apply Drop Shadow]를 선택하고 동일한 그림자 효과를 적용합니다.

08 물뿌리개 모양과 식물 모양 그리기

01 Pen Tool(✐)로 클릭하여 물뿌리개 모양을 닫힌 패스로 그리고 Color 패널에서 'Fill Color : M60Y40, Stroke Color : None'을 지정합니다. Ellipse Tool(◯)로 드래그하여 원을 그리고 'Fill Color : None, Stroke Color : M60Y40'을 지정하고 Stroke 패널에서 'Weight : 9pt'를 지정합니다.

02 Direct Selection Tool(▷)로 원의 오른쪽 고정점을 선택하고 아래쪽으로 드래그하여 패스를 변형하고 [Object]–[Path]–[Outline Stroke]를 선택하여 선을 면으로 확장합니다. Selection Tool(▶)로 2개의 오브젝트를 함께 선택하고 Pathfinder 패널에서 'Unite(◼)'를 클릭하여 합칩니다.

드래그

03 Rotate Tool()을 더블 클릭하여 'Angle : 35°'를 지정하여 회전하고 그림과 같이 배치합니다. Selection Tool(▶)로 앞쪽의 팔 모양을 선택하고 Shift+Ctrl+]를 눌러 맨 앞으로 가져오기를 합니다.

04 Ellipse Tool(◯)로 작업 도큐먼트를 클릭한 후 'Width : 24mm, Height : 14mm'를 입력하여 그리고 Color 패널에서 'Fill Color : C30Y100, Stroke Color : None'을 지정합니다. Anchor Point Tool(◣)로 오른쪽 고정점에 클릭하여 뾰족하게 변형합니다.

05 Pen Tool(✎)로 임의 색상의 닫힌 패스를 겹치도록 그리고 Selection Tool(▶)로 잎 모양과 함께 선택하고 Pathfinder 패널에서 'Minus Front(◻)'를 클릭합니다. Rotate Tool(⟳)을 더블 클릭하여 'Angle : 30°'를 지정하여 회전합니다.

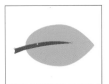  

06 Reflect Tool(◗◖)로 Alt를 누르면서 왼쪽 고정점에 클릭하여 'Axis : Vertical'을 지정하고 [Copy]를 눌러 복사한 후 Scale Tool(▨)을 더블 클릭하여 'Uniform : 120%'를 지정하여 확대하고 배치합니다.

07 Pen Tool(✎)로 드래그하여 열린 패스를 그리고 Color 패널에서 'Fill Color : None, Stroke Color : C30Y100'을 지정합니다. Stroke 패널에서 'Weight : 7pt, Cap : Round Cap'을 적용한 후 [Object]-[Path]-[Outline Stroke]를 선택하여 선을 면으로 확장합니다. Selection Tool(▶)로 왼쪽 2개의 오브젝트를 선택하고 Pathfinder 패널에서 'Unite(◼)'를 클릭하여 합칩니다.

   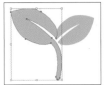

08 Arc Tool()로 하단에서 상단으로 드래그하여 2개의 호를 그리고 Color 패널에서 'Fill Color : None, Stroke Color : C0M0Y0K0'을 지정하고 Stroke 패널에서 'Weight : 2pt'를 적용합니다. 계속해서 동일한 방법으로 중앙에 호를 그리고 Stroke 패널에서 'Weight : 3pt'를 적용합니다.

⑨ 문자 입력 및 왜곡하기

01 Type Tool(T)로 작업 도큐먼트를 클릭한 후 Character 패널에서 'Set the font family : Arial, Set the font style : Bold, Set the font size : 50pt'를 설정하고 Color 패널에서 'Fill Color : C90M30Y80K30, Stroke Color : None'을 지정한 후 URBAN PARK를 입력합니다.

02 Selection Tool(▶)로 'URBAN PARK' 문자를 선택하고 [Object]-[Envelope Distort]-[Make with Warp]를 선택한 후 'Style : Arc Upper, Bend : 15%'를 지정하여 글자를 왜곡시킵니다.

03 Type Tool(T)로 작업 도큐먼트를 클릭한 후 Character 패널에서 'Set the font family : Times New Roman, Set the font style : Bold, Set the font size : 32pt'를 설정하고 Color 패널에서 'Fill Color : C50M30Y90K10, Stroke Color : None'을 지정한 후 LIFE WITH NATURE를 입력합니다.

04 Selection Tool(▶)로 2개의 문자 오브젝트를 선택하고 Align 패널에서 'Horizontal Align Center(▥)'를 클릭하여 가로 가운데 정렬을 지정합니다.

05 Type Tool(T)로 작업 도큐먼트를 클릭한 후 Character 패널에서 'Set the font family : 돋움, Set the font size : 18pt'를 설정하고 Color 패널에서 'Fill Color : C80M20Y50, Stroke Color : None'을 지정한 후 도심 속에 푸르름을 가꾸세요!를 입력합니다. Selection Tool(▶)로 문자를 선택하고 [Object]-[Envelope Distort]-[Make with Warp]를 선택한 후 'Style : Flag, Horizontal : 체크, Bend : 60%'를 지정하여 글자를 왜곡시킵니다.

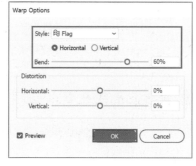

⑩ 클리핑 마스크 적용 및 저장하기

01 Rectangle Tool(▢)로 작업 도큐먼트 왼쪽 상단의 원점(0,0)을 클릭하여 'Width : 210mm, Height : 297mm'를 입력하여 그리고 'Fill Color : 임의 색상, Stroke Color : None'을 지정합니다.

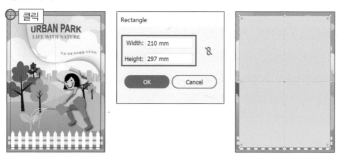

02 [Select]-[All](Ctrl+A)로 오브젝트를 모두 선택하고 [Object]-[Clipping Mask]-[Make]로 클리핑 마스크를 적용하여 디자인을 정리합니다.

03 [View]-[Guides]-[Hide Guides](Ctrl+;)를 선택하여 안내선을 숨기고 [View]-[Fit Artboard in Window](Ctrl+0)을 선택하여 현재 창에 맞추기를 합니다. [File]-[Save As]를 선택하고 '저장 위치 : 내 PC₩문서₩GTQ, 파일 형식 : Adobe Illustrator(*AI), 파일 이름 : 수험번호-성명-문제번호.ai'를 확인하고 [저장]을 클릭한 후 [Illustrator Options] 대화상자에서 'Version : Illustrator 2020'으로 설정하고 [OK]를 클릭합니다.

04 답안 저장이 완료가 되면 [File]-[Exit](Ctrl+Q)를 선택하여 일러스트레이터 프로그램을 종료하고 수험 프로그램에서 [답안 전송]을 클릭하여 감독관 컴퓨터로 전송합니다.

CHAPTER 04

기출 유형 문제 04회

동영상 무료

급수	문제유형	시험시간	수험번호	성명
1급	A	90분	G123456789	

수 험 자 유 의 사 항

- 수험자는 문제지를 받는 즉시 응시하고자 하는 과목 및 급수가 맞는지 확인한 후 수험번호와 성명을 작성합니다.
- 파일명은 본인의 "수험번호–성명–문제번호"로 공백 없이 정확히 입력하고 답안폴더(내 PC₩문서₩GTQ)에 ai 파일 포맷으로 저장해야 하며, 다른 파일 형식으로 저장하였을 경우 0점 처리됩니다. 답안문서 파일명이 "수험번호–성명–문제번호"와 일치하지 않거나, 답안 파일을 전송하지 않아 미제출로 처리될 경우 불합격 처리됩니다.
- 수험자 정보와 저장한 파일명, 저장 위치가 다를 경우 전송이 되지 않으므로, 주의하시기 바랍니다.
- 답안 작성 중에도 주기적으로 '저장'과 '답안 전송'을 이용하여 감독위원 PC로 답안을 전송하셔야 합니다. (※ 작업한 내용을 저장하지 않고 전송할 경우 이전의 저장내용이 전송되오니 이점 반드시 유념하시기 바랍니다.)
- 답안문서는 지정된 경로 외의 다른 보조기억장치에 저장하는 행위, 지정된 시험 시간 외에 작성된 파일을 활용한 행위, 기타 통신수단(이메일, 메신저, 네트워크 등)을 이용하여 타인에게 전달 또는 외부 반출하는 행위는 부정으로 간주되어 자격기본법 제32조에 의거 본 시험 및 국가공인 자격시험을 2년간 응시할 수 없습니다.
- 시험 중 부주의 또는 고의로 시스템을 파손한 경우와 〈수험자 유의사항〉에 기재된 방법대로 이행하지 않아 생기는 불이익은 수험자의 책임임을 알려 드립니다.
- 시험을 완료한 수험자는 최종적으로 저장한 답안파일이 전송되었는지 확인한 후 감독위원의 지시에 따라 문제지를 제출하고 퇴실합니다.

답 안 작 성 요 령

- 온라인 답안 작성 절차
  수험자 등록 ⇒ 시험 시작 ⇒ 답안파일 저장 ⇒ 답안 전송 ⇒ 시험 종료
- 배점은 총 100점으로 이루어지며, 점수는 각 문제별로 차등 배분됩니다.
- 각 문제는 제시된 조건에 맞게 답안을 작성하셔야 하며, 조건을 지키지 못했을 경우에는 0점 또는 감점 처리됩니다.
- 조건에서 주어진 단위는 'mm(밀리미터)'입니다. 눈금자는 작성하지 않으며, 그 외는 출력형태(레이아웃, 색상, 문자, 규격 등)와 같게 작업하십시오.
- 문제 조건에 서체의 지정이 없을 경우 한글은 굴림이나 돋움, 영문은 Arial로 작업하십시오. (단, 그 외 제시되지 않은 문자 속성을 기본값으로 작성하지 않은 경우는 감점 처리됩니다.)
- 문제 조건에 크기와 색상, 두께의 지정이 없을 경우 《출력형태》를 참고하여 작업해 주시기 바랍니다.
- Color Mode(색상 모드)는 별도의 처리조건이 없을 경우에는 CMYK로 작업하십시오.
- 조건에서 제시한 기능을 임의로 합치거나 각 기능에 대한 속성을 해지할 경우 해당 요소는 0점 처리됩니다.

한 국 생 산 성 본 부

다음의 《조건》에 따라 아래의 《출력형태》와 같이 작업하시오.

조건

파일저장규칙	AI	파일명	문서₩GTQ₩수험번호-성명-1.ai
		크기	100 × 80mm

1. 작업 방법
① 도형, 변형 툴과 Pathfinder 기능을 활용하여 오브젝트를 작성한다.
② 그 외 《출력형태》 참조

2. 문자 효과
① KOREAN Mask Dance (Arial, Bold, 16pt, K100, Y20K50)

출력형태

C60M60Y60K30,
Y10K10,
Y20K30,
Y20K50,
K100, C0M0Y0K0,
M90Y60,
Y70, M30Y10, C60Y40,
C60M80Y70K50 → K100,
(선/획) K40, 2pt

다음의 《조건》에 따라 아래의 《출력형태》와 같이 작업하시오.

조건

파일저장규칙	AI	파일명	문서₩GTQ₩수험번호−성명−2.ai
		크기	160 × 120mm

1. 작업 방법

① 쇼핑백은 Pattern을 활용하여 작성한다. (패턴 등록 : 구름 문양)
② 현수막에는 Clipping Mask를 적용한다.
③ Brush는 《출력형태》를 참고하여 작성한다.
④ Effect는 《출력형태》를 참고하여 작성한다.
⑤ 그 외 《출력형태》 참조

2. 문자 효과

① KOREAN RICE CANDY (Times New Roman, Regular, 10pt, C30M80Y90K40)
② Traditional Korean Food Expo (Arial, Bold Italic, 13pt, C0M0Y0K0, M40Y90)

출력형태

M20Y80, Y70,
C20Y20, C30Y20,
C40M10Y20

K100, Y10K20, C70K20, M50Y100,

C30M60Y80K20 → M10Y50,
C30M60Y80K20 → M10Y60,
C30M60Y80K20,
C0M0Y0K0,
C40M80Y80K40,
[Effect] Drop Shadow

C30M80Y100K20,
C10M70Y100K10,
C10M50Y70, C0M0Y0K0,
C40M80Y80K40,
Y20K30, Y10K50

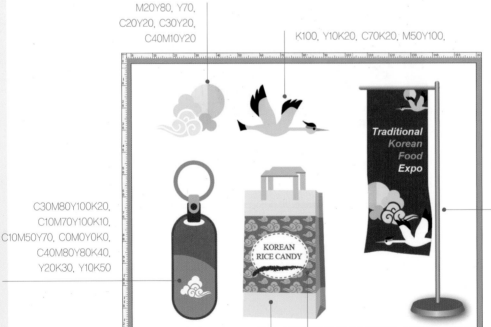

Y10K10, C10M20Y10K10, M30K30, K60,
C20M60Y50K10, C10M20Y10K30, M40K50,
C10M10Y30K10, M20Y30K40, C0M0Y0K0,
(선/획) C20M60Y50K10, 1pt,
[Pattern] Opacity 70%

[Brush] Charcoal
C30M80Y90K40, 0.75pt

다음의 《조건》에 따라 아래의 《출력형태》와 같이 작업하시오.

조건

파일저장규칙	AI	파일명	문서₩GTQ₩수험번호-성명-3.ai
		크기	210 × 297mm

1. 작업 방법
① 《참고도안》을 직접 제작한 후 Symbol로 활용한다. (심볼 등록 : 연)
② 'TRADITIONAL FOLK PLAY', '전통 연날리기 행사' 문자에 Envelope Distort를 적용한다.
③ Brush는 《출력형태》를 참고하여 작성한다.
④ Effect는 《출력형태》를 참고하여 작성한다.
⑤ Clipping Mask를 이용하여 정리한다.
⑥ 그 외 《출력형태》 참조

참고도안

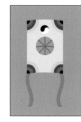

M60Y90K20, K100,
C0M0Y0K0,
Y90, C10M100Y80,
C100M50,
K10, C70M40

2. 문자 효과
① TRADITIONAL FOLK PLAY (Arial, Bold, 36pt, C0M0Y0K0)
② 전통 연날리기 행사 (돋움, 25pt, K100)
③ 가족과 함께 전통놀이에 참여하세요~ (돋움, 20pt, K100)

출력형태

210 × 297mm
[Mesh] C20Y20,
C80M40

[Symbol]

[Blend] 단계 : 15,
(선/획) C90M40K10, 1pt
→ C40Y10, 3pt

[Brush] Random Sized Flowers,
C0M0Y0K0, 0.75pt

C10Y30K20,
C50M50Y60,
C20M50Y70K20,
C90M60K50, C90M20Y10K40,
C60M20Y20K10,
C10Y30K40,
C60M80Y100,
Y20K30, C50M80Y100K60,
M20Y80 → C0M0Y0K0,
(선/획) Y20K50, 2pt

C20M50Y60K10,
C50Y100K70,
C80M20Y100,
C50Y100K20,
[Effect] Drop Shadow

C40M80Y100K10, M20Y50, Y20K60,
C0M0Y0K0, C90M60K50,
C10Y30K40,
C90M20Y10K40, C50M30, C90M60,
M50Y50 → M100Y100,
(선/획) C40M80Y100K10, 4pt,
[Effects] Drop Shadow

작업과정	새 도큐먼트 만들기 및 파일 저장하기 ➡ 탈 모양 만들기 ➡ 부채 모양 만들기 ➡ 문자 입력 후 저장하기
완성이미지	Part04₩기출유형문제04회₩수험번호-성명-1.ai

01　새 도큐먼트 만들기 및 파일 저장하기

01 [File]-[New](Ctrl+N)를 선택하고 'Width : 100mm, Height : 80mm, Units : Milli-meters, Color Mode : CMYK'를 설정하여 새 도큐먼트를 만들고 [View]-[Rulers]-[Show Rulers](Ctrl+R)를 선택하여 눈금자를 표시합니다.

02 작품의 규격 왼쪽 상단에 원점(0,0)을 확인하고 왼쪽과 상단 눈금자 위에서 마우스를 드래그하여 제시된 출력형태와 레이아웃 구성을 동일하게 작업하기 위해서 안내선을 표시합니다.

03 작업 도큐먼트를 저장하기 위해 [File]-[Save](Ctrl+S)를 선택하고 '저장 위치 : 내 PC₩문서₩GTQ, 파일 형식 : Adobe Illustrator(*AI), 파일 이름 : 수험번호-성명-문제번호'를 입력하고 [저장]을 클릭한 후 [Illustrator Options] 대화상자에서 'Version : Illustrator 2020'으로 설정하고 [OK]를 클릭합니다.

02　탈 모양 만들기

01 Ellipse Tool(◯)로 작업 도큐먼트를 클릭한 후 'Width : 38mm, Height : 53mm'를 입력하여 그리고 Color 패널에서 'Fill Color : 임의 색상, Stroke Color : 임의 색상'을 지정합니다.

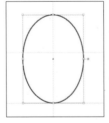

02 Pen Tool(✎)로 드래그하여 타원 왼쪽 상단에 곡선의 열린 패스를 그리고 Color 패널에서 'Fill Color : None, Stroke Color : 임의 색상'을 지정한 후 Stroke 패널에서 'Weight : 12pt, Cap : Round Cap'을 지정합니다. [Object]-[Path]-[Outline Stroke]를 선택하여 선을 면으로 확장합니다.

03 Ellipse Tool(◯)로 Shift를 누르면서 임의 색상의 정원을 그리고 상단에 겹치도록 배치합니다. Selection Tool(▶)로 2개의 오브젝트를 함께 선택하고 Pathfinder 패널에서 'Minus Front(▣)'를 클릭합니다. Reflect Tool(◁)로 Alt를 누르고 수직의 안내선을 클릭하여 'Axis : Vertical'을 지정하고 [Copy]를 눌러 복사합니다.

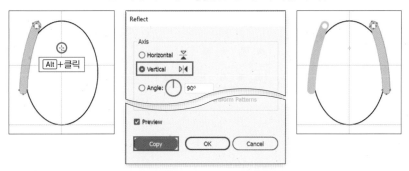

04 [Select]–[All](Ctrl+A)로 모두 선택하고 Pathfinder 패널에서 'Unite(▣)'를 클릭하여 합칩니다. Gradient 패널에서 'Type : Linear Gradient, Angle : 90°'를 적용하고 Gradient Slider의 왼쪽 'Color Stop'을 더블 클릭하여 C60M80Y70K50을 적용하고 오른쪽 'Color Stop'을 더블 클릭하여 K100을 적용하고 위치를 왼쪽으로 이동한 후 Tool 패널 하단에서 'Stroke Color : None'을 지정합니다.

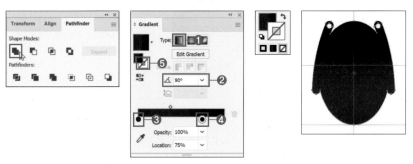

05 Ellipse Tool(◯)로 작업 도큐먼트를 클릭한 후 'Width : 35mm, Height : 49mm'를 입력하여 그리고 Color 패널에서 'Fill Color : C60M60Y60K30, Stroke Color : None'을 지정합니다. 계속해서 도큐먼트를 클릭하여 'Width : 30mm, Height : 42mm'를 입력하여 그리고 'Fill Color : Y10K10, Stroke Color : None'을 지정하고 배치합니다.

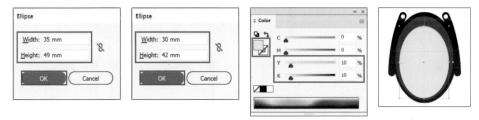

06 Direct Selection Tool(▷)로 타원의 상단 고정점을 선택하고 Scale Tool(▦)을 더블 클릭하여 'Uniform : 120%'를 지정하고 패스를 확대합니다.

07 Ellipse Tool(⬤)로 작업 도큐먼트를 클릭한 후 [OK]를 클릭하여 앞서 그린 원과 같은 크기로 그리고 Color 패널에서 'Fill Color : None, Stroke Color : 임의 색상'을 지정하고 배치합니다. Selection Tool(▶)로 2개의 타원을 함께 선택하고 Pathfinder 패널에서 'Divide(▣)'를 클릭하여 면을 분할합니다.

08 Selection Tool(▶)로 오브젝트를 더블 클릭하여 Isolation Mode로 전환하고 분할된 왼쪽 모양을 선택하고 Delete 를 눌러 삭제합니다. 분할된 오른쪽 모양을 선택하고 Color 패널에서 'Fill Color : Y20K30, Stroke Color : None'을 지정하고 도큐먼트의 빈 곳을 더블 클릭하여 정상 모드로 전환합니다.

 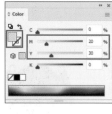 

09 Pen Tool(✎)로 닫힌 패스를 그리고 Color 패널에서 'Fill Color : Y20K50, Stroke Color : None'을 지정합니다. 계속해서 눈의 음영, 눈과 눈썹 모양을 순서대로 닫힌 패스로 그리고 'Fill Color : Y20K30, Y20K50, K100, Stroke Color : None'을 각각 지정합니다.

10 Pen Tool(✎)로 볼의 음영을 닫힌 패스를 그리고 Color 패널에서 'Fill Color : Y20K30, Stroke Color : None'을 지정합니다. 계속해서 코의 절반 모양을 닫힌 패스로 그리고 'Fill Color : 임의 색상, Stroke Color : 임의 색상'을 지정합니다.

11 Ellipse Tool(◯)로 작업 도큐먼트를 클릭한 후 'Width : 4.5mm, Height : 4.5mm'를 입력하여 그리고 Color 패널에서 'Fill Color : M90Y60, Stroke Color : None'을 지정하고 이마의 중앙에 배치합니다. 동일한 크기의 정원을 왼쪽 볼 위치에 배치합니다.

12 Selection Tool(▶)로 Shift 를 누르면서 반사 대칭할 7개의 오브젝트를 함께 선택하고 Reflect Tool(▷◁)로 Alt 를 누르면서 세로 안내선을 클릭하여 'Axis : Vertical'을 지정하고 [Copy]를 눌러 복사합니다. Selection Tool(▶)로 코 모양을 각각 선택하고 Color 패널에서 'Fill Color : C0M0Y0K0, Y20K50, Stroke Color : None'을 지정합니다.

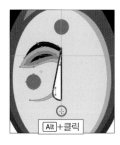
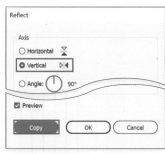
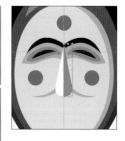

13 Ellipse Tool(◯)로 작업 도큐먼트를 클릭한 후 'Width : 13mm, Height : 7mm'를 입력하여 그리고 Color 패널에서 'Fill Color : M90Y60, Stroke Color : None'을 지정합니다. Rectangle Tool(▢)로 드래그하여 임의 색상의 사각형을 타원의 상단과 겹치도록 그립니다.

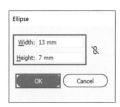
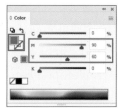

14 Selection Tool(▶)로 Shift 를 누르면서 클릭하여 타원과 함께 선택하고 Pathfinder 패널에서 'Minus Front(�布)'를 클릭합니다. Scale Tool(◲)을 더블 클릭하여 'Horizontal : 60%, Vertical : 35%'를 지정하고 [Copy]를 눌러 축소 복사한 후 Color 패널에서 'Fill Color : K100, Stroke Color : None'을 지정합니다.

15 Ellipse Tool(◯)로 작업 도큐먼트를 클릭한 후 'Width : 5.5mm, Height : 5mm'를 입력하여 그리고 Color 패널에서 'Fill Color : Y20K50, Stroke Color : None'을 지정합니다. 계속해서 작업 도큐먼트를 클릭하여 'Width : 10mm, Height : 7mm'를 입력하여 그리고 'Fill Color : 임의 색상, Stroke Color : None'을 지정하고 겹치도록 배치합니다.

16 Selection Tool(▶)로 2개의 타원을 함께 선택하고 Align 패널에서 'Horizontal Align Center(▦)'를 클릭하여 가로 가운데 정렬을 지정한 후 Pathfinder 패널에서 'Minus Front (▣)'를 클릭하여 턱 부분의 음영을 완성합니다.

❸ 부채 모양 만들기

01 Rectangle Tool(▣)로 작업 도큐먼트를 클릭한 후 'Width : 3.5mm, Height : 24mm'를 입력하여 그리고 Color 패널에서 'Fill Color : 임의 색상, Stroke Color : 임의 색상'을 지정합니다. [Object]-[Transform]-[Move]를 선택하고 'Horizontal : 3.5mm, Vertical : 0mm'을 입력하고 [Copy]를 눌러 오른쪽으로 이동하여 복사한 후 [Object]-[Transform]-[Transform Again](Ctrl+D)을 4번 선택하고 균등 간격으로 반복하여 복사합니다.

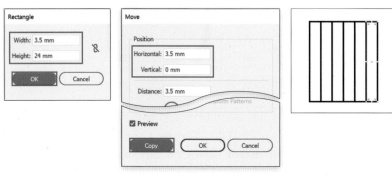

02 Selection Tool(▶)로 6개의 사각형을 순서대로 선택하고 Color 패널에서 'Fill Color : Y70, M30Y10, Y10K10, C60Y40, M90Y60, K100, Stroke Color : None'을 각각 지정합니다. 6개의 사각형을 함께 선택하고 [Object]-[Envelope Distort]-[Make with Warp]를 선택하고 'Style : Arc, Horizontal : 체크, Bend : 80%, Horizontal : -50%'를 지정하여 부채 모양을 완성합니다.

03 Rotate Tool(↻)을 더블 클릭하여 'Angle : -45°'를 지정하여 회전한 후 [Object]-[Envelope Distort]-[Expand]를 선택하고 확장합니다.

04 Ellipse Tool(◉)로 작업 도큐먼트를 클릭한 후 'Width : 73mm, Height : 73mm'를 입력하여 그리고 Color 패널에서 'Fill Color : None, Stroke Color : 임의 색상'을 지정합니다. Scissors Tool(✂)로 정원의 상단과 오른쪽 하단을 각각 클릭하여 자른 후 Delete 를 2번 눌러 삭제하고 열린 패스를 만듭니다.

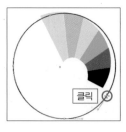

05 Selection Tool(▶)로 열린 패스를 선택한 후 Color 패널에서 'Stroke Color : K40'을 지정하고 Stroke 패널에서 'Weight : 2pt, Cap : Round Cap, Dashed Line : 체크, dash : 4pt'를 입력하여 둥근 모양의 점선을 그려 배치한 후 [Object]-[Arrange]-[Send Backward]([Ctrl]+[[])를 선택하고 뒤로 보내기를 합니다.

 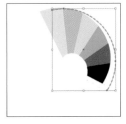

06 Ellipse Tool(⬤)로 작업 도큐먼트를 클릭한 후 'Width : 75mm, Height : 75mm'를 입력하여 그리고 Color 패널에서 'Fill Color : 임의 색상, Stroke Color : 임의 색상'을 지정합니다. [Object]-[Transform]-[Move]를 선택하고 'Horizontal : −0.7mm, Vertical : 1.4mm'를 입력하고 [Copy]를 눌러 왼쪽 아래로 이동하여 복사합니다.

 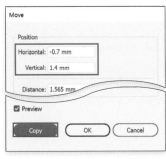 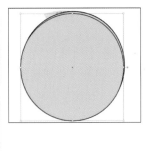

07 Selection Tool(▶)로 2개의 정원을 함께 선택하고 Pathfinder 패널에서 'Minus Front(◻)'를 클릭합니다.

08 Rectangle Tool(◻)로 드래그하여 임의 색상의 사각형을 왼쪽에 겹치도록 그리고 Selection Tool(▶)로 2개의 오브젝트를 함께 선택하고 Pathfinder 패널에서 'Minus Front(◻)'를 클릭합니다. Color 패널에서 'Fill Color : Y10K10, Stroke Color : None'을 지정하고 [Object]-[Arrange]-[Send to Back]([Shift]+[Ctrl]+[[])을 선택하고 맨 뒤로 보내기를 합니다.

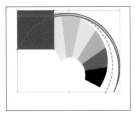  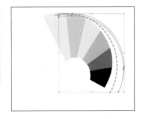

09 Selection Tool(▶)로 3개의 오브젝트를 함께 선택하고 배치한 후 [Object]-[Arrange]-[Send to Back]([Shift]+[Ctrl]+[[])을 선택하고 맨 뒤로 보내기를 합니다.

04 문자 입력 후 저장하기

01 Type Tool(T)로 작업 도큐먼트를 클릭한 후 Character 패널에서 'Set the font family : Arial, Set the font style : Bold, Set the font size : 16pt'를 설정하고 Color 패널에서 'Fill Color : K100, Stroke Color : None'을 지정한 후 KOREAN Mask Dance를 입력합니다. 'Mask Dance' 문자를 선택하고 'Fill Color : Y20K50, Stroke Color : None'을 지정합니다.

합격생의 비법

Type Tool(T)로 더블 클릭하면 하나의 단어를 선택할 수 있고, 빠르게 3번 클릭하면 한 줄을 선택할 수 있습니다.

02 [View]-[Guides]-[Hide Guides](Ctrl+;)를 선택하여 안내선을 숨기고 [View]-[Fit Artboard in Window](Ctrl+0)을 선택하여 현재 창에 맞추기를 합니다.

03 [File]-[Save As]를 선택하고 '저장 위치 : 내 PC₩문서₩GTQ, 파일 형식 : Adobe Illustrator(*AI), 파일 이름 : 수험번호-성명-문제번호.ai'를 확인하고 [저장]을 클릭한 후 [Illustrator Options] 대화상자에서 'Version : Illustrator 2020'으로 설정하고 [OK]를 클릭합니다.

04 답안 저장이 완료가 되면 [File]-[Close](Ctrl+W)를 선택하여 파일을 닫고 수험 프로그램에서 [답안 전송]을 클릭하여 감독관 컴퓨터로 전송합니다.

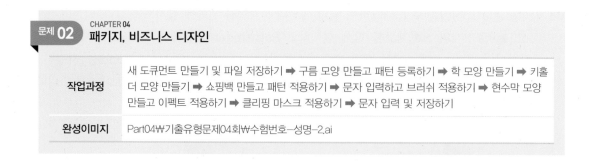

문제 02	CHAPTER 04 패키지, 비즈니스 디자인	
작업과정	새 도큐먼트 만들기 및 파일 저장하기 ➡ 구름 모양 만들고 패턴 등록하기 ➡ 학 모양 만들기 ➡ 키홀더 모양 만들기 ➡ 쇼핑백 만들고 패턴 적용하기 ➡ 문자 입력하고 브러쉬 적용하기 ➡ 현수막 모양 만들고 이펙트 적용하기 ➡ 클리핑 마스크 적용하기 ➡ 문자 입력 및 저장하기	
완성이미지	Part04₩기출유형문제04회₩수험번호-성명-2.ai	

01 새 도큐먼트 만들기 및 파일 저장하기

01 [File]-[New](Ctrl+N)를 선택하고 'Width : 160mm, Height : 120mm, Units : Millimeters, Color Mode : CMYK'를 설정하여 새 도큐먼트를 만들고 [View]-[Rulers]-[Show Rulers](Ctrl+R)를 선택하여 눈금자를 표시합니다.

02 작품의 규격 왼쪽 상단에 원점(0,0)을 확인하고 왼쪽과 상단 눈금자 위에서 마우스를 드래그하여 제시된 출력형태와 레이아웃 구성을 동일하게 작업하기 위해서 안내선을 표시합니다.

03 작업 도큐먼트를 저장하기 위해 [File]−[Save](Ctrl+S)를 선택하고 '저장 위치 : 내 PC₩문서₩GTQ, 파일 형식 : Adobe Illustrator(*AI), 파일 이름 : 수험번호−성명−문제번호'를 입력하고 [저장]을 클릭한 후 [Illustrator Options] 대화상자에서 'Version : Illustrator 2020'으로 설정하고 [OK]를 클릭합니다.

02 구름 모양 만들고 패턴 등록하기

01 Ellipse Tool(◉)로 작업 도큐먼트를 클릭한 후 'Width : 16mm, Height : 16mm'를 입력하여 그리고 Color 패널에서 'Fill Color : M20Y80, Stroke Color : None'을 지정합니다. Line Segment Tool(╱)로 Shift를 누르면서 수직선을 그리고 'Fill Color : None, Stroke Color : 임의 색상'을 지정합니다.

 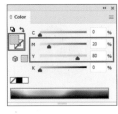 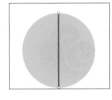

02 [Select]−[All](Ctrl+A)로 모두 선택하고 Align 패널에서 'Horizontal Align Center(♣)'를 클릭하여 가로 가운데 정렬을 지정하고 Pathfinder 패널에서 'Divide(▣)'를 클릭하여 면을 분할합니다. Selection Tool(▶)로 오브젝트를 더블 클릭하여 Isolation Mode로 전환하고 왼쪽 모양을 선택하여 Color 패널에서 'Fill Color : Y70, Stroke Color : None'을 지정하고 도큐먼트의 빈 곳을 더블 클릭하여 정상 모드로 전환합니다.

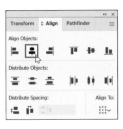  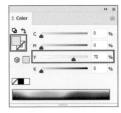 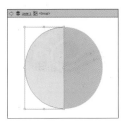

03 Ellipse Tool(◉)로 작업 도큐먼트를 클릭한 후 'Width : 7.5mm, Height : 7.5mm'를 입력하여 그리고 Color 패널에서 'Fill Color : 임의 색상, Stroke Color : 임의 색상'을 지정합니다. 동일한 크기의 정원을 하나 더 그리고 겹치도록 배치합니다. 계속해서 작업 도큐먼트를 클릭하여 'Width : 6mm, Height : 6mm'를 입력하여 그리고 배치합니다.

04 Pen Tool()로 드래그하여 정원과 겹치도록 닫힌 패스를 그리고 Selection Tool(▶)로 3개의 정원과 함께 선택한 후 Pathfinder 패널에서 'Unite(■)'를 클릭하여 합치고 Color 패널에서 'Fill Color : 임의 색상, Stroke Color : None'을 지정합니다.

05 [Object]−[Path]−[Offset Path]를 선택한 후 'Offset : 1mm'를 지정하여 확대된 복사본을 만든 후 Color 패널에서 'Fill Color : 임의 색상, Stroke Color : None'을 지정합니다.

06 Selection Tool(▶)로 안쪽 구름 문양을 더블 클릭하여 Isolation Mode로 전환합니다. Pen Tool(✎)로 구름 문양과 충분히 겹치도록 5개의 열린 패스를 그리고 Stroke 패널에서 'Weight : 2pt, Cap : Round Cap'을 지정합니다.

07 [Select]−[All](Ctrl+A)로 모두 선택하고 [Object]−[Path]−[Outline Stroke]를 선택하여 선을 면으로 확장합니다. Pathfinder 패널에서 'Minus Front(■)'를 클릭하고 Color 패널에서 'Fill Color : C20Y20, Stroke Color : None'을 지정하고 Esc를 눌러 정상 모드로 전환합니다.

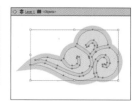

08 Ellipse Tool(◯)로 Shift를 누르면서 드래그하여 크기가 같은 3개의 정원을 그리고 'Fill Color : 임의 색상, Stroke Color : None'을 지정하여 배치합니다. Selection Tool(▶)로 3개의 정원을 선택하고 Pathfinder 패널에서 'Unite(■)'를 클릭하여 합칩니다. Scale Tool(⬚)을 더블 클릭하여 'Uniform : 75%'를 지정하여 [Copy]를 눌러 축소 복사하고 오른쪽 아래로 이동하여 배치하고 'Fill Color : 임의 색상, Stroke Color : None'을 지정합니다.

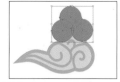

09 [Object]−[Path]−[Offset Path]를 선택한 후 'Offset : 1mm'를 지정하여 확대된 복사본을 만든 후 Color 패널에서 'Fill Color : 임의 색상, Stroke Color : None'을 지정합니다.

10 Selection Tool(▶)로 확대된 구름 문양을 선택하고 [Edit]−[Copy](Ctrl+C)를 선택하고 복사를 한 후 [Edit]−[Paste in Front](Ctrl+F)로 복사한 오브젝트 앞에 붙여 넣기를 합니다. Shift를 누르면서 상단의 오브젝트와 함께 선택하고 Pathfinder 패널에서 'Minus Back (⬛)'을 지정합니다.

 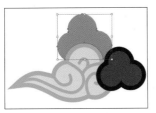

11 Selection Tool(▶)로 오른쪽 하단의 확대된 오브젝트와 함께 선택하고 Pathfinder 패널에서 'Minus Front(⬛)'를 클릭한 후 Color 패널에서 'Fill Color : C30Y20, Stroke Color : None'을 지정합니다.

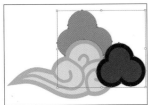  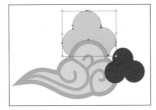

12 Selection Tool(▶)로 왼쪽의 확대된 구름 문양과 오른쪽 오브젝트를 함께 선택하고 Pathfinder 패널에서 'Minus Back(⬛)'을 클릭한 후 Color 패널에서 'Fill Color : C40M10Y20, Stroke Color : None'을 지정합니다.

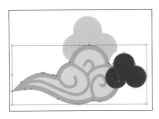  

13 Selection Tool(▶)로 왼쪽 하단의 구름 문양을 선택하고 Ctrl+C로 복사하고 Ctrl+V로 붙여 넣기를 합니다. Scale Tool(⬛)을 더블 클릭하여 'Uniform : 50%'를 지정하고 [Copy]를 눌러 축소 복사한 후 왼쪽 위로 이동하여 배치합니다.

14 Selection Tool(▶)로 2개의 구름 문양을 선택하고 [Object]−[Pattern]−[Make]로 'Name : 구름 문양, Tile Type : Grid'를 지정하고 패턴으로 등록하여 Swatches 패널에 저장합니다. 도큐먼트 상단의 'Done'을 클릭하여 정상 모드로 전환한 후 Delete를 눌러 삭제합니다.

03 학 모양 만들기

01 Ellipse Tool(⬭)로 작업 도큐먼트를 클릭한 후 'Width : 5mm, Height : 5mm'를 입력하여 그리고 Color 패널에서 'Fill Color : 임의 색상, Stroke Color : 임의 색상'을 지정합니다. Rectangle Tool(▢)로 작업 도큐먼트를 클릭한 후 'Width : 10mm, Height : 1.4mm'를 입력하여 그리고 'Fill Color : 임의 색상, Stroke Color : 임의 색상'을 지정합니다. Pen Tool(✏)로 몸통의 모양을 서로 겹치도록 그립니다.

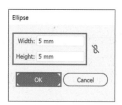  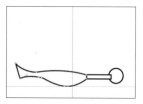

02 계속해서 Pen Tool(✏)로 날개 모양의 닫힌 패스를 몸통 모양과 서로 겹치도록 임의 색상으로 그립니다. 날개 끝 부분에 면을 분할할 열린 패스를 그리고 'Fill Color : None, Stroke Color : 임의 색상'을 지정합니다.

 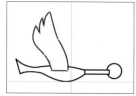 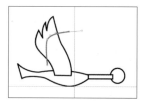

03 Selection Tool(▶)로 열린 패스와 날개 모양을 함께 선택하고 Pathfinder 패널에서 'Divide(▣)'를 클릭하여 면을 분할합니다. 오브젝트를 더블 클릭하여 Isolation Mode로 전환하고 Color 패널에서 'Fill Color : K100, Y10K20, Stroke Color : None'을 각각 지정하고 [Esc]를 눌러 정상 모드로 전환합니다.

04 Selection Tool(▶)로 날개 모양을 선택하고 Scale Tool(⬚)을 더블 클릭하여 'Uniform : 80%'를 지정하고 [Copy]를 눌러 축소 복사한 후 Rotate Tool(↻)을 더블 클릭하여 'Angle : −50°'를 지정하고 회전하여 배치합니다.

05 Pen Tool(✏)로 꼬리 부분에 열린 패스를 그리고 Color 패널에서 'Fill Color : None, Stroke Color : 임의 색상'을 지정합니다. Selection Tool(▶)로 열린 패스와 몸통 모양을 함께 선택하고 Pathfinder 패널에서 'Divide(▣)'를 클릭하여 면을 분할합니다. 오브젝트를 더블 클릭하여 Isolation Mode로 전환하고 'Fill Color : K100, Y10K20, Stroke Color : None'을 각각 지정하고 [Esc]를 눌러 정상 모드로 전환합니다.

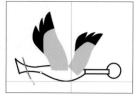  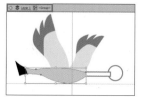

06 Group Selection Tool()로 드래그하여 선택하고 Pathfinder 패널에서 'Unite(■)'를 클릭하여 합칩니다.

07 Pen Tool(✏)로 머리 부분에 2개의 열린 패스를 그리고 Color 패널에서 'Fill Color : None, Stroke Color : 임의 색상'을 지정합니다. Selection Tool(▶)로 열린 패스와 몸통 모양을 함께 선택하고 Pathfinder 패널에서 Divide(■)'를 클릭하여 면을 분할합니다. 오브 젝트를더블 클릭하여 Isolation Mode로 전환하고 'Fill Color : C70K20, K100, Stroke Color : None'을 각각 지정합니다.

08 Pen Tool(✏)로 머리 부분에 닫힌 패스를 그리고 Color 패널에서 'Fill Color : K100, Stroke Color : None'을 지정합니다. Selection Tool(▶)로 머리 모양의 상단 오브젝트와 함께 선택하고 Pathfinder 패널에서 'Unite(■)'를 클릭하여 합칩니다.

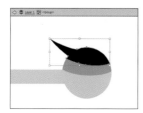

09 Ellipse Tool(◯)로 Shift 를 누르면서 드래그하여 정원을 그리고 Color 패널에서 'Fill Color : K100, Stroke Color : None'을 지정합니다. 계속해서 Pen Tool(✏)로 부리 모양을 클릭 하여 그리고 'Fill Color : M50Y100, Stroke Color : None'을 지정하고 Shift + Ctrl + [ ] 를 눌러 맨 뒤로 보내기를 한 후 Esc 를 눌러 정상 모드로 전환합니다.

❹ 키홀더 모양 만들기

01 Rounded Rectangle Tool(◻)로 작업 도큐먼트를 클릭한 후 'Width : 21mm, Height : 48mm, Corner Radius : 10mm'를 입력하여 그리고 Color 패널에서 'Fill Color : C30M80Y100K20, Stroke Color : None'을 지정합니다. [Object]-[Path]-[Offset Path]를 선택한 후 'Offset : -1mm'를 지정하여 축소된 복사본을 만든 후 'Fill Color : C10M70Y100K10, Stroke Color : None'을 지정합니다.

02 Selection Tool(▶)로 축소된 복사본을 더블 클릭하여 Isolation Mode로 전환하고 Pen Tool(✎)로 열린 패스를 그리고 Color 패널에서 'Fill Color : None, Stroke Color : 임의 색상'을 지정합니다. Ctrl+A로 모두 선택하고 Pathfinder 패널에서 'Divide(▣)'를 클릭하여 면을 분할합니다. 하단 오브젝트를 선택하고 'Fill Color : C10M50Y70, Stroke Color : None'을 지정하고 Esc를 눌러 정상 모드로 전환합니다.

  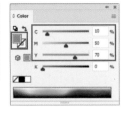 

03 Ellipse Tool(⬭)로 작업 도큐먼트에 드래그하여 타원을 그리고 Color 패널에서 'Fill Color : C0M0Y0K0, Stroke Color : None'을 지정하고 키홀더 상단에 배치합니다. Rounded Rectangle Tool(▢)로 작업 도큐먼트를 클릭한 후 'Width : 6mm, Height : 9mm, Corner Radius : 1mm'를 입력하여 그리고 'Fill Color : C40M80Y80K40, Stroke Color : None'을 지정합니다.

04 계속해서 Rounded Rectangle Tool(▢)로 드래그하여 둥근 사각형을 상단에 겹치도록 그리고 Color 패널에서 'Fill Color : Y20K30, Stroke Color : None'을 지정합니다. Ellipse Tool(⬭)로 둥근 사각형 하단에 드래그하여 동일한 색상의 타원을 그리고 Selection Tool (▶)로 둥근 사각형과 함께 선택하고 Pathfinder 패널에서 'Unite(▣)'를 클릭하여 합칩니다. Ellipse Tool(⬭)로 Shift를 누르면서 정원을 그리고 'Fill Color : C40M80Y80K40, Stroke Color : None'을 지정합니다.

05 Ellipse Tool(⬭)로 작업 도큐먼트를 클릭한 후 'Width : 17mm, Height : 17mm'를 입력하여 그리고 Color 패널에서 'Fill Color : None, Stroke Color : Y10K50'을 지정하고 Stroke 패널에서 'Weight : 5pt'를 적용합니다. [Object]-[Path]-[Outline Stroke]를 선택하여 선을 면으로 확장한 후 Shift+Ctrl+[]을 눌러 맨 뒤로 보내기를 합니다.

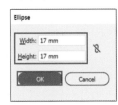   

06 Selection Tool(▶)로 키홀더 모양을 모두 선택하고 'Horizontal Align Center(▩)'를 클릭하여 가로 가운데 정렬을 지정합니다.

07 Selection Tool(▶)로 구름 문양을 선택하고 Ctrl+C로 복사하고 Ctrl+V로 붙여 넣기를 합니다. Scale Tool(▣)을 더블 클릭하여 'Uniform : 50%'를, Reflect Tool(▣)을 더블 클릭하여 'Axis : Vertical'을 지정한 후 Color 패널에서 'Fill Color : C0M0Y0K0, Stroke Color : None'을 설정하고 키홀더 하단에 배치합니다.

05 쇼핑백 만들고 패턴 적용하기

01 Rectangle Tool(▢)로 작업 도큐먼트를 클릭한 후 'Width : 33mm, Height : 58mm'를 입력하여 그리고 Color 패널에서 'Fill Color : Y10K10, Stroke Color : None'을 지정합니다. Direct Selection Tool(▷)로 왼쪽 하단의 고정점을 선택하고 [Object]-[Transform]-[Move]를 선택하고 'Horizontal : -1mm, Vertical : -1mm'를 입력하고 이동합니다.

02 Pen Tool(✎)로 클릭하여 쇼핑백의 오른쪽에 3개의 닫힌 패스를 그리고 Color 패널에서 'Fill Color : C10M20Y10K10, M30K30, K60, Stroke Color : None'을 각각 지정합니다.

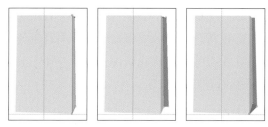

03 Selection Tool(▶)로 3개의 오브젝트를 선택하고 Scale Tool(▣)을 더블 클릭하여 'Horizontal : 100%, Vertical : 60%'를 지정하고 [Copy]를 눌러 축소 복사합니다. Selection Tool(▶)로 왼쪽부터 순서대로 선택하고 Color 패널에서 'Fill Color : C20M60Y50K10, C10M20Y10K30, M40K50, Stroke Color : None'을 각각 지정하고 Direct Selection Tool(▷)로 돌출된 고정점은 각각 조절하여 배치합니다.

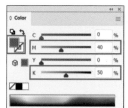
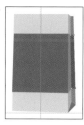

04 Selection Tool(▶)로 왼쪽 오브젝트를 선택하고 [Ctrl]+[C]로 복사하고 [Ctrl]+[F]로 복사한 오브젝트 앞에 붙여 넣기를 한 후 Swatches 패널에서 등록된 구름 문양 패턴을 클릭하여 Fill Color에 적용합니다.

05 Scale Tool(🔲)을 더블 클릭하고 'Uniform : 45%, Transform Objects : 체크 해제, Transform Patterns : 체크'를 지정하여 패턴의 크기를 축소한 후, Transparency 패널에서 'Opacity : 70%'를 지정하여 패턴의 불투명도를 조절합니다.

06 Rectangle Tool(▢)로 쇼핑백의 왼쪽 상단에 드래그하여 그리고 Color 패널에서 'Fill Color : C10M10Y30K10, Stroke Color : None'을 지정합니다. Selection Tool(▶)로 [Alt]와 [Shift]를 누르면서 오른쪽으로 드래그하여 복사하여 배치합니다.

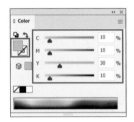 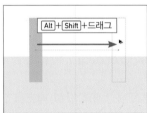 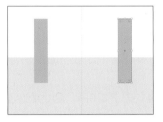

07 Rotate Tool(🔄)을 더블 클릭하여 'Angle : 90°, Transform Objects : 체크, Transform Patterns : 체크 해제'를 지정하고 [Copy]를 눌러 회전하여 복사하고 바운딩 박스의 상단에 배치합니다. Selection Tool(▶)로 왼쪽 2개의 사각형을 선택하고 Align 패널에서 'Horizontal Align Left(▤)'를 클릭하여 왼쪽 정렬을 지정합니다.

08 Selection Tool(▶)로 조절점 가운데를 오른쪽으로 드래그하여 상단 사각형의 너비를 조절합니다. [Alt]와 [Shift]를 누르면서 아래쪽으로 드래그하여 복사하고 바운딩 박스의 조절점 하단 가운데를 위쪽으로 드래그하여 높이를 줄인 후 Color 패널에서 'Fill Color : M20Y30K40, Stroke Color : None'을 지정합니다.

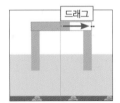 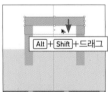 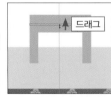 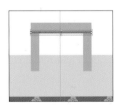

09 Direct Selection Tool(▷)로 드래그하여 상단 2개의 고정점을 선택하고 Scale Tool(🔲)을 더블 클릭하여 'Uniform : 75%, Transform Objects : 체크, Transform Patterns : 체크 해제'를 지정하여 패스를 축소합니다.

 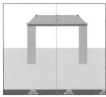

10 Selection Tool(▶)로 쇼핑백 손잡이 모양을 모두 선택하고 **Alt** 를 누르면서 오른쪽 상단으로 드래그하여 복사하고 **Shift** + **Ctrl** + **[** 를 눌러 맨 뒤로 보내기를 합니다.

11 Ellipse Tool(◯)로 작업 도큐먼트를 클릭한 후 'Width : 27mm, Height : 21mm'를 입력하여 그리고 Color 패널에서 'Fill Color : C0M0Y0K0, Stroke Color : None'을 지정합니다.

12 Scale Tool(⊞)을 더블 클릭하여 'Uniform : 95%'를 지정하고 [Copy]를 눌러 축소 복사한 후 Color 패널에서 'Fill Color : None, Stroke Color : C20M60Y50K10'을 지정합니다. Stroke 패널에서 'Weight : 1pt, Dashed Line : 체크, dash : 3pt'를 입력하여 점선을 그려 배치합니다.

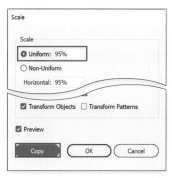  

06 문자 입력하고 브러쉬 적용하기

01 Type Tool(T)로 도큐먼트를 클릭한 후 Character 패널에서 'Set the font family : Times New Roman, Set the font style : Regular, Set the font size : 10pt'를 설정하고 Paragraph 패널에서 'Align center(▤)'를 선택하여 문장을 가운데 배치합니다. Color 패널에서 'Fill Color : C30M80Y90K40, Stroke Color : None'을 지정한 후 KOREAN RICE CANDY를 입력합니다.

02 Brushes 패널 하단의 'Brush Libraries Menu(🗏.)'를 클릭한 후 [Artistic]-[Artistic_ChalkCharcoalPencil]을 선택하여 추가 브러쉬 패널을 불러온 후 'Charcoal'을 선택합니다.

03 Paintbrush Tool(✒)로 Color 패널에서 'Fill Color : None, Stroke Color : C30M80Y90K40'을 지정하고 왼쪽에서 오른쪽으로 드래그한 후 Stroke 패널에서 'Weight : 0.75pt'를 지정합니다.

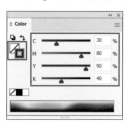  

07 현수막 모양 만들고 이펙트 적용하기

01 Rounded Rectangle Tool(◻)로 작업 도큐먼트를 클릭한 후 'Width : 37mm, Height : 1.7mm, Corner Radius : 1mm'를 입력하여 그립니다. Gradient 패널에서 'Type : Linear Gradient, Angle : 90°'를 적용하고 Gradient Slider의 왼쪽 'Color Stop'을 더블 클릭하여 C30M60Y80K20을 적용하고 오른쪽 'Color Stop'을 더블 클릭하여 M10Y50, Location : 87%를 적용한 후 Tool 패널 하단에서 'Stroke Color : None'을 지정합니다.

02 Rounded Rectangle Tool(◻)로 작업 도큐먼트를 클릭한 후 'Width : 2mm, Height : 100mm, Corner Radius : 1mm'를 입력하여 그립니다. Gradient 패널에서 'Type : Linear Gradient, Angle : 0°'를 적용하고 Gradient Slider의 왼쪽 'Color Stop'을 더블 클릭하여 C30M60Y80K20을, 가운데 빈 곳을 클릭하여 'Color Stop'을 추가하고 더블 클릭하여 M10Y60을 적용합니다. 오른쪽 'Color Stop'을 더블 클릭하여 C30M60Y80K20을 적용한 후 Tool 패널 하단에서 'Stroke Color : None'을 지정합니다.

 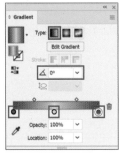 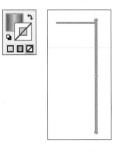

03 Ellipse Tool(◻)로 작업 도큐먼트를 클릭한 후 'Width : 23mm, Height : 6mm'를 입력하여 그리고 Color 패널에서 'Fill Color : 임의 색상, Stroke Color : 임의 색상'을 지정합니다. [Object]-[Transform]-[Transform Each](Alt+Shift+Ctrl+D)를 선택하고 Scale 항목에 'Horizontal : 108%, Vertical : 100%'를, Move 항목에는 'Horizontal : 0mm, Vertical : 2.5mm'를 입력하고 [Copy]를 눌러 확대와 이동을 동시에 하여 복사합니다.

 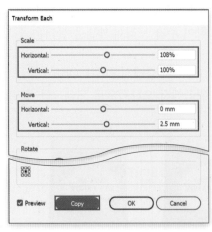 

04 Rectangle Tool(■)로 작업 도큐먼트를 클릭한 후 'Width : 25mm, Height : 2.6mm'를 입력하여 그리고 Color 패널에서 'Fill Color : 임의 색상, Stroke Color : 임의 색상'을 지정한 후 2개의 타원과 서로 겹치도록 배치합니다.

05 Selection Tool(▶)로 수직의 안내선에 배치된 4개의 오브젝트를 함께 선택하고 Align 패널에서 'Horizontal Align Center(■)'를 클릭하여 가로 가운데 정렬을 지정합니다.

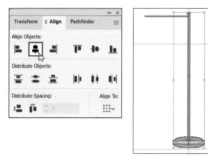

06 Selection Tool(▶)로 사각형을 더블 클릭하여 Isolation Mode로 전환하고 Direct Se-lection Tool(▷)로 드래그하여 상단 2개의 고정점을 선택합니다. Scale Tool(■)을 더블 클릭하여 'Uniform : 92%'를 지정하여 패스를 축소하고 Esc 를 눌러 정상 모드로 전환합니다.

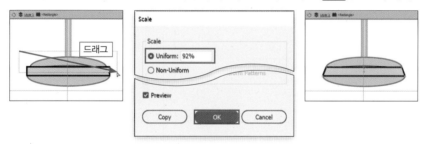

07 Selection Tool(▶)로 하단의 2개의 오브젝트를 함께 선택하고 Pathfinder 패널에서 'Unite(■)'를 클릭하여 합친 후 Shift + Ctrl + [를 눌러 맨 뒤로 보내기를 합니다.

08 Gradient 패널에서 'Type : Linear Gradient, Angle : 0°'를 적용하고 Gradient Slider의 왼쪽 'Color Stop'을 더블 클릭하여 C30M60Y80K20을 적용하고 가운데 빈 곳을 클릭하여 'Color Stop'을 추가하고 더블 클릭하여 M10Y60을, 오른쪽 'Color Stop'을 더블 클릭하여 C30M60Y80K20을 적용한 후 'Stroke Color : None'을 지정합니다. Selection Tool(▶)로 상단의 타원을 선택하고 'Fill Color : C30M60Y80K20, Stroke Color : None'을 지정하고 Ctrl + [를 눌러 뒤로 보내기를 합니다.

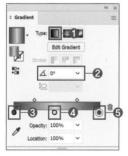
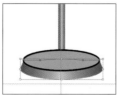
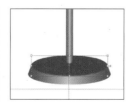

09 Selection Tool(▶)로 2개의 현수막 받침 모양을 선택하고 [Ctrl]+[G]를 눌러 그룹으로 설정합니다. [Effect]-[Illustrator Effects]-[Stylize]-[Drop Shadow]를 선택하고 'Opacity : 75%, X Offset : 1mm, Y Offset : 1mm, Blur : 1.76mm'를 지정하여 그림자 효과를 적용합니다.

⑧ 클리핑 마스크 적용하기

01 Pen Tool(✎)로 현수막 모양을 그리고 Tool 패널 하단의 Default Fill and Stroke(▣)를 클릭합니다.

합격생의 비법

이펙트 또는 브러쉬를 적용한 후 새로운 패스를 그릴 때는 Default Fill and Stroke(▣)를 클릭하여 색상을 초기화합니다.

02 Selection Tool(▶)로 달과 구름 문양을 함께 선택하고 [Ctrl]+[C]로 복사하고 [Ctrl]+[V]로 현수막 모양 위에 붙여 넣기를 합니다. Reflect Tool(◁▷)을 더블 클릭하여 'Axis : Vertical, Transform Objects : 체크, Transform Patterns : 체크 해제'를 지정하고, Scale Tool(▣)을 더블 클릭하여 'Uniform : 80%'를 지정하여 축소합니다.

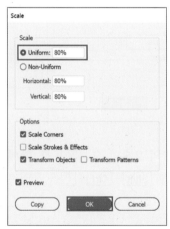
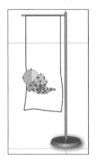

03 Selection Tool(▶)로 축소된 달 모양을 선택하고 Scale Tool(▣)을 더블 클릭하여 'Uniform : 45%'를 지정하고 [Copy]를 눌러 축소 복사하고 상단에 배치합니다.

04 Selection Tool(▶)로 학 모양을 선택하고 [Ctrl]+[C]로 복사하고 [Ctrl]+[V]로 현수막 모양 위에 붙여 넣기를 합니다. Reflect Tool(◁▷)을 더블 클릭하여 'Axis : Vertical'을 지정한 후 Scale Tool(▣)을 더블 클릭하여 'Uniform : 40%'를 지정하여 축소합니다.

05 계속해서 Scale Tool(📼)을 더블 클릭하여 'Uniform : 185%'를 지정하고 [Copy]를 눌러 확대 복사하고 배치합니다. Selection Tool(▶)로 학 모양을 연속하여 2번 더블 클릭하고 Isolation Mode로 전환합니다. 'Fill Color : Y10K20'이 적용된 학의 몸통 모양을 선택하고 Color 패널에서 'Fill Color : C0M0Y0K0, Stroke Color : None'을 지정하고 도큐먼트의 빈 곳을 더블 클릭하여 정상 모드로 전환합니다.

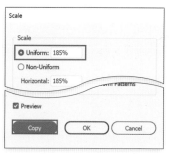 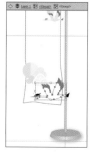

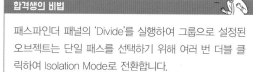

06 Selection Tool(▶)로 현수막 모양을 선택하고 Shift + Ctrl +]를 눌러 맨 앞으로 가져오기를 합니다. 클리핑 마스크를 적용할 달과 구름 문양, 학 모양을 함께 선택하고 [Object]–[Clipping Mask]–[Make](Ctrl + 7)를 선택합니다. 오브젝트를 더블 클릭하여 Isolation Mode로 전환하고 투명해진 현수막 모양을 선택하고 Color 패널에서 'Fill Color : C40M80Y80K40, Stroke Color : None'을 지정한 후 도큐먼트의 빈 곳을 더블 클릭하여 정상 모드로 전환합니다.

 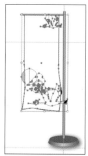 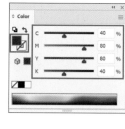 

🟢 문자 입력 및 저장하기

01 Type Tool(T)로 작업 도큐먼트를 클릭한 후 Character 패널에서 'Set the font family : Arial, Set the font style : Bold Italic, Set the font size : 13pt'를 설정하고 Paragraph 패널에서 'Align right(▤)'를 선택하여 문장을 오른쪽에 배치합니다. Color 패널에서 'Fill Color : C0M0Y0K0, Stroke Color : None'을 지정한 후 Traditional Korean Food Expo를 입력합니다.

02 Type Tool(T)로 'Korean Food' 문자를 드래그하여 선택하고 Color 패널에서 'Fill Color : M40Y90, Stroke Color : None'을 지정합니다.

03 [View]-[Guides]-[Hide Guides]([Ctrl]+[;])를 선택하여 안내선을 숨기고 [View]-[Fit Artboard in Window]([Ctrl]+[0])을 선택하여 현재 창에 맞추기를 합니다. [File]-[Save As]를 선택하고 '저장 위치 : 내 PC₩문서₩GTQ, 파일 형식 : Adobe Illustrator(*AI), 파일 이름 : 수험번호-성명-문제번호.ai'를 확인하고 [저장]을 클릭한 후 [Illustrator Options] 대화상자에서 'Version : Illustrator 2020'으로 설정하고 [OK]를 클릭합니다.

04 답안 저장이 완료가 되면 [File]-[Close]([Ctrl]+[W])를 선택하여 파일을 닫고 수험 프로그램에서 [답안 전송]을 클릭하여 감독관 컴퓨터로 전송합니다.

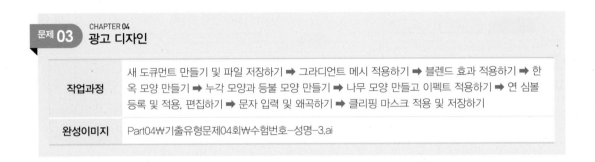

문제 03	CHAPTER 04 광고 디자인	
작업과정	새 도큐먼트 만들기 및 파일 저장하기 ➡ 그라디언트 메시 적용하기 ➡ 블렌드 효과 적용하기 ➡ 한옥 모양 만들기 ➡ 누각 모양과 등불 모양 만들기 ➡ 나무 모양 만들고 이펙트 적용하기 ➡ 연 심볼 등록 및 적용, 편집하기 ➡ 문자 입력 및 왜곡하기 ➡ 클리핑 마스크 적용 및 저장하기	
완성이미지	Part04₩기출유형문제04회₩수험번호-성명-3.ai	

01 새 도큐먼트 만들기 및 파일 저장하기

01 [File]-[New]([Ctrl]+[N])를 선택하고 'Width : 210mm, Height : 297mm, Units : Millimeters, Color Mode : CMYK'를 설정하여 새 도큐먼트를 만들고 [View]-[Rulers]-[Show Rulers]([Ctrl]+[R])를 선택하여 눈금자를 표시합니다.

02 작품의 규격 왼쪽 상단에 원점(0,0)을 확인하고 왼쪽과 상단 눈금자 위에서 마우스를 드래그하여 제시된 출력형태와 레이아웃 구성을 동일하게 작업하기 위해서 안내선을 표시합니다.

03 작업 도큐먼트를 저장하기 위해 [File]-[Save]([Ctrl]+[S])를 선택하고 '저장 위치 : 내 PC₩문서₩GTQ, 파일 형식 : Adobe Illustrator(*AI), 파일 이름 : 수험번호-성명-문제번호'를 입력하고 [저장]을 클릭한 후 [Illustrator Options] 대화상자에서 'Version : Illustrator 2020'으로 설정하고 [OK]를 클릭합니다.

02 그라디언트 메시 적용하기

01 Rectangle Tool(■)로 작업 도큐먼트 왼쪽 상단의 원점(0,0)을 클릭하여 'Width : 210mm, Height : 297mm'를 입력하여 그리고 Color 패널에서 'Fill Color : C20Y20, Stroke Color : None'을 지정합니다.

02 Mesh Tool()로 사각형의 왼쪽 상단과 오른쪽 하단에 각각 클릭하여 고정점을 추가합니다. Direct Selection Tool(▷)로 드래그하여 오른쪽 상단의 4개의 고정점을 선택하고 Color 패널에서 'Fill Color : C80M40, Stroke Color : None'을 적용합니다.

03 블렌드 효과 적용하기

01 Pen Tool(✏)로 작업 도큐먼트를 완전히 벗어나는 2개의 곡선을 그리고 위쪽 곡선은 Color 패널에서 'Fill Color : None, Stroke Color : C90M40K10'을 지정한 후 Stroke 패널에서 'Weight : 1pt'를 적용합니다. 아래쪽 곡선은 'Fill Color : None, Stroke Color : C40Y10'을 지정한 후 Stroke 패널에서 'Weight : 3pt'를 적용합니다.

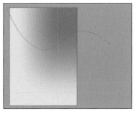

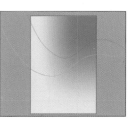

02 Selection Tool(▶)로 2개의 곡선을 함께 선택한 후 [Object]-[Blend]-[Make]를 적용하고 [Object]-[Blend]-[Blend Options]로 'Specified Steps : 15'를 적용한 후 도큐먼트의 빈 곳을 클릭하여 선택을 해제합니다.

04 한옥 모양 만들기

01 Rectangle Tool(▭)로 작업 도큐먼트를 클릭한 후 'Width : 220mm, Height : 21mm'를 입력하여 그리고 Color 패널에서 'Fill Color : C10Y30K20, Stroke Color : None'을 지정합니다. 계속해서 Rectangle Tool(▭)로 사각형의 상단에 드래그하여 그리고 'Fill Color : C50M50Y60, Stroke Color : None'을 지정합니다.

02 Rounded Rectangle Tool(▢)로 드래그하여 크기가 다른 9개 의 둥근 사각형을 그리고 Color 패널에서 'Fill Color : C20M50Y70K20, Stroke Color : None'을 지정합니다.

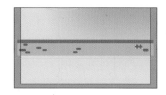

03 Pen Tool(✎)로 반사 대칭할 지붕의 왼쪽 모양을 닫힌 패스로 순서대로 그리고 Color 패널 에서 'Fill Color : C90M60K50, C90M20Y10K40, 임의 색상, Stroke Color : None'을 각각 지정합니다.

04 Selection Tool(▶)로 기와 무늬 모양을 선택하고 Scale Tool(▣)을 더블 클릭하여 'Uni- form : 80%'를 지정하고 [Copy]를 눌러 축소 복사한 후 위쪽으로 이동하여 배치합니다.

05 Selection Tool(▶)로 2개의 오브젝트를 선택하고 [Object]-[Blend]-[Make]를 적용한 후 [Object]-[Blend]-[Blend Options]를 선택하여 'Specified Steps : 1'을 적용합니다. Se- lection Tool(▶)로 Alt 를 누르면서 오른쪽으로 드래그하여 복사합니다.

06 Selection Tool(▶)로 오브젝트를 더블 클릭하여 Isolation Mode로 전환하고 아래쪽 기와 모양을 오른쪽으로 이동하여 배치하고 Esc 를 눌러 정상 모드로 전환합니다. Shift 를 누르면 서 블렌드가 적용된 2개의 오브젝트를 함께 선택하고 [Object]-[Blend]-[Expand]로 확장 하고 Color 패널에서 'Fill Color : C60M20Y20K10, Stroke Color : None'을 지정합니다.

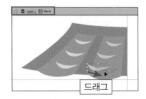 

07 Ellipse Tool(⬭)로 작업 도큐먼트에 드래그하여 타원을 그리고 Color 패널에서 'Fill Color : C60M20Y20K10, Stroke Color : None'을 지정합니다. Selection Tool(▶)로 Alt 를 누르면서 드래그하여 그림과 같은 위치에 3개를 복사하여 배치합니다. Pen Tool(✎)로 처마 의 아래 모양을 겹치도록 그리고 타원과 동일한 색상을 지정하고 Shift + Ctrl + [를 눌러 맨 뒤로 보내기를 합니다.

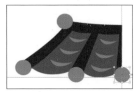  

08 Selection Tool(▶)로 세로 안내선에 배치한 타원을 제외한 지붕의 왼쪽 모양을 모두 선택합니다. Reflect Tool(◖)로 **Alt**를 누르면서 세로 안내선을 클릭하여 'Axis : Vertical'을 지정하고 [Copy]를 눌러 복사합니다.

09 Selection Tool(▶)로 드래그하여 Color 패널에서 'Fill Color : C90M60K50, Stroke Color : None'인 2개의 오브젝트를 선택하고 Pathfinder 패널에서 'Unite(◼)'를 클릭하여 합치고 **Shift**+**Ctrl**+**[**를 눌러 맨 뒤로 보내기를 합니다. 처마의 아래 모양도 동일한 방법으로 합치고 맨 뒤로 배치합니다.

 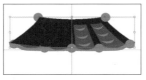 

10 Group Selection Tool(▷)로 **Shift**를 누르면서 2개의 기와 모양을 함께 선택하고 **Delete**를 눌러 삭제합니다.

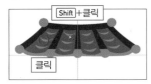 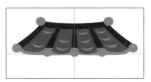

합격생의 비법

[Object]–[Blend]–[Expand]로 확장한 오브젝트는 그룹으로 설정되어 있으므로 Group Selection Tool(▷)로 일부 오브젝트를 선택합니다.

11 Rectangle Tool(▭)로 드래그하여 2개의 사각형을 그리고 Color 패널에서 'Fill Color : C10Y30K40, C60M80Y100, Stroke Color : None'을 각각 지정합니다. Direct Selection Tool(▷)로 왼쪽 사각형의 하단 선분을 왼쪽으로 드래그하여 패스를 변형합니다.

 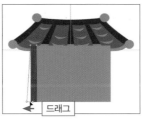 

12 Selection Tool(▶)로 변형된 사각형을 선택하고 Reflect Tool(◖)로 **Alt**를 누르고 가운데 안내선을 클릭하여 'Axis : Vertical'을 지정하고 [Copy]를 눌러 복사합니다. Selection Tool(▶)로 3개의 오브젝트를 선택하고 **Ctrl**+**[**를 여러 번 눌러 지붕 모양 뒤로 보내기를 합니다.

13 Rectangle Tool(▣)로 드래그하여 사각형을 그리고 Color 패널에서 'Fill Color : C60M80Y100, Stroke Color : C50M80Y100K60'을 지정합니다. Stroke 패널에서 'Weight : 4pt, Join : Bevel Join'을 지정하고 [Object]-[Path]-[Outline Stroke]를 선택하여 선을 면으로 확장합니다.

14 Rectangle Tool(▣)로 드래그하여 사각형을 그리고 Color 패널에서 'Fill Color : C50M80Y100K60, Stroke Color : None'을 지정합니다. Selection Tool(▶)로 Alt + Shift 를 누르면서 오른쪽으로 드래그하여 복사하고 Ctrl + D 를 3번 눌러 균등 간격으로 복사합니다.

 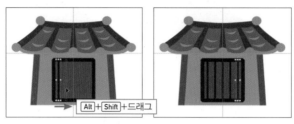

Alt + Shift + 드래그

15 Ellipse Tool(⬭)로 Alt 와 Shift 를 누르면서 세로 안내선 중앙에 임의 색상의 정원을 그립니다. Line Segment Tool(╱)로 정원의 가로 중앙에 Shift 를 누르면서 수직선을 그려 배치하고 Color 패널에서 'Fill Color : None, Stroke Color : 임의 색상'을 지정합니다. Selection Tool(▶)로 정원과 함께 선택하고 Pathfinder 패널에서 'Divide(⬚)'를 클릭하여 면을 분할합니다. 오브젝트를 더블 클릭하여 Isolation Mode에서 'Fill Color : C90M20Y10K40, C20M50Y70K20, Stroke Color : None'을 각각 지정하고 Esc 를 눌러 정상 모드로 전환합니다.

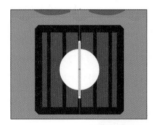  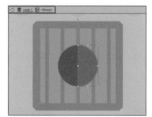

16 Rectangle Tool(▣)로 3개의 크기가 다른 사각형을 서로 겹치도록 그리고 Color 패널에서 'Fill Color : Y20K30, Stroke Color : Y20K50'을 지정하고 Stroke 패널에서 'Weight : 2pt'를 지정합니다. 3개의 사각형을 함께 선택하고 Align 패널에서 'Horizontal Align Center(⬧)'를 클릭하여 가로 가운데 정렬을 지정합니다.

05 누각 모양과 등불 모양 만들기

01 Rectangle Tool(⬛)로 작업 도큐먼트를 클릭한 후 'Width : 61mm, Height : 57mm'를 입력하여 그리고 Color 패널에서 'Fill Color : C40M80Y100K10, Stroke Color : None'을 지정합니다. 계속해서 세로 안내선에 Alt 를 누르면서 클릭하여 'Width : 54mm, Height : 30mm'를 입력하여 그리고 'Fill Color : M20Y50, Stroke Color : None'을 지정합니다.

02 [Object]-[Transform]-[Transform Each](Alt+Shift+Ctrl+D)를 선택하고 Scale 항목에 'Horizontal : 100%, Vertical : 10%'를, Move 항목에는 'Horizontal : 0mm, Vertical : 18.5mm'를 입력하고 [Copy]를 눌러 축소와 이동을 동시에 합니다. 다시 한 번 [Transform Each]를 선택하고 Scale 항목에 'Horizontal : 100%, Vertical : 230%'를, Move 항목에는 'Horizontal : 0mm, Vertical : 11mm'를 입력하고 [Copy]를 클릭합니다.

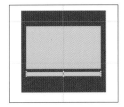 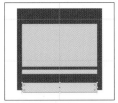

03 Selection Tool(▶)로 3개의 사각형을 선택하고 Pathfinder 패널에서 'Minus Front(◨)'를 클릭한 후 Ctrl+[를 눌러 뒤로 보내기를 합니다.

 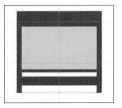

04 Rounded Rectangle Tool(▢)로 임의 색상의 크기가 다른 2개의 둥근 사각형을 겹치도록 그리고 함께 선택한 후, Pathfinder 패널에서 'Minus Front(◨)'를 클릭하여 Color 패널에서 'Fill Color : Y20K60, Stroke Color : None'을 지정합니다. Reflect Tool(◀▮)로 Alt 를 누르면서 세로 안내선에 클릭하여 'Axis : Vertical'을 지정하고 [Copy]를 눌러 중앙에서부터 동일한 거리에 복사합니다.

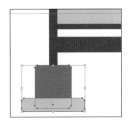   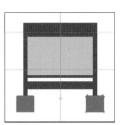

05 Rectangular Grid Tool(▦)로 작업 도큐먼트에 클릭하여 'Width : 20mm, Height : 21mm, Horizontal Dividers Number : 3, Vertical Dividers Number : 2, Fill Grid : 체크'를 입력하여 그리고 Color 패널에서 'Fill Color : C0M0Y0K0, Stroke Color : C40M80Y100K10'을 지정하고 Stroke 패널에서 'Weight : 4pt, Corner : Bevel Join'을 지정합니다.

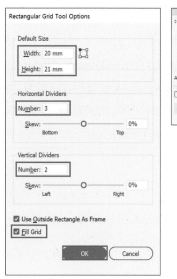

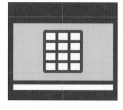

06 Pen Tool(✒)로 지붕 모양 절반을 닫힌 패스로 그리고 Color 패널에서 'Fill Color : C90M60K50, Stroke Color : None'을 지정합니다. 계속해서 곡선의 열린 패스를 겹치도록 그리고 'Fill Color : None, Stroke Color : 임의 색상'을 지정합니다. Selection Tool(▶) 로 닫힌 패스와 함께 선택하고 Pathfinder 패널에서 'Divide(▣)'를 클릭하여 면을 분할합니다. 더블 클릭하여 Isolation Mode로 전환하고 상단 오브젝트에 'Fill Color : C10Y30K40, Stroke Color : None'을 지정하고 Esc 를 눌러 정상 모드로 전환합니다.

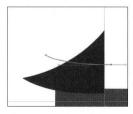

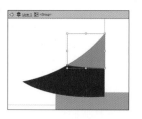

07 Pen Tool(✒)로 곡선의 열린 패스를 그리고 Color 패널에서 'Fill Color : None, Stroke Color : 임의 색상'을 지정하고 Stroke 패널에서 'Weight : 20pt, Cap : Round Cap'을 지정하고 [Object]-[Path]-[Outline Stroke] 를 선택하여 선을 면으로 확장한 후 'Fill Color : C90M20Y10K40'을 지정합니다.

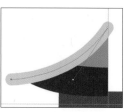

08 Pen Tool(✐)과 Ellipse Tool(◯)로 오브젝트를 그리고 Color 패널에서 'Fill Color : C90M20Y10K40, C50M30, Stroke Color : None'을 각각 지정합니다.

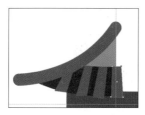 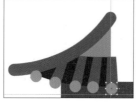 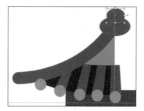

09 Selection Tool(▶)로 반사 대칭할 오브젝트를 모두 선택하고 Reflect Tool(◁▷)로 Alt 를 누르면서 세로 안내선을 클릭하여 'Axis : Vertical'을 지정하고 [Copy]를 눌러 복사합니다.

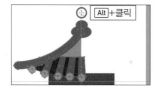 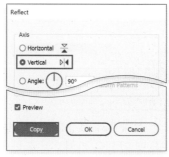 

10 Selection Tool(▶)로 가운데 2개의 오브젝트를 선택하고 Shift + Ctrl +] 를 눌러 맨 앞으로 가져오기를 합니다. Group Selection Tool(▷)로 상단 2개의 오브젝트를 함께 선택하고 Pathfinder 패널에서 'Unite(◧)'를 클릭하여 합칩니다.

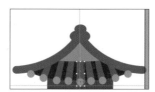  

11 Group Selection Tool(▷)로 2개의 처마 모양을 Shift 를 누르면서 함께 선택하고 Pathfinder 패널에서 'Unite(◧)'를 클릭하여 합칩니다. 지붕 모양의 오브젝트도 동일한 방법으로 합치기를 하고 [Object]–[Arrange]로 각각을 앞뒤로 정돈을 합니다.

  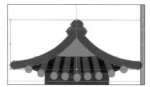

12 Rounded Rectangle Tool(▢)로 작업 도큐먼트를 클릭한 후 'Width : 14mm, Height : 23mm, Corner Radius : 1mm'를 입력하여 그리고 Color 패널에서 'Fill Color : 임의 색상, Stroke Color : 임의 색상'을 지정합니다. Direct Selection Tool(▷)로 드래그하여 상단 4개의 고정점을 선택하고 Scale Tool(⬚)을 더블 클릭하여 'Uniform : 75%'를 지정하여 패스를 축소합니다.

13 Line Segment Tool(✐)로 Shift 를 누르면서 드래그하여 수평선을 그리고 Selection Tool(▶)로 둥근 사각형과 함께 선택하고 Pathfinder 패널에서 'Divide(🗗)'를 클릭하여 면을 분할합니다. 오브젝트를 더블 클릭하여 Isolation Mode로 전환하고 하단에는 Color 패널에서 'Fill Color : C90M60, Stroke Color : None'을 지정하고 상단에는 Gradient 패널에서 'Type : Linear Gradient, Angle : 45°'를 적용하고 Gradient Slider의 왼쪽 'Color Stop'을 더블 클릭하여 M50Y50을, 오른쪽 'Color Stop'을 더블 클릭하여 M100Y100을 적용한 후 'Stroke Color : None'을 지정하고 Esc 를 눌러 정상 모드로 전환합니다.

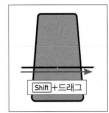  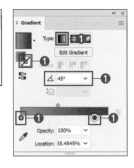 

14 Selection Tool(▶)로 등불 모양을 선택하고 왼쪽 처마의 위치에 배치한 후 처마의 왼쪽 원을 선택하고 Shift + Ctrl +] 를 눌러 맨 앞으로 가져오기를 합니다.

06 나무 모양 만들고 이펙트 적용하기

01 Pen Tool(✐)로 나무의 줄기 모양을 그리고 Color 패널에서 'Fill Color : C20M50Y60 K10, Stroke Color : None'을 지정합니다. Ellipse Tool(◯)로 드래그하여 크기가 다른 3개의 타원을 겹치도록 그리고 'Fill Color : C50Y100K70, Stroke Color : None'을 지정한 후 Pathfinder 패널에서 'Unite(🗗)'를 클릭하여 3개의 타원을 합칩니다.

02 Line Segment Tool(✐)로 드래그하여 3개의 선을 그리고 Color 패널에서 'Fill Color : None, Stroke Color : C80M20Y100'을 지정하고 Stroke 패널에서 'Weight : 3pt, Cap : Round Cap'을 지정합니다. [Object]-[Path]-[Outline Stroke]를 선택하여 선을 면으로 확장합니다.

03 Selection Tool(▶)로 4개의 오브젝트를 함께 선택하고 Alt 를 누르면서 드래그하여 4개를 복사하여 배치합니다. Shift 를 누르면서 바운딩 박스의 조절점의 모서리를 드래그하여 각각의 크기를 조절한 후 [Object]-[Arrange]로 정돈을 합니다. 3개의 오브젝트를 함께 선택하고 Color 패널에서 'Fill Color : C50Y100K20, Stroke Color : None'을 지정합니다.

 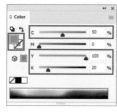 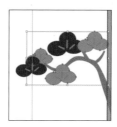

04 Selection Tool(▶)로 나무 모양을 모두 선택하고 Ctrl + G 로 그룹을 설정 후 [Effect]-[Illustrator Effects]-[Stylize]-[Drop Shadow]를 선택하고 'Opacity : 75%, X Offset : 2.47mm, Y Offset : 2.47mm, Blur : 1.76mm'를 지정하여 그림자 효과를 적용합니다.

05 Selection Tool(▶)로 누각 모양을 모두 선택하고 Ctrl + G 로 그룹을 설정 후 [Effect]-[Apply Drop Shadow]를 선택하고 동일한 그림자 효과를 적용합니다.

07 연 심볼 등록 및 적용, 편집하기

01 Rectangle Tool(■)로 작업 도큐먼트를 클릭한 후 'Width : 26mm, Height : 37mm'를 입력하여 그리고 Color 패널에서 'Fill Color : 임의 색상, Stroke Color : None'을 지정합니다. Ellipse Tool(●)로 Alt 를 누르면서 사각형의 중앙에 클릭하여 'Width : 13mm, Height : 13mm'를 입력하여 그리고 'Fill Color : 임의 색상, Stroke Color : 임의 색상'을 지정합니다.

02 Selection Tool(▶)로 사각형과 함께 선택하고 Pathfinder 패널에서 'Minus Front(▣)'를 클릭합니다.

03 Rectangle Tool(■)로 드래그하여 그리고 Color 패널에서 'Fill Color : M60Y90K20, Stroke Color : None'을 지정합니다. Selection Tool(▶)로 연 모양과 함께 선택하고 Align 패널에서 'Horizontal Align Center(▣)'와 'Vertical Align Center(▣)'를 클릭하여 가운데 정렬을 지정합니다.

  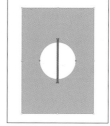

04 Selection Tool(▶)로 사각형을 선택하고 Ctrl+[[]를 눌러 뒤로 보내기를 한 후 Rotate Tool(↻)을 더블 클릭하여 'Angle : 45°'를 지정하고 [Copy]를 눌러 회전 복사한 후 Ctrl+D를 2번 눌러 반복하여 복사합니다.

05 Ellipse Tool(◉)로 작업 도큐먼트를 클릭한 후 'Width : 6mm, Height : 6mm'를 입력하여 그리고 Color 패널에서 'Fill Color : 임의 색상, Stroke Color : 임의 색상'을 지정합니다. 계속해서 도큐먼트를 클릭하여 'Width : 3mm, Height : 3mm'를 입력하여 그립니다. Selection Tool(▶)로 2개의 정원을 선택하고 Align 패널에서 'Horizontal Align Left(▐)'와 'Vertical Align Center(▐▶)'를 클릭하여 왼쪽 가운데 정렬을 지정합니다.

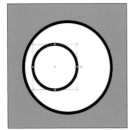
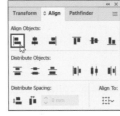
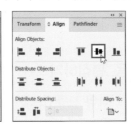
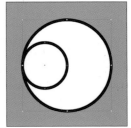

06 Selection Tool(▶)로 작은 정원을 선택하고 [Object]-[Transform]-[Move]를 선택한 후 'Horizontal : 3mm, Vertical : 0mm'을 입력하고 [Copy]를 눌러 오른쪽으로 이동하여 복사합니다. Selection Tool(▶)로 3개의 정원을 선택하고 Pathfinder 패널에서 'Divide(🔲)'를 클릭하여 면을 분할합니다.

07 Selection Tool(▶)로 오브젝트를 더블 클릭하여 Isolation Mode로 전환하고 왼쪽 상단 2개의 오브젝트를 선택하여 Pathfinder 패널에서 'Unite(🔲)'를 클릭하여 합치고 Color 패널에서 'Fill Color : K100, Stroke Color : None'을 지정합니다. 오른쪽 하단 2개의 오브젝트도 동일한 방법으로 합치고 'Fill Color : C0M0Y0K0, Stroke Color : None'을 지정하고 Esc를 눌러 정상 모드로 전환합니다.

08 Ellipse Tool()로 Alt 를 누르면서 연 모양의 왼쪽 상단 고정점을 클릭하여 'Width : 17mm, Height : 17mm'를 입력하여 모서리에 정렬하여 그리고 Color 패널에서 'Fill Color : None, Stroke Color : 임의 색상'을 지정합니다.

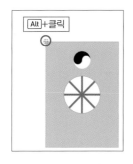

09 Scale Tool()을 더블 클릭하여 'Uniform : 25%, Scale Strokes & Effects : 체크 해제'를 지정하여 [Copy]를 눌러 축소 복사합니다. Selection Tool(▶)로 2개의 정원을 함께 선택하고 [Object]-[Blend]-[Make]를 적용하고 [Object]-[Blend]-[Blend Options]로 'Specified Steps : 2'를 적용합니다.

10 [Object]-[Blend]-[Expand]로 확장하고 Shift + Ctrl + G 를 눌러 그룹을 해제하고 Selection Tool(▶)로 큰 원부터 순서대로 선택하고 Color 패널에서 'Fill Color : Y90, C10M100Y80, C100M50, K100, Stroke Color : None'을 각각 지정합니다.

11 Selection Tool(▶)로 4개의 정원을 함께 선택하고 Alt 와 Shift 를 누르면서 오른쪽으로 드래그하여 복사합니다. 동일한 방법으로 하단에 복사하여 배치합니다.

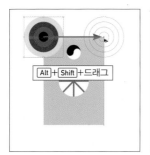
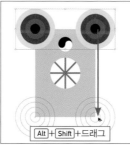
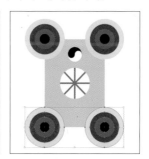

합격생의 비법

드래그하여 복사할 때 정원의 중심을 연 모양의 모서리 부분에 정확하게 맞춰 줍니다.

12 Selection Tool(▶)로 연 모양을 선택하고 [Shift]+[Ctrl]+[ ]]를 눌러 맨 앞으로 가져오기를 합니다. 4개의 모서리에 배치된 원을 함께 선택하고 Pathfinder 패널에서 'Crop(▣)'을 클릭하여 맨 위 오브젝트와 겹친 부분만을 잘라서 남깁니다.

13 Selection Tool(▶)로 오브젝트를 더블 클릭하여 Isolation Mode로 전환하고 가운데 오브젝트를 선택하고 Color 패널에서 'Fill Color : K10, Stroke Color : None'을 지정하고 [Esc]를 눌러 정상 모드로 전환합니다. 앞쪽의 연 모양을 선택하고 [Ctrl]+[[ ]를 눌러 뒤로 보내기를 합니다.

 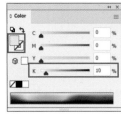 

14 Rectangle Tool(▢)로 작업 도큐먼트를 클릭한 후 'Width : 2.7mm, Height : 24mm'를 입력하여 그리고 Color 패널에서 'Fill Color : C70M40, Stroke Color : None'을 지정합니다. [Effect]-[Illustrator Effects]-[Warp]-[Flag]를 선택하고 'Vertical : 체크, Bend : 100%'를 지정하고 [Object]-[Expand Appearance]를 선택하여 오브젝트의 속성을 확장하고 [Shift]+[Ctrl]+[[ ]를 눌러 맨 뒤로 보내기를 합니다.

15 Reflect Tool(◭)로 [Alt]를 누르고 연 모양의 가로 중심을 클릭하여 'Axis : Vertical'을 지정하고 [Copy]를 눌러 복사합니다.

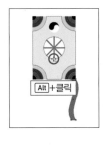  

16 Selection Tool(▶)로 태극 문양을 제외한 연 모양을 모두 선택하고 [Effect]-[Illustrator Effects]-[Warp]-[Arch]를 선택하고 'Horizontal : 체크, Bend : 10%'를 지정하고 [Object]-[Expand Appearance]를 선택하여 오브젝트의 속성을 확장합니다.

17 Selection Tool()로 연 모양을 모두 선택하고 Symbols 패널 하단의 'New Symbol(⊞)'을 클릭하고 'Name : 연, Export Type : Graphic'을 지정하여 심볼로 등록한 후 Delete 를 눌러 삭제합니다.

 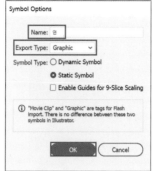

18 Symbols 패널에서 등록된 '연' 심볼을 선택하고 Symbol Sprayer Tool(🖱️)로 출력 형태를 참조하여 작업 도큐먼트에 4번 클릭하여 뿌려줍니다.

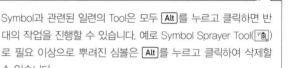

합격생의 비법

Symbol과 관련된 일련의 Tool은 모두 Alt 를 누르고 클릭하면 반대의 작업을 진행할 수 있습니다. 예로 Symbol Sprayer Tool(🖱️)로 필요 이상으로 뿌려진 심볼은 Alt 를 누르고 클릭하여 삭제할 수 있습니다.

19 Symbol Sizer Tool(🖱️)로 클릭하여 일부 심볼의 크기를 확대하고 Symbol Spinner Tool(🖱️)과 Symbol Shifter Tool(🖱️)로 심볼의 회전과 위치를 조절하여 배치합니다. Swatches 패널에서 Fill Color를 각각 선택한 후, Symbol Stainer Tool(🖱️)로 왼쪽과 상단의 연 심볼에 클릭하여 색조의 변화를 적용합니다. Symbol Screener Tool(🖱️)로 오른쪽 연 모양에 클릭하여 불투명도를 조절합니다.

합격생의 비법

Symbol Stainer Tool(🖱️)로 색조의 변화를 적용할 때는 정확한 색상의 제시가 없으므로 문제지의 《출력형태》와 유사한 색상을 선택하면 됩니다.

20 Brushes 패널 하단의 'Brush Libraries Menu(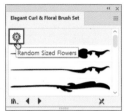)'를 클릭한 후 [Decorative]-[Elegant Curl & Floral Brush Set]를 선택하여 추가 브러쉬 패널을 불러온 후 'Random Sized Flowers'를 선택합니다. Paintbrush Tool(✐)로 Color 패널에서 'Fill Color : None, Stroke Color : C0M0Y0K0'을 지정하고 아래에서 위쪽으로 드래그하여 칠한 후 Stroke 패널에서 'Weight : 0.75pt'를 지정합니다.

08 문자 입력 및 왜곡하기

01 Ellipse Tool(⬭)로 작업 도큐먼트를 클릭한 후 'Width : 110mm, Height : 110mm'를 입력하여 그리고 Gradient 패널에서 'Type : Radial Gradient'를 적용하고 Gradient Slider의 왼쪽 'Color Stop'을 더블 클릭하여 M20Y80을 적용하여 'Location : 85%'로 지정하고 오른쪽 'Color Stop'을 더블 클릭하여 C0M0Y0K0을 적용한 후 Tool 패널 하단에서 'Stroke Color : None'을 지정합니다.

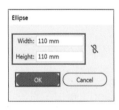 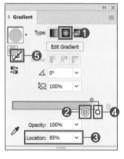 

02 Type Tool(T)로 작업 도큐먼트를 클릭한 후 Character 패널에서 'Set the font family : Arial, Set the font style : Bold, Set the font size : 36pt'를 설정하고 Paragraph 패널에서 'Align center(☰)'를 선택하여 문장을 가운데 배치합니다. Color 패널에서 'Fill Color : C0M0Y0K0, Stroke Color : None'을 지정한 후 TRADITIONAL FOLK PLAY를 입력합니다.

03 Selection Tool(▶)로 'TRADITIONAL FOLK PLAY' 문자를 선택하고 [Object]-[Envelope Distort]-[Make with Warp]를 선택한 후 'Style : Arc Lower, Bend : 30%'를 지정하여 글자를 왜곡시킵니다.

04 Type Tool(T)로 작업 도큐먼트를 클릭한 후 Character 패널에서 'Set the font family : 돋움, Set the font size : 25pt'를 설정하고 'Fill Color : K100, Stroke Color : None'을 지정한 후 전통 연날리기 행사를 입력합니다. Selection Tool(▶)로 문자를 선택하고 [Object]–[Envelope Distort]–[Make with Warp]를 선택한 후 'Style : Arc, Bend : −25%'를 지정하여 글자를 왜곡시킵니다.

05 Type Tool(T)로 작업 도큐먼트를 클릭한 후 Character 패널에서 'Set the font family : 돋움, Set the font size : 20pt'를 설정하고 Paragraph 패널에서 'Align left(≣)'를 선택하여 문장을 왼쪽에 배치합니다. Color 패널에서 'Fill Color : K100, Stroke Color : None'을 지정한 후 가족과 함께 전통놀이에 참여하세요~를 입력합니다.

09 클리핑 마스크 적용 및 저장하기

01 Rectangle Tool(▢)로 작업 도큐먼트 왼쪽 상단의 원점(0,0)을 클릭하여 'Width : 210mm, Height : 297mm'를 입력하여 그리고 Color 패널에서 'Fill Color : 임의 색상, Stroke Color : None'을 지정합니다. [Select]–[All](Ctrl+A)로 오브젝트를 모두 선택하고 [Object]–[Clipping Mask]–[Make]로 클리핑 마스크를 적용하여 디자인을 정리합니다.

02 [View]–[Guides]–[Hide Guides](Ctrl+;)를 선택하여 안내선을 숨기고 [View]–[Fit Artboard in Window](Ctrl+0)을 선택하여 현재 창에 맞추기를 합니다. [File]–[Save As]를 선택하고 '저장 위치 : 내 PC₩문서₩GTQ, 파일 형식 : Adobe Illustrator(*.AI), 파일 이름 : 수험번호–성명–문제번호.ai'를 확인하고 [저장]을 클릭한 후 [Illustrator Options] 대화상자에서 'Version : Illustrator 2020'으로 설정하고 [OK]를 클릭합니다.

03 답안 저장이 완료가 되면 [File]–[Exit](Ctrl+Q)를 선택하여 일러스트레이터 프로그램을 종료하고 수험 프로그램에서 [답안 전송]을 클릭하여 감독관 컴퓨터로 전송합니다.

급수	문제유형	시험시간	수험번호	성명
1급	A	90분	G123456789	

수 험 자 유 의 사 항

- 수험자는 문제지를 받는 즉시 응시하고자 하는 과목 및 급수가 맞는지 확인한 후 수험번호와 성명을 작성합니다.
- 파일명은 본인의 "수험번호–성명–문제번호"로 공백 없이 정확히 입력하고 답안폴더(내 PC₩문서₩GTQ)에 ai 파일 포맷으로 저장해야 하며, 다른 파일 형식으로 저장하였을 경우 0점 처리됩니다. 답안문서 파일명이 "수험번호–성명–문제번호"와 일치하지 않거나, 답안 파일을 전송하지 않아 미제출로 처리될 경우 불합격 처리됩니다.
- 수험자 정보와 저장한 파일명, 저장 위치가 다를 경우 전송이 되지 않으므로, 주의하시기 바랍니다.
- 답안 작성 중에도 주기적으로 '저장'과 '답안 전송'을 이용하여 감독위원 PC로 답안을 전송하셔야 합니다. (※ 작업한 내용을 저장하지 않고 전송할 경우 이전의 저장내용이 전송되오니 이점 반드시 유념하시기 바랍니다.)
- 답안문서는 지정된 경로 외의 다른 보조기억장치에 저장하는 행위, 지정된 시험 시간 외에 작성된 파일을 활용한 행위, 기타 통신수단(이메일, 메신저, 네트워크 등)을 이용하여 타인에게 전달 또는 외부 반출하는 행위는 부정으로 간주되어 자격기본법 제32조에 의거 본 시험 및 국가공인 자격시험을 2년간 응시할 수 없습니다.
- 시험 중 부주의 또는 고의로 시스템을 파손한 경우와 〈수험자 유의사항〉에 기재된 방법대로 이행하지 않아 생기는 불이익은 수험자의 책임임을 알려 드립니다.
- 시험을 완료한 수험자는 최종적으로 저장한 답안파일이 전송되었는지 확인한 후 감독위원의 지시에 따라 문제지를 제출하고 퇴실합니다.

답 안 작 성 요 령

- 온라인 답안 작성 절차
  수험자 등록 ⇒ 시험 시작 ⇒ 답안파일 저장 ⇒ 답안 전송 ⇒ 시험 종료
- 배점은 총 100점으로 이루어지며, 점수는 각 문제별로 차등 배분됩니다.
- 각 문제는 제시된 조건에 맞게 답안을 작성하셔야 하며, 조건을 지키지 못했을 경우에는 0점 또는 감점 처리됩니다.
- 조건에서 주어진 단위는 'mm(밀리미터)'입니다. 눈금자는 작성하지 않으며, 그 외는 출력형태(레이아웃, 색상, 문자, 규격 등)와 같게 작업하십시오.
- 문제 조건에 서체의 지정이 없을 경우 한글은 굴림이나 돋움, 영문은 Arial로 작업하십시오. (단, 그 외 제시되지 않은 문자 속성을 기본값으로 작성하지 않은 경우는 감점 처리됩니다.)
- 문제 조건에 크기와 색상, 두께의 지정이 없을 경우 《출력형태》를 참고하여 작업해 주시기 바랍니다.
- Color Mode(색상 모드)는 별도의 처리조건이 없을 경우에는 CMYK로 작업하십시오.
- 조건에서 제시한 기능을 임의로 합치거나 각 기능에 대한 속성을 해지할 경우 해당 요소는 0점 처리됩니다.

한 국 생 산 성 본 부

문제1 ┊ BI, CI 디자인   25점

다음의 《조건》에 따라 아래의 《출력형태》와 같이 작업하시오.

조건

파일저장규칙	AI	파일명	문서₩GTQ₩수험번호-성명-1.ai
		크기	100 × 80mm

1. 작업 방법
① 도형, 변형 툴과 Pathfinder 기능을 활용하여 오브젝트를 작성한다.
② 그 외 《출력형태》 참조

2. 문자 효과
① ::: ENJOY FLYING ::: (Arial, Regular, 16pt, C0M0Y0K0, Y100)

출력형태

Y90K10, M30Y90K40,
M40Y100K70,
Y100K10 → M40Y100,
M30Y90K20,
C20Y20K10,
C20Y20K90, M90Y100,
M90Y100K50,
(선/획) M30Y90K40, 1pt

다음의 《조건》에 따라 아래의 《출력형태》와 같이 작업하시오.

조건

파일저장규칙	AI	파일명	문서₩GTQ₩수험번호-성명-2.ai
		크기	160 × 120mm

1. 작업 방법
① 태그는 Pattern을 활용하여 작성한다. (패턴 등록 : 자몽)
② 컵의 홀더에는 Clipping Mask를 적용한다.
③ Brush는 《출력형태》를 참고하여 작성한다.
④ Effect는 《출력형태》를 참고하여 작성한다.
⑤ 그 외 《출력형태》 참조

2. 문자 효과
① NEW CAFE (Times New Roman, Regular, 13pt, 10pt, C60M70Y80K30)
② Homemade (Arial, Regular, 11pt, 8pt, C60M70Y80)

출력형태

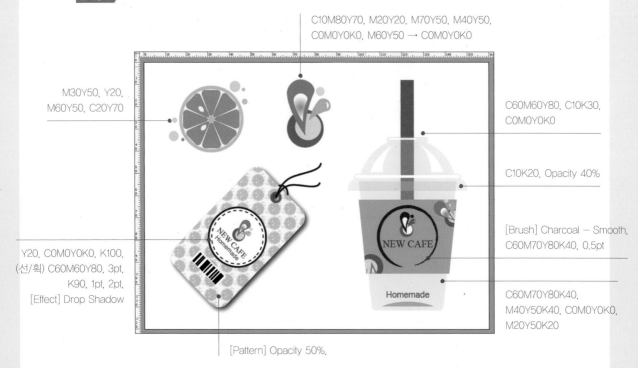

C10M80Y70, M20Y20, M70Y50, M40Y50, C0M0Y0K0, M60Y50 → C0M0Y0K0

M30Y50, Y20, M60Y50, C20Y70

C60M60Y80, C10K30, C0M0Y0K0

C10K20, Opacity 40%

[Brush] Charcoal – Smooth, C60M70Y80K40, 0.5pt

Y20, C0M0Y0K0, K100, (선/획) C60M60Y80, 3pt, K90, 1pt, 2pt, [Effect] Drop Shadow

C60M70Y80K40, M40Y50K40, C0M0Y0K0, M20Y50K20

[Pattern] Opacity 50%,

다음의 《조건》에 따라 아래의 《출력형태》와 같이 작업하시오.

조건

파일저장규칙	AI	파일명	문서₩GTQ₩수험번호–성명–3.ai
		크기	210 × 297mm

1. 작업 방법
① 《참고도안》을 직접 제작한 후 Symbol로 활용한다. (심볼 등록 : 무궁화)
② 'SEOUL TOUR', 'EVENT TICKET' 문자에 Envelope Distort를 적용한다.
③ Brush는 《출력형태》를 참고하여 작성한다.
④ Effect는 《출력형태》를 참고하여 작성한다.
⑤ Clipping Mask를 이용하여 디자인을 정리한다.
⑥ 그 외 《출력형태》 참조

2. 문자 효과
① SEOUL TOUR (Arial, Bold, 50pt, C0M0Y0K0)
② EVENT TICKET (Arial, Bold, 40pt, C20)
③ Fair (Times New Roman, Italic, 80pt, K100)

참고도안

M100Y100 →
M40Y40, Y50,
C60Y60, C80Y70,
C0M0Y0K0, M80Y50,
(선/획) C0M0Y0K0,
2pt

출력형태

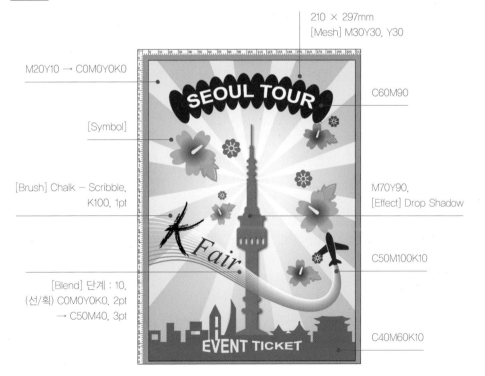

210 × 297mm
[Mesh] M30Y30, Y30

M20Y10 → C0M0Y0K0

C60M90

[Symbol]

[Brush] Chalk – Scribble,
K100, 1pt

M70Y90,
[Effect] Drop Shadow

C50M100K10

[Blend] 단계 : 10,
(선/획) C0M0Y0K0, 2pt
→ C50M40, 3pt

C40M60K10

작업과정	새 도큐먼트 만들기 및 파일 저장하기 ➡ 비행기 모양 만들기 ➡ 반호 모양 만들기 ➡ 문자 입력하기 ➡ 건물과 구름 모양 만들기 ➡ 저장 및 답안 전송하기
완성이미지	Part04₩기출유형문제05회₩수험번호-성명-1.ai

01 새 도큐먼트 만들기 및 파일 저장하기

01 [File]-[New]([Ctrl]+[N])를 선택하고 'Width : 100mm, Height : 80mm, Units : Milli-meters, Color Mode : CMYK'를 설정하여 새 도큐먼트를 만들고 [View]-[Rulers]-[Show Rulers]([Ctrl]+[R])를 선택하여 눈금자를 표시합니다.

02 작품의 규격 왼쪽 상단에 원점(0,0)을 확인하고 왼쪽과 상단 눈금자 위에서 마우스를 드래그하여 제시된 출력형태와 레이아웃 구성을 동일하게 작업하기 위해서 안내선을 표시합니다.

03 작업 도큐먼트를 저장하기 위해 [File]-[Save]([Ctrl]+[S])를 선택하고 '저장 위치 : 내 PC₩문서₩GTQ, 파일 형식 : Adobe Illustrator(*AI), 파일 이름 : 수험번호-성명-문제번호'를 입력하고 [저장]을 클릭한 후 [Illustrator Options] 대화상자에서 'Version : Illustrator 2020'으로 설정하고 [OK]를 클릭합니다.

02 비행기 모양 만들기

01 Rounded Rectangle Tool(▢)로 작업 도큐먼트를 클릭한 후 'Width : 7mm, Height : 42mm, Corner Radius : 10mm'를 입력하여 그리고 Color 패널에서 'Fill Color : Y90K10, Stroke Color : 임의 색상'을 지정합니다.

02 Direct Selection Tool(▷)로 둥근 사각형 상단의 고정점을 드래그하여 선택하고 Scale Tool(▨)을 더블 클릭하고 'Uniform : 70%'를 지정하고 [OK]를 눌러 축소합니다. Direct Selection Tool(▷)로 둥근 사각형 하단의 고정점을 드래그하여 선택하고 아래로 이동합니다.

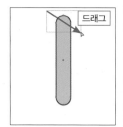 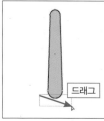 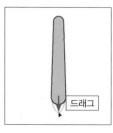 

03 Selection Tool(▶)로 Alt 를 누르고 왼쪽 상단으로 드래그하여 복사하여 배치한 후, 2개의 오브젝트를 선택하고 Pathfinder 패널에서 'Divide(⬚)'를 클릭하여 면을 분할합니다.

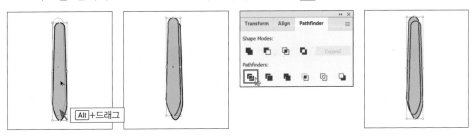

04 Selection Tool(▶)로 분할된 오브젝트를 더블 클릭하여 Isolation Mode로 전환한 후에 왼쪽 오브젝트를 클릭하고 Delete 를 눌러 삭제합니다. 오른쪽 오브젝트를 클릭하여 선택하고 Color 패널에서 'Fill Color : M30Y90K40, Stroke Color : None'을 지정한 후 왼쪽 오브젝트를 클릭하여 선택하고 'Stroke Color : None'을 지정하고 Esc 를 눌러 정상모드로 전환합니다.

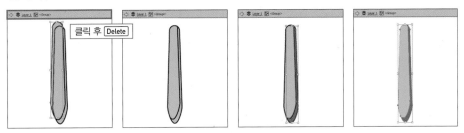

05 Rounded Rectangle Tool(▢)로 작업 도큐먼트를 클릭한 후 'Width : 55mm, Height : 10mm, Corner Radius : 5mm'를 입력하여 그리고 Color 패널에서 'Fill Color : M40Y100K70, Stroke Color : None'을 지정하고 배치합니다.

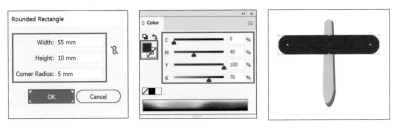

06 Rectangle Tool(▢)로 드래그하여 둥근 사각형의 상단이 겹치도록 임의 색상의 사각형을 그린 후, Selection Tool(▶)로 2개의 오브젝트를 선택하고 Pathfinder 패널에서 'Minus Front(⬚)'를 클릭합니다.

07 [Object]-[Path]-[Add Anchor Points]를 선택하고 고정점을 추가한 후 Direct Selection Tool(△)로 하단 가운데 고정점을 클릭하여 선택하고 아래로 이동합니다.

08 Direct Selection Tool(△)로 Shift를 누르고 하단의 2개의 고정점을 클릭하여 선택한 후 Scale Tool(⊞)을 더블 클릭하여 'Uniform : 70%'를 지정하고 [OK]를 눌러 패스를 축소합니다.

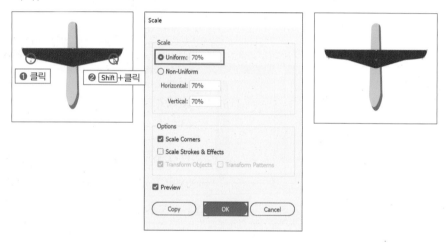

09 Selection Tool(▶)로 비행기 날개 모양을 선택하고 Alt를 누르고 상단으로 드래그하여 복사한 후 Gradient 패널에서 'Type : Linear Gradient'를 적용하고 Gradient Slider의 왼쪽 'Color Stop'을 더블 클릭하여 Y100K10을, 오른쪽 'Color Stop'을 더블 클릭하여 M40Y100을 적용합니다.

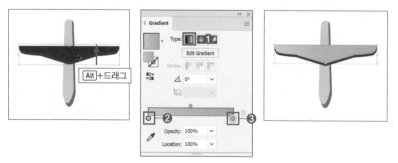

10 [Object]-[Path]-[Offset Path]를 선택하고 'Offset : −1mm'를 지정하여 축소된 복사본을 만든 후 Color 패널에서 'Fill Color : None, Stroke Color : M30Y90K40'을 지정하고, Stroke 패널에서 'Weight : 1pt, Dashed Line : 체크, dash : 4pt'를 입력하여 점선을 그려 배치합니다.

11 Selection Tool(▶)로 드래그하여 점선이 적용된 오브젝트를 제외한 2개의 날개 모양을 선택한 후, [Object]-[Transform]-[Move]를 선택하고 'Horizontal : 0mm, Vertical : 5mm'를 입력하고 [Copy]를 눌러 하단으로 이동하여 복사합니다.

12 이동 복사한 날개 모양을 [Shift]+[Ctrl]+[[ ]를 눌러 맨 뒤로 보내기를 하고 Selection Tool(▶)로 그라디언트가 적용된 날개 모양을 클릭하여 선택하고 Color 패널에서 'Fill Color : M30Y90K20, Stroke Color : None'을 지정한 후, Scale Tool(🔲)을 더블 클릭하고 'Uniform : 30%'를 지정하고 [Copy]를 누르고 Selection Tool(▶)로 상단으로 이동하여 배치합니다.

13 Rounded Rectangle Tool(▢)로 비행기 꼬리 중앙에 드래그하여 그리고 Color 패널에서 'Fill Color : M30Y90K20, Stroke Color : None'을 지정한 후 Direct Selection Tool(▷)로 상단을 드래그하여 고정점을 선택하고 Scale Tool(🔲)로 안쪽으로 드래그하여 패스를 축소합니다.

14 Rectangle Tool()로 드래그하여 날개 중앙에 사각형을 그리고 Color 패널에서 'Fill Color : M30Y90K40, Stroke Color : None'을 지정한 후 [Object]-[Path]-[Add Anchor Points]를 선택하고 고정점을 추가합니다. Direct Selection Tool(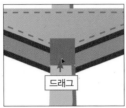)로 사각형 하단의 가운데 고정점을 클릭하여 위로 드래그하여 이동하고 Anchor Point Tool(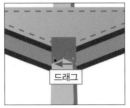)로 고정점에 드래그하여 방향선을 추가합니다.

15 Line Segment Tool(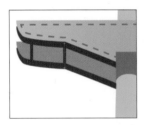)로 2개의 수직선과 1개의 사선을 왼쪽 날개 사이에 그리고 Color 패널에서 'Fill Color : None, Stroke Color : M40Y100K70'을 지정하고 Stroke 패널에서 'Weight : 2pt'를 적용합니다 Selection Tool(▶)로 3개의 선을 선택하고 [Object]-[Path]-[Outline Stroke]를 선택하여 선을 면으로 확장합니다.

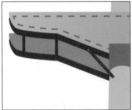
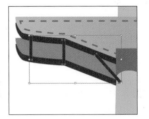

16 Ellipse Tool(○)로 작업 도큐먼트를 클릭한 후 'Width : 3mm, Height : 8mm'를 입력하여 그리고 Color 패널에서 'Fill Color : C20Y20K10, Stroke Color : None'을 지정합니다.

17 Ellipse Tool(○)로 드래그하여 하단에 타원을 그리고 Color 패널에서 'Fill Color : C20Y20K90, Stroke Color : None'을 지정한 후, Selection Tool(▶)로 2개의 타원을 선택하고 'Horizontal Align Center(▣)'를 클릭하여 가로 가운데 정렬을 지정합니다.

18 Pathfinder 패널에서 'Divide(▣)'를 클릭하여 면을 분할하고 Selection Tool(▶)로 오브젝트를 더블 클릭하여 Isolation Mode로 전환한 후에 하단의 불필요한 오브젝트를 선택하고 Delete를 눌러 삭제하고 도큐먼트의 빈 곳을 더블 클릭하여 정상 모드로 전환합니다.

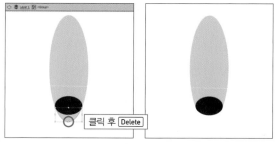

19 Selection Tool(▶)로 완성된 오브젝트를 왼쪽 날개 위에 배치하고 Alt를 누르고 오른쪽으로 드래그하여 복사하고 아래로 약간 이동합니다.

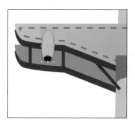
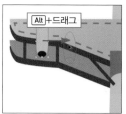
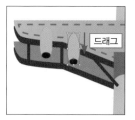

20 Selection Tool(▶)로 Shift를 누르고 5개의 오브젝트를 선택하고 Reflect Tool(◁)로 Alt를 누르고 비행기 가운데를 클릭하여 'Axis : Vertical'을 지정하고 [Copy]를 눌러 복사합니다.

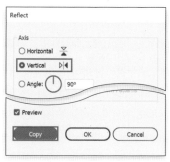

21 Selection Tool(▶)로 비행기 위쪽 날개를 모두 선택하고 Shift + Ctrl +]를 눌러 맨 앞으로 가져오기를 한 후, 비행기 아래쪽 날개와 2개의 사선 모양을 선택하고 Shift + Ctrl + [를 눌러 맨 뒤로 보내기를 합니다.

22 Rounded Rectangle Tool(⬜)로 작업 도큐먼트를 클릭한 후 'Width : 16mm, Height : 3mm, Corner Radius : 5mm'를 입력하여 그리고 Color 패널에서 'Fill Color : M90Y100, Stroke Color : None'을 지정하고 [Object]–[Path]–[Add Anchor Points]를 선택하고 고정점을 추가합니다.

23 Direct Selection Tool(▷)로 드래그하여 둥근 사각형의 가운데 2개의 고정점을 선택하고 Scale Tool(⬛)을 선택하고 안쪽으로 드래그하여 패스를 축소합니다.

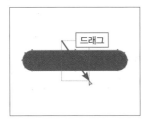 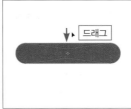 

24 Selection Tool(▶)로 비행기 앞쪽에 배치하고 [Alt]를 누르고 아래로 드래그하여 복사하고 Color 패널에서 'Fill Color : M90Y100K50, Stroke Color : None'을 지정합니다. Ellipse Tool(⬤)로 드래그하여 프로펠러 중앙에 원을 그리고 'Fill Color : C20Y20K10, Stroke Color : None'을 지정하고 Direct Selection Tool(▷)로 원의 상단 고정점을 클릭하고 [Delete]를 눌러 삭제합니다.

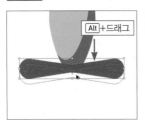  

25 Selection Tool(▶)로 비행기 모양 모두를 선택하고 [Object]–[Group]([Ctrl]+[G])으로 그룹을 지정한 후, Rotate Tool(↻)을 더블 클릭하고 'Angle : 30°'를 지정하여 회전합니다.

03 반호 모양 만들기

01 Ellipse Tool(⬤)로 [Shift]를 누르고 드래그하여 크기가 다른 2개의 정원을 그리고 Color 패널에서 'Fill Color : None, Stroke Color : 임의 색상'을 지정한 후, Selection Tool(▶)로 2개의 원을 선택하고 Align 패널에서 'Horizontal Align Center(⬌)'와 'Vertical Align Center(⬍)'를 클릭하여 가운데 정렬을 맞춥니다.

02 Line Segment Tool(✏)로 드래그하여 비행기 날개와 평행하도록 사선을 그리고 Color 패널에서 'Fill Color : None, Stroke Color : 임의 색상'을 지정하고 배치한 후, Selection Tool(▶)로 2개의 원과 사선을 함께 선택하고 Pathfinder 패널에서 'Divide(▣)'를 클릭하여 면을 분할합니다.

03 Selection Tool(▶)로 오브젝트를 더블 클릭하여 Isolation Mode로 전환한 후에 드래그하여 오브젝트를 선택하고 Delete 를 눌러 삭제한 후, Color 패널에서 'Fill Color : C90M30Y90K30, Stroke Color : C10Y100'을 지정하고 Stroke 패널에서 'Weight : 4pt, Corner : Round Join'을 적용하고 Esc 를 눌러 정상 모드로 전환합니다.

🔵04 문자 입력하기

01 Ellipse Tool(◯)로 Shift 를 누르고 반호 모양의 안쪽 패스보다 조금 큰 임의 색상의 정원을 그리고 Type on a Path Tool(↘)로 정원을 클릭한 후 Character 패널에서 'Set the font family : Arial, Set the font style : Regular, Set the font size : 16pt'를 설정하고 Color 패널에서 'Fill Color : C0M0Y0K0, Stroke Color : None'을 지정한 후 ::: ENJOY FLYING :::을 입력합니다.

02 Type on a Path Tool(↘)로 'FLYING' 문자를 드래그하여 선택하고 Color 패널에서 'Fill Color : Y100, Stroke Color : None'을 지정한 후, Selection Tool(▶)로 문자가 입력된 투명한 정원을 클릭하여 수직선 모양(⊺)을 드래그하고 위치를 조절하여 배치합니다.

05 건물과 구름 모양 만들기

01 Ellipse Tool(⬭)로 작업 도큐먼트에 드래그하여 크기가 다른 3개의 타원을 서로 겹쳐서 그리고 Color 패널에서 'Fill Color : C90M30Y90K30, Stroke Color : None'을 지정한 후, Selection Tool(▶)로 타원을 모두 선택하고 Pathfinder 패널에서 'Unite(▣)'를 클릭하여 구름 모양으로 합칩니다.

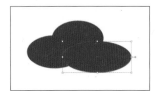  

02 Rectangle Tool(▢)로 작업 도큐먼트에 드래그하여 크기가 다른 2개의 사각형을 그리고 Color 패널에서 'Fill Color : C90M30Y90K30, Stroke Color : None'을 지정한 후 Direct Selection Tool(▷)로 오른쪽 사각형의 왼쪽 상단 고정점을 선택합니다. 아래로 이동하여 배치합니다. 2개의 사각형을 모두 선택하고 Pathfinder 패널에서 'Unite(▣)'를 클릭하여 건물 모양으로 합칩니다.

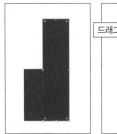 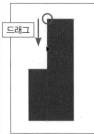  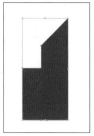

03 Rectangle Tool(▢)로 드래그하여 사각형을 그리고 Color 패널에서 'Fill Color : C90M30Y90K30, Stroke Color : None'을 지정한 후 Selection Tool(▶)로 [Alt]와 [Shift]를 누르고 오른쪽으로 드래그하여 복사하고 [Ctrl]+[D]를 2번 눌러 반복 복사합니다.

 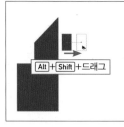  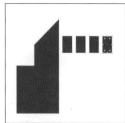

04 Selection Tool(▶)로 4개의 사각형을 드래그하여 선택하고 [Alt]와 [Shift]를 누르고 아래로 드래그하여 복사하고 [Ctrl]+[D]를 2번 눌러 반복 복사합니다.

05 Rectangle Tool(▣)로 드래그하여 위와 동일한 색상의 크기가 다른 2개의 사각형을 그리고 배치한 후, Direct Selection Tool(▷)로 사각형의 상단 2개의 고정점을 드래그하여 선택하고 Scale Tool(⊞)로 안쪽으로 드래그하여 패스를 축소합니다.

06 Rectangle Tool(▣)로 드래그하여 오른쪽 상단에 크기가 다른 2개의 사각형을 그리고 Direct Selection Tool(▷)로 사각형의 오른쪽 2개의 고정점을 드래그하여 선택하고 [Object]-[Path]-[Average]를 선택하고 'Axis : Both'를 지정하여 한 점에 정렬하여 삼각형으로 만듭니다.

07 [Object]-[Envelope Distort]-[Make with Warp]를 선택한 후 'Style : Flag, Bend : 30%'를 지정하여 삼각형을 깃발 모양으로 왜곡시킨 후 [Object]-[Envelope Distort]-[Expand]를 선택하고 확장합니다.

08 Selection Tool(▶)로 오른쪽 건물 모양을 모두 선택하고 Pathfinder 패널에서 'Unite(▣)'를 클릭하여 합칩니다.

09 Selection Tool(▶)로 건물과 구름 모양을 모두 선택하고 배치하고 바운딩 박스의 조절점 밖에 마우스 커서를 위치하여 회전시킨 후 Shift + Ctrl + [를 눌러 맨 뒤로 보내기를 합니다. Selection Tool(▶)로 왼쪽 건물 모양과 구름을 선택하고 바운딩 박스의 조절점 밖에 마우스 커서를 위치하여 회전시킨 후 배치합니다.

10 Selection Tool(▶)로 구름 모양을 선택하고 Alt 를 누르고 왼쪽 하단으로 드래그하여 복사하고 바운딩 박스의 모서리 조절점을 드래그하여 크기를 줄이고 회전시켜 배치합니다.

06 저장 및 답안 전송하기

01 [View]-[Guides]-[Hide Guides](Ctrl + ;)를 선택하여 안내선을 숨기고 [View]-[Fit Artboard in Window](Ctrl + 0)을 선택하여 현재 창에 맞추기를 한 후 [File]-[Save As]를 선택하고 '저장 위치 : 내 PC\문서\GTQ, 파일 형식 : Adobe Illustrator(*AI), 파일 이름 : 수험번호-성명-문제번호.ai'를 확인하고 [저장]을 클릭한 후 [Illustrator Options] 대화상자에서 'Version : Illustrator 2020'으로 설정하고 [OK]를 클릭합니다.

02 답안 저장이 완료가 되면 [File]-[Close](Ctrl + W)를 선택하여 파일을 닫고 수험 프로그램에서 [답안 전송]을 클릭하여 감독관 컴퓨터로 전송합니다.

문제 **02**

CHAPTER 05
패키지, 비즈니스 디자인

작업과정	새 도큐먼트 만들기 및 파일 저장하기 ➡ 자몽 단면 만들고 패턴 등록하기 ➡ 과육 모양 만들기 ➡ 태그 만들고 패턴 적용 및 변형하기 ➡ 문자 입력하고 이펙트 적용하기 ➡ 테이크아웃 컵 만들기 ➡ 컵홀더 만들고 클리핑 마스크 적용하기 ➡ 저장 및 답안 전송하기
완성이미지	Part04\기출유형문제05회\수험번호-성명-2.ai

01 새 도큐먼트 만들기 및 파일 저장하기

01 [File]-[New](Ctrl + N)를 선택하고 'Width : 160mm, Height : 120mm, Units : Milli-meters, Color Mode : CMYK'를 설정하여 새 도큐먼트를 만들고 [View]-[Rulers]-[Show Rulers](Ctrl + R)를 선택하여 눈금자를 표시합니다.

02 작품의 규격 왼쪽 상단에 원점(0,0)을 확인하고 왼쪽과 상단 눈금자 위에서 마우스를 드래그하여 제시된 출력형태와 레이아웃 구성을 동일하게 작업하기 위해서 안내선을 표시합니다.

03 작업 도큐먼트를 저장하기 위해 [File]-[Save]([Ctrl]+[S])를 선택하고 '저장 위치 : 내 PC₩문서₩GTQ, 파일 형식 : Adobe Illustrator(*AI), 파일 이름 : 수험번호-성명-문제번호'를 입력하고 [저장]을 클릭한 후 [Illustrator Options] 대화상자에서 'Version : Illustrator 2020'으로 설정하고 [OK]를 클릭합니다.

02 자몽 단면 만들고 패턴 등록하기

01 Ellipse Tool(◉)로 작업 도큐먼트를 클릭한 후 'Width : 30mm, Height : 30mm'를 입력하여 그리고 Color 패널에서 'Fill Color : M30Y50, Stroke Color : None'을 지정합니다. Scale Tool(⬚)을 더블 클릭하여 'Uniform : 90%'를 지정하고 [Copy]를 누른 후 다시 더블 클릭하여 'Uniform : 10%'를 지정하고 [Copy]를 눌러 복사한 후 각각 'Fill Color : Y20, M30Y50, Stroke Color : None'을 적용합니다.

 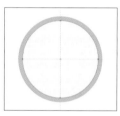 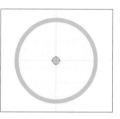

02 Rectangle Tool(▢)로 원의 상단에 클릭하여 'Width : 10mm, Height : 13mm'를 입력하여 그리고 Color 패널에서 'Fill Color : M60Y50, Stroke Color : None'을 지정합니다. Direct Selection Tool(▷)로 [Shift]를 누르고 사각형 하단의 2개의 고정점을 선택하고 [Object]-[Path]-[Average]를 선택하고 'Axis : Both'를 지정하여 한 점에 정렬합니다.

03 [Effect]-[Illustrator Effects]-[Stylize]-[Round Corners]를 선택하고 'Radius : 2.5mm'를 지정하여 모서리를 둥글게 만든 후 [Object]-[Expand Appearance]를 선택하여 오브젝트의 속성을 확장합니다.

04 Rotate Tool(↻)로 [Alt]를 누르고 안내선의 교차지점을 클릭하여 'Angle : 45°'를 지정하고 [Copy]를 눌러 복사한 후 [Ctrl]+[D]를 여러 번 눌러 반복 복사합니다.

 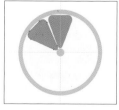 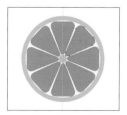

05 Ellipse Tool(⬭)로 드래그하여 타원을 그리고 Color 패널에서 'Fill Color : Y20, Stroke Color : None'을 지정하고 Anchor Point Tool(◣)로 하단 고정점을 클릭하여 방향선을 없앤 후 Selection Tool(▶)로 선택하고 바운딩 박스의 조절점 밖을 드래그하여 회전합니다. Alt 를 누르고 드래그하여 복사한 후 회전하여 배치합니다.

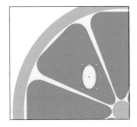  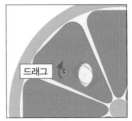 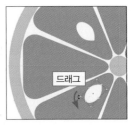

06 Ellipse Tool(⬭)로 Shift 를 누르고 드래그하여 6개의 크기가 다른 정원을 그리고 각각 Color 패널에서 'Fill Color : C20Y70, M30Y50, M60Y50, Stroke Color : None'을 적용하여 배치합니다. Selection Tool(▶)로 자몽 단면 전체를 선택하고 [Object]-[Pattern]-[Make]로 'Name : 자몽, Tile Type : Grid'를 지정하고 패턴으로 등록하여 Swathes 패널에 저장합니다. 도큐먼트 상단의 'Done'을 클릭하여 정상 모드로 전환합니다.

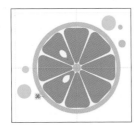 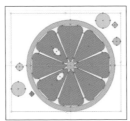 

🔘 과육 모양 만들기

01 문제지에 표시된 눈금자를 참고로 Ellipse Tool(⬭)로 Shift 를 누른채 크기가 다른 4개의 정원을 그리고 각각 Color 패널에서 'Fill Color : C10M80Y70, M20Y20, M70Y50, Stroke Color : None'을 각각 지정합니다.

  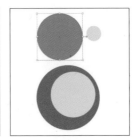

02 Anchor Point Tool(⊿)로 클릭하여 방향선을 없앤 후 Direct Selection Tool(▷)로 하단 고정점을 아래로 드래그하여 이동시키고 오른쪽과 왼쪽 고정점의 방향선을 각각 조정합니다.

03 Selection Tool(▶)로 과육 모양을 선택하고 Scale Tool(⊞)을 더블 클릭하여 'Uniform : 50%'를 지정하고 [Copy]를 눌러 복사합니다. 복사된 과육 모양을 선택하고 Rotate Tool(↻)로 그림과 같은 위치에 클릭하여 회전의 중심축을 지정한 후 Alt 를 누르고 드래그하여 회전하여 복사하고 Color 패널에서 'Fill Color : M40Y50, Stroke Color : None'을 지정합니다.

04 Selection Tool(▶)로 왼쪽의 축소된 과육 모양을 선택하고 Gradient 패널에서 'Type : Radial Gradient'를 적용하고 Gradient Slider의 왼쪽 'Color Stop'을 더블 클릭하여 M60Y50을, 오른쪽 'Color Stop'을 더블 클릭하여 C0M0Y0K0을 적용합니다. Ellipse Tool(◯)로 크기가 다른 2개의 원을 그리고 2개의 원을 선택하고 Pathfinder 패널에서 'Minus Front(◧)'를 클릭한 후 'Fill Color : C0M0Y0K0, Stroke Color : None'을 지정합니다. 과육 모양 모두를 선택하고 [Object]-[Group](Ctrl + G)으로 그룹을 지정합니다.

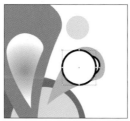

04 태그 만들고 패턴 적용 및 변형하기

01 Rounded Rectangle Tool(▣)로 클릭하여 'Width : 35mm, Height : 60mm, Corner Radius : 5mm'를 입력하여 그리고 Color 패널에서 'Fill Color : Y20, Stroke Color : None'을 지정합니다. Ellipse Tool(◉)로 정원을 그리고 'Fill Color : 임의 색상, Stroke Color : 임의 색상'을 지정하고 배치합니다.

 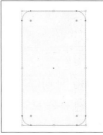 

02 정원을 Ctrl+C로 복사한 후 Selection Tool(▶)로 사각형과 원을 선택하고 [Object]-[Compound Path]-[Make]를 선택하여 겹친 부분을 투명하게 처리한 후 Ctrl+F로 복사한 정원 앞에 붙이기를 하고 Color 패널에서 'Fill Color : None, Stroke Color : C60M60Y80'을 지정한 후 Stroke 패널에서 'Weight : 3pt'를 지정합니다.

 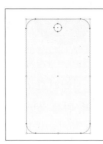  

03 Compound Path가 적용된 둥근 사각형을 선택하고 Ctrl+C로 복사한 후 Ctrl+F로 Selection Tool(▶)로 앞에 붙이기를 하고 Swatches 패널에서 '자몽' 패턴을 클릭하여 Fill Color에 적용합니다. Scale Tool(⊡)을 더블 클릭하고 'Uniform : 20%, Scale Strokes & Effects : 체크 해제, Transform Objects : 체크 해제, Transform Patterns : 체크'를 지정하여 패턴의 크기를 축소하고 Rotate Tool(↻)을 더블 클릭하여 'Angle : 45°'를 지정하여 회전한 후 Transparency 패널에서 'Opacity : 50%'를 지정하여 불투명도를 조절합니다.

04 Ellipse Tool()로 정원을 그리고 Color 패널에서 'Fill Color : C0M0Y0K0, Stroke Color : K90'을 지정하고 Stroke 패널에서 'Weight : 2pt'를 지정하고 사각형 중앙에 배치합니다. Scale Tool(⊞)을 더블 클릭하여 'Uniform : 90%, Scale Strokes & Effects : 체크 해제, Transform Objects : 체크'를 지정하고 [Copy]를 눌러 복사한 후 Stroke 패널에서 'Weight : 1pt, Dashed Line : 체크, dash : 4pt'를 입력합니다.

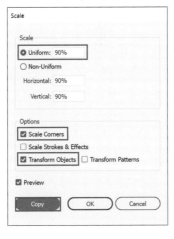

05 Rectangle Tool(■)로 하단 중앙에 드래그하여 사각형을 그리고 Color 패널에서 'Fill Color : C0M0Y0K0, Stroke Color : None'을 지정합니다. 계속해서 드래그하여 너비가 다른 9개의 직사각형을 그리고 'Fill Color : K100, Stroke Color : None'을 지정합니다. Selection Tool(▶)로 과육 모양을 선택하고 Ctrl + C로 복사한 후 Ctrl + V로 태그 위에 붙여넣고 Scale Tool(⊞)을 더블 클릭하여 'Uniform : 35%'를 지정하여 축소 배치합니다.

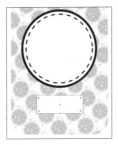

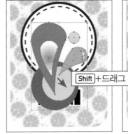

06 Pen Tool(✎)로 태그 상단에 2개의 열린 곡선 패스를 그리고 Color 패널에서 'Fill Color : None, Stroke Color : K90'을 지정하고 Stroke 패널에서 'Weight : 2pt, Cap : Round Cap'을 지정합니다.

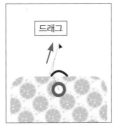

07 Selection Tool(▶)로 줄 모양을 선택하고 Rotate Tool(↻)로 줄 모양 하단을 클릭한 후 Alt 를 누르고 드래그하여 복사하고 바운딩 박스의 조절점 상단 중간을 아래로 드래그하여 크기를 축소하여 배치합니다.

 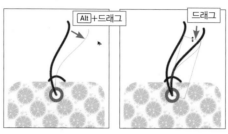 

05 문자 입력하고 이펙트 적용하기

01 Type Tool(T)로 작업 도큐먼트를 클릭한 후 Character 패널에서 'Set the font family : Times New Roman, Set the font style : Regular, Set the font size : 10pt'를 설정하고 Color 패널에서 'Fill Color : C60M70Y80K30, Stroke Color : None'을 지정한 후 NEW CAFE를 입력합니다.

02 Type Tool(T)로 'NEW CAFE' 문자 하단에 클릭한 후 Character 패널에서 'Set the font family : Arial, Set the font style : Regular, Set the font size : 8pt'를 설정하고 Color 패널에서 'Fill Color : C60M70Y80, Stroke Color : None'을 지정한 후 Homemade를 입력합니다.

03 Selection Tool(▶)로 줄 모양을 제외한 태그 전체를 선택하고 Ctrl + G 로 그룹을 지정한 후 Shift + Ctrl + [를 눌러 맨 뒤로 보내기를 한 후, [Effect]-[Illustrator Effects]-[Stylize]-[Drop Shadow]를 선택하고 'Opacity : 75%, X Offset : 1mm, Y Offset : 1mm, Blur : 1mm'를 지정하여 그림자 효과를 적용합니다.

04 줄 모양을 포함한 태그 전체를 선택하고 [Object]-[Group]($\boxed{\text{Ctrl}}$+$\boxed{\text{G}}$)으로 그룹을 지정한 후 Rotate Tool(⟳)을 더블 클릭하여 'Angle : −45°, Transform Objects : 체크, Transform Patterns : 체크'를 지정하고 회전합니다.

 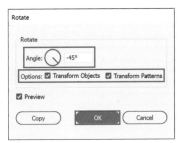 

06 테이크아웃 컵 만들기

01 Rounded Rectangle Tool(▢)로 클릭하여 'Width : 33mm, Height : 66mm, Corner Radius : 2mm'를 입력하여 그리고 Color 패널에서 'Fill Color : C10K20, Stroke Color : None'을 지정합니다.

02 Direct Selection Tool(▷)로 2개의 상단 고정점을 선택하고 $\boxed{\text{Delete}}$를 눌러 삭제합니다. Direct Selection Tool(▷)로 2개의 상단 고정점을 선택하고 Scale Tool(▣)로 바깥쪽으로 드래그하여 확대합니다.

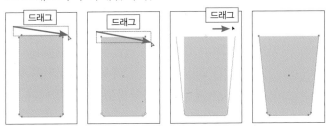

03 Ellipse Tool(◯)로 드래그하여 하단에 타원을 그리고 Color 패널에서 'Fill Color : C10K30, Stroke Color : None'을 지정하고 Rectangle Tool(▢)로 드래그하여 타원과 겹치도록 임의 색상의 사각형을 그리고 Selection Tool(▶)로 사각형과 타원을 선택하고 Pathfinder 패널에서 'Minus Front(▣)'를 클릭합니다.

04 Ellipse Tool(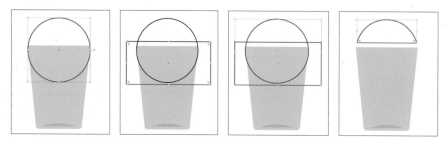)과 Rectangle Tool(■)로 드래그하여 원의 하단과 겹치도록 사각형을 그리고 Color 패널에서 'Fill Color : None, Stroke Color : 임의 색상'을 지정한 후, Selection Tool(▶)로 원과 사각형을 선택하고 Pathfinder 패널에서 'Minus Front(▣)'를 클릭합니다.

05 Rounded Rectangle Tool(◉)로 드래그하여 크기가 다른 3개의 둥근 사각형을 뚜껑 부분에 그려 배치하고 Selection Tool(▶)로 컵의 뚜껑에 해당하는 오브젝트를 모두 선택하고 Pathfinder 패널에서 'Unite(◼)'를 클릭하여 합칩니다.

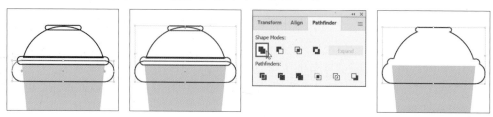

06 Rectangle Tool(■)로 드래그하여 컵 뚜껑의 하단과 겹치도록 사각형을 그리고 컵의 뚜껑과 사각형을 함께 선택하고 Pathfinder 패널에서 'Minus Front(▣)'를 클릭하고 Color 패널에서 'Fill Color : C10K20, Stroke Color : None'을 지정합니다. 컵의 뚜껑과 하단을 함께 선택하고 Transparency 패널에서 'Opacity : 40%'를 지정하여 불투명도를 조절합니다.

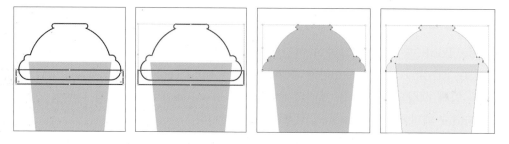

07 Rounded Rectangle Tool(◉)로 드래그하여 크기가 다른 2개의 둥근 사각형을 그려 배치하고 Color 패널에서 'Fill Color : C0M0Y0K0, Stroke Color : None'을 지정하고 Transparency 패널에서 'Opacity : 100%'를 지정합니다.

08 Pen Tool(✐)로 뚜껑 모양 위에 닫힌 패스를 그리고 Color 패널에서 'Fill Color : C0M0Y0K0, Stroke Color : None'을 지정합니다.

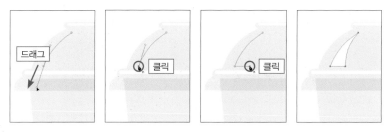

09 Reflect Tool(▷◁)로 컵의 중앙을 클릭한 후 Alt와 Shift를 누르고 수직으로 뒤집으며 복사합니다.

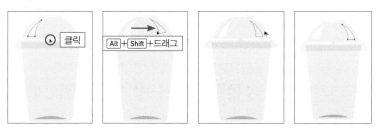

10 Rectangle Tool(▣)로 클릭하여 'Width : 6mm, Height : 80mm'를 입력하여 빨대 모양을 그리고 Color 패널에서 'Fill Color : C60M60Y80, Stroke Color : None'을 지정한 후 Shift+Ctrl+[를 눌러 맨 뒤로 보내기를 합니다.

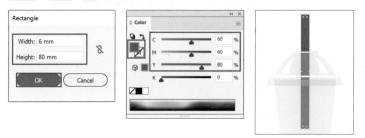

🄀 컵 홀더 만들고 클리핑 마스크 적용하기

01 Selection Tool(▶)로 컵의 하단을 선택하고 Scale Tool(🔲)을 더블 클릭하고 'Uniform : 105%'를 지정하고 [Copy]를 눌러 복사하고 Transparency 패널에서 'Opacity : 100%'를 지정합니다. Rectangle Tool(▣)로 드래그하여 복사한 컵의 중앙과 겹치도록 사각형을 그리고 2개의 오브젝트를 선택하여 Pathfinder 패널에서 'Intersect(◨)'를 클릭합니다.

02 Ellipse Tool(◉)로 컵 홀더 중앙에 Shift를 누르고 정원을 그리고 Color 패널에서 'Fill Color : None, Stroke Color : C60M70Y80K40'을 지정한 후 Scissors Tool(✂)로 원의 하단 고정점의 왼쪽과 오른쪽을 각각 클릭하여 자르고 Delete를 2번 눌러 삭제합니다.

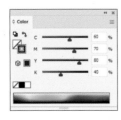

03 Selection Tool(▶)로 열린 패스를 선택하고 Brushes 패널 하단의 'Brush Libraries Menu(📖)'를 클릭한 후 [Artistic]-[Artistic_ChalkCharcoalPencil]을 선택하여 추가 브러쉬 패널을 불러온 후 'Charcoal − Smooth'를 선택하고 Stroke 패널에서 'Weight : 0.5pt'를 지정합니다.

04 Selection Tool(▶)로 과육 모양을 선택하고 Ctrl+C로 복사한 후 Ctrl+V로 붙여 넣고 Selection Tool(▶)로 Shift를 누르고 바운딩 박스의 조절점을 드래그하여 축소하고 Group Selection Tool(▷)로 각각 선택하여 Color 패널에서 'Fill Color : C60M70Y80K40, M40Y50K40, C0M0Y0K0, Stroke Color : None'을 지정합니다. Ctrl+V를 2번 더 실행하고 붙여 넣고 Selection Tool(▶)로 바운딩 박스의 조절점을 드래그하여 각각 축소하고 회전하여 배치합니다.

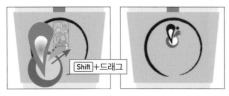

05 Group Selection Tool(▷)로 태그의 'New CAFE' 문자를 선택하여 Ctrl+C로 복사한 후 Ctrl+V로 붙여 넣고 Selection Tool(▶)로 선택한 후 Shift를 누르고 바운딩 박스의 조절점 밖을 회전하여 배치합니다. Character 패널에서 'Set the font size : 13pt'를 설정합니다.

06 Group Selection Tool(▷)로 태그의 'Homemade' 문자를 선택하여 Ctrl+C로 복사한 후 Ctrl+V로 붙여 넣고 Selection Tool(▶)로 선택한 후 Shift를 누르고 바운딩 박스의 조절점 밖을 회전하여 배치합니다. Character 패널에서 'Set the font size : 11pt'를 설정합니다.

07 Selection Tool(▶)로 컵 홀더를 선택하고 Shift + Ctrl +] 로 맨 앞으로 가져오기를 하고 Selection Tool(▶)로 Shift 를 누르고 클리핑 마스크를 적용할 오브젝트를 함께 선택한 후 [Object]-[Clipping Mask]-[Make]로 마스크를 적용합니다.

 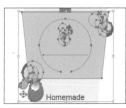 

08 Selection Tool(▶)로 투명해진 컵 홀더를 더블 클릭하여 Isolation Mode로 전환한 후에 [View]-[Smart Guides](Ctrl + U)를 선택하고 Selection Tool(▶)로 투명해진 패스를 선택하고 Color 패널에서 'Fill Color : M20Y50K20, Stroke Color : None'을 지정하고 Esc 를 눌러 정상 모드로 전환합니다.

08 저장 및 답안 전송하기

01 [View]-[Guides]-[Hide Guides](Ctrl + ;)를 선택하여 안내선을 숨기고 [View]-[Fit Artboard in Window](Ctrl + 0)을 선택하여 현재 창에 맞추기를 한 후 [File]-[Save As]를 선택하고 '저장 위치 : 내 PC₩문서₩GTQ, 파일 형식 : Adobe Illustrator(*AI), 파일 이름 : 수험번호-성명-문제번호.ai'를 확인하고 [저장]을 클릭한 후 [Illustrator Options] 대화상자에서 'Version : Illustrator 2020'으로 설정하고 [OK]를 클릭합니다.

02 답안 저장이 완료가 되면 [File]-[Close](Ctrl + W)를 선택하여 파일을 닫고 수험 프로그램에서 [답안 전송]을 클릭하여 감독관 컴퓨터로 전송합니다.

문제 03	CHAPTER 05 광고 디자인	
작업과정	새 도큐먼트 만들기 및 파일 저장하기 ➡ 심볼 제작 및 등록하기 ➡ 그라디언트 메시로 배경 만들기 ➡ 방사형 오브젝트 만들기 ➡ 타워 모양 만들고 이펙트 적용하기 ➡ 건물 실루엣 만들기 ➡ 블렌드 효과 ➡ 비행기 모양 만들기 ➡ 심볼 적용 및 브러쉬 적용하기 ➡ 문자 입력 및 왜곡하고 클리핑 마스크 적용하기 ➡ 저장 및 답안 전송하기	
완성이미지	Part04₩기출유형문제05회₩수험번호-성명-3.ai	

01 새 도큐먼트 만들기 및 파일 저장하기

01 [File]−[New]([Ctrl]+[N])를 선택하고 'Width : 210mm, Height : 297mm, Units : Milli-meters, Color Mode : CMYK'를 설정하여 새 도큐먼트를 만들고 [View]−[Rulers]−[Show Rulers]([Ctrl]+[R])를 선택하여 눈금자를 표시합니다.

02 작품의 규격 왼쪽 상단에 원점(0,0)을 확인하고 왼쪽과 상단 눈금자 위에서 마우스를 드래그하여 제시된 출력형태와 레이아웃 구성을 동일하게 작업하기 위해서 안내선을 표시합니다.

03 작업 도큐먼트를 저장하기 위해 [File]−[Save]([Ctrl]+[S])를 선택하고 '저장 위치 : 내 PC₩문서₩GTQ, 파일 형식 : Adobe Illustrator(*AI), 파일 이름 : 수험번호−성명−문제번호'를 입력하고 [저장]을 클릭한 후 [Illustrator Options] 대화상자에서 'Version : Illustrator 2020'으로 설정하고 [OK]를 클릭합니다.

02 심볼 제작 및 등록하기

01 Ellipse Tool(⬭)로 작업 도큐먼트를 클릭한 후 'Width : 15mm, Height : 25mm'를 입력하여 임의 색상의 타원을 그립니다. Direct Selection Tool(▷)로 타원 하단의 고정점을 클릭하여 선택하고 아래로 이동하고 상단의 고정점도 아래로 이동합니다.

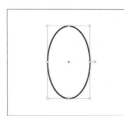 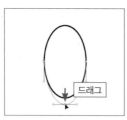 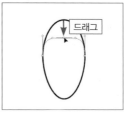

02 Anchor Point Tool(⊾)로 오른쪽 상단의 방향선을 드래그하여 조절하고 Direct Selection Tool(▷)로 왼쪽 상단의 세그먼트를 드래그하여 선택하고 방향선을 오른쪽과 대칭이 되도록 조절합니다.

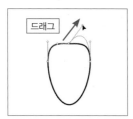 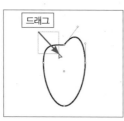 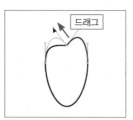 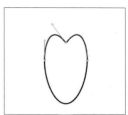

03 Selection Tool(▶)로 꽃잎 모양을 선택하고 Rotate Tool(⟳)로 하단을 Alt 를 누르고 클릭하여 'Angle : 72°'를 지정하고 [Copy]를 눌러 복사한 후 Ctrl + D 를 3번 눌러 반복 복사합니다. Selection Tool(▶)로 꽃 모양을 모두 선택하고 Pathfinder 패널에서 'Unite(◼)'를 클릭하여 합칩니다.

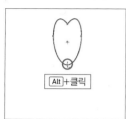 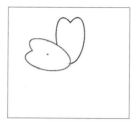  

04 Gradient 패널에서 'Type : Radial Gradient'를 적용하고 Gradient Slider의 왼쪽 'Color Stop'을 더블 클릭하여 M100Y100을, 오른쪽 'Color Stop'을 더블 클릭하여 M40Y40을 적용하고 Tool 패널 하단에서 'Stroke Color : None'을 지정합니다.

05 Rounded Rectangle Tool(▢)로 꽃 모양 위에 드래그하여 그리고 'Fill Color : Y50, Stroke Color : None'을 지정합니다. Selection Tool(▶)로 꽃 모양을 선택하고 [Object]-[Lock]-[Selection](Ctrl + 2)을 선택하여 잠그고 Direct Selection Tool(▷)로 드래그하여 상단의 고정점을 모두 선택하고 Scale Tool(▣)로 안쪽으로 드래그하여 축소한 후, Selection Tool(▶)로 바운딩 박스의 밖을 드래그하여 회전하고 배치합니다.

06 Pen Tool(✎)로 잎의 절반에 해당하는 임의 색상의 열린 패스를 그리고 Direct Selection Tool(▷)로 하단의 열린 2개의 고정점을 드래그하여 선택한 후, [Object]-[Path]-[Average]를 선택하고 'Axis : Horizontal'을 지정하고 [OK]를 눌러 가로 평균 지점에 정렬하여 수평을 맞춥니다.

07 Selection Tool(▶)로 잎의 절반을 선택하고 Reflect Tool(◁|)로 Alt를 누르고 클릭하여 'Axis : Horizontal'을 지정하고 [Copy]를 눌러 복사합니다. Selection Tool(▶)로 잎 모양 모두를 선택하고 Pathfinder 패널에서 'Unite(◼)'를 클릭하여 합친 후, Color 패널에서 'Fill Color : C60Y60, Stroke Color : C80Y70'을 지정하고 Stroke 패널에서 'Weight : 4pt'를 적용합니다.

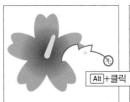  

08 Selection Tool(▶)로 잎 모양을 선택하고 바운딩 박스의 조절점 밖에 마우스 커서를 위치하여 회전시켜 배치한 후, [Object]-[Path]-[Outline Stroke]를 선택하여 선을 면으로 확장하고 Shift + Ctrl + [ ]로 맨 뒤로 보내기를 합니다.

09 Selection Tool(▶)로 오브젝트를 더블 클릭하여 Isolation Mode로 전환한 후 안쪽의 잎 모양을 아래로 이동하여 약간 어긋나도록 배치합니다. Direct Selection Tool(▷)로 튀어나온 고정점을 드래그하여 선택하고 [Object]-[Path]-[Average]를 선택하고 'Axis : Both'를 지정하여 한 점에 정렬한 후, Esc를 눌러 정상 모드로 전환합니다.

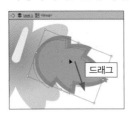 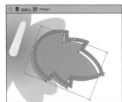 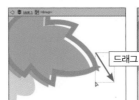 

10 Ellipse Tool(◯)로 Shift를 누르고 드래그하여 정원을 그리고 Color 패널에서 'Fill Color : M80Y50, Stroke Color : None'을 지정한 후 [Object]-[Path]-[Add Anchor Points]를 선택하여 고정점을 균일하게 추가합니다.

11 [Effect]-[Illustrator Effects]-[Distort & Transform]-[Pucker & Bloat]를 선택한 후 15%를 지정하고 [OK]를 눌러 꽃 모양을 만들고 [Object]-[Expand Appearance]를 선택하여 오브젝트의 속성을 확장합니다.

12 Ellipse Tool(◯)로 Alt와 Shift를 누르고 드래그하여 꽃 모양 중앙에 정원을 그리고 Color 패널에서 'Fill Color : None, Stroke Color : C0M0Y0K0'을 지정하고 Stroke 패널에서 'Weight : 2pt'를 적용합니다.

13 Ellipse Tool()로 드래그하여 꽃 모양 상단에 타원을 그리고 Color 패널에서 'Fill Color : C0M0Y0K0, Stroke Color : None'을 지정하고 3개의 오브젝트를 선택하고 Align 패널에서 'Horizontal Align Center(⬥)'를 클릭합니다. [View]-[Smart Guides](Ctrl+U)를 선택하고 Selection Tool(▶)로 타원을 선택한 후 Rotate Tool(↻)로 꽃 모양의 중심점을 Alt를 누르고 클릭하여 'Angle : 45'를 지정하고 [Copy]를 눌러 복사한 후, Ctrl+D를 6번 눌러 반복 복사합니다.

14 [Object]-[UnLock All](Alt+Ctrl+2)을 선택하고 앞에서 잠근 꽃 모양의 잠금을 해제한 후, [Select]-[All](Ctrl+A)로 꽃 모양을 선택하고 Symbols 패널 하단의 'New Symbol (⊞)'을 클릭하고 'Name : 무궁화, Export Type : Graphic'을 지정하여 심볼로 등록한 후 꽃 모양은 Delete를 눌러 삭제합니다.

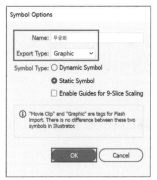

03 그라디언트 메시로 배경 만들기

01 Rectangle Tool(▢)로 작업 도큐먼트 왼쪽 상단의 원점(0,0)을 클릭하여 'Width : 210mm, Height : 297mm'를 입력하여 그리고 Color 패널에서 'Fill Color : M30Y30, Stroke Color : None'을 지정합니다. Mesh Tool(▨)로 안내선의 교차지점에 클릭하여 'Fill Color : Y30, Stroke Color : None'을 적용합니다.

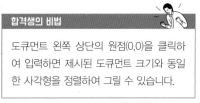

합격생의 비법

도큐먼트 왼쪽 상단의 원점(0,0)을 클릭하여 입력하면 제시된 도큐먼트 크기와 동일한 사각형을 정렬하여 그릴 수 있습니다.

04 방사형 오브젝트 만들기

01 Pen Tool(✐)로 클릭하여 도큐먼트의 하단에 삼각형을 그리고 Gradient 패널에서 'Type : Linear Gradient, Angle : 90°'를 적용하고 Gradient Slider의 왼쪽 'Color Stop'을 더블 클릭하여 M20Y10을, 오른쪽 'Color Stop'을 더블 클릭하여 C0M0Y0K0을 적용하고 Tool 패널 하단에서 'Stroke Color : None'을 지정합니다.

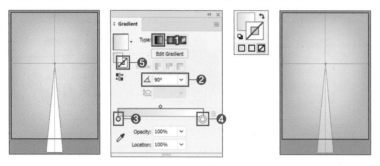

02 Selection Tool(▶)로 삼각형을 선택하고 Rotate Tool(↻)로 Alt 를 누르고 안내선의 교차 지점을 클릭하여 'Angle : 30°'를 지정하고 Ctrl + C 를 눌러 복사하고 Ctrl + D 를 10번 눌러 반복 복사합니다.

03 Selection Tool(▶)로 삼각형을 모두 선택하고 Ctrl + G 로 그룹을 지정한 후 Rotate Tool(↻)을 더블 클릭하여 'Angle : 15°'를 지정하여 회전합니다.

05 타워 모양 만들고 이펙트 적용하기

01 Rectangle Tool(▭)로 작업 도큐먼트 하단 중앙에 클릭한 후 'Width : 12mm, Height : 90mm'를 입력하여 그리고 Color 패널에서 'Fill Color : 임의 색상, Stroke Color : 임의 색상'을 지정합니다.

02 Rounded Rectangle Tool(▢)로 사각형 상단에 클릭한 후 'Width : 30mm, Height : 20mm, Corner Radius : 3mm'를 입력하여 그리고 Color 패널에서 'Fill Color : 임의 색상, Stroke Color : 임의 색상'을 지정합니다.

03 Rounded Rectangle Tool(▢)로 드래그하여 크기가 다른 둥근 사각형을 여러 개 그리고 Color 패널에서 'Fill Color : 임의 색상, Stroke Color : 임의 색상'을 지정합니다.

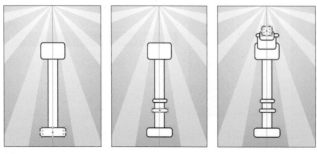

04 Rounded Rectangle Tool(▣)로 수평 안내선 상단에 드래그하여 둥근 사각형을 그리고 Selection Tool(▶)로 Alt 와 Shift 를 누르고 상단으로 드래그하여 복사한 후 Ctrl + D 를 2번 눌러 반복 복사합니다.

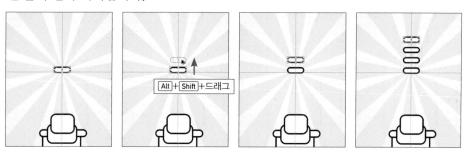

05 Rectangle Tool(▣)로 드래그하여 크기가 다른 3개의 임의 색상의 사각형을 여러 개 그리고 타워의 상단을 완성합니다.

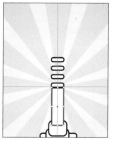

06 Selection Tool(▶)로 타워 모양을 모두 선택하고 Align 패널에서 'Horizontal Align Center(▦)'를 클릭하여 가로 가운데 정렬을 지정한 후 Pathfinder 패널에서 'Unite(▣)'를 클릭하여 타워 모양으로 합칩니다.

07 Direct Selection Tool(▷)로 드래그하여 타워 중간 2개의 고정점을 선택하고 아래로 이동한 후, 타워 하단의 2개의 고정점을 드래그하여 선택하고 위로 이동합니다.

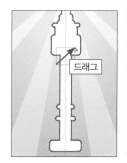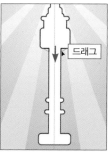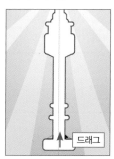

08 Rounded Rectangle Tool(▣)로 드래그하여 둥근 사각형을 그리고 Selection Tool(▶)로 Alt 와 Shift 를 누르고 오른쪽으로 드래그하여 복사한 후 Ctrl + D 를 3번 눌러 반복 복사합니다.

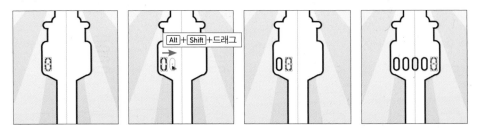

09 Selection Tool(▶)로 5개의 둥근 사각형을 모두 선택하고 Ctrl + G 로 그룹을 지정한 후 타워 모양과 함께 선택하고 Align 패널에서 'Horizontal Align Center(♣)'를 클릭하여 가로 가운데 정렬을 지정합니다.

10 Pathfinder 패널에서 'Minus Front(▣)'를 클릭하여 둥근 사각형과 겹친 부분을 뺀 후 Color 패널에서 'Fill Color : M70Y90, Stroke Color : None'을 지정합니다. [Effect]–[Illustrator Effects]–[Stylize]–[Drop Shadow]를 선택하고 'Opacity : 75%, X Offset : 1mm, Y Offset : 1mm, Blur : 1mm'를 지정하여 그림자 효과를 적용합니다.

06 건물 실루엣 만들기

01 Rectangle Tool(▣)로 작업 도큐먼트를 클릭한 후 'Width : 240mm, Height : 24mm'를 입력하여 그리고 Color 패널에서 'Fill Color : 임의 색상, Stroke Color : 임의 색상'을 지정합니다.

02 Rectangle Tool(▣)로 드래그하여 크기가 다른 사각형을 여러 개를 그리고 건물의 대략적인 윤곽을 만듭니다.

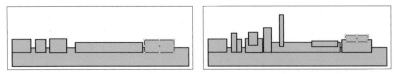

03 Selection Tool(▶)로 사각형을 선택한 후 [Object]-[Path]-[Add Anchor Points]로 고 정점을 균일하게 추가하고 Direct Selection Tool(▷)로 상단 가운데 고정점을 선택하고 위 로 이동하여 뾰족하게 만든 후, 오른쪽 사각형의 상단 오른쪽 고정점을 선택하고 아래로 이동 합니다.

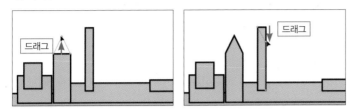

04 Add Anchor Point Tool(🖉)로 왼쪽 선분에 클릭하여 고정점을 추가하고 Direct Selec- tion Tool(▷)로 왼쪽 하단의 고정점을 클릭하여 선택하고 왼쪽으로 이동합니다.

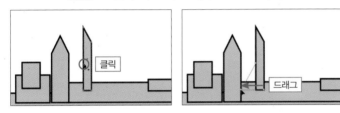

05 Anchor Point Tool(⊳)로 왼쪽에 추가한 고정점에 드래그하여 방향선을 조절하여 곡선으로 변환합니다.

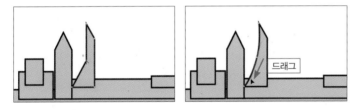

06 Pen Tool(🖉)로 임의 색상의 기와 지붕 형태를 그리고 Selection Tool(▶)로 Alt 를 누르 고 오른쪽으로 드래그하여 복사합니다.

07 Selection Tool(▶)로 바운딩 박스의 조절점 모서리에 마우스 커서를 위치하여 Shift 를 누르 고 바깥쪽으로 드래그하여 크기를 확대한 후 배치합니다. Rounded Rectangle Tool(▢)로 오른쪽 기와 지붕 상단 중앙에 드래그하여 둥근 사각형을 그립니다.

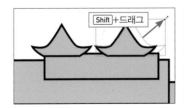
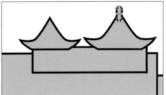

08 Pen Tool(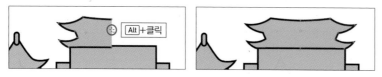)로 기와 지붕의 왼쪽 모양을 열린 패스로 그린 후, Selection Tool(▶)로 기와 지붕의 왼쪽 모양을 선택하고 Reflect Tool(◀▶)로 **Alt**를 누르고 클릭하여 'Axis : Vertical'을 지정하고 [Copy]를 눌러 복사합니다.

09 Selection Tool(▶)로 건물 모양 모두를 선택하고 Pathfinder 패널에서 'Unite(◨)'를 클릭하여 합치고 Color 패널에서 'Fill Color : C40M60K10, Stroke Color : None'을 지정합니다.

10 Rectangle Tool(▣)로 건물 모양 위에 드래그하여 크기가 다른 4개의 사각형을 그리고 Selection Tool(▶)로 건물 모양과 4개의 사각형을 선택하고 Pathfinder 패널에서 'Minus Front(◨)'를 클릭한 후, 도큐먼트의 하단에 배치합니다.

⑦ 블렌드 효과

01 Pen Tool(✎)로 작업 도큐먼트를 완전히 벗어나는 2개의 곡선을 그리고 상단 곡선은 Color 패널에서 'Fill Color : None, Stroke Color : C0M0Y0K0'을 지정한 후 Stroke 패널에서 'Weight : 2pt'를 적용합니다. 하단 곡선은 'Fill Color : None, Stroke Color : C50M40'을 지정한 후 Stroke 패널에서 'Weight : 3pt'를 적용합니다.

02 Selection Tool(▶)로 2개의 곡선을 선택한 후 [Object]-[Blend]-[Make]를 적용하고 [Object]-[Blend]-[Blend Options]로 'Specified Steps : 10'을 적용합니다.

⑧ 비행기 모양 만들기

01 Rectangle Tool(▣)로 작업 도큐먼트를 클릭한 후 'Width : 7mm, Height : 24mm'를 입력하여 그리고 Color 패널에서 'Fill Color : 임의 색상, Stroke Color : 임의 색상'을 지정합니다.

02 [Object]–[Path]–[Add Anchor Points]를 선택하고 고정점을 균일하게 추가합니다. Direct Selection Tool(▷)로 사각형 상단의 가운데 고정점을 클릭하여 선택하고 Shift 를 누르고 위로 반듯하게 이동합니다.

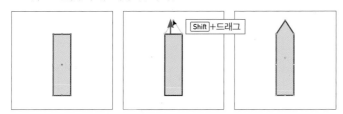

03 Direct Selection Tool(▷)로 사각형 하단의 3개의 고정점을 드래그하여 선택하고 Scale Tool(⊞)로 안쪽으로 드래그하여 하단을 축소합니다. Rectangle Tool(▣)로 하단 중앙에 사각형을 그린 후, [Object]–[Path]–[Add Anchor Points]를 선택하고 고정점을 균일하게 추가합니다.

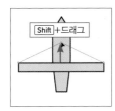 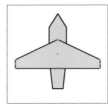 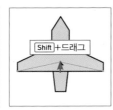 

04 Direct Selection Tool(▷)로 사각형 상단의 가운데 고정점을 선택하고 Shift 를 누르고 위로 반듯하게 이동합니다. 같은 방법으로 사각형 하단의 가운데 고정점을 위로 반듯하게 이동합니다.

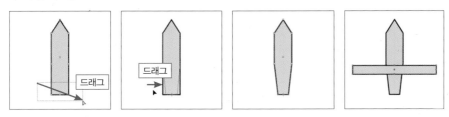

05 Selection Tool(▶)로 비행기의 날개 모양을 선택하고 Scale Tool(⊞)을 더블 클릭하고 'Horizontal : 40%, Vertical : 60%'를 지정하고 [Copy]를 눌러 복사한 후 꼬리 부분에 배치합니다.

06 Selection Tool(▶)로 비행기 모양을 모두 선택하고 [Effect]–[Illustrator Effects]–[Stylize]–[Round Corners]를 선택하고 'Radius : 2.5mm'를 지정하여 모서리를 둥글게 한 후, [Object]–[Expand Appearance]를 선택하여 오브젝트의 속성을 확장합니다.

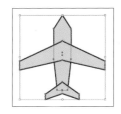  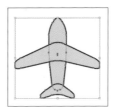

07 Rectangle Tool(■)로 비행기 하단 중앙에 사각형을 그리고 Selection Tool(▶)로 큰 날개 모양을 제외한 비행기 몸통 부분과 사각형을 함께 선택하고 Pathfinder 패널에서 'Unite(■)'를 클릭하여 합칩니다.

 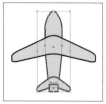  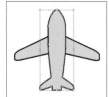

08 Selection Tool(▶)로 비행기 몸통과 날개 모양을 선택하고 Pathfinder 패널에서 'Divide(■)'를 클릭하여 면을 분할합니다.

09 Selection Tool(▶)로 비행기 모양을 더블 클릭하여 Isolation Mode로 전환한 후 분리된 왼쪽 날개와 오른쪽 날개 부분을 각각 선택하고 이동합니다.

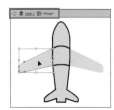 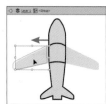 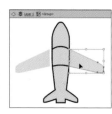 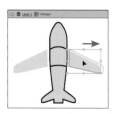

10 Selection Tool(▶)로 날개를 제외한 분리된 몸통 부분을 모두 선택하고 Pathfinder 패널에서 'Unite(■)'를 클릭하여 합친 후, Esc 를 눌러 정상 모드로 전환하고 Color 패널에서 'Fill Color : C50M100K10, Stroke Color : None'을 지정합니다.

11 Selection Tool(▶)로 바운딩 박스의 조절점 밖을 드래그하여 완성된 비행기 모양을 회전시켜 배치합니다.

⑨ 심볼 적용 및 브러쉬 적용하기

01 Symbols 패널에서 등록된 '무궁화' 심볼을 선택하고 Symbol Sprayer Tool(🔟)로 작업 도큐먼트를 드래그하여 뿌려줍니다. Symbol Sizer Tool(🔘)로 Alt 를 누르고 클릭하여 일부 심볼의 크기를 축소하고 Symbol Shifter Tool(🔧)로 심볼의 위치를 이동시킨 후 Symbol Spinner Tool(◉)로 일부를 회전하여 배치합니다.

02 Symbol Screener Tool(🔘)로 일부 심볼에 클릭하여 투명하게 적용한 후, Symbol Stainer Tool(🐦)로 Swatches 패널에서 제시된 출력형태와 유사한 색상을 Fill Color로 선택하고 일부에 클릭하여 색조의 변화를 적용합니다.

03 Brushes 패널 하단의 'Brush Libraries Menu(📖)'를 클릭한 후 [Artistic]-[Artistic_ ChalkCharcoalPencil]을 선택하여 추가 브러쉬 패널을 불러온 후 'Chalk – Scribble'을 선택합니다.

04 Paintbrush Tool(🖌)로 드래그하여 'K' 모양을 그리고 Color 패널에서 'Fill Color : None, Stroke Color : K100'을 지정하고 Stroke 패널에서 'Weight : 1pt'를 지정합니다.

⑩ 문자 입력 및 왜곡하고 클리핑 마스크 적용하기

01 Type Tool(T)로 작업 도큐먼트를 클릭한 후 Character 패널에서 'Set the font family : Times New Roman, Set the font style : Italic, Set the font size : 80pt'를 설정하고 Color 패널에서 'Fill Color : K100, Stroke Color : None'을 지정한 후 Fair를 입력하고, Selection Tool(▶)로 바운딩 박스의 조절점 밖을 드래그한 후 회전하여 배치합니다.

02 Ellipse Tool(⭕)로 작업 도큐먼트 상단에 드래그하여 타원을 그리고 Color 패널에서 'Fill Color : C60M90, Stroke Color : None'을 지정한 후, Selection Tool(▶)로 Alt 와 Shift 를 누르고 오른쪽으로 드래그하여 복사하고 Ctrl + D 를 10번 눌러 반복 복사합니다.

03 Selection Tool(▶)로 타원을 모두 선택하고 Pathfinder 패널에서 'Unite(◼)'를 클릭하여 합칩니다.

04 Type Tool(T)로 작업 도큐먼트를 클릭한 후 Character 패널에서 'Set the font family : Arial, Set the font style : Bold, Set the font size : 50pt'를 설정하고 Color 패널에서 'Fill Color : C0M0Y0K0, Stroke Color : None'을 지정한 후 SEOUL TOUR를 입력합니다.

05 Selection Tool(▶)로 타원을 합친 오브젝트와 'SEOUL TOUR' 문자를 선택하고 Align 패널에서 'Horizontal Align Center(▮)'를 클릭하여 가로 가운데 정렬을 지정합니다. [Object]-[Envelope Distort]-[Make with Warp]를 선택한 후 'Style : Arc, Bend : 30%'를 지정하여 오브젝트와 'SEOUL TOUR'문자를 왜곡시킵니다.

06 Type Tool(T)로 작업 도큐먼트 하단을 클릭한 후 Character 패널에서 'Set the font family : Arial, Set the font style : Bold, Set the font size : 40pt'를 설정하고 Color 패널에서 'Fill Color : C20, Stroke Color : None'을 지정한 후 EVENT TICKET을 입력합니다.

07 [Object]-[Envelope Distort]-[Make with Warp]를 선택한 후 'Style : Fish, Bend : 30%'를 지정하여 'EVENT TICKET' 문자를 왜곡시키고 Selection Tool(▶)로 무궁화 Symbol Set를 클릭하여 선택하고 이동하여 레이아웃에 맞게 조정합니다.

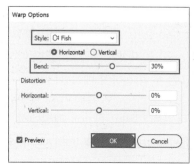

08 Rectangle Tool(▢)로 작업 도큐먼트 왼쪽 상단의 원점(0,0)을 클릭하여 'Width : 210mm, Height : 297mm'를 입력하여 그리고 Color 패널에서 'Fill Color : 임의 색상, Stroke Color : None'을 지정합니다. Ctrl+A로 오브젝트를 모두 선택하고 [Object]-[Clipping Mask]-[Make]로 클리핑 마스크를 적용하여 디자인을 정리합니다.

⑪ 저장 및 답안 전송하기

01 [View]-[Guides]-[Hide Guides](Ctrl+;)를 선택하여 안내선을 숨기고 [View]-[Fit Artboard in Window](Ctrl+0)을 선택하여 현재 창에 맞추기를 합니다. [File]-[Save As]를 선택하고 '저장 위치 : 내 PC₩문서₩GTQ, 파일 형식 : Adobe Illustrator(*AI), 파일 이름 : 수험번호-성명-문제번호.ai'를 확인하고 [저장]을 클릭한 후 [Illustrator Options] 대화상자에서 'Version : Illustrator 2020'으로 설정하고 [OK]를 클릭합니다.

02 답안 저장이 완료가 되면 [File]-[Exit](Ctrl+Q)를 선택하여 일러스트레이터 프로그램을 종료하고 수험 프로그램에서 [답안 전송]을 클릭하여 감독관 컴퓨터로 전송합니다.